예술인간의 탄생

Ⅽ 아우또노미아총서 49

예술인간의 탄생
The Birth of Homo Artis

지은이 조정환

펴낸이 조정환
책임운영 신은주
편집부 김정연
디자인 조문영
홍보 김하은
프리뷰 권범철 · 김새롬 · 이름 · 이성혁

펴낸곳 도서출판 갈무리 등록일 1994. 3. 3. 등록번호 제17-0161호
초판 1쇄 2015년 1월 25일
2판 1쇄 2021년 4월 1일

종이 화인페이퍼 인쇄 예원프린팅 라미네이팅 금성산업 제본 경문제책

주소 서울 마포구 동교로18길 9-13 [서교동 464-56]
전화 02-325-1485 팩스 070-4275-0674
website http://galmuri.co.kr e-mail galmuri94@gmail.com

ISBN 978-89-6195-088-6 94300 / 978-89-6195-003-9(세트)
도서분류 1. 철학 2. 미학 3. 정치철학 4. 사회학 5. 문화연구 6. 예술학 7. 사회사상

값 23,000원

이 도서의 국립중앙도서관 출판예정도서목록(CIP)은 서지정보유통지원시스템 홈페이지(http://seoji.nl.go.kr)와 국가
자료공동목록시스템(http://www.nl.go.kr/kolisnet)에서 이용하실 수 있습니다. (CIP제어번호 : CIP2015000706)

예술인간의
탄생

인지자본주의 시대의
감성혁명과
예술진화의 역량

조정환

The Birth of Homo Artis

갈무리

일러두기

1. 단행본, 전집, 정기간행물에는 겹낫표(『 』)를, 논문, 논설, 기고문, 단편 등에는 홑낫표(「 」)를, 단체명, 행사명, 영상, 전시, 공연물에는 가랑이표(< >)를 사용하였다.
2. 외국인명은 원음에 가깝게 한글로 표기하되, 번역된 책을 인용할 경우 저자명은 번역된 그대로 표기하였다.
3. 인명, 도서명 등은 필요한 경우 한 번만 원어를 병기하였다.

335　　3부 ㅣ 예술가-다중, 삶미학, 그리고 리얼리즘

336　　11. 다중 : 예술가보다 더 예술가적인

예술인간의 시공간

『인지자본주의』에서 현대자본주의의 구성과 성격을 분석한 후 나는, "축적을 위한 인지의 전용이 아니라 삶의 혁신과 행복을 위한 인지혁명이 필요한 때"[1]라는 말로 우리 시대의 대안적 경로와 실천적 과제에 대한 생각을 제시했다. 하지만, '삶의 혁신과 행복을 위한 인지혁명'이 무엇인지는 여전히 밝혀지지 않은 것으로 남아 있다. 그로부터 약 4년 만에 출간되는[2] 이 책은, 이 문제에 대한 전통적 형식의 답을 기대했던 사람들에게는 다소 실망스럽겠지만, 인지혁명의 강령을 확정한다거나 전략전술을 구체화하는 식의 작업과는 거리가 멀다. 나는 이 책에서 예술인간이라는 주체성의 형성을 중심으로 인지혁명의 계보학적 가능성을 더듬어 나간다. 『인지자본주의』가 논리적 방법으로 권력의 지도를 그리는 것이었다면 이 책은 계보학적 방법으로 역량의 지도, 활력의 지도, 주체성의 지도를 그린다.

노동인간, 국가인간, 경제인간, 그리고 예술인간

19세기 후반에 『자본론』(1863)[3]에서 맑스는 노동인간의 탄생을, 즉 경작인간인 켄타우로스^{Kentauros}에서 노동인간인 프롤레타리아트로의 이행을 논리역사적 방법으로 서술했다. 20세기 초반에 케인즈는 『고용, 이자 및 화폐의 일반이론』(1936)[4]에서 맑스의 노동인간을 국가인간으로 포섭할 필요성을 주장했다. 자본주의가 직면한 위기를 극복하기 위해서는 국가가 공공지출을 통해 노동자들에게 소득을 제공함으로써 유효수요를 확보해야 한다는 주장이 그것이다. 2차 세계대전 후 유럽을 중심으로 일반화된 이른바 '복지국가'는 노동인간의 국가인간으로의 포섭과 이행이라는 케인즈의 계획을 현실화한 것이다. 20세기 후반에 『생명관리정치의 탄생』[5]에서 푸코는, 독일과 영미의 신자유주의에 의해 주도된, 국가인간에서 경제인간으로의 이행을 문헌분석적 방법으로 서술했다. 21세기 초에 네그리와 하트는 『다중』[6]에서, 주로 지배권력에 맞추어진 푸코의 분석에서 저항역량의 문제를 독립시키고, 푸코의 관점을 역전시켜 그 저항역량을 중심으로 역사를 재고찰함으로써, 19세기의 인민과 20세기의 대중에서 21세기적 다중으로의 주체성의 이행을 계보학적 방법으로 서술했다.

나는 이 책 『예술인간의 탄생』에서, 푸코가 서술한 경제인간 속에서 예술인간의 잠재력을 찾아내고 경제인간에서 예술인간으로의 이행의 가능성과 그 현실성을 탐구할 것이다. 이 탐구노선에서 보면 맑스의 노동인간은, 오늘날, 그것이 노동자, 호모 사케르, 프레카리아트, 쓰레기 등 어떤 이름으로 불리건, 직접적으로 고용되어 있건 그렇지 않건, 공장에서 일하건 그 밖에서 일하건, 1세계의 주민이건 2세계나 3세계의 주민이건, 지구 전체에 확산되고 사회 전체에 일반화된 것으로 볼 수 있다. 노동인간은 더 이상, 맑스 시대에서처럼 특수하거나 국지적이지도 않고 사회변혁을 통해 구축해야 할 미래의 인간도 아니다. "모든 사람을 노동자로!", "노동하지 않는 자는 먹지도 말라!"라는 사회주의적 표어 속에 들어 있는 노동의 이상은 이미 충분하게 실현되었기 때문이다. 네그리의 '사회적 노동자'는 이렇게 공장과 그 울타리 너머에서 공식적으로 혹은 비공식적으로 노동하는 사람들을 지칭하기 위해, 노동의 저 사회적 확장과 일반화를 가리키기 위해 만들어진 이름이다.

푸코의 경제인간은 현대의 금융자본에 포섭된 노동인간에 붙여진 이름으로, 금융자본이 노동하는 인간을 동력화하는 형태를 가리킨다. 경제인간의 형성과 발전의 과정은 국가혐오의 감정에 뿌리를 두고 있지만, 맑스의 노동인간이 사라지지 않은 것처럼, 케인즈의 국가인간도 결코 사라지지 않았다. 그것은 경제인간에게 자리를 비켜주는 척하면서도, '작지만 강한 국가'라는 신자유주의의 국가 개념이 시사하듯이, 오히려 경제인간을 육성하는 보루의 역할을 맡고 있다. 그 결과 현대 사회 전체가 경제인간과 국가인간의 공모에 의해 촘촘한 권력공간으로 재편된다. 이렇게 사회적 삶이 국가인간과 경제인간의 공모체제에 포로가 되어 있다면, 예술인간이라는 주체형상에 대해 말할 수 있는 여지가 과연 있기나 한가? 설령 그런 형상을 그려볼 수 있다고 하더라도, 과연 그러한 인간에게 어떤 자리나 기회가 있는가?

일찍이 1930년대에 프랑크푸르트학파는 문화산업이라는 이름으로 산업의 예술화 경향에 대해 분석했다. 하지만 주체성의 계보학이라는 관점에서 예술인간의 탄생 경향을 분석한 것은 「기계복제 시대의 예술작품」[7]과 『아케이드 프로젝트』[8]의 발터 벤야민이다. '예술을 가까이 두고 싶어 하는 대중'과 '상품-아케이드-메트로폴리스로 이어지는 판타스마고리아를 배회하며 산책하는 산보자'에 대한 그의 분석이 그것이다. 그 뒤, 사회 전체를 영화예술의 이미지에 따라 분석한 『스펙타클의 사회』[9]의 기 드보르는 구경꾼의 탄생에 주목하고 구경꾼을 소외된 사회적 주체성의 핵심축에 위치시킨다. 이런 방식으로 프랑크푸르트학파와 벤야민은 파시즘 하에서 예술인간으로의 주체성 이행의 경향을 그려냈고, 기 드보르는 유럽 복지국가 하에서 나타난 그러한 경향을 그려냈다. 하지만, 이들이 그려낸 미디어화된 대중들과 예술인간의 형상은 예술생산자로서보다는 예술소비자, 예술향유자로서의 특성을 더 강하게 갖는다.

이와는 다른 측면, 즉 예술인간의 예술생산자적 측면은, 신자유주의 하에서의 기업가 주체성을 그려내기 위해 푸코가 사용한 이름인 경제인간에서 오히려 더 두드러지게 나타난다. 푸코가 그린 경제인간은, 자신의 노동의 질을 다른 것들과의 구체적 차이의 관점에서 접근하고, 그것의 구성, 개량, 증대, 축적을 추구하는 자기배려적 인간이다. 여기에서 우리는, 자신의 삶을 능동적으로 혁신하고 새로운 삶을 창조하는 생산자이자 창조자로서의 예술인간의 이미지를 발견한다. 물론 이 인간의 다른 측면을 잊어서는 안 된다. 경제인간은 창조적 인간이지만, 바로 그 자신의 창조적 능력을 인적 자본이라는 자본형태에 종속시키는 인간형, 다시 말해 자본에 포섭된 인간형이기도 하다.

이 점에 주목하면서 나는 이 책에서, 푸코의 경제인간을, 우리 시대에 예술인간이 자본주의에 포섭되어 그것에 전용되는 현실적 인간형태로 이해할 필요가 있다고 주장한다. 이런 의미에서 경제인간은 맑스의 노동인간의 현대적 변태이다. 우리의 문제는, 노동인간의 혁명적 자기폐지가 필요하다는 맑스의 문제의식을 계속하면서, 경제인간이라는 자기소외되고 물구나무선 형태를 뒤집어 제 발로 선 예술인간의 형상을 구성하는 것이다. 그러므로 '예술인간의 탄생'이라는 말은 경제인간 속에 잠재하고 있는 예술인간을 드러내는 발견적 술어이다. 이와 동시에 이 술어는, 우주와 개체적 자기의 합치를 추구했던 오래된 마술인간을, 새로운 역사적 조건 속에서 새로운 형태로, 그리고 어떤 특권도 허용치 않는 보편인간의 주체성으로, 즉 '누구나'의 주체성으로 불러내어 새롭게 구축하는 실천적 술어이기도 하다. 이런 의미에서는, 맑스의 시대에, 혁명할 수 없다면 노동인간이 아무것도 아니었던 것처럼, 우리의 시대에는, 마술을 할 수 없다면, 경제인간은 아무것도 아닌 셈이다.

경제인간의 모순과 가치관계의 전환

경제인간의 자기계발은 자신의 신체력, 자신의 정신력, 자신의 경험, 자신의 관계능력 등 인간으로서의 자신의 삶 전체를 대상으로 이루어진다. 성형, 학력 쌓기, 경력 확대, 인맥 넓히기 등이 그의 가치론적 세계이다. 삶 전체의 교환가치화와 자본가치화가 경제인간의 가치론적 모토이다.

이 때문에 경제인간의 세계는 더 많은 교환가치, 더 많은 자본을 향한 치열한 전장이다. 공장

칼 하인리히 맑스
(Karl Heinrich Marx, 1818~1883)

을 무대로 한 적대적 계급투쟁의 전장은 이제 삶을 무대로 하는 보편적 경쟁의 전장으로 바뀐다. '더 많이 축적하라!'는 경제인간의 경쟁모토에는 하나의 역설이 숨어 있다. '더 심미적인 방식으로, 더 인지적인 방식으로, 더 특이한 방식으로!'라는 조건이 그것이다. 푸코는 이것을 노동력의 '개량'이라는 이름으로 불렀다. 이 인지적 개량의 명령 속에서, '더 많이'라는 양의 명령은 질의 형태로 변주된다. 이것이 현대 경제인간의 역설이다. 양의 명령, 즉 척도의 부과가 질의 명령, 즉 측정불가능한 것을 지속적으로 호명하는 것이다.

맑스의 노동인간은 '더 오래 일하라!'라는 명령에 종속되어 있었다. '더 열심히 일하라!'라는 명령, 즉 노동의 강도를 높이라는 명령도, 시장의 매개를 통과하면서 결국에는 '더 오래'라는 양의 문제로 환원되었다. 왜냐하면 시장의 평균화 작용을 거치고 나면, 더 강도 높게 일하는 것이 결국 더 오래 일하는 다른 방식으로 되기

때문이다. 이리하여 가치세계는 '한 상품의 생산에 사회적으로 필요한 노동(의 지속)시간'이라는 양의 언어로 통일되고 그것이 척도로 자리 잡았다. 이 세계에서 노동자의 임금은 노동력 상품이 갖는 가치, 즉 그 노동력의 재생산에 필요한 사회적 노동시간의 화폐적 표현이었다.

국가인간은 이 노동시간 척도의 위기를 징후적으로 보여 준다. 지구 일각에서 노동인간들이 혁명행동에 나서고 다른 일각에서는 시장에 의해 수습될 수 없는 대공황이 발생하는 상황은 자본의 통치가능성의 위기를 의미하는 것이었다. 이런 상황에서는, 노동자들에게 노동력 상품의 가치인 임금만을 제공하는 것으로는 부족하고 그 이상의 것이 소득으로 주어져야만, 노동에 대한 자본의 통치가능성이 지속될 수 있다는 것이 케인즈의 제안이었다. 이를 받아들인 전후의 복지국가들에서는, 노동자들에게 가치적 보상reward으로서의 경제적 임금wage 이외에 혜택benefit으로서의 일종의 사회적 임금이 복지welfare라는 이름으로 주어지게 된다. 이것은 척도 관념을 공식적으로는 유지하면서도 그 척도를 넘는 어떤 정치적 요소를 가치세계 속에 도입하는 방식이었다. 그 결과 가치세계는 경제적인 것과 정치적인 것으로 이중화되며, 경제적 방식으로 측정불가능한 것이 합법성을 얻으면서 기능하기 시작한다. 이것은 노동의 지속시간에 입각한 경제적 가치척도가 사회적 삶을 충실히 재현하지 못한다는 사실에 대한 부르주아 세계의 자백에 다름 아니다.

국가인간이 처한 이 모순은 신자유주의적 경제인간에게서 극단화된다. 질적인 것을 양적인 것으로 치환하고 미적이고 인지적이고 특이한 것을 성장, 자본, 축적 등의 계량적 언어로 치환해야 하기 때문이다. 사실상 불가능한 이 치환의 시뮬레이션은, 전과는 달리, 임금노동의 세계를 넘는 사회적 삶의 세계 그 자체를 대상으로 전개되어야 한다. 예컨대 인지활동의 가치화를 법률적으로 강제하기 위한 지적재산권 체제의 딜레마(지적 재산의 증대를 위해서는 인간들 사이의 인지적 교류와 소통을 확대해야 하고 그 권리의 보장을 위해서는 그 교류와 소통을 제한해야 한다)가 보여 주는 바와 같은, 경제인간의 극심한 모순과 위기의 증상들은, 가치관계의 일대 전환을 요구하는 신음소리 외에 다른 것이 아니다.

그런데 새로운 가치관계는 허공에서 떨어질 수 있는 것도 아니고 관념에서 도출되어 현실에 폭력으로 강제될 수 있는 것도 아니다. 오직 실재하는 것만이 실현될 수 있기 때문이다. 다행스럽게도 우리는, 오늘날 경제인간에게 부과되고 있는 명령의 다른 축, 즉 '더 심미적으로, 더 인지적으로, 더 특이하게!'에서 이미 그 새로운 가치관계의 실재적 맹아를 찾을 수 있다. 이런 의미에서 예술인간은 이미 경제인간의 태내에 깃들어 있다고 할 수 있다. 그렇다면 이 양자의 관계는 무엇일까? 그것은, 변증법적 의미의 형식과 내용의 관계라기보다, 형상이 질료의 힘을 제한하고 안정화할 뿐이라는 시몽동적 의미에서의 형상과 질료의 관계에 가깝다.[10] 경제인간은 예술인간의 형상이요 예술인간은 경제인간의 질료라고 할 수 있는 것이다.

감성적인 것의 시대

그러므로 이제 문제는, 경제인간의 형상에 의해 가해진 제한을 넘어서는 예술인간의 자기조직화하는 힘, 자기의 테크놀로지, 자기배려적 경향, 그 자율성을 드러내고 발전시키는 것이다. 이러한 문제에 대한 인식과 해결시도의 징후는 이미 다양하게 나타나고 있다. 무엇보다 먼저 눈에 띄는 것은, 최근에 욕망, 감각, 감정, 정념, 정동에 대한 관심이 확대되고 심화되고 있는 것이다. 정치를 감성적인 것의 재분배로 이해하는 랑시에르의 미학적 정치개념, 스피노자의 정념론에 대한 관심의 증대, 몸·돌봄·치유·건강에 관한 관심의 확산 등이 그것이다. 이러한 현상이 무엇을 의미하는 것일까?

이미 우리는 20세기에 격렬한 '이념' 갈등의 시대를 거쳐 왔다. 주로 물질적인 것의 생산과 재분배를 둘러싼 이 이념적 갈등은 보수주의인가 진보주의인가, 자유주의인가 사회주의인가 등을 둘러싸고 전개되었다. 사회주의의 해체로 표현되는 1990년 전후를 전환점으로 자본은 자유주의의 승리와 탈이념 시대의 개시를 선언했다. 그러면 그 '탈이념' 후에 무엇이 도래했는가? 그것이 자본의 요란한 선전과는 달리, 평화도 안전도 행복도 아니었다는 것은 이미 명백해졌다. 전쟁, 불안, 비참이 마치 자연이 그랬던 것처럼 이전과 마찬가지로 삶의 모든 곳에서 현실로 전개되었기 때문이다. 차이는 다른 것에서 발견된다. 이념의 시대에서 정념의 시대로, 물질적인 것의 헤게모니에서 비물질적인 것의 헤게모니로, 이성적인 것의 시대에서 감성적인 것의 시대로, 이념의 갈등에서 정념의 전쟁으로의 이행이 그것이다. 미적인 것이 생산의 중심 요소로 등장하고 감성적인 것의 분할이 통치의 기본양식으로 되고 있는 것이다.

그러므로 현대의 주요한 철학 조류들이 예술에서 사유의 원천과 모델을 발견하는 것은 결코 우연이 아니다. 이런 의미에서 현대는 예술종말의 시대이기는커녕 예술부흥의 시대임이 분명하다. 그럼에도 예술종말론이 득세하는 것은, 전문예술가 집단에 의해 구축된 낡은 예술체제가 더 이상 이 일반화된 감성적인 것의 시대를 재현하지 못할 뿐만 아니라 그 시대의 지하에서 움직이고 있는 예술인간의 잠재력을 표현하기에도 불충분하다는 사실의 징후일 뿐이다. 나는 이 책 전체에서 예술인간의 이 잠재력을 확인하고 그 역량에 기초한 예술진화의 가능성과 방향, 그리고 방법을 모색하는데 집중했다.

책의 짜임에 대하여

이 책의 서론부에 해당하는 1부에서는 현대 사회에서 노동의 인지화와 비물질화 경향이 가져오고 있는 인간조건의 변화양상을 다룬다. 1장에서는 노동의 비물질화가 예술의 노동화를 촉진하면서 사회적 노동이 일종의 예술노동으로 전화하며 이에 따라 노동자가 전래의 예술가의 형상과 유사하게 자신의 노동력을 육성, 개량, 축적하는 인간으로 전화한다고 분석한다. 이 관점에서 보면, 미셸 푸코의 경제인간론은, 현대 사회에서 탄생하고 있는 이 예술인간이 자본의 운동과정 속에서, 그것에 포섭되어 나타나고 있는 형상에 다름 아니다. 2장에서는 노동의 비물질화와 이미지노동의 헤게모니적 부상이라는 문제를 다룬다. 이미지노동의 헤게모니적 부상은 일종의 존재론적 전환을 가져오는 변화이다. 이 장의 관심은, 유물론과 관념론 사이의 오랜 갈등이 이 이미지 존재론의 지평에서 소멸하고 이미지 일원론이라고 부를 수 있는 새로운 존재론적 차원이 부상하고 있는 현실에 집중된다.

이 책의 전개부에 해당하는 2부에서는 다양한 종말론들의 유행 가운데 하나로 제기된 예술종말론들을 예술진화론의 관점에서 비판적으로 재독해하고 예술진화의 적극적 가능성을 모색한다. 예술진화론의 관점에서 볼 때 예술종말론은 퇴행적이고 부정적인 형태로 드러난 예술진화론이다. 예술종말론들은, 그 근대적 양상들과 그것의 현대적 양상들 모두에서, 예술진화론의 촉매였다. 이러한 인식 위에서 2부는 예술종말론들에 대한 계보학적 탐구에서 시작하여 그것을 적극적 형태의 예술진화론들에 대한 계보학적 탐구와 연결시킨다.

2부의 3장은 2부 전체의 문제를 설정하는 장이다. 여기에서 나는 예술종말론과 예술진화론 사이의 차이를 정식화하고 2부의 서술계획을 제시한다. 4장은, 예술이 절대이성을 표현할 능력을 잃고 자신의 헤게모니적 지위를 철학에게 넘겨주게 된다는 19세기 초 헤겔의 예술종말론을 서술한 후, 19세기 후반과 20세기 초에 헤겔의 예술종말론의 논지를 유물론적으로 역사화하면서 등장한 맑스와 루카치의 예술적대성본에 대해 서술한다. 이어 이 예술적대성론이 당대의 자본주의 속에서 예술이 처한 특수한 위치를 반영하는 생각임을 밝힘으로써, 그것들을 다시 현대의 문맥 속에서 역사화할 틀을 마련한다. 5장은 현대에 들어서 제기된 대표적인 예술종말론들에 대해 검토한다. 가라타니 고진, 아서 단토, 잭 번햄, 잔니 바티모, 알랭 바디우, 자끄 랑시에르 등은 각기 독특한 구도의 예술종말론을 명시적으로 혹은 암묵적으로 제시하는데, 나는 이들의 예술종말론들이 실제로는 예술진화론을 예비한다고 주장한다. 6장은 예술종말론에서 예술진화론으로의 전환을 표현하는 예술미학들을 다룬다. 발터 벤야민을 비롯하여 미셸 푸코, 펠릭스 가타리, 마우리찌오 랏자라또, 그리고 비포[프랑코 베라르디는 예술종말적 상황 속에서 출현하고 있는 새로운 예술적 경향들에 관심을 기울일 뿐만 아니라, 그것으로부터 예술진화의 거시적 가능성을 모색한 미학적 인물들로 제시된다. 7장에서 9장까지는 예술진화의 문제를 미시적이고 구체적인 수준에서 진전시킨 이론들을 분석한다. 이러한 노력의 시발점은, 7장에서 제시되다시피, 국제상황주의자들에게서 나타난다. 이들은 상황구축, 표류, 우회 등의 미적 전략을 통해, 근대 예술체제의 종말이라는 미학적 상황에서 가능한 예술적 돌파구를 모색했다. 니꼴라 부리요의 관계미학이나 8장에서 서술된 안또니오 네그리의 삶정치적 다중예술론, 9장에서 서술된 질 들뢰즈의 장치로서의 예술론, 10장에서 서술한 조르조 아감벤의 세속화론 등은 우리 시대에 가능한 예술진화의 방법들에 대한 구체적이고 전략적인 모색들이다. 이들은, 제도화된 미술관을 넘어 노동과 삶의 지평으로 예술의 무대를 넓혀 내면서, 푸코가 제시한 바 있는

'삶의 미학'을 나름의 방식으로 구체화한다. 〈보론 1〉에서 메트로폴리스를 우리 시대의 고유한 예술 공간으로 설정하고, 〈보론 2〉에서 아감벤의 공동체론에 대한 비판적 전유라는 방법을 통해 메트로폴리스의 공동체적 재구축의 방안을 모색해본 것은 삶의 미학, 삶의 예술의 시공간이 무엇인지를 상상하기 위한 시도이며 미와 정치, 미학과 정치학이 이제 결코 분리될 수 없는 것으로 엮여 들어 있음을 확인하기 위한 시도이다.

이 책의 결론부에 해당하는 3부는, 삶의 미학과 예술진화론을 그 주체성과 미적 원리의 차원에서 구체화하기 위한 시도다. 11장에서는 8장에서 네그리에 의해 이미 제시된 바 있는 다중예술론을 이어받으면서, 예술가보다 더 예술가적인 주체성으로서의 다중에 대해 서술하고, 나아가 이 다중예술의 시대에 전문예술가의 위치와 역할의 재배치 방향 및 방법에 대해 살펴본다. 12장에서는, 다중의 삶예술이 취할 미적 원리로서 리얼리즘의 갱신 방향을 살핀다. 여기에서 나는, 모더니즘과 포스트모더니즘이 '리얼'real에 대한 다른 접근법과 이해에서 출발한 것을 고려하면서, 그 갱신의 출발점을 '리얼'인가 아닌가가 아니라 '리얼'이 무엇인가, 혹은 우리 시대에 어떤 '리얼'이 출현하고 있는가에서 찾아야 할 것이라고 주장한다.

현대 사회의 변형과
예술의 운명

1

신자유주의, 비물질노동,
그리고 예술의 운명

머리말

　오늘날 예술가라면 누구를 말하는 것일까? 그는 무엇을 하고 있으며 어떤 문제를 겪고 있을까? 그 문제를 타개하기 위해 그는 무엇을 고민하고 있으며 또 무엇을 할 수 있을까? 주위를 얼핏 돌아보면 전문예술가들의 활동장(場)인 예술제도가 건재한 것으로 보이고 여전히 헤게모니를 행사하고 있는 것으로 보인다. 하지만 조금만 더 깊이 들여다보면 예술장은 제도예술계보다 훨씬 더 넓고 깊은 곳에 분포하고 있을 뿐만 아니라 끊임없는 동요와 위기 속에서 재구성되고 있다. 예술적 요소, 혹은 예술성이 상품사회의 중요한 측면으로 부상하면서, 무엇보다도 물질적·비물질적 생산물을 생산하는 산업현장이 직접적 생산자들로 하여금 일상적으로 예술가일 것을 요구하고 있다. 이에 따라 생산세계가 예술세계와 겹쳐지고 닮아갈 뿐만 아니라, 노동자들은, 자신이 원하든 원하지 않든 간에, 점점 예술가의 성격을 띠게 된다. 소비세계 역시 단순한 상품소비 공간에 머물지 않는다. 소비세계는, 상품들에게 더 뛰어난 작품일 것을 요구하는 예술적 향유세계로서의 성격을 띤다. 이렇게 예술성이 협의의 예술사회는 물론이고 생산사회와 소비사회 모두를 횡단하면서, 예술의 일반화, 누구나everybody의 예술가화, 모든 것의 예술작품화라고 부를 수 있는 현상들이 나타나고 있다.

그러나 노동자-예술가들, 소비자-예술가들에게 예술은 결코 고상하고 우아한 것이 아니다. 무엇보다 노동자-예술가들은 치열한 경쟁 환경에 노출되어 있다. 그들은 자신의 노동력을 일상적으로 재구성하고 예술적으로 개량하며 그 능력을 축적하고 증대하지 않으면 안 된다는 압박을 받는다. 이러한 경쟁환경은 전문[전업]예술가들이라고 해서 벗어날 수 있는 것이 아니다. 이들은 모두 자신의 예술적 노동력을 자본으로 삼는 기업가로서, 자신의 노동으로부터 더 높은 부가가치를 생산하지 않으면 안 되는 기업가로서 살아야 한다. 다른 한편에서 오늘날의 예술가들은 대개 하나의 프로젝트가 끝나면 다른 프로젝트로 옮겨가야 하고 그것에 성공하지 못하면 실업자의 상태에 머물러야 하는 불안정한 위치를 벗어날수 없다. 기업가 정체성을 갖도록 부단히 요구받으면서도, 어떤 지속적이고 안정적인 본업도 확보하지 못한 채 부업에서 부업으로 전전해야 하는 프레카리아트precariat의 운명이, 예술가들 일반이 겪고있는 삶이다. 그 결과 그들은, 공적이거나 사적인 재단이나 예술기관들의 후원에 의존하거나 개인적 부채에 의존하는 비자립적 채무자의 위치를 벗어나기 어렵다. 예술가-노동자, 기업가-예술가는 이때문에 예술가-채무자로 나타난다. 이처럼 불안정한 노동자, 경쟁적 기업가, 미래시간이 상환의무에 묶인 채무자로서의 운명을 동시에 깊이진 예술가 형상이 우리 시대의 예술가 주체성의 초상이다.

나는 여기에서 이러한 주체형상이 어떤 역사적 기원을 갖는지, 그리고 어떤 사회관계와 정치전략이 그러한 주체형상을 현실적인 것으로 만들었는지, 그 형상 내부에 어떤 잠재력이 숨어있는지, 이 잠재력으로부터 예술이 어떤 대안적 미래를 끌어낼 수 있을 것인지, 이것을 위해 예술가들이 어떤 관계를 맺고 어떤 주체형상으로 변환되어야 할 것인지 등의 문제를 살펴볼 것이다. 이러한 고찰을 통해 나는 동시대 예술실천과 예술적 삶을 이해할 이론적 틀을 그려내고, 예술실천이 나아갈 방향에 대해 상상해 보고자 한다. 이것은 신자유주의와 예술의 상호관계를 그 유착과 공모의 형태에서만이 아니라 갈등과 실천적 결별의 형태 속에서 고찰하려는 정치미학적 노력의 하나이다.

경제인간 homo economicus

신자유주의와 예술의 관계를 살피기 위해서는 약간의 우회가 필요하다. 예술과 무관할 것처럼 보이는 신자유주의가 예술과 맺고 있는 내밀한 관계를 이해하기 위해서는 신자유주의에 대한 피상적 이미지를 넘어 그것의 심층적 이미지를 발견해야 하기 때문이다. 신자유주의와 생명정치에 대한 미셸 푸코의 분석은 이 문제에 매우 유익한 참고자료를 제공한다. 푸코는 말년의 강의들, 특히 『생명관리정치의 탄생』(1978~79년의 강의)에서 '이해관계'에 의해 조작되는 자유주의 통치술의 계보학을 탐구한다. 20세기 초의 국가주의적 통치에 대한 비판을 통해, 18세기 이후의 자유주의가 오늘날의 신자유주의로 재구성되는 사회정치적이고 윤리시학적인 계기를 탐구하는 것이 이 강의에서 그가 갖는 주요관심사다.

그에 따르면 오늘날의 신자유주의는 두 개의 역사적 계기의 발전과 융합에 의해 주어진다. 하나의 계기는, 바이마르 공화국에서 파시즘 및 그것의 붕괴에 이르는 전전戰前의 역사과정에 대한 비판에 기초하여 발전했던, 전후 독일의 질서자유주의적 재건과정이다. 또 하나의 계기는, 1932년 대통령에 당선된 루즈벨트가 펼친 위기대응 경제계획인 뉴딜정책에 대한 비판 속에서 발전되어온, 미국의 신자유주의이다. 이 두 흐름은 세 개의 공통분모를 갖는다. 첫째는 이 둘이 모두 케인즈주의를 학설상의 적으로 삼는다는 것이다. 둘째는 20세기에 나타난 통제경제, 계획, 국가개입주의 등 국가중심의 경제운영과 사회관리에 맞서 국가를 원자력만큼이나, 아니 그보다 더 두려워하는 국가혐오를 공유한다는 것이다. 셋째는 폰 미제스나 하이예크 같은 오스트리아 학파 사람들의 학설을 공동의 이론적 전거로 삼는다는 것이다.[1]

국가혐오 정서를 중심에 놓고 보면 신자유주의의 역사적 도전은 실로 **전면적**이라고 해도 과언이 아닌 것처럼 보인다. 그것은 1917

미셸 푸코 (Michel Foucault, 1926~1984)

년 러시아 혁명의 결과로 동구에서 발전한 사회주의, 그리고 그것에 대한 대응으로 서구에서 발전한 케인즈주의, 그리고 이 양자에 대한 대응으로서 독일, 이탈리아, 일본에서 발전한 파시즘 등과 변별될 뿐만 아니라 그것들의 국가주의적 공동 경향에 대립하는 반反국가(주의)적 정치학을 제시하고 있는

것처럼 보이기 때문이다. 하지만 오늘날 입증되고 있듯이 신자유주의는 국가에 반하기는커녕 강한 국가를, 작지만 강한 국가를 지향한다. 그것은 국가를 폐기하는 것이 아니라 거꾸로 재조직한다. 시장이 이 재조직의 모델이 된다. 사회를 경제의 이미지에 따라, 그리고 국가를 시장의 이미지에 따라 재조직함으로써, **국가에 의해 감독되는 시장 대신 시장에 의해 감독되는 국가를 창설하려는 것이다.**

신자유주의 통치성에서 경제, 시장, 이해관계가 사회와 국가를 재조직하고 조작하는 바탕이 된다고 말할 때, 이 말을, 신자유주의가 사회와 경제, 국가와 시장 사이의 위계를 단순히 역전시킨다는 의미로 받아들여도 좋을 것인가? 만약 그런 것이었다면, 푸코의 연구는 '시장에서 국가로의 권력 이전'이라는 상투적인 신자유주의 주류 담론에 배서背書를 해주는 것 이상의 의미를 갖기 어려울 것이다. 그런데 그의 분석은 이런 주류담론과 매우 상이한 논지를 전개한다. 또 그의 분석은, 신자유주의를 제국주의의 최근 국면으로 보는 좌파담론과도 먼 거리에 있다. 게다가 그의 분석은 최근 성행하고 있는 금융화 중심의 분석과도 직접적인 관계를 맺지 않는다.[2] 그의 분석의 독특한 점은 신자유주의 통치성을 지배 테크놀로지로 다루는 것을 넘어서 그것을 경제인간이라는 새로운 주체형상과 결부시키는 데에 있다. 이와 관련한 그의 논지는 미국 신자유주의의 특징을 다루는 부분인 『생명관리정치의 탄생』의 후반부에 집중적으로 나타난다.

그러면 이 새로운 주체형상은 어떤 맥락과 의미를 갖는가? 이것은, 푸코가 유럽의 신자유주의(독일의 질서자유주의와 프랑스의 사회적 시장경제)와 미국의 신자유주의를 서로 비교해서 이끌어낸 양자 사이의 중요한 변별점이다. 그에 따르면, 유럽의 신자유주의가 통치자들에 의해 혹은 통치의 장에서 형성되고 정식화된 경제적·정치적 선택이자 통치자들이 피통치자들에게 사용하는 통치기술이었음에 반해, 미국의 신자유주의는 사유·분석·상상·존재의 일반적인 양식이자, 통치자와 피통치자 사이의 일종의 관계의 유형으로 나타난다. 이 점에서 미국의 신자유주의는 단순히 뉴딜정책, 국가개입주의, 연방정부의 팽창 등의 통치정책들에 반대하는 다른 통치정책으로서만 이해될 수는 없다. 푸코가 미국 신자유주의 형성의 두 번째 요소로 제시하는 전쟁계약이 이와 관련해서 중요한 의미를 갖는다. 2차 세계대전 당시 미국은 국민들의 참전을 설득하면서, '당신들이 국가를 위해 죽으러 가 준다면 그 대가로 경제적·사회적 기구를 통해 고용, 질병, 사고, 연금 등에 대한 보장을 해주겠다'고 약속했다. 즉 미국의 전쟁은 의무나 동원의 형식이 아니라 통치자와 피통치자 사이의 계약의 형식 하에서 수행되었다.

전쟁이, 참전 시민을 국가의 피보호자로 만드는 사회계약의 형식으로 수행되었던 것은 어떤 의미를 갖는 것이었을까? 미국의 역사에 비추어 보면, 그리고 독립시기 이후로 건국과정을 주도했던 미국의 자유주의 원칙을 상기해 보면, 이 역사적 사실은 한편에서는 자유주의에 기초하는 것이지만 동시에 그것을 왜곡하는 것, 즉 일종의 비자유주의를 자유주의 원리 속에 도입하는 것이기도 하다. 미국은 자유주의의 요청에 의해 건립되었고 또 자유주의가 미국의 국가이성을 조절해 왔다. 그리고 역사적으로 자유주의는 미국의 모든 정치적 논쟁을 규정하는 근본원리였다. 그런데 2차 세계대전에 미국이 참전하면서 국민을 동원하는 과정에서 이처럼 정치에 비자유주의가 도입되었던 것이다. 미국의 신자유주의는 자유주의의 이러한 비자유주의적 굴절에 대한 비판과 투쟁을 통해 출현하는데, 이것이 바로 사유, 분석, 상상, 존재의 일반적인 양식으로 이해될 것을 요청하는 자유주의, 즉 기술이 아니라 원리로서 이해된 새로운 자유주의이다.

그런데 이것은 미국인에 의해서가 아니라 (미국에서 활동한 바 있는) 오스트리아인 하이예크에 의해 천명되었다. 그는, '살아 있는 자유주의'를 요구하면서, 지금껏 사회주의가 독점해온 유토피아의 이념을 자유주의도 만들어 내야 한다고 주장했다. 자유주의를 단순히 통치의 기술적 대안으로만 제시해서는 안 되고 자유주의의 양태에 대해 사유하면서 자유주의적 유토피아를 만들어 내는 것이 필요하다고 본 것이다.

이러한 역사적·정치적 맥락에서 형성된 미국 신자유주의의 특성에 주목하면서, 푸코는 대전기와 전쟁 후에 형성된 주체형상을, 다시 말해 국가의 부양자이자 그것의 피보호자인 인간[3]을, 자기 자신의 경영자인 경제인간으로 대체하려는 신자유주의적 사유와 신자유주의적 통치성이 어떻게 발전해 나왔는지를 분석한다. 여기서 푸코가 주목하는 주제는 두 가지, 즉 인적자본론과 범죄론인데 그 중에서도 인적자본론이 예술문제와 관련하여 특히 우리의 관심을 끈다. 왜냐하면, 맑스가 예술문제를 자신의 정치경제학 비판에서 제외시켰던 것과는 달리, 인적자본론은 예술문제를 자신의 경제학에 적극적으로 끌어들이고 있는 것으로 보이기 때문이다. 19세기에 맑스는, 예술을 비롯한 비물질적 노동들이 그것의 고유한 질적 성격 때문에 노동시간에 의한 가치측정이라는 자본주의적 평가원리와 잘 부합하지 않는다는 이유로, 또 그것들이 자본주의 시장에서 의미 있는 위치를 차지하기보다 주변적인 것에 머물고 있다는 이유로, 이러한 노동을 자신의 자본 분석에서 제외시켰었다.[4] 그런데 20세기 후반의 인적자본론은 정치경제학이 노동을 교환가치의 관점에서 양의 관점에서만 분석해 왔다고 비판하면서, 그들 자신은 노동을 질의 관점에서 분석할 것이라고 단언한다. 이 관점 속에서 맑스가 예술을 배제했던 바로 그 이유가, 인적자본론에 있어서는, 예술을 인적자본의 전형적 사례로 삼게 만드는 이유가 된다. 이로써 예술활동은 자본의 주변부에 놓인 예외활동이기는커녕 오히려 자본주의의 핵심에 놓여 있고 자본주의적 활동 전체를 규제하는 일반적 활동양식으로 간주되게 된다.

인적자본론의 이러한 단언과 판단은, 신자유주의가 예술을 비롯한 비물질노동을 노동분석의 모델로 삼고 그것으로부터 노동체제 및 사회체제 개편의 영감을 얻고 있다는 일단의 생각에 근거를 제공하는 것으로 보인다.[5] 맑스의 시대와는 달리, 예술이 협의의 예술장에서만이 아니라 산업현장 전체에서 노동과 생계수단으로 전환되고 있는 지금의 현실에서, 즉 예술이 자본에 실질적으로 포섭되고 예술 그 자체가 노동화하는 현실에서, 혹시 인적자본론이 우리 시대의 예술문제와 통치성의 문제를 해명할 중요한 열쇠를 제공해 줄 수 있지 않을까? 푸코가 보기에, 인적자본론은 확실히, 이제까지 경제적인 것으로 여겨지지 않았던 영역을 엄밀하게 경제적인 관점에서 재해석할 수 있는 가능성을 연다. 이미 언급했지만, 정치경제학은 토지·자본·노동이라는 상품생산의 세 요소 중에서 노동을 분석하지 않았거나, 노동을 분석하는 경우에도 그것을 노동시간이라는 양적인 요소로 환원시켜 분석했을 뿐, 노동 자체를 그것의 질의 측면에서 분석하지 않았다는 것이 정치경제학에 대한 인적자본론의 비판의 주안점이다. 미국의 인적자본론자들은 이것이, 아담 스미스나 리카르도에게 적용될 수 있는 비판일 뿐만 아니라 케인즈에게도 적용될 수 있는 비판으로 본다. 여기서 푸코는, (비록 인적자본론자들은 회피하고 있지만) 이 비판이 맑스에게도 적용될 수 있는 것인지를 (바로 그 인적자본론의 관점에서) 생각해 본다. 맑스는, 노동자가 노동을 파는 것이 아니라 노동력을 팔고 그 대가로 임금을 받는다고 분석한다. 그런데 인적자본론자들의 관점에서 보면 그러한 분석은 구체적인 노동을 노동력으로, 질을 양으로 추상한 것에 지나지 않는다. 맑스의 노동 개념이 실제의 총 노동시간(생산된 총 가치)과 노동력의 재생산 시간(임금을 통해 노동자에게 주어지는 필요노동의 가치)의 차이를 통해 착취를 설명하는 한, 결국 그것은 (인적자본론에 의해서는) 노동의 특성, 즉 구체적이고 질적인 변조에 관한

아담 스미스
(Adam Smith, 1723~1790)

것이 아니라 그것의 양적이고 추상적인 시간에 관한 것으로 간주될 것이라는 것이 푸코의 추론이다.

맑스와 인적자본론자들 사이의 이 추론된 대립에서 더 중요한 것은 그 추상화 메커니즘의 성격에 관한 것이다. 주지하다시피 맑스는 노동의 그러한 추상화를 자본의 현실적 논리, 다시 말해 자본주의적 역사과정이 가져오는 **실제적 효과**라고 설명함에 반해, 인적자본론자들은 그것이, 노동을 그 구체적 특성과 질적 변조 내에서 분석할 수 없는 정치경제학의 무능에서 비롯되는 **인식론적 결함**이라고 설명한다.[6] 인적자본론의 설명에 따르면, 노동 개념의 추상성은 (맑스의 생각과는 달리) 자본의 내적이고 실제적인 과정이 아니라 정치경제학의 한계와 무능을 보여 주는 것이므로 인식론적 교정을 통해 극복되어야 하는 것이다. 따라서 이들은, 역사적 현실의 변화(즉 자본의 지양) 없이 단지 학설적·인식론적 전환만을 통해서 그 추상성이 극복될 수 있을 것으로 본다. 이러한 관점에 기초하여,

신자유주의적 인적자본론은, 경제분석에 노동에 대한 질적이고 사용가치적인 분석을 도입할 수 있는 인식론적 전환을 어떻게 달성할 것인가를 자신의 이론적 과제로 설정한다.

이 인식론적 전환을 거치면서 경제학의 주요 과제도 달라진다. 이제 경제학의 과제는 자본, 투자, 생산과 같은 사물 혹은 절차 간의 관계 메커니즘을 분석하는 것이 아니라, "대안적 용도를 갖는 희소수단과 목적 간의 관계로서 인간 행동을 연구하는 것"으로 된다. 즉 그러한 절차들의 역사적 논리를 분석하는 것이 아니라, "개인들이 내적 합리성에 따라 행하는 전략적 계획화를 분석하는 것"으로 된다.7 이와 더불어서 경제학적 질문의 틀도 바뀐다. 지금까지 정치경제학이 '노동이 얼마에 팔리고 기술적으로 무엇을 생산하며 노동이 부가하는 가치는 무엇인가?'라고 질문해 왔다면 이제 경제학은 '노동자가 어떤 방식으로 자신의 자원을 사용하는가?'라고 질문하면서, 노동자에 의해 실천되고 활용되며 합리화되고 계측된 경제적 행동양식을 연구해야 한다. 인적자본론자들은 이런 과제 전환을 통해, 놀랍게도, 노동자가 갖고 있는 자원으로서의 노동의 '질적 차이'에서 문제를 출발시키고 개개의 노동자가 합리적으로 선택하는 '전략'에 따라 나타나는 경제적 효과를 분석하는 길이야말로, 실제로 맑스가 추구했지만 달성하지는 못했던 것, 즉 노동자의 관점에서 문제를 제기하고 노동자를 능동적인 경제주체로 정립하는 것을 가능케 한다고 역설한다. 현실적으로는 착취당하지만 잠재적으로는 혁명할 주체성으로서의 노동자라는 맑스의 혁명가 주체성의 표상을 이렇게 기묘하게 역전시킴으로써, 노동자는 이제, 자신의 신체적·

정신적 요소들의 총체로서의 노동능력, 즉 경쟁력의 소유자이며 이 노동능력을 자본으로 사용하여 임금이라는 소득의 흐름(이것은 처음에는 낮다가 점점 상승하고 노동자가 노후화되면 다시 낮아지는 흐름이다)을 창출하는 하나의 **기업가 주체성**으로 등장한다.

인적자본론자들의 노동자 이미지는 이처럼 기업가로서의 노동자라는 이미지다. 푸코는, 이 이미지가, 과거에 '교환하는 인간'을 지칭하던 경제인간이 '자기 자신의 기업가'라는 새로운 의미를 획득하면서 회귀하는 것이라고 본다. 경제인간에게 있어서 그 자신, 즉 '자기'는 노동이라는 특정 종류의 자본, 즉 하나의 인적자본으로 간주된다. 그 자신은 생산자이자 동시에 소비자인데, 그의 생산활동은 물론이고 소비활동도 자기만족을 생산하는 기업활동에 속한다. 그가 받는 임금은, 그의 인적자본에 할당된 보수, 즉 소득이다. 이상의 것들이, 신자유주의가 노동을 경제분석 속에 도입하기 위해 구성하는 인식론적 전환의 논리이다. 푸코는, 이러한 논리를 통해서 '인적자본은 어떻게 구성되고 축적되는가?'라는, 경제분석의 완전히 새로운 문제가 구성된다고 덧붙인다.

이러한 문제구성에서 원료 및 기계, 토지, 화폐 등의 자본요소들로부터 노동을 구분했던 전통적 경계선, 특히 맑스주의적 경계선은 사라지고 (예술행위를 포함하는) 노동은 이제, 다른 자본요소들과 그 구체적 질에서 차이가 날 뿐인, 또 하나의 **자본요소**로 환원된다. 맑스는, 각 생산요소들의 소재적 질은 정치경제학의 분석대상이 아니며 오직 그것의 가치만이 정치경제학의 분석대상이고, 가치는 임금, 지대, 이윤, 이자 등 어떤 형태를 취하건 간에 모두 노동의 지속시간에서 발생한다고 보았다. 그리고 그는 이런 방식으로 모든 가치를 노동의 개념으로 환원시킬 수 있었다. 인적자본론은 이러한 맑스의 문제의식을, '진정한 노동자의 관점'을 자임하면서 맑스와는 정반대의 방향으로, 즉 정반대의 효과가 나오도록 뒤집는 이론적 방법이다. 맑스는, 생산수단들이 자본에 속하게 되고 생산자는 노동을 담당할 뿐인 체제로의 이행, 즉 생산수단으로부터 생산자의 역사적 분리라는 특별한 사건을 통해 자본주의를 이해함에 반해, 신자유주의적 인적자본론자들은 노동이 곧 자본이라는 인식론적 조작을 통해 이 분리의 사건을 특별한 의미가 없는 것으로 소거消去한다. 이들에게 문제의 출발점은, 왜 그리고 어떻게 노동자들이 **역사적으로** 생산수단들로부터 분리되어 자본과 대립하게 되었는가가 아니라, **지금** 노동이 특수한 질의 자본, 인적자본이라는 인식론적 사실이자 또 그래야 한다는 경제적·정치적 **당위**이기 때문이다.

반복하지만, 인적자본론자들은 자신들의 생각의 정당성은 역사적 현실의 변화와는 무관한 것이라고, 즉 과거의 정치경제학의 인식론적 오류를 교정하는 것일 뿐이라고 주장한다. 하지만, 이러한 생각이 1970년대에 비로소 이목을 끌기 시작하여 신자유주의라는 체제적 힘으로, 하나의 통치성으로 굳어지게 된 것에는, 그러한 인식론적 변화를 뒷받침할 만한 어떤 **역사적 변화, 현실의 변화**가 있었던 것은 아닐까? 여기서 우리는 즉각적으로, 인적자본론의 예단과는 달리, 노동의 비물질화와 인지화라는 **역사적** 이행을 떠올릴 수 있고 또 그 이행이 가져온 실천적이면서도 인식론적인 효과를 검토하는 작업으로 들어갈 수 있을 것이다. 하지만 이 문제는 뒤로 미루고, 여기서는 신자유주의 경제분석가들이 말하는 인적자본이 구체적으로 무엇을 의미하는지, 그것의 이른바 '질적' 특성이 무엇인지를, 푸코의 분석을 따라가면서 조금 더 살펴보기로 하자.

인적자본은 선천적 요소와 후천적 요소로 구성된다. 선천적 요소에는 다른 요소들도 포함되지만 무엇보다 유전적 요소가 결정적이다. 노동자는, 질병에 걸릴 확률이 낮고 훌륭한 유전적 장비를 갖춘 인적자본이 되기 위해 결혼과 출산을 인적자본의 구성, 증대, 축적, 개량이라는 관점에서 조직할 필요가 있다. 더 큰 소득을 낳을, 즉 더 효율적인 인적자본을 가진 배우자를 얻어 소득 증대에 해롭지 않고 오히려 유익할 자녀들을 생산하는 것이 선천적 요소들에 대한 노동자-기업가의 관리방법이다. 후천적 요소에서 가장 중요한 것은 노동능력을 향상시킬 교육인데, 이것은 학교수업이나 직업훈련은 물론이고 부모 자신의 교육을 위한 투자, 부모의 자녀에 대한 보살핌-투자, 건강투자, 지위와 보수를 향상시킬 이주를 위한 투자 등을 포함한다. 총괄적으로 이것은 노동자의 능력-기계의 '혁신', 즉 신체의 생물적 물리적·정신적 혁신을 주제화하는 것으로, 경제성장을 위한 새로운 노동자원, 새로운 생산성, 새로운 기술, 새로운 시장을 발견해 내는 것이다. 이미 슘페터가 주장했듯이, 이 혁신이야말로 이윤율의 경향적 저하를 상쇄할 수 있는 방식으로 간주된다. 이런 관점에 근거하여 신자유주의자들은, 서구경제의 도약을 인적자본에 대한 거대한 투자와 가속화된 축적의 결과로, 제3세계를 인적자본에 대한 투자부족의 결과로 설명하기에 이른다.

이렇게 1970년대 말의 푸코는, 자기 자신의 신체, 자신의 노동,

자신의 삶을 자본으로 파악하고 그것을 수익성 있게 관리하는 기업가인 경제인간이 신자유주의적 통치성의 주체형상으로 등장한다고 분석했다. 이것은 신자유주의 사회의 경제만이 아니라, (신자유주의의 범죄론을 다루는 『생명관리정치의 탄생』 마지막 부분에서 그려지듯이) 사법, 정치 등 사회의 모든 영역을 동일한 원리에 따라 그려낼 주체형상이었다. 경제인간에게서 자기관리는 자기이기être soi의 노동이자 자기투자이며 그것의 목표는 자기라는 인적자본의 구성, 개량, 증대, 축적이다. 자기는 이제 영혼도, 사유도, 신체도, 진실도 아니며 타인의 것과 질적으로 다른 희소자원이자 인적자본인 노동능력이며 그 노동-자본의 더 큰 축적을 위한 구성과 혁신의 노력이다. 요컨대 신자유주의적 자기는 노동능력이며, 자기의 테크놀로지의 신자유주의적 양식은 노동능력-자기의 기업가적 이용이다. 여기서 우리는 이론에서의 반혁명counter-revolution을 본다. 왜냐하면 인적자본론은, 노동-능력을 역사의 핵심적 동력으로 파악하는 맑스의 논점을 그대로 가져오면서도, 그것을 공산주의적 사회혁명의 동력이 아니라 정확히 자본주의적 사회발전의 동력으로 거꾸로 위치 짓기 때문이다.

예술인간homo artis

노동능력-자기를 수단으로 하는 기업가-자기가 바로 경제인간이다. 이것이 자기의 테크놀로지의 최근의 양식을, 그리고 주체성의 최근의 형상을 보여 준다는 것은 분명하다. 그렇다면 우리가 이것을 역사가 보여줄 수 있는 최종적 양식이자 최종적 형상이라고도 말해도 좋을까? 결코 그렇지 않다. 푸코의 계보학적 탐구의 특징은 역사에 그 어떤 기원–목적도 없으며 시간은 불연속적임을 부단히 보여 준다는 것이다. 그의 관점에 따르면, 지금의 자기테크놀로지의 양식과 주체 형상은 결코 궁극적 도달점일 수 없으며, 언제든지 또 얼마든지 계보학적 이행을 겪을 수 있는(즉 변경될 수 있는) 특정한 역사적 양식이자 형상일 뿐이다.

실제로 푸코는 『성의 역사』 2권인 『쾌락의 활용』[8], 그 3권인 『자기에의 배려』[9], 그리고 1980년대에 이루어진 일련의 강의들(『주체성과 진실』, 『주체의 해석학』[10], 『자기의 통치와 타인의 통치』, 『진실의 용기』 등)을 통해 신자유주의적 자기의 테크놀로지와는 다른 양식과 다른 형상을 갖는, '자기의 테크놀로지'의 역사적 계보학을 전개한다. 여기서 자기의 테크놀로지란 다른 세 유형의 테크놀로지들, 즉 사물을 생산하고 변형하고 조작하는 '생산의 테크놀로지', 기호·의미·상징·의미작용을 사용할 수 있는 힘을 부여하는 '기호체계의 테크놀로지', 개인의 행위를 규정하고 개인을 특정한 목적이나 지배에 종속시켜 주체의 객체화를 꾀하는 '권력의 테크놀로지' 등과 더불어 테크놀로지의 네 번째 유형을 구성하는 것으로, 개인이 자기 자신의 수단을 이용하거나 타인의 도움을 받아 자기 자신의 신체, 영혼, 사고, 행위, 존재방법 등을 일련의 작전을 통해 효과적으로 조정하는 기술이다. 이 테크놀로지를 사용하여 각 개인은 행복, 순결, 지혜, 완전무결, 불사와 같은 상태에 도달할 수 있는 자기

변화의 힘을 갖게 된다. 이 네 가지 유형의 테크놀로지들은 각각 개별적으로 제 기능을 하는 것이 아니라 영속적으로 상호작용하는데, 푸코는 세 번째인 권력의 테크놀로지와 네 번째인 자기의 테크놀로지 사이의 연결관계를 통치성gouvernementalité이라고 부른다.[11] 그의 연구는 1970년대에서 1980년대로 넘어오면서 통치성의 첫 번째 축인 권력의 테크놀로지에서 두 번째 축인 자기의 테크놀로지로 초점을 옮기는데, 1970년대 말 신자유주의 통치성 연구작업의 말미에 이루어진 경제인간 형상에 대한 탐구는 이미 그 이행을 뚜렷이 보여 주는 것이었다.

그의 계보학적 탐구를 통해 우리가 알 수 있는 두 가지 사실이 있다. 그중 하나는 신자유주의 통치성에서 부상하는 주제, 즉 자기 자신에 대하여 관심을 가지고 자기를 배려하기라는 주제가, 일정한 굴곡은 있지만, 역사의 어느 시기에서나 삶에서 매우 중요한 위치를 차지하고 있었다는 점이다. 다른 하나는, 그럼에도 불구하고, 관심을 가지고 배려해야 할 자기는 주로 영혼, 신체, 진실, 사실, 사유 등으로 인식되었지, 노동능력이나 노동-자본으로 인식된 적은 없었고, 자기 배려가 그러한 자본의 축적으로 인식된 적은 더더욱 없었다는 점이다. 문제를 좀더 깊이 이해하기 위해, 그가 전개하는 자기 테크놀로지의 계보학 내부를 조금 더 들여다보면, 자기에 대한 관심과 배려라는 주제, 즉 자기 테크놀로지라는 주제를 다룸에 있어서 근대 이전에 두 가지 뚜렷이 변별되는 경향이 나타나며 이 두 경향 사이에 길항관계가 있어 왔음을 밝히는 데 푸코가 세심한 주의를 기울인다는 사실을 알아챌 수 있다. 그것은 자기배려 경향과 자기인식 경향의 길항관계라고 부를 수 있는 성격의 것이다.

플라톤과 소크라테스

기원 후 처음 2세기 동안 융성한 그리스–로마 철학에서는 자기인식이 자기배려에 밀접히 관련되고 또 그것에 종속되어 있었다. 이러한 자기배려 경향의 철학은 플라톤의 『알키비아데스』[12]에서 가시적으로 표현되었다. 소크라테스를 통해 발화되는 자기배려의 내용은, (1) 자신의 사명은 신들로부터 부여된 것이고 그 사명은 포기될 수 없다는 것, (2) 사명의 수행에 대해서는 어떤 보상도 요구하지 않는다는 것, (3) 자신의 사명은 국가에 유익하다는 것 등으로 구성된다. 이것은 자기에 대한 배려와 국가(정치활동)에 대한 배려의 동일성에 대한 언표이다. 반면 이로부터 8세기 후 니사의 그레고리우스는 똑같이 자기배려를 강조하면서도 그것을 국가에 대한 배려와 동일시하기는커녕, 세속과 결혼을 포기하고 육욕을 초탈하며 심신의 순결을 유지하면서 영생불멸을 회복하는 것으로 설명한다. 주목할 만한 것은, 자기배려를 이해하는 이 양극적 태도 사이에, 인간은 젊어서건 늙어서건 생애 전반에 걸쳐 자기를 성찰하고 집단의 구성원 각자가 상호구제의 임무를 다하도록 도와야 함을 강조하는 에피쿠로스적 자기배려 양식이 있었고 또 공동체를 구성하고 독서, 치유적 명상, 구도를 위한 식사, 개인적·집단적 기도를 함께 행하는 테라페우타이파Therapeutaipa적 자기배려 양식이 있었다는 것이다.[13] 이러한 자기배려의 문화에서는 영혼에 깃든 진리를 발견하기 위한 대화만이 아니라 글쓰기의 작업이, 즉 독서를 위해 자기 자신에 관해 몇 자 적거나 논문을 쓰고 편지를 쓰거나 일기를 통해 자신의 진실을 기록하는 등의 삭업이 중시되었다.[14] 그리고 이것들은 일상생활의 세부사항, 정신의 움직임을 관찰하고 기록하는 자기분석, 자기체험 등과 결합된 것으로 이해되었다. 스토아주의에서 자기배려는, 플라톤 시대의 대화보다는 새로운 교육관계('스승은 말하고 제자는 침묵 속에서 경청한다')의 구축으로 나타났다. 경청은 스승이 말하는 진리를 경청하는 것일 뿐만 아니라 내적 진리를 추구하는 자기를 경청하는 것이기도 했다. 피타고라스 학파의 경우 수면에 들기 전의 정화를 자기배려의 중요한 방법으로 사용했다. 세네카는 서적을 검열하는 검열관, 건물을 조사하는 건물조사관, 재고품을 조사하는 행정관과 같은 태도를 갖는 것을 자기배려의 방법으로 권장했다. 글쓰기, 명상meletē과 자기검토 외에 자기연마gymnasia와 꿈의 해석도 자기배려의 기술로 사용되었다.[15]

여기서 푸코가 주목하는 것은, 이러한 자기배려 경향이 어떻게 자기인식 경향에 의해 은폐되었는가, 자기에 대한 인식이 어떻게 자기배려와는 상반되는 자기포기의 길로 귀착되었는가 등의 문제이다. 푸코는, 자기인식이 자기포기를 가져옴으로써 자기배려를 은폐하게 되었다고 설명한다. 자기인식의 문화는, 도덕을 자기에 외부적인 법에 정초함으로써, 자기를 자신이 포기할 수 있을 뿐만 아니라 또 포기해야 할 무엇으로서 계속 각인했다. 그 결과 자기배려와 자기인식의 위계는 뒤바뀌고 근대에는 자기배려 대신 자기인식이 기본원리로 정착되었다. 이 과정은 무엇보다도 그리스도교 수행생활에 의해 촉진되었다고 할 수 있다. 왜냐하면 그리스도교에서 자기는 다른 현실에 접근하기 위해서는 포기해야만 하는 특정한 현실로 설정되기 때문이다. 그리스도교에서 영혼의 청정함은 자기인식의 결과로 주어진다. '사실의 인지'라는 말로 표현되는 자기인식의 과정은 단식, 의복규칙, 성에 대한 금지, 참회 등에 이르는 철저한 자기포기의 길로 나타난다. 고뇌를 표명하고 치욕을 보이고 경건한 태도와 겸허를 드러내는 징벌적 참회의식은 반드시 타인의 참여 하에서 **시각적으로** 재현되어야 했다. 그것은, 스토아학파에서와는 달리, 사적인 것이 아니라 공적인 것이었고 의학적이고 **사법적인** 절차였다. 고문, 죽음, 순교를 포함하는 이 자기공시의 과정은 자기동일성의 확립이나 자기배려가 아니라 자기의 거부, 자기로부터의 탈출, 자기파괴의 과정이었다. 이것은 언어적 절차의 자기인식 과정이 아니었고 **상징적**이고 **의식儀式적**이며 **연극적인** 절차였다.[16]

이 '사실의 인지' 절차 외에 고백의 테크놀로지도, 자기 자신의 사고의 항상적인 구두표현과 스승에 대한 항상적인 복종을 통해 사신의 의지와 자기 자신의 포기를 가져왔다. 고백 문화 속의 수도사는, 죽을 경우에도 자신의 교도자의 허락을 얻어야 했다. 허락을 받지 않은 모든 행위는 (자신의 목숨을 버리는 것조차도) 도둑질로 간주되었기 때문이다. 복종을 통한 자기 재구성이 수도사의 임무였다. 자기는, 마치 방앗간의 주인처럼 의식意識이라는 곡식창고 속에서 사고라는 곡식 알갱이를 선별해야 하며, 착한 병사는 우측으로,

악한 병사는 좌측으로 행진하라고 명령하면서 군사들을 선별하는 사관처럼 행동해야 하고, 화폐의 각인, 금속, 출처를 치밀하게 확인하는 환전상과 같은 역할을 맡아야 한다. 그리고 이 모든 감시와 검증의 결과는 고백의 형식을 통해 언표되어야 한다. 자백의 문화 속에서 언어로 표명되지 않은 모든 것은 죄로 간주되었다. 그렇기 때문에 구두표현의 기술이 중요하다. 푸코에 따르면 근대의 인문과학은 이 구두표현의 기술의 한 형태이다. 그는 근대 인문과학이, 과거의 자기인식의 절차들과는 달리, 자기포기를 가져오지 않으면서, 아니 오히려, 자기를 적극적으로 **구성**하기 위해 사용되기 시작한 구두표현의 양식이며 이런 점에서 과거의 구두표현 기술들과의 적극적 단절을 보여 준다고 말한다.[17]

자기인식 아래에 종속된 자기배려가 자기포기라는 결과를 가져왔다면, 자기인식을 자신의 아래에 통합하는 자기배려는 파르헤지아parrhêsia(진실의 용기)를 구조화한다. 『알키비아테스』에서 배려의 대상인 자기는 영혼에 국한되고 배려의 형식은 인식으로 됨에 반해 (그래서 철학이 형이상학, 영혼의 존재론, 명상으로 됨에 반해) 『라케스』[18]에서 플라톤은 배려의 대상을, 비오스Bios, 생명, 실존으로 설정한다. 여기서 플라톤은 자기배려란, 그러한 자기의 실존[삶]에 형태를 부여하며 자신의 삶을 규칙과 기술에 복종시키는 것이라고, 다시 말해 절차에 따라 삶을 시험하는 것이라고 설명한다. 철학이 **삶의 기술**이자 **자기의 미학**으로 나타나는 것이다. 이를 통해 『라케스』가 보여 주는 것은 자신의 신체 너머에 초월적인 존재론적 실재(영혼)를 위치시키는 것이 아니라, 자신의 내재적 삶에,

장-레옹 제롬, 〈디오게네스〉, 1860

규칙화된 어떤 스타일을 부여하기 위해 치러야 할 대가를 알고자 하는 용기이다.[19]

견유주의자들의 파르헤지아에서는 삶과 진실의 관계가 좀더 근본적이다. 그들은 언어사용에서 투박하고 신랄하며 선동적이고, 생활양식에서는 전혀 가꿈이 없이 더러운 외투을 입고 덥수룩한 수염을 하고 다니며 거친 방랑생활을 한다. 견유주의자들의 파르헤지아는, 진실을 말하기 위해서는 아무것에도 집착하지 않고 불필요한 관습과 근거 없는 의견에서 해방되며 삶 속에서의 기행奇行을 통해 진실을 빛나게 하는 것으로 나타난다. 삶과 진실 사이에 조화로운 일치를 설정하는 것이 중요한 것이 아니라 삶 그 자체를 진실의 면도날로 제시함으로써 양자를 결합시키는 것이 중요하다. 숨김없음, 순수함, 곧음, 부동성이라는 진실담론의 네 개의 특징들은 견유

주의자들에게는 삶 그 자체의 특징이기도 하다. 이들은 어떤 수치심도 없이 삶의 무엇이든 (자위, 성교 등까지) 숨김없이 공개적으로 노출시킨다. 또 이들은 삶을 순수하게 만들기 위해 적극적으로 가난을 자청하여 물적 재산에서 벗어날 뿐만 아니라, 동물의 삶을 모델로 삼으면서 자연과 부합하는 삶을 조직한다. 이들이 지향하는 것은, 모든 구속에서 해방된 절대독립의 삶, 확고부동한 '왕 중 왕'의 삶이다. 이 진실의 삶은, 숨김없이 야외에서 살며 얽매이지 않아 순수하고 낯선 이에게 직설적으로 짖으며 각성상태에서 절대적인 평온을 향유하는 '들개*의 삶'이다. 이것이야말로, 삶과 진실의 조화나 일치를 넘어, 삶 그 자체를 진실이 현시되는 지점으로 만드는 견유주의자犬儒主義者의 파르헤지아다.[20] 이 견유주의적 파르헤지아는 이후에 신학, 혁명운동, 예술 등에서 재출현하는 것으로 볼 수 있는데, 푸코는, 검소와 금욕적 스캔들의 신비주의 신학이나, 무정부주의 경향 혹은 좌익급진주의와 같은 19세기 혁명운동, 모방·장식·규범 등을 거부하면서 그것들을 최소한의 것으로 축소하는 근대예술(보들레르, 플로베르, 마네) 등이 그 예라고 말한다.[21]

　1980년대 초에 이루어진, 자기배려에 대한 푸코의 이러한 탐구는 가정관리술, 의학적 양생술, 철학적 연애술의 세 영역에서 자기를 도덕적 주체로 만들어 내며 개인으로 하여금 **자신의 삶을 하나의 예술작품으로** 만들 수 있게 하는 행실과 실천에 대한 탐구로서 1970년대 말에 착상된 **삶의 미학**(실존의 미학) 구상을 계속 발전시키고 있는 것임이 분명하다. 삶을 진실에 내재적인 현장으로 삼는 견유주의적 자기배려의 노선은, 자기배려를 자기인식에 종속시킨 그리스도교적 자기의 기술과 대립할 뿐만 아니라, 진실과 삶의 분리 위에서 양자의 조화를 꾀하는 스토아주의적 자기배려의 노선으로부터도 첨예하게 분리되는 것이었다. 이러한 자기배려의 노선은, 삶을 예술작품으로 구축하는 미학적·예술적 주체성, 즉 예술인간의 형상에 의해 지탱되었다고 할 수 있다. 삶을 그 자체로 진실 내재적인 것으로 보면서 삶(생) 그 자체를 진정으로 배려해야 할 자기로 간주하고 또 실행한 견유주의적 자기배려는 삶의 미학의 한 극한을 보여 준다고 할 것이다.

신자유주의적 주체형상인 경제인간은 예술인간과 분명히 다르지만, 그전까지 국가집단에 종속되어 있었고 비가시화되었던 자기의 문제를 드러낸다는 점에서 주목할 만하다. 인적자본론이 그리는 이 경제인간은 자기의 테크놀로지의 어떤 유형을 가리키는 것일까? 여기서 '자기'는 경쟁하는 여러 질적으로 다른 자본들 속에 자리 잡고 있으면서 자신의 증대 및 축적을 위한 자기구성과 자기개량에 열중하는 하나의 자본으로 나타난다. 그것은 분명 신체를 갖고 있는 인간이지만 자본축적에 도구적이며, 스스로 살아가지만 성찰해야 할 영혼을 갖고 있지는 않으며, 그 삶이 일치하거나 드러내야 할 진실도 없다. 배려되어야 할 자기는 물신화된 사기-자본이며 그것을 위한 수단으로서의 자기-노동이다. 자본으로서의 그 삶은, 승자가 되기 위해 비밀을 생의 원리로 삼고 물적 재산에 종속되어 순수하지 못한 삶이며, 동물적이기보다 괴물적이어서 자연과 부합되지 않는, 끊임없이 부패하면서 확고부동한 평온을 상실하는 삶으로 나타난다. 이런 의미에서 경제인간은 자기의 테크놀로지의 한

계보적 형상임이 분명하지만, 푸코에 의해 묘사된, 견유주의적 자기배려나 파르헤지아로부터는 거리가 멀고 오히려 그것과 대립하는 형상으로 제시되는 것으로 보인다. 20세기 전간기戰間期에 부상한 국가에 의해 억압되고 은폐되었던 자기의 테크놀로지가 전후에 다시 회복되면서도 자기배려의 노신을 밀진시키기는거녕 왜 극난석인 사기이용과 자기착취를 원리로 삼는 경제인간의 형상으로 나타난 것일까? 이 자기 테크놀로지의 형상이 호모 사케르(아감벤), 쓰레기(바우만), 프레카리아트(비포)와 같은 불명예스럽고 불쾌하고 불안정한 이름으로 불리고 그것이 구현하는 사회가 피로사회(한병철)로 드러나는 것은 무엇 때문일까?

역사적 배경 : 예술의 일상화와 아방가르드

푸코는, 자기의 테크놀로지 속에서 자기인식과 자기배려라는 두 경향을 비교하면서, 자기인식의 문화가 연극적이고 상징적인 성격을 띠었음에 반해 자기배려의 문화는 직접적이고 수행적인 성격을 띠었음을 반복해서 강조한다. 우리는 근대예술의 발전과정에서도 이와 유사하게 두 경향들의 긴장과 갈등을 확인할 수 있다.

제도화된 주류예술은, 자기인식의 테크놀로지처럼, 구경꾼·관람객·독자 등에게 보여 주기 위한 작품을 생산하는 예술양식을 구축해 왔다. 이러한 예술 생산양식에서 예술가는 수용자들에게 보여줄 독립된 물적 대상을 만들어 내며 그 대상은 예술가에게서 소외되어 영구불변한 예술적 가치를 지닌 것으로 감상되고 거래되고 소유되었다. 마치 노동자가 자신이 생산한 상품으로부터 소외되듯이 예술가도 자신이 생산한 작품에서 소외된다. 수용자가 자신으로부터 독립된 작품의 단순한 소비자로 위치 지어진 것은 이러한 과정의 이면이다. 이러한 예술양식에서 예술창작은, 산업에서 노동이 노동생산물로부터 소외되는 활동일 뿐만 아니라 노동과정에서도 소외되는 활동이며 궁극적으로는 노동자 자신으로부터도 소외되는 활동이듯이, 오브제화된 작품을 만들어냄으로써 그것으로부터 소외되고, 그와 연동하여 예술창작 과정이 소외된 활동으로 되며, 결국 예술가 자신이 그 자신으로부터 소외되도록 만들었다.

맑스가 명확하게 밝혔듯이, 상품사회에서 노동자가 소외되는 일차적 원인은 생산자인 노동자 자신으로부터 생산수단들(토지, 원료, 기계 등)이 분리된 것이었다. 그런데 자신의 생산수단들인 창작의 수단들에서 분명하게 분리되었다고 말할 수 없는 예술가조차 왜 이러한 소외를 겪어야 했던 것일까? 예술가들이 악기, 필기구, 물감, 손, 눈, 귀와 같은 생산수단들을 자신의 것으로 소유하고 있었던 것은 사실이다. 하지만 예술창조의 생산수단은 그러한 기술적 도구나 신체적 도구들만으로 충분한 것이 아니었다. 예술가는 창작을 위해 이러한 수단들과는 다른 자원들을 필요로 하는데, 예술가들이 그 자원들로부터의 소외를 겪고 있는 것이 주목되어야 한다. 그 자원들 중에서 무엇보다도 중요한 것은 다름 아닌 사회적 삶 자체인데, 분업화된 상품사회에서 예술가는 자신들의 영감의 원천이 되고 예술적 에너지의 보급소가 되는 그 사회적 삶으로부터 분리된다. 그 결과 예술가는, 개체적 자기를 넘는 사회적 자기와 주체-대상의 관계만을, 즉 재현적 관계만을 맺게 된다. 사회적 자기에 대한 예술가의 분리된 위치 혹은 초월적 입장은 여기에서 비롯된다.

이와 더불어 주목할 것은, 사회적 삶에서 분리된 예술가는 자신의 작품의 수용자, 향유자를 시장이라는 낯선 환경에서 찾지 않을 수 없었다는 점이다. 그 결과 작품은 자신으로부터 소외되어 자신의 삶으로부터 멀어져갔다. 요컨대 예술은 사회적 삶과의 통합성을 잃고 그것으로부터 멀어졌고, 다시 이것은 사회적 삶과 예술 간의 물질적·정신적 분리를 더욱 깊이 생산하는 것으로 귀결되었다. 이 소외과정의 반복을 통해 마침내 예술은 예술가라는 근대적 신분을, 그리고 예술작품의 창조자라는 몫을 분배받았고, 이에 따라 사회적 삶에서 분리된 시민사회의 한 분업적 영역으로 자리매김되었다.

이러한 상황이 (푸코적 의미의) '자기인식'적 예술문화를 낳는 것은 필연적이다. 이 소외와 격리의 체험이 예술에 예술의지의 억압, 예술적 창조력의 고갈, 장식성과 상투성의 부상 등의 제약을 부과하는 것은 필연적일 것이다. 이러한 상황에 직면하여, 자기의 테크놀로지로서의 예술 내부에서 예술의 이 인식론적이고 재현적인 위치에 대한 저항과 거부가 나타난 것 역시 다른 의미에서 필연적이라고 할 수 있다. 20세기의 예술사에서 우리는 예술이 오브제화, 대상화하는 것에 대항하는, 그리고 그 결과로서의 예술적 소외에 대항하는 끊임없는 투쟁을 발견할 수 있다. 20세기 초반에 이미 미래주의, 다다이즘, 초현실주의 등에 의해 예술의 재현주의적 소외에 대한 투쟁이 전개되었다. 20세기 중후반 프랑스를 중심으로 전개된 국제상황주의 운동, 그리고 독일·미국·일본·한국을 무대로 전개된 플럭서스 예술운동은 재현주의를 극복하기 위한 20세기의 급진적 예술운동이 어떻게 전개되었고 또 어떤 한계를 가졌는가를 보여 준다.

물론 20세기 초반의 급진적 예술운동과 20세기 중후반의 그것 사이에는 대상과 지향에서 차이가 있다. 미래주의·다다이즘·초현실주의가, 고전주의에서 사실주의로 이어져온 역사적 예술체제에 대한 항의·거부·비판·파괴에 주력한 것에 비해, 플럭서스와 상황주의는 이 부정의 경향을 계승하면서도 새로운 감성적 예술체제를 실험하고 구축하고 그것으로 유희하는 긍정의 작업에 주력했다. 전자는 주로 재현적 예술체제에 대한 부정을 표현하고 후자는 재현적 예술체제를 벗어난 예술실험에 대한 긍정을 표현한다는 점에서 역사적으로 서로 보완하는 운동으로 이해할 수 있다.

다른 비교도 가능하다. 미래주의를 비롯한 전자의 초기 아방가르드 운동은 1917년 전후에 사회주의 운동과 연합하여 기존의 자유주의 체제에 대항하는 운동에서 출발한 이후, 점차 현실 사회주의에까지 대항하는 운동으로 발전해 갔다. 이와 달리 케인즈주의의 전성시대인 20세기 후반에 시작된 상황주의나 플럭서스 예술운동들은 처음부터 자유주의와 사회주의 모두에 대항하는 운동으로 시작한다. 이 점에서 후자는 전자의 도달점을 출발점으로 삼으면서 지구상에 실존하지 않는 새로운 삶과 사회를 모색하기 시작했다고 할 수 있다. 또 전자는 의식적으로 전위적이었음에 반해, 후자는 전위성 그 자체를 예술적 성찰과 비판의 대상으로 삼았다는 점에서도 의미 있는 차이를 갖는다.[22]

20세기의 이 아방가르드 예술흐름들의 특징은, 예술과 삶의 상호관계에 대한 도전적 문제제기를 함축한다는 점이다. 기존의 예술형태들이 일상적 삶과 분리된 하나의 제도형식으로서 그 삶과는 재현적 방식으로만 관계한다는 점이 이들이 가졌던 비판적 문제의식이다. 아방가르드 예술운동들은 이러한 예술양식에 맞서서, 예술과 삶을 통일시키고 예술을 삶 내재적인 활동이자 실천형식으로 위치 지으려고 시도한다.

여기서 우리는 '자기인식'적 예술양식을 '자기배려'적 예술양식으로 변형시키려는 강한 충동을 읽을 수 있다. 가령 미래주의는, 재현예술들에서 '재현의 대상으로 설정되는 실재'(오브제)를 이미 죽은 것, 과거의 것으로 보아 기각하면서 직관을 통해 '지속으로서의 시간'(베르그손)과 관계하고자 했다. 또 다다이즘은, 이러한 의미에서의 오브제를 설정하는 재현메커니즘을 의식적으로 파괴하려는 아나키즘적 충동을 표출했다. 초현실주의는 그러한 오브제(화)를 넘어설 힘을 상상력이나 프로이트적 무의식 혹은 잠재의식에서 구했다. 상황주의는, 오브제가 객관적 실재가 아니라 활동과 실천에 의해 구성되는 것이라는 맑스적 이념에 따라, 기존의 상황을 파열할 새로운 상황을 창조하는 것을 예술의 역할로 설정했다. 플럭서스는, 서구의 물리학이나 전자기술의 발전뿐만 아니라 동양의 선(불교)과 연기사상, 심지어 샤머니즘까지 흡수하면서, 재현 대상으로서의 오브제를 우연의 보편적 흐름과 탈경계적 변화로 해소시켰다. 이들에게 예술은 더 이상 삶으로부터 분리된 오브제 재현이나 오브제 구성의 활동이 아닌 것으로 되었으며 삶 속에서의 끊임없는

플러서스 멤버인 벤자민 보티에가 프랑스 블로아시 프랑시아드로(路)에 설치한 〈벤의 벽〉(Le mur de Ben, 1995)

실험, 발명, 관계형성, 창조, 유희의 과정으로 이해되었다. 예술은 더이상 대상의존적이거나 대상생산적인 활동이 아니었다. 그것은 삶을 배려하는 마음의 움직임이자 관계구성적인 마음의 네트워크로 나타났다.[23]

「예술 및 플럭서스 예술오락에 관한 선언문」에서 플럭서스의 마키우나스는, 극복해야 할 예술양식과 지향해야 할 예술양식을 극적으로 대비시킨다. 현존하는 예술은 예술가의 전문적·기생적·엘리트적 지위를 정당화하기 위해서, 예술가의 불가피성과 배타성을, 예술가 외의 어느 누구도 예술을 할 수 없다는 것을, 그리고 예술가일 수 없는 청중이 있어야 함을 입증하기 위해 노력한다. 그 결과 예술은 복잡하고 가식적이고 심오하고 진지하고 지적이고 탁월하고 세련되고 의미 있고 연극적인 것으로 되어간다.[24] 이러한 예술은, 예술가에게 수입을 제공하기 위한 상품으로서, 계산가능한 어떤 것으로 나타난다. 예술의 가치를 높이기 위해 (그리고 후원자의 이윤을 높이기 위해), 예술은 양적으로 제한되어 희귀한 것으로, 또 사회의 엘리트와 기관들만이 획득할 수 있고 접근 가능한 것으로 되어야 한다. 이러한 것들이, 설령 제도예술가들이 자기배려적 노력을 한다고 하더라도, 그 노력이 결국 자기포기로 귀착되어 버리곤 하는 조건일 것이다.

마키우나스는 이러한 제도예술에 대한 대안으로 비예술-실재로서의 플럭서스 예술오락을 제시한다. 그는, 사회에서 예술가가 전문적일 필요가 없고 심지어 예술가가 별도로 존재할 이유도 없으며 청중, 관객, 독자도 예술가에 의지하지 않는 자기충족적 존재일 수 있음을 강조한다. 이러한 생각에 따르면, 예술생산자와 예술향유자는 능력의 위계에 따라 차별적으로 배치될 이유가 없으며, 평등한 능력의 소유자이자 예술망의 평등한 마디로서 친구관계를 맺을 수 있다. 요컨대 플럭서스 예술오락의 관점에서 보면 무엇이든 예술일 수 있고 누구든지 예술가일 수 있는 것이다. 마키우나스는, 예술오락은 단순하고 즐겁고 비가식적이어야 하며 하찮음에 관심을 가져야 한다고 주장한다. 그것은 어떤 숙련도 필요로 하지 않아야 하며, 무수한 예행연습도 필요로 하지 않아야 하고, 어떠한 상품가치나 제도적 가치도 갖지 않아야 한다. 예술오락은 전적으로, 매 순간의 삶의 행위와 일치하는 것으로 이해되어야 한다. 그는, 예술오락은, 모든 사람이 그것을 향유할 수 있게끔 무제한적으로 대량생산되어야 하며, 궁극적으로 모든 사람에 의해 생산되도록 만들어져야 한다고 주장한다. 이를 위해서는 예술이 상품가치의 세계로부터 해방되어야 한다. 이런 관점에서 마키우나스는, 플럭서스 예술오락은 다른 예술보다 한 수 앞서기 위해 경쟁하려는 어떠한 충동도 허세도 갖지 않는 후위(後衛)의 예술이라고 정의한다. 아방가르드의 정신을 계승하면서도 아방가르드라는 개념 자체를 거부하는 마키우나스의 생각 속에서 예술오락은 단순한 자연적 사건, 게임, 농담 등의 단순구조적이고 비연극적인 질을 추구하며 그 속에서 스파이크 존스의 노래, 어린아이들의 놀이, 그리고 마르셀 뒤샹은 서로 융합된다.[25]

　　예술가라는 사회적 범주가 가치, 이윤, 권력과 같은 예술외적 필요에 의해 인위적으로 형성되고 또 유지되고 있으며 이러한 예술체제 속에서 예술가는 지배 종속 관계를 생산하는 기생적이고 배타적인 집단으로 형성된다는 비판, 그리고 예술은 상품화되고 가식적으로 되며 희소한 것으로 정의된다는 그의 비판의 요점은 **청중의 예술적 자율성**을 입증하고 실현하는 것에 있었다. 즉 어느 것이든 예술일 수 있고 누구든지 예술가일 수 있음을 보여 주는 것에 있었다. 그런데 주목할 것은, 삶으로부터 분리된 지식인적이고 전문화된 제도적 상업예술문화를 해체하고 모든 사람들이 수용자이자 생산자로 될 수 있는 비-예술을 구축할 가능성에 대한 이 급진적 선언이 직면한 것이, 역설적이게도, 자본이나 제도에 의한 거부나 반격이 아니었다는 것이다. 자본은, 이 급진적 예술선언에 나타난 해방의 정신을 거부하기보다, 오히려 그것을 위기에 처한 자본의 새로운 축적양식을 재구성하기 위한 정신으로 흡수하는 방향을 선택했다. 예술의 일상화, 예술창조의 보편화, 삶 그 자체의 예술화를 위한 플럭서스와 상황주의자들의 추구는, 자본에 흡수되자마자, 정반대의 것으로 방향 잡힌다. 요셉 보이스에서 비롯되어 마키우나스에게까지 이어진 '누구나 예술가다'라는 명제가 '누구나 기업가다'라는 명제로 역전되는 것이 대표적 사례이다.

여기서 알 수 있듯이, 누구든지 자신의 노동을 인적자본으로 삼아 자기 삶을 경제적으로 관리하며 축적하는 기업가라는 주체인 식양식은, 바로 20세기 후반 아방가르드 예술운동에서 영감을 얻은 것이었다. 다시 말해, 푸코가 신자유주의 통치성의 주체양식으로 서술했던 경제인간은 자기배려적 예술인간의 자본주의적 전용이자 그 역전의 산물이다. 20세기 후반, 급진 아방가르드 예술가들의 예술포기, 자살 같은 비극적 대응은, 예술가들의 기업가로의 변신이라는 상반되는 대응과 더불어, 자본의 전용과 역전 앞에서 예술실천의 좌절경험 및 무력함에 대한 지각과 결코 무관하지 않을 것이다. '모든 사람들에게 이해될 수 있는 비예술–실재'라는 구상은, 모든 형식들 및 장르들의 통일이자 삶과 분리된 예술의 극복으로서의 총체예술의 이념으로 발전되었다. 하지만, 플럭서스와 상황주의 예술운동은 자본의 신자유주의적 전환과 사회적 삶 전체에 대한 **생명권력적 포섭** 공작을 이겨내지 못하고 시장과 산업의 혁신기술로 흡수되는 운명을 피하지 못했다. 국제상황주의자들[SI]은 레닌주의적인 일괴암적 조직화를 시도하다 내부 분열에 직면하여 해체와 단절의 운명을 맞았고 플럭서스는, 그와 반대로, 마키우나스의 조직화 시도를 '교황이 되고자 하는 욕망'의 표현으로 비웃고 예술가 개인주의에 많은 것을 허용하는 느슨한 공감적 경향을 선택함으로써 신자유주의적 예술시장에 포섭되는 길을 밟았다.

신자유주의 전략: 노동의 인지화와 예술의 노동화

'누구나 기업가다'라는 경제인간 명제가 '누구나 예술가다'라는 예술인간 명제로부터 단순히 언어형식만을 전용한 것은 아니다. '누구나 기업가다'라는 명제가, 누구나 기업가이지만 그 기업가는 동시에 예술가이기도 하다는 적극적 암시를 함축한다는 점에서 경제인간과 예술인간 사이의 관련은 단순한 언어형식적 유사성을 넘는 내용적 연결성을 갖는다. 이 연결성은, 경제인간이 자본에 의한 예술인간의 포섭·포식의 산물이라는 점에서 기인한다. 어떻게 이 포섭과 포식이 발생했을까? '누구나 예술가다'라는 아방가르드의 반재현주의적 명제가 어떻게 '누구나 기업가다'라는 명제로 전용되었을까?

우선 이 전환은 1960년대 말을 전후한 세계자본주의의 위기를 배경으로 이루어졌다. 20세기 초에 폭발한 노동자 혁명의 직접적인 산물로(동구 사회주의의 경우), 혹은 그것에 대한 수동적 대응과정에서(서구 케인즈주의의 경우) 구축된 체제는 자본과 노동 사이의 사회주의적 연합 혹은 포드주의적 타협에 기초한 체제였고 산업노동을 대중화하는 체제였다.[26] 사회주의적이거나 케인즈주의적인 복지국가 하에서 절정에 이른 이 대중화된 산업노동 체제는 '누구나 노동자다'(노동인간$^{homo\ laborans}$)라는 이념을 초자아적 이념으로 하여 구축되었지만 커다란 맹점을 갖고 있었고 또 그것의 전개과정에서 내적 모순은 심화되었다. 우선 '누구나 노동자다'라는 이념은 커다란 사각지대를 갖는 것이었다. 첫째로 인구의 절반을 구성하는 여성은 노동자로 간주되지 않았고 그래서 여성이 수행하는 가사노동, 돌봄노동에 대해서는 임금이 지급되지 않았다. 여성은, 가부장제적 남성지배를 매개로 임금노예제를 보충하는 체제의 가내 노예로 위치 지어졌다. 둘째로 교육을 받고 있는 학생도 노동자로 간주되지 않았고 그래서 이들이 수행하는 수업노동을 비롯한 일련의 강제노동에 대해서도 임금이 지급되지 않았다. 셋째로 실업자들이 수행하는 구직노동과 새교육노동 등 일련의 비공식노동도 노동으로 간주되지 않았고 그에 대해서도 역시 임금이 지급되지 않았다.

그 결과 20세기 세계가 '누구나 노동자다'의 이념에 기초한 일반화된 노동체제를 구축했음에도 불구하고, 이념과는 달리 아직 광범위한 인간집단이 노동자로 평가되지 않고 있었다. 이것은, 노동인구로 평가되지 않은, 주부, 학생, 실업노동자들 등의 노동이 무상으로 수탈되고 있었다는 것을 의미한다. 이들 비보장 노동자 집단의 불만은 국가재정에 기초한 사회적 임금(복지)에 의해 위로부터 다스려지고 있었다. 하지만, 1960년대 말의 재정위기는 국가권력이 아래로부터의 불만을 통제할 수 있는 능력을 잃도록 만들었다. 이것이 1968년 전후의 혁명적 폭발의 첫 번째 측면이다. 또 하나의 측면은, '누구나 노동자다'라는 이념의 연합축이라고 할 수 있는 공식노

1969년 이탈리아의 '뜨거운 가을' 당시, 밀라노에서의 거리 시위. 플래카드의 "Potere Operaio"는 "노동자의 힘"이라는 뜻이다.

동자 집단, 즉 보장노동자들이 체제로부터 이탈한 것이다. 호모라보리안 체제가 보장노동자 집단의 생활을 안정시킨 것은 사실이었지만 그것은 양적인 측면에 불과했다. 대량생산과 대량소비의 체제는 노동자들의 삶을 강도 높은 노동시간과 환상적 소비시간으로 분절하는 것을 의미했다. 상황주의자들이 비판하듯이, 삶life은 생존subsistence으로 격하되고, 권태가 삶을 지배했다. 노동자들은 이 동물적인 생존에서 벗어나 사람다운 삶을 살고자 하는 욕망을 실현하고자 했다. 이 두 측면이 결합하여 1968년에 기존의 노동체제에 대한 대중적 거부가 폭발했던 것이다.[27]

'누구나 예술가다'라는 생각, 즉 예술인간의 이념은 생존을 넘어 삶을 회복하려는 이러한 전 사회적 움직임의 중요한 일부였다. 이것은, 예술가와 비예술가를 위계적으로 구분하는, 사회적 삶으로부터 분리된 예술제도에 대한 저항이었을 뿐만 아니라 그 예술제도에서 생산된 작품이 상품형태 하에서만 그 가치를 인정받을 수 있는 예술체제에 대한 거부이기도 했다. 그 거부의 운동은, 누구나 삶 속에서 자신의 생각, 느낌을 예술적으로 표현할 수 있으며 또 자신의 삶을 예술적으로 배려하고 또 관리할 수 있다는 생각을 표현했다. 앞서 말한 바처럼, 1960년대 말의 위기 속에서 자본은 이러한 운동을 반대하거나 억압하기보다 그것을 새로운 통치성 구축의 동력으로 흡수하여 활용하는 전략을 택했다. 신자유주의라는 권력 테크놀로지와 경제인간이라는 주체성은 자본의 이러한 전략에 기초하여 형성된다. 에코노미economy는 어원적으로 가정관리를 의미하는 말로,[28] 신이 예수로 하여금 세상이라는 가정의 살림을 맡긴 것에서 기원한다. 경제인간은, 푸코가 밝힌 깃처럼, 모든 사람들이 각자의 주인으로서 자신의 살림, 즉 자신의 인적자본인 노동을 잘 구축하고 개량하고 증대하고 축적하고 관리할 능력을 가질 수 있다는 단언이자 또 그래야 한다는 명령이기도 하다. 이럴 때, 예술인간에 담겨 있는 자기배려의 지향은 경제인간에서 자기인식으로 변용될 뿐만 아니라 냉혹한 경쟁 속에서의 철저한 자기이용(자기착취)과 자기포기의 지향으로 변질된다.

주목할 것은, 이 과정이 가져온 일련의 사회적 변화들이다. 그중에서 가장 중요한 것은 노동의 성격에서 나타난 변화이다. 그것은 노동의 인지화라고 부를 수 있는 것인데, 이것은 몇 가지 특징을 갖는다. 우선, 노동 생산물의 성격이 변한다. 산업노동의 생산물이 주로 물질적인 것이었다면, 인지노동의 생산물은 주로 비물질적인 것이다. 지식, 정보, 상징, 정동, 소통 등의 생산이 노동의 주요내용이 되면서 생산물은 비가시적이고 비물질적인 것으로 된다.[29]

둘째, 노동생산물이 노동과정 밖으로 분리되지 않는 경향을 띤다. 이 특징은 노동의 수행화performatization라고 부를 수 있는 것이다. 공연예술에서 전형적으로 나타나듯이, 노동생산물의 소비과정은 생산과정과 겹치고 생산과정 밖으로 제3의 생산물이 유출되지 않는 경향이 있다. 이벤트, 퍼포먼스, 몹mob 등 수행적 예술양식의 증가, 노동과정에서 분리된 별도의 소비과정을 갖지 않는 교육, 의료, 관광, 보안 등의 산업화는 노동의 수행화 경향을 보여 주는 사례들이다.

셋째, 노동이 거대한 인지체제에 종속된다. '누구나가 기업가다'라는 명제가 하나의 명령으로 기능하면서, 개개인들은 타자들과의 유혈적 경쟁 속에 내몰린다. 그 경쟁관계의 일반화는, 사람들을 요동치는 승패의 세계에 노출시킴으로써, 그들을 어떤 안정성도 없는 임시적, 일시적 불안정 상태에 빠뜨린다. 그것은, 고용되어 있지 않은 경우는 물론이고 고용되어 있는 경우나 자영의 경우라 할지라도 벗어날 수 없는 일반적인 불안정의 상태다. 그 결과 조증과 울증을 수반하는 불안은 누구나가 경험하는 보편적 인지상태가 된다.[30] 개인들이 노동의 구축, 개량, 증대, 축적, 관리에서 부단히 경험하는 승패, 즉 성장과 파산은 신자유주의적 축적체제 그 자체의 부단한 위기로 나타난다. 승리, 당첨, 합격, 성장 등의 경험은 짧고 강렬한 쾌락과 희열을 주지만 그것에 뒤이어지는 패배, 탈락, 배제, 파산 등의 경험은 주체성의 완전한 상실을 가져오는 공황과 공포의 인지상태를 가져온다.

넷째, 자본주의적 축적은 그 자체로 사람들의 인지적 소통망에 더 깊이 의존한다. 인지화된 노동은 사람들의 일반적인 관계와 인지적 소통에 기초하고 있으며 그것을 더욱 확대하는 노동이다. 이것은, 너욱 널섭하고 상노 높은 인시직 언껠밍을 가져온다. 자본은 그 인지적 연결망의 일부를 고용-피고용 관계에 의해 조직하지만, 그 인지적 연결망은 이 고용관계망보다 훨씬 더 크고 복잡하다. 인지적 소통은 고용관계망 밖에서도 이루어지기 때문이다. 자본의 노력은 점차, 인지적 소통망을 통한 생산적 흐름을 가치관계에 포섭하기 위해 고용관계망을 지렛대로 이용하는 데 집중된다. 노동의 인지화에 따라 비임금관계와 비임금노동이 여성, 학생, 실업자 등을 넘어 사회 모든 집단에 널리 확산되는 것은 이 때문이다.

다섯째, 노동의 인지화에 따라 자본형태도 인지화된다. 금융자본은 인지화된 노동의 소통망을 포획하기 위해 자본이 취하는 비물질적·비가시적 기호적 자본형태이다. 금융자본은 사람들의 인지적 노동망에 채권-채무 관계를 기입하면서 경제인간을 보편적 채무자 집단(부채인간homo indebted)으로 만들어 나간다. 자신의 노동에 대한 자기인식과 자기관리라는 신자유주의적 희망의 약속은, 2008년의 금융위기와 그에 뒤이은 경제위기 및 재정위기가 작동하는 방식에서 확인되듯이, 자본이나 국가가 책임질 의사가 없는 일체의 위험과 비용을 다중 자신이 스스로 떠맡으라는 냉혹한 명령에 다름 아닌 것으로 나타난다.[31] 그 결과, 다중들은 자신이 직접 지게 된 부채는 물론이고 자본이나 국가가 진 부채까지 떠맡도록 강제되었다(이른바 '손실의 사회화').

이 같은 인지자본주의적 발전 속에서 전개된 노동의 인지화는 예술의 노동화를 수반하는 과정이기도 하다. 예술을 제도에서 해방시켜 삶 속으로 가져가야 한다는 아방가르드의 주장은, 신자유주의적 통치성 하에서는, 예술을 기존의 예술제도 범위를 넘어 산업현장으로 가져오고, 나아가 예술제도를 산업의 부속기관으로 전환시키는 방식으로 **거꾸로** 실현된다.

2011년 월가 시위의 플래카드들. (위) 채무 = 노예제 (아래) 은행가들을 구속하라

산업 속으로의 예술의 통합이 나타나는 양상은 다양하다. 우선 산업적 예술의 증대이다. 무엇보다도 디자인이 상품세계에서 헤게모니적인 것으로 대두된다. 상품들의 가치는 디자인에 의해 큰 영향을 받게 되고 그런 만큼 상품들은 **작품**이라는 가상 아래에서 나타난다. 시계, 자동차 등의 고전적 상품은 물론이고 아파트, 전자제품, 웹페이시와 같은 현대적 상품들도 디자인에 커다란 가치를 부여한다. 금융, 재정과 같은 비가시적 활동도 점점 디자인의 관점에서 평가되고 조직된다. 둘째, 예술가가 산업의 전위부대로 위치 지어진다. 이러한 변화는 젠트리피케이션에서 전형적으로 엿볼 수 있다. 국가와 자본은 가난한 예술가들을 도심의 낡은 지대로 불러들인 후, 그들의 예술적 능력을 발휘하도록 유도하고, 그들의 활동성

과가 주변 일대 지가의 상승을 가져오는 시점에 그곳을 개발하여 지대차익을 취한다.[32] 산업예술의 첨병이었던 예술가는 이제 다시 부동산산업의 첨병으로 기능하게 된다.[33] 셋째, 예술가가 점차 기업가로 된다. 전통적으로 예술가는 자본주의적 산업체제 외부에 놓여 있었으며 후원사나 사기노동에 의지해 왔다. 신자유주의 히에서 예술가는 기업가가 되도록, 부가가치를 생산하는 경쟁하는 주체성으로 기능하도록 요구된다. 실제로 시장에서 성공한 소수의 예술가들은 기능적 예술작업의 상당 부분 혹은 전부를 자신이 고용한 예술노동자들에게 맡기면서 아이디어 생산자, 기획자의 역할만을 하는 경우가 늘어나고 있다. 이것은 예술생산의 비물질화, 개념화 경향의 증대와 더불어 더욱 가속화되고 있는 경향이다.[34] 넷째, 예술가들이 자본이나 국가(혹은 가족)의 후원에 점점 더 의지하게 된다.[35] 자기배려적이고 진실추구적인 성격의 예술은, 오직 양과 교환가치에 의해서만 모든 것이 측정되는 시장에서는 패배자가 되기 십상이다. 예술가들이 사회의 그 어떤 집단보다도 국가와 기업의 후원에 더 많이 의지하게 되는 것은 역설적이게도 예술과 시장 사이의 이 본원적인 대립 관계 때문이다. 그런데 예술가는, 시장에서의 패배를 보완하는 국가/기업의 후원 속에서, 자신의 의사와는 무관하게, 산업과 자본의 이해관계에 종속되고 그것의 필요에 복무하도록 강제된다.

예술종말 상황에서 예술진화의 가능성 : 미래 예술에서 자기배려의 테크놀로지

예술의 산업화와 노동화, 그리고 예술가의 기업가화가 **전통적** 예술형식들, 예술장르들, 예술체제들의 해체를 가져오는 것은 필연 적이다. 이것은 동시에 예술종말의 미학을 증가시킨다. 예술종말론 은 결코 최근의 현상만은 아니다. 하나의 역사적 예술체제가 붕괴 할 때마다 그에 상응하는 예술종말론이 있었다고 해도 과언이 아 니다. 가령 19세기에 헤겔은 진리를 표현하는 예술의 역할이 끝난 것에서 예술종말의 이유를 찾았다. 그에 따르면, 이념은 상징주의 시대에 **무규정적**이었다가 그리스 고전 시대에 **외면화**되는데, 이 외면 화된 이념을 표현하기에는 감각적 매체의 예술이 가장 적합한 것으 로 부상한다. 그 후 기독교의 시대에 접어들면서 이념은 **정신적 내면 성으로 귀환**하는데, 감각적 매체의 예술은 이 정신화된 내면성의 이 념을 충실히 표현할 수 없기 때문에 예술이 종말을 맞게 된다. 이것 이, 헤겔이 말하는 예술종말론의 내용이다.

맑스는, 자기본성의 표현으로서의 예술행위가 자본에 팔린 결 과, 자본의 강제에 종속된 노동으로 된다고 보았다. 또 루카치는 자 본주의적 분업화와 상품화로 인해, 총체적인 것을 표현할 수 있는 예술의 능력이 상실된다고 보았다. 자본주의가 예술에 대해 갖는 **적대적 성격**에 대한 강조가 맑스와 루카치의 주장에 공통된다. 아서 단토는, 예술이 철학적 판단의 대상이 될 뿐만 아니라 예술 그 자체 가 철학화하며, 심지어 철학화한 예술이 표현했던 선언문적 거대서

사마저도 우리 시대에는 의미를 상실하게 된다는 요지의 예술종말적 생각을 제시했다. 가라타니 고진은, 네이션-스테이트의 완결로 말미암아, 상상의 공동체를 형성해온 소설의 고유한 역할이 끝남으로써 예술로서의 문학이 종말에 이른다고 주장했다. 요컨대 기독교적 근대, 자본주의, 철학화와 개념화, 그리고 근대의 국민국가 등은 예술가를 소외시키고 예술의 고유한 능력을 박탈하거나 억압하여 그 잠재력을 실현할 수 없도록 만들며 그 결과 예술은 과거에 지녔던 주요한 지위와 중심적 역할을 더 이상 갖지 못하게 된다는 것이 예술종말론들의 주된 논거들이다. 이 주장들에 공통된 것이 있다면 그것은, 예술이 자기로부터 소외되며 그 결과 예술의 진보적 역할이 사라진다는 생각이다.[36]

그런데 '종말'이라는 센세이셔널한 표현 때문에 흔히 간과되곤 하는 것은, 예술종말론들이 예술의 **사실적** 종말을 주장하는 경우는 드물며, 예술종말이라는 표면적 주장 속에서 예술의 새로운 진화를 모색하는 진단론적 진술을 포함하거나, 적어도 그러한 생각에 문을 열어주는 경우가 많다는 사실이다. 그러므로 예술의 종말이라는 표면 주장에 미혹되지 않으면서 그 주장의 이면에 포함되어 있는 예술 진화의 요구를 이끌어 내고 이를 적극적인 예술진화론들과 연결시키며, 역사적 예술진화론들의 한계를 넘어서면서 우리 시대에 적합한 진화의 상을 그려 내는 것이 중요한 과제로 제시된다. 이때 우리에게 필요한 물음은, '예술종말론들에 맞서 20세기에 예술의 일상화를 대안으로 제시했던 아방가르드의 주장이 자본에 포섭되고, 예술이 산업의 종속물로 되며, 예술활동이 임금 혹은 비임금의 노동으로 되고, 예술가가 기업가로 나타나는 21세기에도 예술의 새로운 진화가 가능할까, 그것이 가능하다면 어떤 미학적 전망 하에서 가능할까?'라는 것이다.

이 질문에 답함에 있어서 우리가 유념해야 할 것은, 예술의 새로운 진화가능성이, 이미 그 범위와 경계가 확정되어 있는 예술제도의 확장이나 기술적 발전만을 의미할 수는 없다는 것이다. 그러한 사유방식은 아방가르드의 운동에 의해서는 물론이고 자본 자체에 의해서도 이미 거부되고 기각된 생각이다. 예술의 새로운 진화는 삶과 사회의 새로운 진화를 가능케 할 새로운 주체성의 구성을 통해서만 달성될 수 있다. 주체성의 그 새로운 구성은, 이제는 낡아 버린 주체성의 정체를 규명하고 그것을 직시하는 것에서 시작되어야 한다.

21세기 초에 연쇄적으로 이어진 금융위기와 경제위기, 그리고 재정위기 속에서, 신자유주의가 내건 약속의 주체형상이었던 경제인간은, 채권자에게 빚진 자로서, 자신이 진 채무에 책임지기 위해 그 스스로를 경제적·윤리적으로 다스려야 하는, 부채인간(채무자)의 다른 이름에 지나지 않음이 드러났다. 노동으로 된 예술활동에서 자유, 자율성, 창조성, 상상력 등은 모두 이 사회적 채권채무 관계에 구속되어 있고 신자유주의의 혁신 주체성으로 찬미되는 예술가-기업가도 그 본질에서는 채무자에 다름 아니다. 예술가-기업가-노동자인 채무자야말로 전지구적 금융세계를 구성하는 기능적 시민들이다.

출구가 막힌 듯한 이 상황에서 새로운 상황을 창조하고 새로운 주체성을 창조하는 일은 물론 쉬운 일이 아니다. 하지만 그것은 가능하다. 이미 우리는, 우리 시대와 다름 없이 꽉 막힌 것으로 보였던 상황에서 돌파구를 모색했던 미학적 선례들을 알고 있다. 발터 벤야민은 암울한 파시즘의 시대에 예술진화의 새로운 가능성을 모색했다. 이 시대에 파시즘은 자본주의직 복제기술을 영화라는 새로운 장르에 응용하면서 위로부터 정치의 **예술화**를 꾀하고 있었다. 이러한 상황 속에서, 그는 그 상황의 저변에서 생성되고 있는 새로운 대중 주체성의 움직임을 읽어 내고 아래로부터 **예술의 정치화**를 실천함으로써 대중의 예술적 에너지를 파시즘에 맞서는 방향으로 활성화할 가능성을 모색했다.

우리 시대의 신자유주의에서는 정치의 **예술화**보다는 산업의 예술화와 **예술의 노동화**가 예술세계의 지배적 현실로 대두했다. 전문 예술가들은 자신의 예술적 본업이 산업을 위한 노동으로 되는 것을 나날이 심각하게 경험하고 있다. 심지어 그러한 본업의 기회조차도 얻지 못한 상태에서 닥치는 대로 부업노동을 해야 하는 예술가 집단의 크기는 점점 커져가고 있다. 이 예술적대적인 상황에서 예술가들이 다시, 삶과 노동에서 분리된 어떤 순수예술적 꿈을 꾸는 것도 이상한 일은 아니다. 하지만 이것들은 모두 예술의 자기소외가 표현되는 여러 양상들에 지나지 않는다.

노동의 비물질화와 인지화를 통해 사회적 생산 전체에 **예술적·미적 모델**이 도입되고 있다는 마우리찌오 랏자라또의 분석은, 안또니오 네그리로 하여금, 현실에서 경제인간이기를 요구받고 있지만 그것을 거부할 잠재력을 지닌 **예술적 다중 주체성**의 등장을 읽어 내도록 돕는다. 다중은 고전적 예술가들이 지녔던 특이성을 계승하면서도 그것을 규범에 종속시키기를 거부하고, 그 특이성의 에너지를, 다중들 자신이 구축하는 공통된 삶에 내재적인 에너지로 사용하는 주체성이다(호모코뮤니칸스).[37] 자본이 예술에 적대적이라고 보았던 루카치는, 자본에 의한 예술의 부패에 맞서, 의식에서 독립된 객관실재를 반영할 수 있는 능력을 예술이 키워야 한다고 주장했다. 하지만 다중은 의식에서 독립된 사실들이라는 실재개념을 넘어설 것을 요구한다. 그러한 실재개념은 내재적 삶을 관조하는 지식인적인 실재개념으로서, 실재성을 추상하여 규범화하는 데 사용되곤 하기 때문이다. 화음주의 미학 때문에 소리세계에서 배제된 잡음을 예술세계 속으로 끌어들이고 예술장르들 간의 인위적 장벽을 허물뿐만 아니라 예술가와 비예술가의 경계를 해체하려고 했던 플럭서스 미학, 기존의 상황을 해체하면서 부단히 새로운 상황적 실재를 창조할 것을 강조한 상황주의 미학, 예술세계에서 배제되었던 일상을 예술세계 안으로 가져올 뿐만 아니라 예술의 실제적 기초로 정립할 필요성을 강조한 르페브르와 바네겜의 일상미학, 주체들 간의 우연하고도 새로운 관계의 발명을 미학의 중심주제로 가져온 부리요의 관계미학, 모든 개체들을 하나의 회집체assembly로서의 물Ding로 보면서 새로운 회집의 가능성을 미학적 주제로 가져온 들뢰즈와 라투르의 물미학, 대상(오브제)이 아니라 행동과 수행을 강조한 페미니스트적 수행미학, 사유할 수는 있지만 인식할 수는 없다는 이유로 오직 숭고의 대상으로만 설정했던 칸트적 물 자체를 미학적 주제로 삼으려는 사변적 리얼리즘 미학 등 신자유주의 상황에서 새로운 미적 가능성을 모색하는 미학들은 실재에 관한 새로운 미학적 개념을 획득하기 위한 지난한 미학적 노력의 일부이다.

여기에서, 새로운 실재의 개념을 구축하려는 이 노력들이 새로운 주체를 구성하려는 노력들과 유리되지 않도록 하는 것이 중요하다. 새로운 실재 개념의 구축이라는 미학적 시도가 새로운 주체 구성을 위한 사회적·실천적 노력과 결부되면서 그것의 일환으로 자리 잡을 때에만, 새로운 주체구성의 노력이 신자유주의적 통치성을 극복할 수 있고 또 그 통치성 속에서 그것에 대항하며 형성되고 있는 다중적 잠재력에 뚜렷한 실재성을 부여하는 효과를 발휘할 수 있을 것이다. 푸코가 자기인식의 문화와는 변별적인 것으로 설정하면서 자신의 삶-미학, 실존의 미학의 가장 내밀한 원동력으로 삼으려고 했던 자기배려의 문화는 오늘날에도 실재하고 있다. 그 자기배려의 테크놀로지는, 얼핏 보면 신자유주의적 통치성의 영향을 받고 있는 수동적 테크놀로지인 것처럼 보이지만, 실제로는 역으로 그 통치성이 그것에 의존하고 있는 다중의 잠재력의 테크놀로지이다. 자본은 이 테크놀로지를 축적 동력으로 흡수함으로써 다중을 자기포기의 길로 밀어넣어 왔다. 바로 그런 만큼, 이 테크놀로지를, 다중의 삶을 포기하게 하는 것과는 다른 길로, 즉 다중의 삶이 공통되기 속에서 서로 배려하도록 만드는 길로, 삶에 초월적인 방향으로가 아니라 그것에 내재적인 방향으로 발전시킬, 새로운 실재성과 새로운 주체성을 직조해 나가는 실천이 오늘날 다중-예술과 삶-미학이 떠맡아야 할 짐으로 주어진다.

2
예술의 비물질화와 이미지노동

질병으로서의 이원론과 이미지 일원론

유물론도 관념론도 우리가 사는 세계와 우리의 삶을 충분히 일관되게 설명하기에는 역부족인 것 같다. 의식에서 독립된 객관적 실재가 의식을 규정한다고 보기에는 의식의 역할이 너무 크다. 게다가 단단한 물질들조차도 무한히 잘게 쪼개질 뿐만 아니라 그 실재가 의심될 만큼 텅 빈 무無 속으로 사라져 버린다. 그렇지만 객관 실재를 의식의 단순한 표상물이라고 보기에는 실재가 너무 견고하다. 의식은 저 단단한 현실적 실재 앞에서 줄곧 좌절하며 그것에 의해 규정된다. 물질과 정신은 그래서 아직도 서로에게로 환원될 수 없는 존재의 두 축으로 자리 잡고 있으며 우리로 하여금 그 두 축 사이에서 방황하도록, 그 이원성을 받아들이지 않을 수 없도록 만든다. 그렇다면 존재는 실제로 물질과 정신이라는 환원불가능한 두 원리로 짜여 있는 것인가?

질 들뢰즈는 이 물음에 단호히 '아니오!'라고 답한다. 이원성의 원리화, 즉 이원론은 착란이다. 이원론은 정신의 질병이다. 이렇게 말함으로써 그는 존재가 물질과 성신이라는 환원불가능한 두 가지 원리로 구성된다는 이원론을 부정한다. 하지만 그는 그중의 어느하나가 다른 것을 일방적으로 규정한다는 강박적 일원론도 부정한다. 이것이 이원론적 견해들에 대한 단순한 부정을 넘어 하나의 일관된 론으로 성립하기 위해서는, 물질과 의식, 실재와 관념, 물질적인 것과 비물질적인 것의 대립을 극복해야 하는 것이다. 그런데 대체 그것이 어떻게 가능한 것일까?

이에 대한 대답은 들뢰즈의 이론적 스승인 베르그손에게서 찾을 수 있다. 베르그손은 물질보다는 좀더 유연하고 관념보다는 좀더 단단한 이미지의 개념을 통해서 물질과 의식, 실재와 관념 사이의 이 대립적 긴장의 공간을 횡단하려 시도했다. 그는 물질에 관한 이론들이나 정신에 관한 이론들 모두를 당분간 접어 버리고 누구나 경험하는 상식의 세계에서 출발한다. 그곳은 내가 "감관들을 열면 지각되고 그것들을 닫으면 지각되지 않는 이미지들"[1]의 세계이다. 그곳에서 모든 이미지들은 자연법칙이라 불리는 항구적인 법칙들에 따라 서로에게 작용하고 반작용한다. 이런 관점에서 보면 우주는 이미지들의 총체이다. 베르그손은 이 이미지들의 총체로서의 우주를 물질이라고 정의한다.

얼핏 보면 베르그손도 유물론을 주장하는 것 같다. 그런데 그

가 말하는 이미지들의 총체인 물질
은 유물론이 말하는 주장과는 달
리 우리의 감관, 우리의 지각, 우리
의 신체로부터 독립되어 있지 않다.
세계의 이미지들은 나의 감관을 열
고 닫음에 따라 지각되거나 지각되
지 않는다. 이미지들은 나의 감관에
의존하고 있다. 이 점에서는 이미지
들이, 마치 관념론의 주장에서처럼,
감관에 의해 구성되는 것처럼 보인

앙리-루이 베르그손
(Henri-Louis Bergson, 1859~1941)

다. 그런데 감관에 의존하지 않는 이미지가 있다. 그것은 감각하고
지각하는 감관신체 자체이다. 신체는 지각을 통해 외부로부터 알 수
도 있지만 지각과는 별도로 정념들에 의해 내부로부터 알 수 있는
독특한 이미지이다. 정념은 내가 외부로부터 받아들이는 진동(지
각)과 내가 행사할 운동들(행동) 사이에서 작용한다. 정념들은 어
떤 행동에의 권유를 보여 주며 이미 시작되었지만 아직 행사되지는
않은 어떤 운동들의 징표를 보여 준다. 정념의 작용은 우주 속에
진정으로 새로운 어떤 것을 덧붙이는 맹아적이고 시발적인 운동
을 보여 준다. 이때 신체는 자신을 둘러싼 대상들에 대해 행사할 새
로운 작용, 즉 행동의 중심이 되는 특권적 이미지이다. 이 신체 이미
지는 이미 결정되어 있지만 그것이 새롭게 작용할 행동의 이미지는
결정되어 있지 않다. 이 결정된 이미지의 비결정된 가능적 행동들
의 윤곽을 그려내는 것이 물질(즉 이미지들의 총체)에 대한 지각이

다. 신체는 정념의 권유를 받으면서 지각이 그린 윤곽에 따라 새로운 행동에 나선다. 이때 작용하는 것들, 감관의 대상이 되는 물질, 감관에 의해 지각된 것, 지각과 행동 사이에 끼어드는 정념, 지각과 정념에 기초하여 행동하는 신체 등 모두가 베르그손의 관점에서는 각종의 이미지들이다.

이런 관점에서 보면 물질에 대한 지각과 물질 사이에는 본성의 차이는 없고 오직 정도의 차이만이 있다. 즉 이미지의 총체인 물질 자체는, 행동의 필요에 따라 물질로부터 선별된 이미지인 물질에 대한 지각보다 더 많은 이미지들을 갖고 있을 뿐이다. 이런 맥락에서 모든 이미지들은 일원적 평면에 놓인다. 그런데 이미지 양의 많고 적음으로 물질 자체와 물질에 대한 지각이 구별되는 것은, 신체를 행동이 전개되는 현재의 공간적 운동기제 속에서 보았을 때이다. 이와 달리 신체를 과거와 미래 사이의 움직이는 한계[경계]로, 우리의 과거가 미래 속으로 끊임없이 밀고들어가는 운동장으로, 즉 흐르는 시간 속의 어떤 움직이는 질점으로 고찰할 때, 신체는 나의 과거 표상들이 나의 현재의 행동과 연결되고, 또 행동으로 완료되는 어떤 지점에 위치한다.[2] 이때 뇌의 상해의 경우에서처럼 과거 표상과 현재 행동의 연결지점이 절단된다고 해도, 나의 과거 표상인 그 이미지들이 파괴되지는 않는다. 이런 의미에서는 나의 과거표상들은 현재의 운동적 지각표상들로부터 독립적이라고 할 수 있다. 그래서 베르그손은 나의 과거가 한편에서는 운동기제에서의 지각으로, 다른 한편에서는 그로부터 독립적인 기억으로, 서로 구별되는 두 가지 다른 형태로 존속한다고 말한다.[3] 이 둘은 이미지들의 많고 적음이라는 정도상의 차이를 나타내는 것에 그치는 것이 아니라 **본성적으로 독립적인** 두 가지 이미지 체제라고 할 수 있다. 존재가 물질(지각)과 정신(기억), 물질적인 것과 비물질적인 것이라는 서로 대립하는 두 가지 구성요소를 갖는 것으로 보이는 것은 이미지 체제의 이러한 분화에서 기원한다.

노동의 인지화와 이미지노동

이제 이 이분화 현상을 철학세계가 아닌 현실세계에서 찾아보자. 근대화는 추상의 역사이며 추상을 통한 지배의 역사이다. 구체적 유용노동의 추상노동으로의 진화는 근대화의 결정적 지렛내이다. 사람들이 사용을 위해서가 아니라 **교환**을 위해 생산하기 시작하면서, 즉 자기 자신을 위해서가 아니라 타인을 위해 생산하기 시작하면서, 노동의 구체적 유용성은 부차적인 것이 되고 그 구체성이 무시된 노동의 **추상적** 지속시간이 주요한 것이 된다. 왜냐하면 교환하는 사회 속에서 가치로 평가되는 것은 노동의 유용성이 아니라, 그것이 추상된 노동의 지속시간이었기 때문이다. 직접생산자로부터 생산수단의 폭력적 분리(시초축적), 소수의 자본가 수중으로의 부와 생산수단의 집중(자본주의적 축적)은 교환을 위한 생산을 이윤을 위한 생산의 한 장치로 만들고 그것에 복속시키며 이윤을 위한 생산을 사회의 일반적 생산모델로 정립한다. 이 과정은, 직접적 생산자들의 구체적 노동에 대한 사회적 추상을 심화한다. 그 결과 노동자들은 이제 구체적 유용노동의 수행자로서보다는 오직 추상노동의 개체적 담지자로서만 평가된다. 필요노동과 잉여노동 이라는 두 가지 범주로의 시간구분은, 노동력의 재생산비로서 노동계급에게 귀속될 임금과, 자본가계급에게 귀속될 잉여가치를 나누는 자본가계급의 시간 계산법이다. 그 계산법은 시간을 오로지 노동의 지속시간이라는 추상적이고 양적인 단위 속에서만 사고한다. 이 시간 계산법이 지배적 시간관념으로 자리 잡으면서, 우리의 삶과 행위의 질적 측면들은 추상노동의 수레바퀴에 사정없이 짓밟혀 평가체제 밖으로 추방된다.

그런데 주목해 보면 우리는, 근대에 이루어진 노동에 대한 추상이 주로 반복되는 신체적 행동의 추상이었음을 알 수 있다. 이 때문에 근대의 추상은 반복불가능한 혹은 반복되기 어려운 신체의 행동들을 자본주의적인 직접적 생산 영역 외부에 제쳐 두는 경향이 있었다. 예컨대 예술가들에 의해 수행되는 창조활동, 여성들에 의해 수행되는 돌봄활동 등 정신적이고 정서적인 활동들이 그것이다. 대개 그것들은 공동체 재생산을 위한 공동체 내부의 수행노동이었고, 자본가들은, 마치 자연물들을 이용하는 경우처럼, 그것들을 자본주의적 가치화 과정 속에 무상으로 통합할 수 있었기 때문이다. 또 그러한 활동들이 기계적으로 반복되는 신체활동과는 달리, 지속시간에 따른 측정과 추상화가 쉽지 않았던 탓도 있었다. 이 때문에 자본가계급은 추상화하기 쉬운 반복적 행위들을 노동력으로 먼저 포섭한 후, 반복하기 어렵기 때문에 추상화 역시 어려운 활동들을, 이미 포섭된 노동력에 대한 지배를 지렛대로 무상으로 수탈하거나, 자본과 교환되지 않고 소득과 교환되는 일종의 서비스 활동으로 배치했다. 이 때문에 이러한 활동들은 오랫동안 자본주의적 생산의 외부나 경계 지대에 놓여 있었다.

하지만 우리 시대에 추상화의 경향은 반복불가능해 보이던 이 정신적·비물질적 영역에까지 파고든다. 그 결과 비물질적이고 구체적인 영혼의 활동들이 점점 노동의 주류로 부상하는 경향이 발견된다. 이것이 내가 "노동의 인지화"[4]라고 불렀던 역사적 경향이다. 인지노동도 신체에 의해 수행되는 **물질적** 노동이지만 그것이 생산하는 것은 **비물질적**이기 때문에 인지노동은 생산과정에서 독립된 별도의 유통과정을 갖지 않는다. 또 인지적 생산이 그 노동시간의 어떤 지점에서 이루어지는지도 알기 어렵다. 따라서 인지적 생산을 수행하는 노동의 지속시간은 기존의 척도로는 측정하기가 매우 어렵다. 이 때문에 노동의 인지화 경향은, 노동의 지속시간이라는 기존 척도로는 측정할 수 없는 노동을 어떤 방식으로건 측정가능한 것으로 만들어 내기 위한 다양한 장치들의 개발을 수반한다. (감독기구와는 다른) 감시장치들의 개발, (측정장치와는 다른) 평가장치들의 개발, (훈육절차와는 다른) 물질적·정신적 통제장치들의 개발 등이 그것이다. 몰래카메라, 원격제어장치, 위치추적장치 등은 그 감시장치들의 예이며, 성적, 평점, 스펙 등은 그 평가장치들의 예이고, 각종 미디어를 이용한 명령과 질서의 내면화 기제는 그 통제장치들의 예이다. 결과적으로 인지노동에 대한 추상화는, 시계와 같은 물리적 장치보다는, 기술적이고 기호적이고 언어적인 **비물질적인 장치**에 의해 촉진된다.

그런데 인지노동도 물질적 신체에 의해 수행될 뿐만 아니라 그 것이 생산하는 것도 엄밀한 의미에서는 '비'-물질적인 것이라고 말하기 어렵다. 베르그손의 이미지론을 변용시킨 들뢰즈의 개념체계 속에서 이해하면, 인지노동은 신체라는 특권적 이미지가 문체보다는 훨씬 더 유연한 이미지들을, 즉 지각-이미지나 정념-이미지, 행동-이미지, 혹은 결정체-이미지 등을 생산하는 것이다.[5] 그러므로 인지노동화는 **물질노동에서 비물질노동으로의 이행**이라기보다 근대 자본주의에서 구별되고 또 차별되었던 영역인 물질노동과 비물질 노동이라는 두 노동영역 모두가 **이미지노동으로 총체적으로 수렴하는** 것이라고 하는 편이 더 적절할지 모른다.

여기서 우리는 비물질노동만이 아니라 물질노동도 이미지노동으로 수렴되고 있다고 말하고 있다. 그 이유는 비물실노동의 부상의 영향으로, 자동차를 생산하는 노동 같은 전형적인 물질노동도 이미지를 생산하는 노동으로 바뀌고 있기 때문이다. 이미지노동으로 노동이 총체적으로 수렴한 결과, 영화 창작과 같이 전형적으로 이미지를 생산하는 노동이 산업의 핵심영역으로 진입하고 있는 것을 볼 수 있다. 요컨대 노동에서 이미지 생산이 헤게모니적 역할을 수행하게 되면서 물질과 비물질이라는 전통적인 이원적 구분이 오히려 사라지고 있는 것이다.

화폐의 비물질화와 채무사회

이원적이었던 것들의 이미지로의 일원화는 노동 영역을 넘어 자본 영역에서도 나타나고 있다. 노동과 생산에서의 이미지화가 자본형태에도 커다란 변화를 일으키고 있는 것이다. 자본은 구체적 활동들을 노동으로 추상하고 그 추상노동의 지속시간을 가치척도로 구성함으로써, 자신이 고용한 노동을 착취하는 한편 자신이 고용하지 않은 노동을 수탈해 왔다. 이 착취와 수탈은, **시장교환**을 사회적 교통의 원리로 확립하는 것을 통해 정당화되어 왔다. 하지만 비물질적인 유형의 이미지 생산의 경우에, 생산과정에서 분리된 유통과정을 갖지 않고 생산과정과 유통과정이 통일되어 있기 때문에 여기에서는 직접적 교환의 필요성이 사라진다. 이로 인해, 교환을 매개하던 화폐기능, 즉 유통수단으로서의 화폐의 기능이 약화된다. 소재적 측면에서 볼 때, 비물질적 이미지 생산은 생산과정을 공유하는 다중들의 공동체적 활동 그 자체에 다름 아니다. 하지만 가치화 없이는 존속할 수 없는 자본은, 다중의 이 공동체적 활동을 교환의 매개 **없이** 수탈할 수 있는 화폐형태를 발전시킨다. 금은이라는 물질형태의 상품화폐에서 기호화된 신용화폐로의 전환, 유통수단기능에서 지불수단기능으로의 화폐의 핵심기능의 전환은 이러한 필요성을 반영하여 화폐형태에 나타나는 변화들이다.

오늘날 자본의 **신용제공**은 다중들의 공동체적 활동을 포획하기 위한 투자이다. 그 이면인 다중들의 **채무**는 **지불**에 대한 언어적 약속이다. 화폐가 신용화폐로 전환되고 화폐의 주요기능이 지불기능으로 전환되면서, 자본의 **축적**은 근대와는 다른 형태를 띤다. 근대에 자본의 축적은 무엇보다도 더 큰 고정자본(가치술어로는 더 큰 불변자본)의 축적으로 나타났다. 거대한 규모의 기계류, 즉 생산수단의 축적이 그것이다. 즉 자본의 축적은 물질적 형태를 중심으로 이루어졌다. 그런데 오늘날 자본의 축적은 그러한 형태를 취하지 않는다. 자본의 축적은 무엇보다도 거대한 채권-채무 관계의 축적으로, 다시 말해 지불명령 지불약속의 축적으로 나타난다. 채권-채무 관계의 축적이야말로 화폐형태에 기초한 금융자본의 축적양식이다. 요컨대 자본의 축적은 비물질적이고 언어적인 형태(즉 명령과 약속)의 축적이다. 근대에는 거대하게 집중된 생산수단에서의 분리가 노동강제와 노동소외를 가져왔다. 오늘날에는 화폐독점과 화폐발행력에서의 분리, 이에 기초한 채권-채무 관계가 노동강제와 노동소외의 조건을 조성한다.

오늘날의 화폐는 이미지화된 채무, 사회적 지불약속의 이미지이다. 화폐의 분배와 재분배는 사회적 채무의 분배와 재분배이다. 화폐의 분배와 재분배에서의 불평등은 사회에 참여할 수 있는 기회와 권리 분배에서의 불평등과 위계를 가져온다. 이것은 사회적 이미지들, 윤리적 이미지들의 불평등과 위계를 생산한다. 지불할 수 있는 사람은 좋은 사람이며 지불할 수 없는 사람은 나쁜 사람이다. 지불할 수 있는 사람은 옳은 사람이며 지불할 수 없는 사람은 틀린 사람이다. 지불할 수 있는 사람은 아름다운 사람이며 지불할 수 없는 사람은 추한 사람이다. 화폐세계에서의 이러한 경계획정을 통해 부단한 선별이 이루어진다. 채권자와 채무자의 구획은 근본적인 것이다. 채무불이행자는 신용-불량자로 낙인찍혀 이 세계에서 추방된다. 비물질적 이미지로 기능하는 화폐는 우리 시대의 법이요 군주이고 신이다. 언어화된 화폐가 사회에 대한 일원적 지배력으로 자리 잡는다.

예술의 비물질화 경향

노동과 화폐의 동시적인 비물질화와 이미지화는 생산에서 미적 모델의 우세를 가져왔다. 이에 따라, 생산자–소비자 관계는 창조자–향유자의 관계로 전화한다.[6] 그런데 전화는 여기에 그치는 것이 아니다. 예술생산 그 자체도 비물질화된다. 예술매체, 예술형식, 예술스타일, 예술기법 등의 모든 차원에서 비물질화가 진행된다. 매체의 측면에서 예를 들어보자. 가령 미술은 전통적으로 사용되어온 단단한 캔버스에서 벗어나 신체적·기호적 행위로 전화하고 물감 대신에 빛과 그림자가 들어선다. 빛과 그림자를 이용하는 영화장르가 어떤 예술장르보다도 우세한 예술장르로 부상하는 것도 그 예이다. 이것이 미술에 반작용하여 빛과 기호를 사용하는 비디오아트, 위성아트 등의 새로운 장르가 탄생하기도 했다. 모든 예술에서 전통적 문법이 해체되는 것도 주목할 만한 변화다. 문학에서는 난단한 형식을 갖는 서사구조 대신에 의식의 흐름에 따른 자동기술이 나타나고 영웅 대신 보통사람들이, 심지어 사물들이 주요 행위자로 등장하기도 한다. 미술에서 추상의 역할이 크게 강화되는 것도 중요한 변화다. 이미 매체상에서 비물질화를 보인 영화에서도 감각운동기제를 따르는 운동–이미지로부터 그것에서 자유로워진

캐나다 토론토 시내 던다스 광장의 전광판들

시간-이미지로의 변화가 두드러진다. 물질성을 대표하는 예술인 건축의 비불질화는 예술세계의 비물실화 및 이미지화의 성섬이라고 할 수 있다. 건축 설계는 가상화되며 그 소재는 점점 유연해지고 가벼워지며 벽은 유리로 되어 투명해지다가 마침내 전광판으로 바뀌어 미디어화된다. 이런 예들은 계속 나열될 수 있을 것이다.

추상화와 이미지화에 대해

이처럼 비물질화는 모든 영역에서 마치 돌이킬 수 없는 경향인 것처럼 나타나고 있다. 그렇다면 우리는 이것에 대해 어떤 태도를 취해야 하는 것일까? 그것을 필연으로 받아들이면서 환영해야 하는 것일까? 아니면 그것과 맞서 싸우면서 전통적 물질성을 옹호해야 하는 것일까? 이 물음 속에서도 우리는 이미 물질과 정신이라는 두 실체의 이원적 대립을 가정하고 있다. 그러나 자세히 살펴보면 비물질화는 물질과 대립하는 정신의 지배를 의미하는 것이 아니다. 비물질화에서 우리는 **물질의 정신화**와 **정신의 물질화**를 동시에 관찰할 수 있기 때문이다.

오늘날의 비물질화에는 두 가지 경향이 공존한다. 하나는 추상화이다. 추상화는 구체성을 해체시켜 구체를 구성하던 여러 요소들 중 하나의 요소의 다른 요소에 대한 지배를 가져온다. 다양한 사용가치와 교환가치를 갖는 노동생산물에서 사용가치를 추상해버림으로써 교환가치의 지배를 가져오는 자본주의적 가치화의 과정은 추상화의 대표적인 사례이다. 미술적 추상에서도, 사물이 갖는 여러 속성들 중에서 특정한 속성의 추출과 전면화가 나타난다. 자본주의적 가치화의 추상이 노동생산물의 상품으로의 전화를 가져오듯이, 예술적 추상화는 **사물**을 **오브제**로 만든다. 그것은 다질적 성격의 존재를 특정한 정체성을 갖는 대상으로 확정하는 과정이 된다.

비물질화의 또 다른 경향은 이미지화이다. 이 경향은 추상화와 분리불가능하게 얽혀 있지만 추상으로 환원될 수 없는 성질을 갖는다. 비물질화의 이 경향은, 기존의 물질화된 존재가 갖는 이미지적 성격을 드러내고 물질적 정체성을 이완시키며 유연화하는 운동이다. 이것은 존재를 단단하게 고정된 어떤 것이 아니라 물살, 소용돌이와 같은 것으로 볼 수 있게 만든다. 신체를 살로, 명사를 동사로 탈바꿈시키는 것이 이미지화이다. 이것은 이성에 의해 수행되는 추상과는 달리 주로 상상에 의해 수행된다.

　비물질화에 공존하는 이 두 경향들에 대해 각기 다른 태도를 취하는 것이 필요하다. 추상화를 필연이자 목표로 설정하는 추상주의는 비물질화를 물질과 대립적인 어떤 것으로 만드는 효과를 가져온다. 추상주의 혹은 추상성에의 집착은 구체주의 혹은 구체성에의 집착과 마찬가지로 물질과 비물질 사이에 있는 이미지로서의 공통성을 부정하는 효과를 낳는다. 추상주의는 구체주의와 마찬가지로 이미지에 대한 편향적 접근법이자 인식론적 질병이다. 그러므로 한편에서, 추상주의에 대한 경계와 비판 그리고 거부는 현대 문명이 드러내는 부정적 경향을 견제하기 위해 필수적으로 요구되는 덕목이다. 하지만 다른 한편에서, 추상화에 대해 구체화만이 길이라는 식의 즉자적 반응을 보이는 것 역시 위험하고 또 경계해야 할 것이다. 추상적 이미지화는 물질과 정신으로의 존재의 이원론적 분열을 극복하기 위해 반드시 필요한 진화의 측면이다. 이미지화는 물체의 동사화이며 비정체화이고 다중화이다. 이미지화는 우리가 딛고 나아가야 할 존재론적 기반이다. 여기서 거꾸로 되돌아갈 길은 존재하지 않는다. 이미지화는 물질적 조건들, 단단해 보이는 장치들을 녹여 내고 그것들에 새로운 자리를 마련해 준다. 이로써 그것은 새로운 행동의 가능성의 윤곽을 그려내고 새로운 세계를 열어나갈, 우리가 마침내 발명한 도약의 디딤돌이다.

2부

인지자본주의 시대 감성혁명과 예술의 진화

예술종말인가 예술진화인가

종말 담론의 폭증은 우리 시대의 주요한 특징들 중의 하나이다. 우리가 다루고자 하는 예술의 종말은, 육식의 종말, 음식의 종말, 노동의 종말, 소유의 종말, 이데올로기의 종말, 역사의 종말, 인간의 종말, 지구의 종말 등으로 확장되는 종말 담론들의 중요한 한 축을 구성하고 있다. 종말 담론의 끊임없는 확산은 우리가 사는 세계가 소외와 적대, 그리고 위기로 가득 차 있다는 사실을 보여 주는 징후의 하나일 것이다. 그리고 그것은 기존의 삶의 조건과 삶의 양식들이 지속될 수 없다는 음울한 진단을 포함한다.

예술종말론

예술종말론도 그렇다. 그것은 예술의 지위의 결정적 하락이나 그 역할의 결정적 쇠퇴 혹은 예술과 비예술의 경계의 소멸로 인한 예술의 존재이유의 상실이 도래했다고 주장한다. 예술종말론들에서 이러한 상황은, 기독교 정신(헤겔), 자본주의적 근대성(맑스와 루카치), 완성된 네이션-스테이트(가라타니 고진) 등이 예술에 걸맞지 않은 짐을 예술에 부여하여 예술이 예술의 영역을 벗어나거나, 인간들의 파편화로 인해 위대한 예술의 가능성이 소진되거나, 새로운 시대가 상상의 공동체를 형성하는 예술(소설)의 기능을 더 이상 필요로 하지 않거나 한 것의 결과라고 진단된다. 극단적이고 속류적인 경우에 그것은, 예술이라고 불리는 창작행위가 더 이상 지속되지 못할 것이라는 견해로 나타나기도 한다.

그런데 진지하게 제기된 어떤 예술종말론도 이러한 견해로 완전히 소진되지 않는다. 그것들은 예술종말적 견해를 넘는 어떤 잉여를 갖는다. 예술종말론을 표현하는 진지한 생각들이, 예술의 위기나 종말에도 불구하고, 예술이라 불리는 행위가 지속될 것이라고 말하고 있거나 그 행위가 양적으로는 더 확산될 것을 예견하기도 하기 때문이다. 그렇다면 예술종말론은 무엇을 의미하는가? 왜 그것은 예술의 종말을 단언하는가? 이러한 물음 앞에서 예술종말론의 이중성이나 이론적 모순을 지적하는 데 머물기보다 그것들이 어떤 사회적·역사적·미학적 근거에서 발생하는지, 그러한 진단이 갖는 합리적 핵심은 무엇인지, 그러한 진단의 한계가 무엇인지를 묻고 그것들의 타당성을 실제적으로 평가함으로써 예술과 관련한 인간의 미래적 가능성을 사유하는 것이 더 효과적이고 중요한 일이 아닐 수 없을 것이다.

　다양한 예술종말론들을 관통하는 하나의 공통된 주장이 있다. 그것은 예술이 자기로부터 소외되며 그것의 진보적 역할이 사라진다는 것으로 요약할 수 있다. 1부 1장에서 이미 언급한 것처럼 이 공통된 주장이 표현되는 방식은 다양하다. 가령 헤겔은, 상징주의 시대에 무규정적이었던 이념이 그리스 고전 시대에 외면화되었다가 기

질베르 시몽동 (Gilbert Simondon, 1924~1989)

독교의 시대에 정신적 내면성으로 귀환하면서 감각적 매체의 예술이 이 정신화된 이념을 표현하지 못하게 된 것에서 예술종말의 이유를 찾았다. 예술이 이념을 표현하는 매체에서 자기를 표현하는 수단으로 추락하며, 이 때문에 직접적 향유의 대상에서 철학적 판단(즉 미학)의 대상으로 전화한다고 본 것이다. 맑스는 자기본성의 표현으로서의 예술행위가 자본에 팔린 결과, 자본의 강제에 종속된 노동으로 된다고 보았다. 루카치는 자본주의적 분업화, 상품화에 의해 총체적인 것을 표현할 수 있는 예술의 능력이 상실된다고 보았다. 아서 단토는 예술이 철학적 판단의 대상이 될 뿐만 아니라 예술 그 자체가 철학화하며, 심지어 철학화한 예술이 표현했던 선언문적 거대서사마저도 우리 시대에는 의미를 상실하게 된다고 보았다. 가라타니 고진은 네이션-스테이트의 완결로 말미암아 상상의 공동체를 형성해온 소설의 고유한 역할이 끝난다고 보았다. 요컨대 기독교적 근대와 자본주의, 그리고 근대국가는 예술가를 소외시키고 예술의 고

유한 능력을 박탈하거나 억압하여 그 잠재력을 실현할 수 없도록 만들며 그 결과 예술은 과거에 지녔던 주요한 지위와 중심적 역할을 더 이상 갖지 못하게 된다는 것이다. 질베르 시몽동은 산업시대에는 예술이 아니라 기술이 욕망을 규제한다고 주장한다. 기술의 진화가 예술의 종말을 가져온다는 것이다.[1]

예술진화론

이와 대척적인 입장에 서는 것이 예술진화론이라고 볼 수 있다. 예술을 진화의 관점에서 파악하는 관점들은, 예술종말론이 고전적 예술형태를 예술의 유일무이한 형태로 파악하는 비역사적 관점에 머물러 있다고 본다. 자본주의 하에서 낡은 예술형태가 파괴되고 종언에 처하는 것은 맞지만, 새로운 예술주체의 등장과 새로운 예술형태, 예술기법, 예술장르의 발생과 창조를 통해 예술 고유의 진화를 수행해 나가고 있다고 보는 것이다. 이 진화의 관점에서 오늘날 부각되는 것은, 과거에 제의나 종교와 연결되어 있었거나 민족국가라는 상상된 공동체와 연결되어 있었던 예술이 일상의 삶과 연결되고 그것과 혼융되어 가는 경향이다. 여기로부터 삶을 위한 예술, 삶의 예술, 삶으로서의 예술 등 다양한 정도의 삶예술이 출현하고 발전할 뿐만 아니라, '예술로서의 삶'의 지평이 확보된다.[2] 가령 발터 벤야민은, 대중이라는 새로운 주체성의 등장이 자본주의적 복제기술을 영화라는 새로운 장르에 응용하도록 강제한다고 보았다.

이 대중 주체성이 한편에서는 **위로부터 정치의 예술화**를 자극할 뿐만 아니라 다른 한편에서 그것에 대항하는 **아래로부터의 예술의 정치화**라는 새로운 흐름을 주도하고 있다고 본다. 마우리찌오 랏자라또는 노동의 비물질화와 인지화를 통해 사회적 생산 전체에 예술적·미적 모델이 도입되고 있니고 보았다.[3] 안또니오 네그리도 다중이 새로운 예술적 주체성으로 등장하면서 다중에 의한 **삶정치적 예술**이 등장하고 있다고 본다.[4] 심지어 『예술의 종말』을 썼던 아서 단토조차도 예술과 비예술의 경계가 허물어지면서 사실상 모든 것이 예술이 되는 경향이 나타나고 있음을 인정한다.[5]

저항예술론과 소수예술론

좀더 주의 깊게 살펴보면 예술종말론과 예술진화론이라는 두 가지 상반되는 입장 사이에서 저항예술론이나 소수예술론 같은 특이흐름들을 추출해 보는 것도 가능할 것이다. 이 흐름들은, 예술에 대한 자본주의의 적대성에도 불구하고 예술의 인간주의적이고 혁명적인 잠재력이 예외적이고 소수적인 방식으로 살아남을 수 있고 그것이 소수의 위대한 작가들에 의해 표현될 수 있다는 생각으로 정식화할 수 있다. 가령 자본주의의 예술적대성론을 전개한 루카치는, 예술종말이라는 열악한 조건에 맞서 전개되는 전투적 흐름의 실제이자 가능성으로서 위대한 리얼리즘론을 제시한다. 그것은, 자본주의의 억압적 힘에 대항하는 전투적 작가들의 위대한 창작에 기대를 걸면서, 총체성을 담은 고전예술의 저항적 생존 가능성을 설파하는 것이다.[6] 9장에서 그 결의 복잡성을 드러내면서 좀더 자세히 살펴보겠지만, 질 들뢰즈의 소수minor 예술론도 이러한 흐름과 맥이 닿아 있다. 그는, 소수적 작가에 의한 감각의 형상화 가능성을 주장하면서 카프카, 프루스트, 마조허, 프란시스 베이컨 등 소수적 작가들의 작품에 주목한다. 들뢰즈가 운동–이미지와 시간–이미지라는 두 가지 이미지 체제를 정식화하고 전자에서 후자로의 진화와 이행을 논할 때에도, 그리고 영화를 인간주의로부터 해방시켜 인간, 기계, 사물들의 다양체에 관심을 집중하면서 도래할 민중의 창조에서 영화가 수행할 결정적 역할을 강조할 때에도, 그는 다양체의 혼성적인 삶 자체로 관심을 돌리기보다 위대한 작가들에 의해 구성된 예술적 기념비들에 주목한다.

서술계획

나는 2부에서, 예술종말론을 표현한 저자들과 예술진화론을 표현한 저자들의 핵심적 사유경향들을 대비하고 그 긴장 속에서 새로운 미학의 가능성을 모색해 보고자 한다. 이 작업은 기본적으로는 예술진화론의 관점에서 예술종말론들을 비판하는 방식으로 이루어진다고 할 수 있겠지만, 그렇다고 해도 예술종말론을 기각하는 방식이 아니라, 그것을 예술진화론의 한 계기로 파악하는 방식으로 이루어질 것이다. 나는 이 비판적 수렴작업을 통해, 외관상 예술의 종말을 실감나게 하는 오늘날의 예술상황 속에서 그것을 넘어설 예술진화의 새로운 주체, 조건, 방법, 기술, 실천 등의 전망을 더듬어 나가는 것이 가능해질 수 있을 것이라 생각한다. 이 작업은, 산업자본주의에서 인지자본주의로의 전환이라는 오늘날의 이행의 시긴 속에서, 예술적 진화의 새로운 가능조건이 무엇인가를 탐색하는 것으로 예술 문제의 중심과제가 모아지고 있다는 생각에 기초를 두고 전개될 것이다.

예술의 죽음 혹은 종말에 대한 사유는 전통적 예술제도의 붕괴를 반영하고 표현하는 이론적이고 정치적인 방식이었다. 지금까지 제도예술의 붕괴는 삶미학적 범주들의 사회적 부상에 의해 규정되었다. 그것은 상황주의자들의 상황창조론, 플럭서스의 사회예술론, 르페브르와 바네겜 등의 일상예술론, 부리요의 관계미학, 라투르의 물미학, 페미니즘에서 포스트모더니즘으로 이어지는 수행성미학, 그리고 네그리의 삶정치적 미학 등의 다양한 갈래로 전개되어 나온다. 2부에서 나는, 이 새로운 미(학)적 범주들의 진화론적 발생과 발전의 이론적이고 역사적인 연관맥락을 개개의 미학적 사유들에 대한 분석을 통해 밝혀냄으로써 예술진화의 현시대적 가능조건의 윤곽을 그려내 보고자 한다.

근대의 예술종말론과 예술적대성론

헤겔의 예술종말론

지금으로부터 187년 전인 1828년에 예술의 죽음, 예술의 종말을 선언한 철학자는 헤겔이었다. 역설적이게도 이 선언은, 예술에 대한 부정적 견해들을 비판하고 예술의 존엄성을 규명하는 작업 끝에 나온 것이었다. 그는 『미학강의』 서론에서, 당대에 유행하던 견해들, 즉 예술이 정신적 긴장을 필요로 하는 본질적 관심사라기보다 정신의 퇴조나 정신의 이완을 가져오는 유희의 수단에 지나지 않으며, 예술이 미를 드러내는 데 사용하는 가상Schein은 기만에 불과해서 진지한 학문적 관심의 대상이 될 수 없다는 식의 견해들을 비판한다. 그는 이러한 견해들이 통속적인 관념이나 관찰의 결과일 뿐이라고 일축한다. 그는, 예술이 종교나 철학과 함께 신적인 것, 즉 인간의 가장 깊은 관심사이자 정신의 가장 포괄적인 진리들을 의식하고 언표하는 하나의 방식[1]이며, 예술이 사용하는 가상은 참된 것에 감각적 현실성을 부여하는 것이라고 주장한다. 그러므로 예술적 가상은 비난의 대상이 될 수 있는 보편적 의미의 가상화das Scheinen기 이니라 특수한 방식의 가상화이며(37) 이 예술적 가상들은 일상생활의 직접적 현존재das unmittelbare Dasein나 역사서술의 불안정하고 우연적인 가상보다도 더 고차적인 실재성을 갖는 것이다.(38) 그렇기 때문에 헤겔은 예술적 가상은 역사를 지배하는 영원한 힘을 우리에게 드러내 보일 수 있으며 그 가상을 통해 정신적인 것이 스스로 표상되고 해명되도록 만들 수 있는 이점이 있다(38)고 옹호한다. 그는, 예술의 가상이 기만적인 것으로 보이지만 실제로는 현실적이고 진리구현적인 것이며, 오히려 사실적으로 보이는 직접적 현상Erscheinung이야말로 바로 그 직접적인 감각성 때문에 이념의 침투를 방해하여 현실적인 것과 진리적인 것을 은폐한다고 확언한다.

헤겔은 이처럼 예술에게 그 나름의 존엄성과 높은 위상을 부여한 후에 곧바로, 예술은 그 내용이나 형식상 정신의 진정한 관심사를 의식시켜 주는 최고의 절대적 방식이 아님을 상기시킨다. 예술은 그 형식 때문에 진리의 특정한 범위와 단계만을 표현할 수 있다는 것이 그 이유이다. 진리가 예술의 진정한 내용이 되려면 고대 그리스의 여러 신들의 형상에서처럼 절대적인 것이 감각적인 것 속으로 들어가 그 안에서 적합한 모습으로 드러나야 하는데 이렇게 감각적인 것에 부합하는 진리는 낮은 단계의 진리에 불과하고, 더 고차적인 진리인 기독교적 진리는 감각적인 것에 의해 이해되고 표현될 만큼 감각에 근접해 있지도 감각적인 것에 친근하지도 않다는 것이다.(39)

이 판단 속에는 『미학강의』 전체에 걸쳐서 서술되는 예술사의 세 단계에 대한 인식이 전제되어 있다.

첫째 단계는 상징적 예술의 단계로서 고대 페르시아, 인도, 이집트 문

게오르크 빌헬름 프리드리히 헤겔
(Georg Wilhelm Friedrich Hegel,
1770~1831)

화에서 출현한 것이다. 이 단계에서 예술은 이념 그 자체(즉자적 이념), 즉 아직 발전되지 않은 초기 단계에 있는 이념, 유한한 세계 속에서 아직 자신을 구현하지 못한 무한자를 자기 대상으로 삼았는데, 이념의 이 추상적이고 무규정적인 성격 때문에 구체적이고 규정적인 예술의 감각적인 매체들이 이 이념을 적합하고 완전하게 표현할 수 있었다. 상징예술은 대상의 어떤 성질들을 포함하지만 그것은 대상이 포함하지 않은 다른 성질들도 포함한다. 그렇기 때문에 상징을 대상의 완전한 표현이라고 할 수 없다. 상징과 대상의 상응이 이렇게 빈약하기 때문에 상징예술에서는 예술의 이상이라 할 수 있는 '형식과 내용의 통일'이 불가능하다. 이런 판단에 따라 헤겔은 이 단계를 '예술-이전'의 단계로 규정한다.

둘째 단계는 고전적 예술의 단계다. 이것은 고대 그리스에서 출현했다. 이 단계의 예술은, 유한한 세계 속에 자기 자신을 현현시킨 외면화의 단계에 있는 이념을 자신의 대상으로 삼았다. 고전 세계

의 의인화된 종교들이 이러한 단계의 이념을 표현하지만, 외면화와 구체적인 형식에서 현시되는 이 단계의 이념은 예술의 감각적 매체들에서 완전히 표현될 수 있었다. 이때 예술의 대상은 "신적인 것의 상징"에 그치는 것이 아니라 "신적인 것의 현현과 출현"[2]이다. 이 때문에 그는, 고전적 예술이야말로 미의 이상인 내용과 형식의 통일을 온전히 실현했다고 보았다.

셋째 단계는 낭만적 예술인데 이것은 기독교 시대에 출현하는 예술 단계이다. 이 시대에 이념은, 그 이전 단계를 통해 감각의 세계 속에서 자신을 현시한 후, 이제 자기 자신에게로 되돌아와 정신적 내면성의 영역을 창조한 이념이다. 순수하게 정신적인 기독교의 신은 감각적인 예술매체들에 의해 예술적 형식으로 표현될 수 없게 된다. 그래서 상징적 예술에서 그랬던 것처럼, 낭만적 예술에서도, 대상인 이념과 미학적 매체 사이의 비상응적 심연이 재출현한다. 기독교에서 예술을 통해 표현될 수 있는 것은 감각적 현상과, 구현된incarnated 사랑의 윤리뿐이다.

이 세 단계는 예술의 표현능력이 상승하여(상징주의) 절정에 이르고(고전주의) 다시 하강하는(낭만주의) 포물선의 각 지점들을 표시한다. 헤겔은 자신의 시대가 그 포물선의 하강 지점에, 즉 낭만적 예술의 단계에 놓여 있다고 보면서, 예술의 시대가 지나갔고 이제 예술이 철학에 의해 능가되었다고 단언한다.

우리는 한때 예술이 그 최고의 양식에 도달했던 단계를 넘어서서, 이제 오늘날에는 우리의 세계정신, 더 자세히 말해 우리의 종교나 우리의 이성에 의해 도야된 정신이 절대적인 것을 의식하고 있다고 보고 있다. 이는 예술적인 창조나 예술작품들이 지닌 독특한 방식들은 더 이상 우리의 최고 욕구를 충족시켜 주지 못한다는 뜻이다. 우리는 예술작품을 신처럼 존중하고 숭배하던 단계를 이미 넘어섰다. 예술작품들이 우리에게 좀더 깊은 성찰을 띤 것이라는 인상을 주고 그 예술작품을 통해서 우리 내면 속에 야기되는 것을 확실히 알기 위해서는 더 고차적인 시금석이나 다른 방법이 필요하다. 즉 오늘날에는 사상과 반성이 예술을 능가하고 있다.[3]

예술의 감각적 매체가 새로운 이념을 표현하는 데 부적절해지고 예술에 대한 이해도 직접적 향유가 아니라 미학적 성찰을 통해 가능해지면서 철학이 예술을 능가하게 된다는 이러한 진단에 이어 헤겔은, "예술은 옛 시대에 여러 민족들이 그 속에서 추구하고 발견했던 것과 같은 만족을, 적어도 종교적인 측면에서 예술과 가장 내밀하게 관련되었던 만족을, 이제는 더 이상 줄 수 없게 되었다. 고대 그리스 예술의 아름다웠던 시절과 중세기 후반의 황금시대는 이미 지나갔다"(40)고 하면서 "예술을 그 최고의 규정의 측면에서 바라볼 때 우리에게 예술은 사실 이미 지나간 과거의 것이고 과거적인 것으로 머문다"(40)고 단언한다. 동시대 사람들에게 예술은 그 참된 진리와 생동성을 상실했다. 예술은 과거처럼 현실 속에서 그 필연성을 고수하고 그 최고의 지위를 지키지 못한다. 예술작품은 더 이상 우리들의 직접적 향유의 대상이 아니고 오히려 그 작품이 우리들의 표상과 판단의 대상이 되었다. 헤겔은 이런 이유 때문에, 예술작품이 직접적 향유의 대상이 아니게 된 바로 자신의 시대야말로, 예술작품이 진지한 학문의 대상, 이론적 고찰의 대상이 되기에 적합한 시대라고 강조한다. 하지만, 이 학문적·이론적 고찰은 예술을 다시 예술로서 회생시키려는 목적에서 수행되는 작업이 아니며 '예술'이란 무엇인가를 학문적으로 인식하려는 목적에서 수행되는 작업일 뿐이다.

이상의 고찰을 통해 우리가 알 수 있는 것은, 예술종말론과 예술진화론이 명확히 구분되는 두 개의 영역을 갖고 있지는 않으며 그것들이 대립적으로 구분되는 두 개의 진영도 아니라는 것이다. 상징적 예술, 고전적 예술, 낭만적 예술 등 헤겔이 역사적으로 구분한 예술사의 3단계론은 분명히 예술의 진화론이라고 부를 수 있는 요소를 함축한다. 차이가 있다면 헤겔에게서는 낭만적 예술에 이르러 예술의 진화가 종료된다는 것이다. 이것이 헤겔의 예술종말론의 실제적 내용이다. 그것은 이념이 즉자에서 대자로, 다시 즉자대자로 나아가면서 진화적 운동을 종료한 것의 결과이다. 그런데 이념의 운동의 종료는 예술에게는 하강의 조건이 되지만 철학에게는 더 없는 상승의 기회가 된다. 헤겔의 관점에서, 이념의 운동의 종료는 예술에게는 더 이상 새로운 진화의 기회를 주지 않는다. 예술가들이 자신들의 작품에서 계속 창조적이고 또 더 큰 완성을 향해 노력한다[4] 할지라도 그렇다. 이념이 자신의 목적을 달성한 상태에서 진화라는 수단은 더 이상 필요하지 않다. 헤겔에게서는, 이념이 도달해야 할 목적지점을 갖고 있고, 진화가 목적 달성의 수단으로만 간주되며, 그래서 예술의 역사적 진화는 이념의 목적론적 운동에 종속된다. 이런 점들이, 그의 예술종말론을 우리가 뒤에서 다룰 예술진화론과 구분짓는 요소들이다.

자본주의와 예술의 적대성에 관한 맑스의 고찰

헤겔에게서 예술의 실질적 전성기가 지나간 것은, 정신이 미(즉 직관)의 단계를 넘어섰기 때문이다. 예술시대의 종말은 정신의 역사적 운동의 결과로서 도래한다. 정신의 역사적 완성은 역사의 종언을 가져오는 동시에, 정신의 역사적 운동의 한 국면인 예술시대의 종말을 가져오는 것이었다. 헤겔과 달리, 맑스는 예술시대의 종말을 가져올 만큼 규정적인 정신의 역사적이면서도 목적론적인 운동을 가정하지 않는다. 그는 예술 문제를 정신의 자기운동과의 관계 속에서 고찰하는 것이 아니라 자연과 인간 사이의 물질적 신진대사 과정인 생산과의 관계 속에서, 즉 생산능력의 발전과 생산과정에서 맺는 인간들의 사회적 관계의 발전과의 연관 속에서 고찰한다.

예를 들면 자본주의적 생산은 어떤 정신적 생산 분야들, 가령 예술과 시문학에 **적대적**이다. 만약 이것을 고려하지 않는다면 레싱이 기막히게 풍자했던 18세기 프랑스인들처럼 [다음과 같이 — 인용자] 상상하게 될 것이다. 우리가 역학 따위에서 고대인들보다 앞서 있다면 서사시도 만들지 못하란 법이 없지 않은가? 『일리아스』의 자리에 『앙리아드』를!5

당대에 예술이 최고의 지위를 더 이상 갖지 않고 있다고 본 점에서 맑스는 헤겔과 견해를 같이 한다. 그런데 예술의 지위하락은 이념의 운동의 종료와 자기로의 복귀의 결과가 아니다. 맑스는, 예술과 시문학을 주변적인 것으로 믿드는 깃은 다름 아닌 자본주의적 생산양식이니라고 보았니. 사본주의의 불질적 생산의 경향은 예술과 대립한다. 자본주의는 상품교환 관계의 발전을 필요로 하고 이를 위해서는 생산물이 상품으로서 생산과정으로부터 분리되어야 하는데, 예술생산은 대개 생산물을 생산과정에서 분리시키지 않으며 그래서 교환과정 속으로 들어갈 상품을 내놓지 않기 때문이다. 이러한 특성으로 인해 예술활동과 예술작품은 자본주의에 주변적인 것으로 남아 있을 수밖에 없다는 것이다. 이것은 자본주의에서 예술이 끝난다는 생각과는 분명히 다른 것이지만, 예술이 자본주의에 의해 억압되어 자유로운 진화를 달성하거나 만족할 만한 역할을 수행할 수는 없으리라는 생각을 함축한다고 볼 수 있다.

맑스의 이러한 생각은 물질적 생산과 정신적 생산의 관계에 대한 유물론적 이해에 바탕을 두고 있다. 맑스는 물질적 생산의 일정한 형태로부터, 첫째로 사회의 일정한 구조가, 둘째로 자연에 대한 사람들의 일정한 관계가 흘러나오고, 그들의 국가제도와 그들의 정신상태는 이 양자에 의해 규정되며 그들의 정신적 생산의 성격도 그것들에 의해 규정된다고 보았다.(316) 이러한 관점에 따르면 쉬토르흐H. F. Storch가 "사회적 기능의 수행을 직업으로 삼는 지배계급의 모든 층의 각종 직업활동"(316)으로 이해한 정신적 생산의 성격도 사실은 이 물질적 생산에 의해 규정되는 것이다. 다시 말해, 지배계급의 사상적 구성부분이나 해당 사회구성의 자유로운 정신적 생산을 이해할 수 있게 하는 유일한 기초는 역사적으로 발전하는 물질적 생산의 특수한 형태이다. 맑스는 이런 전제 위에서, 앞서 인용했듯이 "자본주의적 생산은 정신적 생산의 일정한 부문들, 예컨대 예술과 시문학에 적대한다"(316)고 표현했던 것이다. 이런 관점에 따르면, 앞에 제시된 맑스의 인용문에 등장하는 18세기 프랑스인들이 정신적 생산에 대해 가졌던 생각은 환상적인 것이다. 그들은, 자신들이 기계공학에서 고대 인물보다 멀리 나아갔으니 시문학에서도 고대인들보다 더 멀리 나아갈 수 있다고 생각했고, 『일리아스』 대신에 『앙리아드』[6]가 나타난 것은 그 때문이라고 생각했다. 맑스는, 이러한 인식은 18세기 프랑스인들 자신이 서 있는 기반인 자본주의적 생산이 시문학에 적대적이라는 사실에 대한 몰각이라고 비판하면서, 그러한 인식은 이미 독일의 렛싱에 의해 조소된 바 있는 생각이라고 말한다.

그런데 맑스는 왜, 자본주의적 생산이 예술이나 시문학에 적대적이라고 보았을까? 그리고 이 적대적 관계가 어떤 결과로 나타난다고 생각한 것일까? 앞서 간단히 제시한 바 있는 대답, 즉 예술적 생산이 생산과정 밖으로 생산물을 내놓지 않는다는 사실은 이 물음과 관련해 중요한 것이지만 그렇다고 만족할 만한 답은 아니다. 이에 대한 충분한 해답을 맑스의 문헌에서 찾아내기는 쉽지 않다. 그가 말하는 '적대적'이라는 표현이, 자본주의가 예술이나 시문학의 생산을 곤란하게 한다는 의미일까? 아니면 예술과 시문학 생산의 양적 확장에도 불구하고 자본주의가 예술과 시문학 본래의 어떤 질적 잠재력을 제한한다는 의미일까?[7]

「직접적 생산과정의 제결과」에서 맑스는 "자기본성의 작동에 의한" 비물질적 생산과 "자본에 포섭되어 자본의 증식을 위해 이루어지는" 비물질적 생산을 구분한다.[8] 예컨대 밀턴은 『실락원』[9]을 자기본성의 작동에 의해 생산했다. 그것은 누에가 비단을 생산하는 것과 같은 것이었다. 어떤 여가수는 새처럼 자기본성의 작동에 따라 노래할 수 있다. 어떤 교사는 자기본성에 따라 다른 사람들을 가르칠 수 있다. 이렇게 자기본성의 작동으로서 생산활동을 할 때 이들은 자본주의적 의미에서의 생산적 노동자가 아니다. 그런데 이들이 자본에 포섭되어 자본의 증식을 위해 동일한 노동을 수행할 때, 그 노동은 생산적 노동이 된다. 맑스는, 예컨대 『정치경제학 편람』을 생산하는 라이프찌히의 문필 노동자들, 기업가에게 고용된 여가수들, 지식장사 기업에 고용된 교사들 등은 모두 생산적 노동자들이라고 말한다.

하지만 우리가 맑스의 설명에서 주목해야 할 대목이 있다. 그것은 그가, 이러한 비물질적 노동들의 임노동으로의 이행이 자본주의적 생산에서 난관에 처한다고 말하는 곳이다. 맑스는, 단지 용역으로서만 향유되면서 노동자로부터 분리가능한 생산물로, 즉 노동자 외부에 자립적 상품으로 실존하는 생산물로 전환되지 않으면서도 직접 자본주의적 방식으로 이용될 수 있는 노동은 자본주의적 생산의 거대한 전체에 비해 대체로 미미한 크기라고 말한다.[10] 그래서 그는 이것들을 '생산적 노동'이 아닌 '임금노동'의 범주 아래에서 다룰 것이라고 말하면서 직접적 생산과정에 대한 분석에서 제외한다. 여기서도 역시 맑스는, 비물질노동이 자본주의적 생산에 저항하는 것은, 그것의 생산물이 자립적 상품으로 실존할 생산물로 전환되지 않는다는 것, 즉 노동자로부터 분리가 곤란하다는 것, 단지 용역으로서만 향유될 수 있을 뿐이라는 것에서 기인한다는 논리에 의존한다. 이상의 서술로부터 우리는, 예술과 시문학의 생산은 여타의 자본주의적 생산활동들과는 달리, 직접적으로 **자기본성의 작동에 의해 창조되어 직접적으로 향유되는 것**이며, 이것이 유통될 상품을 요구하는 자본주의적 생산과 예술생산 사이의 부적합과 적대를 규정한다는 것이 맑스의 생각임을 알 수 있다.

하지만 만약 자본주의적 생산이 예술생산을 포섭하는 데 성공한다면 어떨까? 이럴 때 예술생산은 자기본성이 아니라 자본의 강제에 의해 창조될 것이고, 직접적으로 향유되기보다 교환을 통해 매개될 것이다. 이러한 사태는 예술과 시문학의 고유성을 심각하게 침식할 것이고, 이 포섭된 예술생산 영역의 크기가 커지는 만큼 그러한 예술부분의 고유한 예술성과 시성詩性은 상처를 입게 될 것이다. 그리고 자본주의가 발전하면서 자본에 포섭된 예술영역이 예술세계에서 중심적인 것으로 부상하는 만큼, 자기본성에 의해 창조되는 예술과 시문학, 다시 말해 직접적으로 향유되는 예술과 시문학은 그만큼 사회의 경계 밖에 예외적이고 주변적인 것으로 남아 있게 될 것이다.

이러한 가정은 오늘날 현실이 되었다. 당대의 맑스의 생각과는 달리, 오늘날 예술생산과 시문학[11]은 자본에 깊이 포섭되었고 미적 생산은 자본주의적 생산의 주변이 아니라 중심에서 기능한다. 비물질생산은 미미하기는커녕 오히려 물질생산의 모델이 될 정도로 헤게모니적 지위를 획득했다.[12] 오늘날 우리가 목도하고 있는 바, 비물질생산에 대한 자본주의적 생산의 이 깊은 의존 현상을 어떻게 이해해야 할까? 그것을 예술과 시문학의 돌이킬 수 없는 파괴와 종국으로서 이해해야 하는 것일까? 아니면 예술과 시문학과 같은 비물질노동이 자본주의 하에서도 진화할 수 있는 가능성을 획득했고 그것이 실현되는 것이라고 보아야 할까? 현대의 예술생산과 비물질노동은, 자기본성에 따른 생산의 있는 그대로의 지속이라고는 결코 말할 수 없지만, 즉 자본에의 포섭과 강제에 따른 생산이라는 특성을 강하게 드러내지만, 그럼에도 불구하고 전적으로 그러하다고 말하기는 어렵다. 오히려 자본은 '자기계발'이라는 이름으로 노동자들의 자기본성에 따른 생산을 자극하고 권장하기도 한다.

이 곤란을 어떻게 이해할 수 있을까? 방법이 있다면 그것은, 이러한 상황을 이중적 성격, 갈등적 성격을 갖는 것으로 이해하는 것이 아닐까? 한편에서는 자본에의 포섭에 의한 자기본성의 침식, 다른 한편에서는 자기본성이 자본주의적 생산의 깊은 곳에서 작동할 수 있는 여지의 확장. 동전의 양면 같은 이 두 경향의 갈등과 길항 속에서 자본주의와 코뮤니즘 사이의 갈등이 심화하고 확장되고 있다고 봄으로써, 현대의 비물질노동의 헤게모니와 미적·예술적 모델의 우세라는 상황의 역사적 의미를 읽어낼 수 있지 않을까? 발터 벤야민의 영화예술론은 자본주의와 기술복제 시대에 정치의 예술화와 예술의 정치화 사이의 대립이라는 형태로 이 이중성의 의미를 규명한 중요한 사례로 생각되는데, 이에 대해서는 6장에서 좀더 자세히 살펴볼 것이다.

헤겔의 예술종말론과 맑스의 예술적대성론에 대한 루카치의 종합과 변용

게오르크 루카치는, 자본주의가 인간을 소외시키는 경향에서 자본주의의 예술적대성을 찾는다. 그는, 자본주의가 극복되면 인간주의적 예술이 부흥할 수 있으리라고 전망한다는 점에서 예술시대의 결정적 종언을 전망하는 헤겔과는 다르다. 이러한 생각은 오히려 맑스와 더 유사한 것인데, 맑스도 공산주의에서는 예술 같은 비물질적 활동이 대중적 수준에서 새롭게 전성기를 이루리라 생각했던 것으로 추정할 수 있기 때문이다. 물론 맑스는 예술의 그러한 개화가 객관적 상황의 변화에 의해서만 이루어질 수는 없고 인간주체의 인류학적 변형을 필요로 한다고 보았다. 다시 말해, 노동과 산책과 예술이 한 인격 속에서 대립하지 않고 조화되는 인간, 즉 전인이 출현하게 될 때, 예술적 잠재력이 풍부하게 실현될 것으로 상상했다.

루카치의 문제의식도 이와 크게 다르지 않다. 그의 미학적 진단은, 자본주의적 생산방식과 생활방식이 예술의 **총체화하는** 내적 원리와 충돌하여 참된 예술창조에 불리한 환경을 제공한다는 것에서 출발한다. 그 불리한 환경은 일차적으로 **분업**에서 주어진다. 분업은 기술적 대상의 발생과정에서 필연적으로 조장되는 것이다. 기

게오르크 루카치
(Georg Lukács, 1885 ~ 1971)

술의 진화과정에서 인간의 총체성은 분화된 **기술행위들**로 나누어지며 또 그것들로 수렴되기 때문이다. 자본주의적 분업이 선제로서의 인간 능력을 풍부하게 만드는 것은 사실이지만, 동시에 그것은 개별 인간을, 엥겔스도 말했듯이, "일면적이고 편협하게" 만든다는 조건 하에서만 그렇게 한다. 자본주의적 기술발전, 분업화 등이 작가와 비

평가를 전인과는 전혀 다른 주체성인 **편협한 전문가**로 만든다. 긴장과 흥미의 전문가인 작가는 자본주의적 분업의 산물이다. 이것은 예술의 기술화와 예술작품의 상품화의 결과이기도 하다. 분업화, 기술화, 전문화는 예술적 형상화와 형식화에서 객관성, 민중성, 총체성, 사회성을 담지하는 능력을 상실하고 직접적인 서술기법과 같은 기예적 문제들을 중요한 것으로 부각시킨다. 체험 중시, 개인적 색조의 강화 경향은 예술의 시장유통, 교환을 위한 불가결한 사용가치가 된다고 루카치는 비판한다.[13] 루카치는 이와 같은 것을 주관성의 상품화, 혹은 "체험의 매춘"[14]이라고 표현한다. 이에 대한 반발이 자기방어와 비교적秘教的인 것으로의 퇴각인데 자본주의는 이것마저 삼켜 버린다. 분업, 상품화에 이어, 사물화Verdinglichung가 위대한 예술에 불리하게 작용한다. 사물화로 인해 주체와 객체의 분리를 넘어선 예술적 창조나 총체성의 파악이 점점 더 어렵게 된다는 것이다.

주목할 만한 것은 루카치가, 맑스와는 달리 예술의 보편적 상

품화를, 자기 시대의 실제적 경험으로서 논의하고 있다는 것이다. 비물질노동의 상품화는 루카치 시대에 이미 나타난 현상이다. 루카치는 상품경제가 완전히 일반적인 것으로 됨에 따라, 모든 문화적 부富들도 상품이 되고, 그것의 생산자들은 자본주의적 분업의 전문가로 된다(429~430)고 말한다. 자본주의의 예술적대성은 예술을 자본주의 밖에 놓아 둔다는 의미가 아니다. 그것은 예술이 파편화되고 무매개적이며 직접적인 것으로 된다는 의미이다. 그것은 예술이 자본주의 친화적으로 된다는 것을 함축한다. 루카치가 말하는 자본주의의 예술적대성은 자본주의가 예술을 방해한다는 의미가 아니라 자본주의가 위대한 예술을 불가능하게 한다는 의미이다. 여기서 루카치는, 예술이 위대성을 갖기 위해 반드시 지녀야 할 어떤 속성을 가정한다. 그리고 그 속성은 평론가나 미학자에게는 하나의 기준으로 작용하게 된다. 루카치에게서는 바로 이 필수 속성과 기준에의 도달이 예술을 회복시키는 것이다. 이를 위해서는 자본주의적 상품화, 분업화, 전문화를 벗어나야 한다는 요청이 생겨난다. 자본주의가 발전할수록 예술적대의 경향은 커질 것이다. 하지만 이에 대한 대항력도 그만큼 증가할 수 있다. 물론 그것의 '가능성'이 커지는 것이지 실제적으로 그렇게 된다는 뜻은 아니다. 다만 그 가능성이 자본주의 하에서 위대한 예술 창조의 실제적 토양으로 기능할 수 있다는 것이다.

분업이 자본주의적 예술적대의 원천이라는 이유로, 분업을 단순히 부정하는 데 머무는 것은 기술적 대상의 발생과 진화를 부정하는 결과를 가져올 것이다. 문제는 그 분업적 분화들이 어떻게 비적대적 방식으로 연결되도록 만들 것인가, 그 연결을 새로운 차원에서 어떻게 구체화할 것인가 등을 숙고하는 것이다. 자연적 총체성의 희생은 새로운 인간적 총체성, 사회적 총체성으로 이행할 길을 열어주고 우리에게 그것을 위한 집단적 투쟁을 요구한다. 새로운 인간의 탄생은 이 과성의 신물이다. 루카치는, 총체성을 구현함으로써 인간소외의 상황에서 탈소외의 잠재력을 실현하기 위한 예술방법으로 비판적 리얼리즘을 제안한다. 그는, 형상화하는 예술능력을 객관적 현실에 대한 인식가능성, 곧 이론·이성·오성의 능력 등에서 찾는다. 즉 의식성에서 찾는다. 그 의식성은 자연발생성, 직접성과 대립되는 것이다.[15]

부르주아 이데올로기는 몰락하지만 그 사실이 모든 개인들의 삶을 속속들이 규정하지는 못한다. 현실을 사는 개인의 삶 자체 속에는 이데올로기로 완전히 봉쇄할 수 없는 파열구들이 생성될 수 있기 때문이다.[16] 개별 작가들이 전반적인 발전의 흐름을 거슬러 나아가는 것을 가능케 만드는 구멍 내지 틈(루카치의 표현을 빌자면 에피쿠로스적 중간계Mittelerde 17)이 발생할 수 있다는 것이다.[18] 여기에서 지배 이데올로기를 통해 이러한 틈을 봉합할 것인지, 아니면 그 이데올로기적 장막을 뚫고 나갈 것인지는 상당 부분 개인 자신에게 달려 있게 된다. 루카치에 따르면 개인들의 주체적 선택가능성은 사회적으로 조건 지어진다. 에피쿠로스적 중간계가 위대한 작가들에게게만 인지될 수 있는가, 아니면 다중에게도 그것을 인지하고 확장시킬 능력이 주어질 것인가? 루카치는 자본주의에서는 전자의 가능성만이 주어진다고 가정하는 것으로 보인다. 다중이 사회적으로 조건 지어진 주체성의 형태일 가능성은 깊이 고려되지 않는다. 그 결과 그에게서 전문가-다중이나 다중-전문가의 가능성은 미래로 연기된다.

오늘날 다중을 미개末開의 이미지에 따라 이해하는 것은 적절치 않다. 오늘날의 자본주의적 생산과정에서 다중은 다양한 수준의 경험적·지적·도덕적 도야를 겪는다. 그러나 그 도야는, 개인적 방식이 아니라 집단적·다중적 방식으로, 네트워크를 통해 이루어진다. 두뇌적 훈련은 신체적 과정을 통해, 사회적 과정을 통해 이루어진다. 다중의 예술적 능력은 이 과정에서 향상된다. 이렇게 향상된 다중의 예술능력과 예술의지를 착취하는 것이 오늘날의 자본이다. 자본은 다중으로 하여금 노동하게 하면서 그의 예술능력, 집단적이고 공통적인 예술능력을 수탈한다. 다중의 이 예술능력은 새로운 삶을 가꿀 수 있는 능력이고 다중의 지성적·윤리적 능력이다. 그런데 루카치의 미학 속에서 이러한 지적·도덕적·예술적 능력은 위대한 개인들에게만 주어져 있는 것으로 그려진다.

우리에게 중요한 물음은 다음과 같은 것들이다. 루카치가 말하는 이 위대한 개인들은 다중과 어떤 관계에 있는가? 둘 사이에는, 전자가 후자를 교육하고 계몽하는 관계만이 가능한 것인가? 질문을 바꾸어, 위대한 개인들의 지적·도덕적 능력이 다중들의 다중지성적·윤리적 능력의 발전 없이 가능할 것인가? 다중은 과연 루카치가 말하는 직접성의 인간적 형태일까? 그가 말하는 직접성은 과연 무엇일까? 그것은 고립된 개인들, 다중화되지 못하고 체제에 의해 규정되어 부르주아 사회의 희생자로서만 존재하는 수동적 개인들의 특성을 일반화하고 고정시킨 표상이 아닐까? 체제와의 갈등 속에서 그 평균화된 직접성은 특이성으로 전화되고 이를 통해 개인들은 사회적으로 연합된 다중으로 되는 것이지 않을까? 이럴 때, 루카치의 미학이 운동하는, 직접성-매개성의 인식론적 지평이 해제되고, 특이성-공통성의 존재론적 지평이 열릴 수 있지 않을까? 루카치에게서 직접적 개인들은 오직 매개를 통해서만 사회화된다. 하지만 특이한 개체들은 매개를 필요로 하지 않는 내재적 공통되기를 통해 새로운 사회를 구성한다. 이럴 때 존재는 직접적인 것들의 특이하게 되기와 특이한 것들의 공통되기로 나타날 수 있지 않을까? 이러한 비판적 물음들은 들뢰즈, 네그리, 아감벤 등의 정치미학이 고전적인 변증법 미학에 대해 제기하는 것이기도 한데, 나는 이 문제를 다룬 8, 9, 10장과 다중-예술가의 문제를 다룬 11장에서 이 물음들로 되돌아올 것이다.

작가가 삶을 사는 태도와 사회를 보는 시각이 융합되고, 삶의 과정 전체의 한 계기로서 작용하는 작가의 체험 내용이 창작과정을 크게 규정한다고 본다는 점에서, 그리고 각성을 내적 계기로 포함하는 살아 있는 인간이 온몸으로 이룩해 내는 창조적 작업이 예술작품이라고 본다는 점에서, 루카치의 문학론이 인식론적 차원의 철학적, 과학적 각성으로 환원된다고 보는 것은 단견일 것이다. 하지만 루카치의 예술적 도야 개념은 분명히 개인의 삶, 특히 위대한 작가들의 삶과 예술적 태도에 국한되어 서술된다. 이 점에서 그의 미학이 다중들이 참여하는 사회적 예술실천의 현실을 설명하는 데에는 한계가 있다. 루카치는 작가들이 민중성을 도야함으로써 작품 내적 객관성을 확보할 수 있고 휴머니즘의 승리를 작품 속에 담보해 줄 수 있다고 본다. "민중적인 힘들과의 생생한 연결"(308) 없이는 경제적, 정치적, 사회적, 문화적 수준에서 휴머니즘의 궁극적인 승리는 가능하지 않기 때문이다. 민중성이 작가의 지적·도덕적 도야를 보장해 줄 수 있는 힘이라는 생각은 발본적이면서 또 생산적인 것이다. 하지만 작품 생산의 가능성을 이러한 노선에서만 찾을 때 그것은, 대중과 분리된 지식인 작가의 입장을 전제하고 그것을 출발점으로 하여 작가와 민중의 변증법을 사고하는 것에 머문다. 민중은 예술창조의 주체가 되지 못하고 예술창작의 대상이나 수용자로 위치 지어지거나, 기껏해야 작가의 예술능력을 자극하는 촉발자로 머문다.

루카치가 주로 전문적 작가의 힘에 기대를 거는 것은 사실이지만 그렇다고 루카치를 전문가주의에 매몰된 이론가로 정의하는 것역시 정당하지 않다. 그는 곳곳에서 문학 내적 문제에 초점을 맞춘 전문가적 활동에 대한 경계심을 표현한다. 실제로 민중성에 대한 강조 그 자체가 이러한 전문가주의에 대한 비판을 함축하는 것이다. 루카치는, 민중성과 상통하는 객관성을 추구하지 않고 견고하게 울타리 쳐진 문학 내적 문제에 초점을 맞추는 전문가적 활동은, 그 자체로 자본주의적 분업에 포섭된 활동일 뿐만 아니라 그 분업을 단순재생산하는 활동이 된다고 비판한다. 그렇지만 앞서 이미주목한 것처럼, 민중성을 객관성의 추구와 동일시하는 것만으로는전문가주의를 극복할 필요하고도 충분한 조건이 될 수 없다는 점도 지적되어야 할 것이다. 이런 관점과 태도 속에서는 민중이 객체나 대상에 머물게 되고 민중 자신의 능동적인 창조역량을 규명하고 실현하는 문제가 미학적 시야에서 사라지기 때문이다.

루카치는 또, 예술적대적인 자본주의에서 유의미한 문학의 창조가능성을 문화와 예술 그 자체의 특성에서 찾는다. 그 특성이란, 문학이 직접적인 계급대립을 넘어 개별적인 개인들과 개별적인 운명을 서술할 수 있는 능력에서 주어진다. 즉 문학은 구체적이고 개별적인 인간의 **구체적이고 개별적인 삶**을 탐구의 출발점이자 목표로 삼으면서 그 개별자들의 **보편성**을 탐구할 수 있는 능력을 갖고 있다. 헤겔은 역사서술이 직접적 현상들을 다루는 것과 달리 예술은 그것들을 가상으로 표현한다고 말한 바 있다. 루카치는 이러한 헤겔의 관점을 받아들임으로써, 직접적인 계급대립 영역과의 관계를 넘어 보편적 삶과의 관계 속에서 문학과 예술을 이해할 수 있는 길을 연다.

루카치는, 문학과 예술이 인간의 다른 활동영역들보다 한층 더 강한 구체성과 휴머니즘적 지향성을 갖고 있다고 생각한다. 문학과 예술이 그러한 지향성을 내재적 속성으로 갖고 있기 때문에 상대적으로 독자적인 활동영역을 구성하는 것이며 이 같은 상대적 독자성의 힘으로, 그리고 그것에 충실함으로써 진정한 예술의 길을 걸을 수 있다고 보는 것이다. 문학과 예술이 자본주의에서 주변화되는 것은, 그러므로, 생산과정에서 분리되는 생산물을 내놓지 않는다는 기술적 특성 외에, 바로 이것, 즉 문학과 예술이 **보편적인 삶**과 휴머니즘에 접속할 수 있는 그 고유의 특성 때문일 수도 있을 것이다. 자본주의의 파편화하는 반인간주의적 힘에 맞서는 문학과 예술의 내적 저항력이, 자본에 의한 포섭을 거부하는 힘으로 작용함으로써, 자본주의 하에서 문학과 예술의 적극적 주변성을 규정해왔다고 볼 수 있기 때문이다.

루카치가 보기에 문학은 휴머니즘을 본질로 삼으며 문학과 예술의 휴머니즘적 특성이 문학을 자본주의에 포섭되기 어렵도록 만드는 요인이다. 그런데 이 휴머니즘적 특성이란 어떤 고정된 실체가 아니라 역사적으로 변천하는 특성이다. 즉 인간의 인간됨, 인간의 인간화를 누가 어떻게 사유하고 실천하는가에 따라 휴머니즘의 내용이 달라지게 되며 그 주체성이 처해 있는 사회역사적 조건의 변화에 따라 휴머니즘의 형식도 달라지게 된다. 문학은 이 사회상태의 변화가 인간존재와 인간화의 방향에 미치는 영향뿐만 아니라, 그 변화가 인간의 자기 자신으로부터의 소외나 탈인간화에 미치는 영향까지도 형상적으로 보여줄 수 있다.[19]

이처럼 루카치는 휴머니즘을 역사적으로 가변적인 개념으로 정의한다. 이러한 생각이 분명하게 단언되는 것은 그가 맑스의 유 개념과 유적 존재 개념을 설명하는 대목에서다. 그에 따르면 맑스가 말하는 유類는 사회적으로 그리고 역사적으로 부단히 변화하는 어떤 것이다. 그것은 발전의 과정에서 유리된, 발전을 억제하는 보편성이 아니다. 또 그것은 개별성이나 특수성과 배타적으로 대립되는 하나의 추상도 아니다. 유는 주관적으로나 객관적으로나 끊임없이 어떤 과정의 한가운데에 존재한다. 그것은 다소간 자연적이거나 비교적 고도로 조직된 크고 작은 인간공동체들이, 모든 개인의 행동과 생각과 감정의 밑바닥에까지 미치는 상호관계를 맺는 것의 결과로서 결코 동일한 상태로 머물러 있는 것이 아니다. 루카치는, 맑스가 개인과 유적 존재의 이러한 통일성을 열정적으로 강조한다고 말한다.[20] 개별성이나 특수성과 대립되지도 않고 발전을 억제하는 보편성도 아닌 이러한 유를 우리는 (들뢰즈적 의미의) 잠재성에 대한 (변증법 속에서 이루어진) 일정한 **직관**으로 이해할 수 있을 것이다. 좀더 적극적으로 표현하면, 유는 잠재성이며 그것의 역사적 현실화가 인간적 개성과 인간 사회이다. 개성의 진정한 전개는 고유한 유적 성질의 실천적 실현이다. 이런 관점에서 보면, 문학과 예술은 자본주의의 사물화와 개별화에 저항하면서 탈사물화, 탈개별화를 수행하는 실천이다.[21]

5
현대의 예술종말론들

앞의 장(4장)에서 살펴본 헤겔의 예술종말론, 즉 감각적인 것의 표현양식인 예술이 더 이상 절대적인 것의 새로운 이념을 충실히 드러낼 수 없게 됨으로써 진화를 종료하고 이성적인 것의 표현양식인 철학과 미학에 그 자리를 물려준다는 생각은, 바로 그 생각을 제시한 헤겔에 의지하여 자신의 사유를 발전시키기 시작했던, 맑스에 의해 일찍부터 비판되기 시작했다. 철학이 절대정신의 역사적 상승운동의 최종점이며 이제 역사는 끝났다고 본 헤겔과는 달리 청년 맑스는, 이를테면 역사의 계속가능성과 새로운 시작을 주장하면서 '철학종말론'이라고 부를 수 있을 새로운 생각을 전개하기 때문이다.

맑스에 따르면, 철학의 실현은 오직 **철학의 지양**에 의해서만 도달할 수 있는 것이다. 이것은, 프롤레타리아 혁명이라는 **실천**에 의해, 부르주아 세계질서가 프롤레타리아 계급 속에 **부정적으로** 체현해 놓은 사적 소유의 폐지를 사회의 일반원리로 고양시킴으로써, **프롤레타리아 자신을 지양하는 것**을 필요로 한다. 그러므로 철학은 프롤레타리아 계급 자신의 폐지를 포함하는 **모든 계급의 폐지**에 의해서만 실현될 수 있는 것이며 철학의 실현은 철학 자신의 폐지를 수반할 수밖에 없다는 것이 맑스의 생각이었다.[1] 이런 시각에서 보면, 철학의 시대란 절대정신의 최종적 단계이기는커녕, "인간 전체를 오직 상상적 방식으로만 만족시키는" 인간소외의 하나의 표현 형태일 뿐이며, 혁명을 통해 지양될, 역사의 일시적 국면일 뿐이다.[2]

철학을 절대정신 전개의 종점으로 보는 헤겔식 견해가 이런 방식으로 비판되고 기각되는 과정에서 과학이 수행한 역할은 결정적이었다. 맑스의 『자본론』에서도 그 흔적이 역력히 드러나는 바이지만, 자연과학 분야에서 19세기가 지녔던 커다란 열정과 실제로 그것이 거둔 위대한 성과는 철학의 시대가 과학의 시대에 의해 대체되고 있는 것으로 보이기에 충분했기 때문이다. 하지만 다른 한편에서 그것은, '종교에서 예술로, 예술에서 철학으로'라는 절대정신의 변증법적 이행론을 재확인하면서, 단지 헤겔이 경험하지도 사유하지도 못한 새로운 이행, 즉 **철학에서 과학으로의 이행**을 통해 헤겔의 이행관념을 지속하고 또 수정하는 것처럼 보이기도 했다.

맑스와 루카치가 주장한 자본주의의 예술적대성론은, 얼핏 보면 예술의 종말이라는 헤겔의 명제에 대한 공감을 표현하는 것으로 보인다. 하지만 그것은 실제로는, 예술이 반자본주의적이고 혁명적인 잠재력을 갖고 있다는 가정을 함축하고 있을 뿐만 아니라, 현실의 자본관계에 의해 억압당하고 있는 이 잠재력을 미학적으로만이 아니라 실천적으로 회복할 필요성을 주장하는 것이다. 요컨대 자본주의의 예술적대성론 속에서 예술은 진리의 잠재적 **진지**로 이해되며 미학적 리얼리즘과 프롤레타리아 혁명이 그 잠재력을 실현할 방법들로 제안되는 것이다. 그런데 루카치에게서 명백히 표현되듯이, 전형·총체성·당파성을 통한 **객관적 진리**의 반영을 추구하는 리얼리즘의 방법론이 과학적 방법의 미학적 전용을 꾀하는 것이라는 점은 분명하다. 루카치에게서 그것은 자본주의의 **사물화**하는 경향에 대한 효과적인 미적 투쟁방법으로 설정된다. 이런 측면에서 자본주의의 예술적대성에 대한 이론은, 과학을 예술과 접목시킴으로써 예술의 잠재력을 현실화하려는 전략 위에서, 이데올로기가 주도하던 당대의 예술현실을 진단하고 치유책을 처방하는 방식이었다고 할 수 있다.

자본주의 예술적대성론이 과학의 관점에서 철학의 지위를 상대화하고 철학에 의한 예술의 대체라는 명제를 기각함으로써 예술의 잠재력을 강조하는 방식이었다면, 이와는 다른 방식으로 과학까지 상대화하면서 예술의 종말 테제로부터 거리를 두는 다른 경향도 있었다. 철학이 예술의 능력과 방법을 배우고 또 닮아가는 방법으로 갱신되어야 한다고 보는 20세기 초의 베르그손의 철학이 그러하다.[3] 그는 '예술가로서의 철학자'라는 철학자의 새로운 이미지를 제시함으로써, 철학(과 과학)이 직면한 지성의 한계를 직관을 통해 극복하려는 태도를 취한다. 과학적 물질주의에 의해 점점 기계화하고 지성화하는 세계에서, 이미 신뢰를 크게 잃은 종교나 현실

찰리 채플린, 〈위대한 독재자〉(1940) 중에서

과의 연관성을 상실하고 생기를 잃은 철학이 아니라, 예술이 일종의 출구이자 갱생의 대안으로 주목받는 것이다. 여기서 예술은 종말을 맞기는커녕, 정신의 최고모델로서의 지위를 갖는다. 하이데거가 예술의 기능을 진리의 생성에서 찾거나 가다머가 예술의 본질을 계시에서 찾은 것도, 베르그손과 마찬가지로, 예술의 실제적이고 잠재적인 힘에 대한 찬양의 사례로 볼 수 있을 것이다.[4]

하지만 예술 부흥의 이 경향은 파시즘의 발흥 및 발전과 더불어 끝난다. 파시즘이 철학만이 아니라 정치까지 예술화하여 예술을 지배의 도구로 활용하면서, 1930년대 이후의 진지한 비판가들은 다시 한번 다른 방식으로 예술의 종말 명제로 돌아간다. 벤야민은 예술작품의 기술복제로 인해, 맑스·루카치·베르그손·하이데거 등이 예술에 대해 걸고 있는 기대, 즉 진리와 존재에 접근할 수 있는 예술의 초월론적 힘이 더 이상 충족될 수 없는 것이 된다고 말한다.

예술은 주술과 종교제의의 힘에서 비롯되었고 예술에 초월성과 신성, 그리고 권위를 부여해온 것은 예술이 갖는 유일성의 아우라였는데, 새로운 기계복제매체의 등장이 이 주술적 유일성을 파괴하기 때문에 **예술적 아우라의 쇠퇴**는 불가피하게 된다는 것이 그의 생각이다. 기술복제 시대에 예술의 이미지들은 상업적 이윤증식과 정치적 권력증식의 수단으로는 활발히 이용되지만, 그것의 진품성, 유일성을 보장하던 아우라가 더 이상 유지될 수 없게 됨으로써 예술의 종말이 현실화되고 있다고 그는 생각했다. 하지만 맑스나 루카치가 사용했던 자본주의의 예술적대성론이 그러했듯, 그의 예술종말론도 예술의 새로운 가능성을 찾아내기 위한 방편으로 배치된다. 벤야민의 이러한 미학적 전략에 대해서는 6장부터 서술될 예술진화론의 맥락에서 구체적으로 다룰 것이다. 그러므로 여기서는 1930년대로부터 한 세대가 지나 유럽에서 발생하여 전 세계로 확산된 1968혁명의 영향 하에서 다시 나타난 예술종말론들을 먼저 살펴보도록 하자.5

가라타니 고진의 근대문학 종언론

우리 시대에 새로이 출현한 예술종말론들 중에서 적어도 예술 그 자체의 차원에서 가장 비관적인 사례를, 우리는 가라타니 고진의 **근대문학의 종언**에 대한 사유에서 찾아볼 수 있다. 그는, 문학이 근대에 특별한 의미를 부여받았지만, 이제 문학에 부여된 그러한

장-폴 사르트르
(Jean-Paul Sartre, 1905~1980)

특별한 의미가 사라졌다고 말한다.[6] 그가 말하는 문학이란 무엇보다도 소설이다. 그러므로 근대문학의 종언은 소설 또는 소설기기 중요하던 시대기 끝났디는 것을 의미힌다. 이리한 생각에 이르기 전에 가라타니는, 혁명정치가 보수화되었을 때 문학이 영구혁명을 담당했다는 사르트르나 들뢰즈의 생각을 받아들이고 있었다. 즉 문학이 **영구혁명 안에 있는 사회의 주체성**이라는 생각을 받아들이고 있었다. 이것은 (3장에서 서술한) 우리의 유형화에 따르면 예술종말론이나 예술진화론의 입장이라기보다 저항예술론 혹은 소수예술론의 입장에 더 가까운 것이었다.

하지만 그는, 1980년대 포스트모더니즘의 등장과 더불어 소설만이 아니라 철학화한 서사들, 즉 해체론적 글쓰기[écriture], 비평, 그리고 철학까지 종말에 처하게 된다는 비관적 입장에 선다. 어떤 이유로 이러한 입장 전환이 나타나게 되었을까? 가라타니는, 18세기 미학의 등장이 그전의 시학과는 달리 지적·도덕적 능력과 감성적 능력의 결합체인 소설의 중요성을 부각시켰다고 본다. 소설이 공감의 공동체, 즉 상상의 공동체인 네이션의 기반이 되며 지식인과 대중 또는 다양한 사회적 계층들을 공감을 통해 하나로 만들어 네이션을 형성했기 때문이라는 것이다. 19세기 이후 등장한 예술종말론의 주장과는 반대로, 가라타니는 오히려 소설을 통해 문학의 지위나 영향력이 높아져 문학이 도덕적 과제를 짊어지게 되었다고 이해한다.

그러나 20세기 산업자본주의의 발전은 네이션-스테이트를 완성시켰고 네이션 형성의 동력으로서의 문학의 역할을 불필요하게 만들었다. 네이션으로서의 동일성이 뿌리를 내렸고 문학을 통해 상상적 동일성을 형성할 필요성은 사라졌기 때문이다. 세계화 국면에서 세계화에 저항하면서 발흥하는 내셔널리즘이 있긴 하지만, 그것은 네이션을 형성하는 것으로서의 내셔널리즘이 아니다. 이슬람이나 기독교의 원리주의의 내셔널리즘 같은 것이 그것인데, 이것은 문학에 적대적인 내셔널리즘으로 나타난다.[7]

가라타니에 따르면, 이러한 상황이 소설의 운명을 결정 짓는다. 본래 소설은 음성과 영상에서 독립적인 방식으로, 독자들의 상상력을 요구하는 문학형식으로 발전해 왔다. 소설의 이러한 능력은 **묵독**에 의해 가능해졌다. 가라타니는, 영화의 시대에 영화가 할 수 없는 것을 하기 위해 소설이 마련한 장치가 바로 묵독이라고 생각한다. 가라타니에 따르면, 3인칭 객관시점에 입각한 소설, 일본의 사소설, 제임스 조이스의 작품이나 프랑스의 앙띠로망 등과 같은 모더니즘 소설은, 영화를 의식하면서 영화가 하지 못하는 것을 하기 위해 창안된 형태들이다. 그런데 텔레비전, 비디오, 컴퓨터 영상 및 음성의 디지털화가 등장하면서 영화가 궁지에 처한다. 이러한 상황이 영화와의 긴장 속에서 발전하던 소설에 영향을 미쳐, 활판인쇄와 묵독이 부여한 활자문화 및 소설의 우위가 상실된다고 가라타니는 진단한다. 이 와중에 정치적인 것은 시청각적인 것에 의해, 혹은 만화에 의해 달성되고 소설은 쇠퇴한다. 문학은 더 이상 사회를 움직일 수 없게 되고 소설을 쓴다거나 소설가가 된다는 것이 불가능해진다는 것이다.[8] 문학이 더 이상 윤리적·지적 과제를 짊어지지 않게 된 것도 이때부터다.

이상 서술한 매체론적이고 장르론적인 맥락 외에, 1990년대 이후 출현한 정치심리적 맥락이 소설의 위기를 규정한다. 가라타니 고진은 문학의 종언을, 1990년대 이후 신자유주의화의 국면에서 내부지향성의 나라들이 타인지향성으로 전환하면서 나타나는 현상으로 분석한다. 문학은 네이션을 형성하는 것, 즉 내부지향성의 형식이다. 신자유주의와 더불어 전통적 산업자본주의가 붕괴하고 정보에 기반한 신제국주의로 이행하면서, 사회는 타인으로부터의 인정을 받는 것(욕망)에 몰두하는 타인지향형의 자본주의로 전환된다. 타인지향형은 전통지향형과 달리 객관적 규범을 갖지 않는다. 타인지향형은, 전통적 규범에서 벗어나 미디어나 의사사건의 영향을 받으면서, 서로를 의식하며 타인을 만들어 낸다. 타인을 만들어 내는 타인지향형 인물을 가라타니는, 겉으로는 주체적인 듯이 보이지만 실은 주체성이 전혀 없는 **부동하는 사람들**이라고 부른다.[9]

가라타니가 보기에, 일본이야말로 바로 그러한 타인지향성의 모국이다. 가라타니에 따르면 일본의 근대는 입신출세주의와 그것에 수반되는 세속적 금욕(욕구 충족의 지연), 기독교, 그리고 학력주의에 의해 규정된다. 그런데 근대문학은 그러한 근대의 번성과 함께한 것이 아니라 그것의 좌절과 함께했다. 즉 일본 근대문학은 자유민권운동의 좌절 속에서 근대적 자기를 성찰하고 내면성을 지향하면서 나타났다. 입신출세주의가 타인으로부터 인정받으려는 타인지향성임에 반해, 그것에 대한 저항을 함축하는 근대적 자기에 대한 추구가 문학을 통해 출현했다는 것이다. 일본의 근대문학은 일본의 그러한 타인지향성에 맞서 내부지향성을 형성하기 위해 노력해 왔지만 1990년대 이후에 나타난 컴퓨터게임, 만화, 애니메이션, 디자인 등의 부상과 더불어 그러한 노력도 무의미하게 되었다고 가라타니는 말한다.

그렇다고 해서 입신출세주의가 공고해진 것도 아니다. 입신출세주의 역시 붕괴하는데 그것은 입신출세주의의 한 단면인 학력주의의 해체를 통해 입증된다. 일본의 '프리타'freeter 현상은 학력주의의 붕괴를 보여 주는 분명한 징후다. 수험경쟁을 통해 좋은 회사에 들어갔음에도 불구하고 미련 없이 그만두는 현상은 학력주의에 대한 거부를 보여 주는 것이다.[10] 프리타 현상이 보여 주는 입신출세주의에 대한 거부와, 근대문학이 보여준 입신출세주의에 대한 거부 사이에 차이가 있다면 프리타 현상에 근대문학이 보였던 내면성, 르상티망ressentiment이 없다는 점이다.

가라타니는 "근대문학이 끝났다고 해도 우리를 움직이고 있는 자본주의와 국가의 운동이 끝난 것은 아니다"[11]라고 주장하면서 그것에 대항해 나갈 필요를 강조한다. 하지만 그는 문학이 그 대항운동에서 수행할 역할은 없다고 말하는 것을 잊지 않는다. 가라타니가 말한 문학의 종언은 네이션이라는 내향성·내면성을 상상적으로 형성하던 서사의 종언을 의미하며, 이미 정치적인 것에 복속되어 있는 기능적 문학의 종언을 의미한다. 그는 산업자본주의의 종말이 근대문학의 종언을 가져왔다고 보는데, 그것을 대체한 (그가 신자유주의라고 부르는) 인지자본주의는 내향성의 주체성(네이션의 주체성) 대신에 타인지향성의 부동하는 대중을 산출하며, 그 주체성은 내향성의 결여로 인해 더 이상 문학을 건설할 수 없다는 것이 그의 생각이다.

헤겔이 낭만주의 예술의 종말을 예술종말의 지표로 삼듯이 가라타니는 소설 장르의 종말을 근대문학 종말의 지표로 삼는다. 그만큼 그의 문학개념은 소설 장르에 단단히 묶여 있다. 그런데 그가 보기에 소설은 끝났다. 그렇다면 소설이 아닌 다른 문학 장르에, 아니면 문학 아닌 다른 예술에 그가 저항과 창조의 가능성을 열어 두고 있는 것일까? 그렇게 보기에는 다른 여러 장르들에 대한 그의 평가가 이미 충분히 부정적이다. 오히려 그는 자본주의와 근대국가에 대항할 능력을 예술이 아닌 것들에서 찾아야 한다고 주장하는 것처럼 보인다.[12]

고진의 예술종말론은 이렇게 예술의 일체의 가능성을 닫아 버리는 예술비관적 결론으로 나아갔지만 현대의 모든 예술종말론들이 그런 것은 아니다. 오히려 예술의 종말에 대한 지각이 예술의 새로운 가능성을, 다른 예술적 지평을 여는 사건으로 인식되곤 하기 때문이다. 벤야민이 그랬듯이 아서 단토, 잭 번햄, 잔니 바티모, 알랭 바디우, 자끄 랑시에르 등도 예술종말에 대한 사유를 각각 다른 방식으로 예술진화에 대한 사유와 연결 짓는다.

아서 단토의 예술종말론과 다원주의 미학

4장에서 살펴보았듯이, 1828년에 출간된 『미학강의』에 나타난 헤겔의 예술종말론은, 예술을 대할 때 느끼는 두 가지 욕구들 중에서 예술에 대한 직접적 향유 대신에 예술에 대한 판단이 지배적인 것으로 자리 잡게 되는 것에 주목하고 그것에서 예술 종말의 지표를 찾는다. 아서 단토는 헤겔의 예술종말론의 문제의식을 직접적으로 받아들이면서, 이것이 실제적으로 구체화된 지표를 예술의 철학화에서 찾는다. 사실 그는, 예술의 철학화가 1828년에서 1964년 사이의 모더니즘 시기에 예술이 존재하는 방식이었다고 본다.[13] 요컨대 모더니즘 예술은, 예술이 철학적 선언을 표현하는 일종의 선언문으로 발전함으로써 나타난 산물이다. 그것은 철학에 의해 매개되지 않은 즐거움, 즉 즉각적 향유가 아니라 판단에 호소하는 예술이다. 그래서 모더니즘에서는 감각에 호소하기보다 철학적 신념에 호소하는 예술들이 지배적인 것으로 나타난다.[14] 이것은, 예술이 무엇인지를 철학적으로 인식하고자 하는 목적을 위해 창조된 예술이다. 그 결과, 선언문 시대의 예술은 자신의 예술만이 예술이며 다른 것은 예술이 아니라는 인식양식을 반복적으로 생산해 왔다.

단토는 1964년 워홀의 〈브릴로 상자〉의 출현을 계기로 이러한 선언문 예술의 시대조차 끝났고, 이로써 '나의 것만이 예술이며 다른 것은 예술이 아니다'는 인식양식이 더 이상 철학적으로 옹호될 수 없게 되었다고 말한다. 단토가 1984년에 20년 전 워홀의 작품을 떠올리면서 '예술의 종말'이라고 부른 것은, 실제로는 예술의 종말

워홀 박물관에 전시된 〈브릴로 상자들〉

이라기보다 예술의 종말의 현상형태로 나타난 선언문예술(곧 예술철학이거나 철학예술)의 시대가 다시 종말에 처하게 되었음을 천명하는 셈이다. 단토는, "다른 것보다 더 참된 예술은 없다", "예술이 반드시 그래야 할 단 하나의 방식과 같은 것은 없다", "모든 예술은 동등하고도 무차별적으로 예술이다"[15] 등의 명제를 통해, "진짜 예술과 사이비 예술을 구별하는 어떤 철학적 방법을 추구하였던" 선언문 시대 예술의 종말을 선언한다.[16] 이것은, 예술(선언문)로서 나타났던 철학이 더 이상 고유한 존재이유를 갖지 않게 된 것, 그래서 철학이 "자신의 무의미성을 증명하는 활동 외에 어떤 역할도 갖지 않게 된 것"(비트겐슈타인)에 대한 인정이다. 그렇다면 이러한 의미의 단토적 예술의 종말론은 실제적으로는 **철학의 종말론**이라고 해야 할 사태가 아니었을까?[17]

단토가 보기에 워홀의 〈브릴로 상자〉는 예술과 비예술, 진짜 예술과 사이비 예술의 경계를 허문 사건이다. 그것은, 꿈과 경험 사이의 경계가 모호하다고 보았던 데카르트와 장자, 도덕적 행위와 사이비-도덕적 행위의 구별의 지난함에 몰두했던 칸트, 진정한 삶과 진정하지 않은 삶 사이에 구별이 없다고 본 하이데거, 참과 거짓 사이에 구별이 없다고 본 들뢰즈 등의 인식이 예술을 대상으로 나타난 것에 다름 아니다. 단토에 따르면, 선언문 예술의 종말 이후에 예술과 관련하여 남은 철학적 문제가 있다면, 그것은, 그것이 왜 예술 인지를 설명하는 것이다.

그런데 이런 기묘한 상황은 예술사의 특정한 순간에 출현하는 것이다. 〈브릴로 상자〉와 같은 예술작품이 없었던 때에, 예술과 비예술 사이의 경계의 소멸 같은 문제는 등장하지 않는다.[18] 이러한 경계소멸에 대한 의식은 예술의 역사적 과정의 특정 순간에 의식되기 때문이다. 그렇다면 그러한 순간은 무엇에 의해 구성되는 것일까? 단토는 이에 대해 충분히 말하고 있지 않다. 하지만 우리가 앞서 살펴본 가라타니는, 문학의 종언을 구성한 역사적 계기로서 디지털 기술발전에 영향받은 '부동하는 대중'의 출현에 대해 언급한다. 가라타니가 내향성을 결여한 존재로서 부정적으로 인식하는 그 대중을 우리가 가라타니와는 다르게, 즉 새로운 주체성의 대두로, 즉 다중의 등장으로 이해해 보면, 아서 단토가 식별한 예술사의 새로운 상황은 다중 주체성의 등장이라는 역사적 순간에 의식된 것으로 볼 수 있지 않을까?

이 물음을 조금 더 깊이 생각해 보자. 단토에 따르면, 기존에 구축되었던 예술제도들은 어떤 것이 예술인 이유를 설명하는 근거로 기능한다. 그렇기 때문에 그 예술제도 밖에서 등장한 무엇인가가 그 제도의 울타리를 넘거나 무너뜨린다면, 기존의 제도는 어떤 것이 예술인 이유를 설명하는 근거로서의 기능을 제대로 수행할 수 없을 것이다. 포스트모던적 예술상황이 그러하다. 요컨대 다중의 브릴로 상자들이 증식되고 다중의 노동과 삶 그 자체가 예술적인 것으로 나타나고 있다. 그럴수록 기존의 예술제도를 고집하는 것이 그만

큰 더 어려워지는 것은 분명하다. 다중들의 노동과 삶이 자의에 의해서든 타의에 의해 강요되어서든 예술적인 것으로 되면서, 이전까지 예술의 경계 밖에 놓여 있었던 것들이 예술로서 인지될 수밖에 없도록 강제되었고, 이것은 '예술의 경계'에 초점을 맞추었던 선언문 시대의 인지양식을 붕괴시킨다. 다중의 시대에는, 예술의 철학적 경계를 설정하던 선언문 예술의 근거가 침식된다. 그 결과, 단토가 말하듯이, "예술이 아닌 것이 없다"거나, 혹은 더 나아가 요셉 보이스가 말하듯이 "누구나가 예술가다"라는 의식이 등장한다. 철학자 니체가 시인일 수 있듯이 이제 누구나가 예술가일 수 있고 모든 것이 예술일 수 있는 가능성의 세계가 비로소 인식의 지평에 떠오른다.

이런 사회역사적 상황에서 예술과 비예술의 차이는 무엇에 의해 규정될 수 있는 것일까? 단토는 〈브릴로 상자〉 이후의 예술상황에 다원주의라는 이름을 붙임으로써 이 문제에 대한 정면 응답을 회피하는 것처럼 보인다. 모든 것은 예술일 수 있다. 하지만 잠재적으로만 그렇다. 이미 말한 바처럼, 모든 것이 실제적으로 예술일 수 있는 상황은 다중의 등장에 의해 비로소 가능해진다. 다중의 노동과 삶이 예술로 전화하면서 모든 것이 예술일 수 있고, 누구나가 예술일 수 있는 가능성이 나타나는 것이다. 그러나 무엇이 예술인가라는 물음은 여전히 남는다. '모든 것은 예술이다'라는 인식에 따라 예술이라는 용어를, 생산되고 존재하는 모든 것을 감쌀 무한히 큰 보자기로 사용하는 다원주의 예술 개념은 이 물음에 대한 편리한 답일 수는 있지만 충분한 답이라고는 하기는 어렵다.

예술과 비예술의 차이에 대한 기존의 규정들이 허물어지도록 만드는 것이 다중의 등장이었다면, 다중의 다중으로서의 존립가능성 혹은 다중의 형성과 재생산의 가능성이 이제 예술과 비예술의 차이를 가르는 근거로 작용하게 되는 것이 아닐까? 다중들은 무차별적인 누구나와 동일시될 수 없다. 다중은 특이화하는 과정 속에 있는 민중들과 대중들이다. 다중이 새로운 예술적 주체성으로 되는 것은 바로 이 특이화하는 경향 때문이다. 그렇기 때문에 그 특이성과 특이화의 경향을 살려내는 것으로 기능하는 것만이 예술로서 기능할 수 있다. 이와 반대로 다중의 특이화를 가로막는 것들은 다중의 노동과 삶이 예술이 될 수 있는 가능성을 침해하는 장애물로 이해될 수 있다.

그런데 특이화는 개별화나 특수화와 동일시될 수 있는 것이 아니다. 특이화하는 것은 서로 접속하여 블록을 구축하면서 공통의 장을 구축하며 그 공통의 블록들은 다시 특이한 블록들로서 서로 블록들의 공통되기를 구축한다. 이런 의미에서 특이화는 공통되기를 침식하는 과정이 아니라 공통되기를 촉진하는 과정이 된다. 모든 것이 예술일 수 있고 누구나가 예술가일 수 있기 위해서는, 그 모든 것이 특이함과 동시에 공통되기의 과정 속에 열려 있는 것이어야 한다. 다원주의라는 개념이 특이화하는 공통되기의 한 측면을 반영하고 있는 것만은 분명하다. 하지만 다원주의는 특이화와 공통되기의 원리로 될 수 있는 것은 아니다. 종종 다원주의는 특이화를 개별화나 특수화로 오인하며, 그 결과 개별적인 것들이나 특수한 것들을 포괄하고 포섭할 보편성의 범주와 틀을 창출하려는 유혹에 이끌린다. 이런 유혹에 이끌릴 때 다원주의는 특이화의 과정을 뒷받침할 수 없을 뿐만 아니라 그것을 오히려 침식하게 된다. 다시 말해, 그것은 다중의 예술활동을 침식하는 것이 될 수 있다. 그렇기 때문에 다중의 등장에 의해 촉진되는 '예술의 종말'은 예술과 비예술의 기존의 경계를 허물면서 동시에 예술의 새로운 경계를 확립하려는 운동으로 나타난다. 이 새로운 경계설정의 운동이 기존의 경계설정과 차이가 있다면 그것은, '나의 것만이 예술이며 다른 것은 예술이 아니다'의 정신에 따라 예술의 경계를 좁히려는 기존의 구심적 노력이나 경향과는 달리, 특이화하는 예술의 능력과 그것들의 공통되기를 어떤 경계도 없는 누구나에게 개방하고 확장하려는 원심적 노력이자 운동으로 나타난다는 점이다. '모든 것이 예술이며 누구나가 예술가다'라는 정식은 그러므로 서술적인 것이 아니라 이 새로운 경향을 표현하기 위한 간결한 처방적 정식이었다고 할 수 있다.

잭 번햄의 예술종말론과 시스템미학

잭 번햄은 1960년대에서 1970년대 사이에 이론가이자 비평가로, 또 큐레이터로서 활동했다. 그는, 과학과 테크놀로지가 모든 것에 영향을 미치는 매우 강력한 자기조직화의 과정이라고 주장하면서 테크놀로지와 예술의 관계에 대한 깊은 통찰력을 보였다. 그 역시 일종의 예술종말론을 전개하는데, 이것은 벤야민의 매체미학적 문제의식을 정보테크놀로지 시대의 조건 속에서 지속한 결과로 보인다. 그는 예술대상, 즉 작품으로 나타나는 예술적 객체에 대한 문화적 집착이 사라지면서 예술활동이 이른바 '시스템[체계] 의식'이라 불릴 수 있는 것으로 대체되고 있다고 말한다.[19]

번햄에 따르면, 예술작품으로 형상화되는 물질적 예술대상에 대한 욕구는 오래된 것이다. 『근대조각을 넘어서』Beyond Modern Sculpture (1968)를 쓰면서 그는, 수천 년 동안 이어져온 뿌리 깊은 충동인 대상적 조형의 욕구가 하루아침에 인간성에서 지워지지는 않겠지만, 예술행위가 직접적인 물질적 조형으로부터, 에너지와 정보의 양을 기획하는 행위로 변화하고 예술대상이 뚜렷이 비물질화한다고 진단한다. 이러한 진단 위에서 그는 객체(대상) 중심적 예술이 끝나고 시스템[체계]에 기반한 예술로의 이행이 나타나리라고 전망한다. 그가 보기에, 조각된 대상을 통한 예술적 표현의 시대가 끝나가고 있다는 것을 보여 주는 증거는 풍부하다. 그는 반형태예술, 대규모 환경예술, 생태예술, 개념예술, 미니멀아트, 뉴미디어아트, 플럭서스, 신新구체예술 등의 확산을 그 사례로 제시한다.[20] 이와 같은 예술실천들은, 예술이 물질적 실체에 있지 않고 오히려 사람들 사이의 관계에, 그리고 사람과 그들의 환경 사이의 관계에 있음을 보여 주려는 노력들이다. 이를 위해, 새로운 예술실천을 수행하는 예술가들은, 자신들이 사회에서 분리된 예술가로서의 지위를 갖는 것을 거부하고 예술가로서의 지위 그 자체를 해체시키는 방향으로 나아갔다. 이것은 분명 전통적인 예술양식의 종말을 가져오는 것이지만, 다른 한편에서 그것은 사회와 환경 전체를 하나의 예술작품으로 볼 수 있는 전복적 시각을 준비하는 것이기도 하다. 예술시장은 '고급예술'과 '대중문화'라는 허구적 대립을 유지하고 고급예술의 희소성을 조성함으로써 예술대상(즉 작품)의 가치와 가격을 유지하고 증대시켜 왔다. 이에 대항하여 새로운 예술가들은, 고급/저급의 구분을 통해 예술(과 삶)을 통제하는 예술시장 메커니즘을 거부하고, 예술작품을 경제적 가치세계의 상관물로 만드는 저 희소성 규율의 지배를 거부했다. 그 대신 그들은 개개의 예술실천을 테크놀로지에 의해 매개되는 총체적 시스템[체계]의 상관물로 보기 시작했다.

  이러한 예술실천 경향을 표현하는 말로 번햄은 '시스템[체계]미학'이라는 용어를 사용한다.[21] 여기에서 시스템[체계]은 하나의 예술 매체로 기능한다. 번햄이 하나의 새로운 아방가르드 예술형식으로 간주하는 소프트웨어의 경우에, 그것은 오브제 없이 미적 감성을 생산한다. 오브제가 있다면 그것은 소프트웨어의 하나의 말단으로 기능할 뿐이다. 예술실천의 이러한 시스템적 변화와 기술적 대상들의 출현이 인간적 따뜻함, 돌봄의 느낌, 인간적 주의기울임의 느낌을 결여하고 있다고 할 수도 있을 것이다. 하지만 번햄은 그러한 관점은 인간적 솜씨의 중요성을 낭만화하는 것일 뿐이라고 말한다. 실제로 바뀐 것이 있다면 그것은, 사람들 사이에서, 내재적 가치를 갖는 대상들에 대한 필요가 사라지면서, 일상에 필요한 용품을 사고파는 임시적 태도가 커졌기 때문이라고 말한다. 이런 관점에서 보면 현대적 삶의 모든 국면에서 복잡한 시스템[체계]들(복잡계들)은, 자연의 시스템[체계]들(자연계들)과 접근하기 시작하는, 부단히 가공적인 일종의 예술작품들이다. 그러므로 한 통의 모래나, 스프링이 감긴 기계, 한 그루의 나무, 그리고 인간은 점점 감소하는 엔트로피 체계의 한 **국면**을 나타낼 뿐이다. 여기서 구조와 복잡성의 수준은 더 큰 양의 에너지를 사용하는 것에 의해 확보된다. 이런 관점에서 번햄은, 사이버네틱 유기체의 예술인 사이보그 아트의 점진적인 출현이야말로 미래 조각의 개시를 알리는 장관적 사건이라고 말한다. 그에 따르면, 인간은 이제 비활성적 객체들에 영혼이나 내재적 생명성을 불어넣으려는 계속적 시도들을 통해 자연적 **생식만큼**이나 중요한 종합적 **재창조**를 달성하려 하고 있다.

1968년 당시에 번햄은 이미, 미래 예술의 유사생물학적 성질에 대해 사유하는 것이 필요할 것이라고 단언한 바 있다. 살아 있는 물질과 살아 있지 않은 물질 사이에 어떤 질적인 물리적 차이도 없는 생물전자 분야에서 작업하는 과학자들은, 이 두 물질 그룹이 단지 물질조직화의 복잡성에서 상승하는 스케일^{scale}을 나타낼 뿐이라고 말한다. 그래서 그들은, 인공적으로 창출된 유기체들도 의식을 가질 수 있을 것이며, 그 유기체들의 주체성과 지성의 수준은 생물학적 원리들에 따라 시뮬레이션을 하거나 처리할 수 있는 창작자의 능력에 달려 있을 것이라고 보았다. 이 사례를 참조하여 번햄이 상상하는 것은, 기존의 물질대상적 예술형식이 끝나고, 테크놀로지의 영향을 받아 진정한 지성을 드러내며 인간과 상호관계를 맺는 능력을 가진 일련의 예술형태들의 등장이다. 이러한 미학적 상상 속에서, 자연적인 유기적 생명은 점차 사라지고 우리의 열등하고 불완전한 생명형태들을 좀더 효율적인 유형의 생명형태들이 대체하리라는 생각이 발전해 나온다.

번햄은 마법, 종교, 예술, 과학은 **환경에 대한 일정한 통제**를 달성하기 위한 네 개의 원리로서 공동의 목표를 가진다고 보았다. 이것들 중에서 예술적 추상은, 사람들의 생물학적 구성의 재형성을 포함하여 사회의 완전한 재창조를 위한 정신적 준비를 수행한다. 고전적 조각 개념은, 조직을 기술적 노력과 밀집히 연관된 생물학적 활동의 흔적으로 보지 않고 기술적 노력과는 다른 별도의 노력으로 보는데, 번햄은 이러한 조각 개념이 실제에 대한 많은 혼돈된 이해를 만들어 낸다고 보았다. 그래서 그는 조각을, 변화하는 생물학 개념의 지표로, 생물학적 역할의 지표로, 특히 생물학적 활동 자체로 보는 것이 중요하다고 말한다. 이런 관점에서 번햄은, 예술은 비생물학적 수단(즉 테크놀로지)을 통한 생명의 재창조를 상징적으로 예비하는 것이라고 본다. 번햄은, 객체조각이 절대적 사물화를 향한 과정의 마지막 단계가 결코 아니라고 단언한다. 그는 조각이 생물학적 활동과 유사해짐에 따라 전통적 조각과는 다른 방향을 취할 것이라고 예상한다. 그 결과 객체조각이 겪게 될 그 역사적 일시성은, 시스템[체계]화된 환경으로 나아가는 산업의 경향과 직접적으로 연관된 것이다. 가구·책·조리기구·장난감·제의도구 등은 세대를 거쳐 내려오면서, 실존을 실재적인 것으로 만드는 객체들 중의 일부였고 자기충족적 실체들로서 지속해 왔다. 하지만, 이제 이 객체들은 생산과 필요충족이라는 서로 맞물린 예술적 시스템[체계] 속의 대체가 능한 구성요소들로 되고 있다는 것이 그의 생각이다. 이런 관점에서는, 예술의 종말은 어떠한 비관적 색조도 갖지 않는다. 객체예술의 종말은 시스템[체계]예술의 탄생을 가져오는, 사라지는 소실점일 뿐이며 이 때문에 희망적인 현상이기 때문이다.

잔니 바티모의 '예술의 죽음'과 '몰락을 통한 극복'

잔니 바티모는, 예술의 힘을 강조해온 니체와 하이데거에 의지해서 약한 사유의 이론을 발전시켜 왔다. 그가 예술의 힘과 가능성에 대해서가 아니라 그것의 죽음과 몰락에 대해 말한 것은 『근대성의 종말』(1985)[22]에서이다. 하지만 그가 말하는 '예술의 죽음'은 단순한 종말을 의미하는 것이 아니라 복잡한 의미를 갖는 표현이다. 우선 그가 말하는 예술의 죽음은, 산업의 발전과 정보지배의 보편화, 일상생활에서 소통수단 영역의 일반화, 그리고 그 수단에 의해 확장된 재현우주와 실재 사이의 구별불가능성 등을 통해, 헤겔이 말한 절대정신의 자기복귀가 테크놀로지 세계 속에서 변형되고 왜곡된 형태로 실현됨으로써 도래하는 것이다.[23] 잭 번햄에게서와 마찬가지로, 잔니 바티모에게서도 예술의 죽음을 초래하는 이 과정은 죽음이나 종말이라는 용어에 수반되는 음울한 색채를 갖지 않는다. 오히려 그것은 형이상학의 역사적 종말을 보여 주는 하나의 중요한 사건으로 인식된다.[24] 형이상학의 유산의 총체인 예술이 죽음을 맞이함으로써, 우리가 움직이는 공간의 **역사적이고 존재론적인 재배치**가 달성되기 때문이다. 이러한 인식 속에서 잔니 바티모는 예술의 죽음의 두 가지 의미를, 다시 말해, 강한 의미와 약한 의미를 구별한다.

첫째로 그는, 예술이 더 이상 특수한 현상으로 존재하지 않게 되는 것을 예술의 죽음의 강한 의미라고 본다. 그가 생각하는 뚜렷한 예는 아방가르드다. 아방가르드 예술실천은 예술의 낡은 제도적 울타리들(극장, 연주회장, 화랑, 박물관, 책 등)을 넘어서고 해체하는 방향으로 미학을 폭발시키며, 철학이 예술에 부과한 한계를 거부하고, 개인과 사회의 계층화된 구조를 전복시키는, 사회적·정치적 행동의 진징한 도구를 자처한다.[25] 대지예술, 신체예술, 거리연극 등은 그러한 예술실천의 양상늘이다. 요컨대 강한 의미에서의 예술의 죽음은 새로운 기술에 의해 미학의 한계를 제거한다. 이것은, 예술작품을 감쌌던 아우라만이 아니라 예술가의 재능에 대한 일체의 논의를 종말에 이르게 함으로써 나타나는 효과이다.

둘째로 그는, 기술 진보와 대중화 속에서 이루어지는 **실존 그 자체의 일반적 심미화**를 예술의 죽음의 약한 의미라고 본다. 이에 따르면, 사진, 영화, 대중문화, 매스미디어를 통한 삶의 일반적 심미화는 예술의 죽음의 현상형태들이다. 미적 기쁨은 이제 주체가 객체에 대해 경험하는 것이 더 이상 아니다. 그것은 주체가, 자신이 미를 감상하는 능력으로 뭉쳐진 하나의 집단에 귀속되어 있음을 인식하는 데서 나오는 기쁨이다. 오래 전에 『판단력 비판』[26]에서 칸트가 이야기했던 것이 바로 이것이다. 이런 관점에서 볼 때 주목되는 것은 매스미디어다. 매스미디어야말로 사회적 삶의 공공언어의 구축과 강화를 통해 주체가 귀속될 수 있는 공통의 합의, 취향, 느낌의 공적 무대를 구성하기 때문이다. 여기서 매스미디어는 단순한 정보 배포의 기능을 수행하는 것 이상으로, 미적 주체가 귀속될 집단을 창출함으로써, 미적 기쁨의 생산자로서 **미적 기능**을 수행하는 것으로 볼 수 있다.

그렇다면 이제 일체의 예술은 매스미디어로 해소되어 버리는

가? 그렇지는 않다. 매스미디어화에 저항하는 이른바 '진정한 예술'의 도전은 어디서나 목격된다. 그렇다면 바티모는, 예술이 완전히 죽지 않았으며, 예술의 죽음에 대한 저항 속에서 죽음을 맞는 예술흐름과 질적으로 구분되는 어떤 실제적인 예술흐름이 잔존한다고 생각하는 것인가? 그렇지 않다. 바티모는 예술의 죽음의 현상형태인 매스미디어

사무엘 베케트
(Samuel Beckett, 1906~1989)

화와 실존의 심미화에 저항하는 '진정한 예술'의 이러한 대응양식도, '예술의 죽음'의 범주를 벗어나는 것이 아니라 오히려 그것에 속하는 것으로 간주한다.[27] 키치와 조장된 대중문화, 저급한 단계의 실존의 심미화 등에 대한 '진정한' 예술가들의 저항은, 분명히 강하거나 약한 의미의 예술의 죽음에 대한 반작용이자 저항이지만, 그것들이 예술작품의 향유가능성을 일체 부정하면서 **소통을 거부하고 침묵으로 일관하는** 한에서 결국 예술의 죽음의 다른 양상이라고 할 수 있기 때문이다. 바티모는 이러한 진정한 예술을 예술의 죽음이라는 범주에 포함시키면서 그것을 **예술의 자살**이라고 부른다. 그는 베케트의 작품을 그러한 태도의 전형으로 간주하며, 그러한 태도의 미학 범주로의 확장이 아도르노의 부정의 미학으로 나타났다고 본다. 이러한 예술적이고 미학적인 경향에서 예술성에 대한 평가는 예술적 자살, 즉 자기부정의 강도를 기준으로 이루어진다.

여기서 이미 암시되었듯이, 바티모가 말하는 예술의 죽음은 모

든 예술제도의 붕괴와 해체로 이어지는 단선적 과정이 결코 아니다. 기존 예술제도의 한계가 드러나고 그것의 범위를 벗어나는 다양한 예술실천들이 출현함에도 불구하고, 전통적 예술제도인 극장·연주회장·화랑 등은 여전히 살아남으며 그 틀에 들어가는 작품을 생산하는 예술가도 계속 존속한다. 이것은 일견 예술의 죽음이라는 주장을 부인하는 현상들처럼 보이지만, 바티모는 이 현상들도 예술의 죽음과 밀접히 연관된 것이라고 파악한다.

예술의 죽음은 그래서 늘 선언되지만 부단히 다시 연기되는 과정으로 남는다. 이 과정에서 예술 생산물들은 유토피아, 키치, 침묵 등의 서로 다른 모습으로 나타나고 이들이 벌이는 일종의 내적 유희를 통해 예술은 지속적인 삶을 이어간다. 바티모는 갈등에 가득 찬 이 역설적 과정을 '예술의 몰락'이라고 부른다. 이 몰락의 과정은, 그가 근대성의 탈근대적 회복과정을 특징지우기 위해 하이데거로부터 빌려와 사용하는 개념인 극복Verwindung, 즉 '내부로부터의 왜곡과 변형을 수반하는 극복'의 과정에 다름 아니다. 니체와 하이데거가 말하는 '존재'가 그렇듯이, 예술의 경험도, 잔존하는 것이 아니라 사라지고 멸절하는 것을 통해, 즉 태어나 죽는 것을 통해 떠오른다.[28] 이 때문에 바티모가 말하는 예술의 몰락의 경험은, 하이데거가 말했던 '진리의 작동으로서의 예술작품'의 경험과 다른 것이 아니다. 이런 맥락에서 바티모는, 기술복제시대를 염두에 두고서 벤야민이 말한 '산만한 지각'으로서의 미적 경험을, 몰락과 절멸 속에서 떠오르는 예술경험의 한 형태로 예시한다.

그에 따르면 이러한 의미에서의 예술의 몰락의 경험은 근대성

modernity에 내재적인 것이다. 근대는 근대적 존재를, 모든 다른 가치들이 참조해야 하는 가치준거로 만든다. 근대성은 유행의 시대이다. 근대성은, 상품의 증가된 순환과 증가된 사회적 유동성을 통해 나타나는 **새로움 그 자체**에 가치의 초점을 맞춘다. 새로운 것이 가치 있는 것이라는 생각은 이미 19세기의 많은 철학들에서 나타났던 것이며 20세기에까지 지속되는 것이다. 하이데거가 실존을 **프로젝트 [기투]**project**와 초월**로 정의하거나, 사르트르가 실존을 **초월**로 정의한 것, 혹은 블로흐가 그리는 **유토피아**의 개념 등은 다른 선택과 행동을 가능케 함으로써 미래를 연다는 생각을 표현한다. 바티모는 이것을 **미래파적 파토스**라고 부른다. 이 파토스는, 근대철학이 미래파, 다다이즘 등의 아방가르드 시학과 공유하는 것이다. 바티모의 관점에서, 이 미래를 향한 긴장은, **갱신**을 향해 조준된 긴장이자 **독창적인 진정성**의 조건으로의 복귀로 보인다.

하지만 바티모는 새로움을 가치화하는 이 근대성이 실제로는 현세성의 시대로서, 결국 실존의 신성한 관점을 포기하고 **세속화**의 불경스러운 가치영역을 확증하게 될 뿐이라고 말한다. 여기서 세속화는 진보에 대한 믿음을 특징으로 삼는다. 그에 따르면, 진보를 그 자체 가치 있는 것으로 묘사하는 근대성은, 초월에 대한 모든 언급을 진보적으로 제거하는 유대-기독교 관점을 전유하여 구체화하는 것에 다름 아니다. **끊임없이 새롭게 되기**라는 근대성의 이념은 과학과 기술 및 산업 분야에서는 판에 박힌 일로 되며 **발전의 파토스**에 종속된다. 이 새로움의 파토스가 예술 분야에 인입되면서 세속화는 이제 극단적인 방식으로 실행된다. 역설적으로 이것은 진보의

제임스 조이스
(James Joyce, 1882~1941)

개념에 대한 위협으로 나타나며 진보의 개념을 지워 버리기까지 한다.[29] 블로흐의 철학은 이러한 딜레마를 보여 준다. 진보가 역설적이게도 새로움의 가치를 붕괴시키는 것이다.

이러한 상황에 직면하여 우리 자신은 근대성의 메커니즘에서 멀어지면서 그것을 대상화화기 시작한다. 이러한 탈근대적 입지설정을 통해 바티모는 근대성을 미래파적 시대였던 것으로 정의한다. 그러므로 근대가 새로움을 가치화하는 시대라는 바티모의 정의는, 이미 근대성의 메커니즘에서 멀어져 그것을 대상화하기 시작한 탈근대성의 입장에서 소급적으로 이루어진 근대에 대한 정의인 셈이다. 바티모는 여기에서 더 나아가, 새로움의 가치의 출현이 근대국가의 구성과 깊은 상관관계가 있다는 포미안Krzysztof Pomian의 주장에 의지하면서 그것을 몰락의 징후들로 묘사한다.[30] 근대세계의 미래지향을 구현했던 제도들이, 화폐의 구매력을 불안정하게 하는 인플레이션에서부터 국가장치의 제어되지 않는 성장과 복잡함에 이르기까지, 심각한 오작동에 의해 어지럽혀지고 있다는 것이다. 예술도 여기서 예외가 아니다. 건축, 소설, 시, 구상예술 등 여러 영역에서 탈근대는, 근대성의 발전, 개혁의 논리에서 벗어나고자 하는 충동을 태생적이면서 가장 공통된 특징으로 삼는다.[31] 이런 의미에서 바티모는 탈근대를, 하이데거적 의미에서의 극복Verwindung으로 이해된 '근대의 극복'이라고 말한다. 세속화와 허무주의는 이 극복의 중요한 요소다. 예술의 탈근대적 극복의 경험은 형이상학의 종말의 시대에 예술이 일어나는 방식을 보여 준다. 바티모에 따르면, 우리가 탈근대적 구상예술, 탈근대적 문학, 탈근대적 건축 등에서 찾아볼 수 있는 이 몰락을 통한 극복은, 20세기 초반의 아방가르드 운동(예컨대 『율리시스』[32]에서 『피네간의 경야』[33]로의 조이스의 이동)이 이미 징후적으로 보여준 예술 몰락의 경향을 심화하며 지속하는 것일 뿐이다.

탈근대 예술은 실존의 진정한 기초를 찾는 것과 같은 어떤 형이상학적 가면도 쓰지 않고 새로움의 가치를 경험한다. 여기서 새로움의 가치는, 급진적으로 드러나자마자 토대나 가치로서의 모든 가능성을 상실한다.[34] 이러한 예술경험 속에서 미래는 위기에 처한다. 프루스트의 『지난 시절의 기억』, 무질의 『특성 없는 남자』[35], 조이스의 『율리시스』와 『피네간의 경야』에서 시간이 그 본질적 선조성을 벗어나는 것은 위기에 처한 미래를 보여 준다. 몰락은 탈역사의 모습으로 나타난다. 하지만 바티모는 시간의 토대를 없애는 (얼핏 보기에는 음울할 수 있는) 바로 이 과정 속에서, 예술의 죽음을 넘어서는 예술혁명의 개념을 읽어 내고자 하며 (형이상학의 가능한 극복을 향한) 문학과 철학적 사고의 대화의 길을 열어 내고자 한다.[36] 예술종말론이 발터 벤야민, 아서 단토, 잭 번햄에서와 마찬가지로, 예술진화론과 예술혁명론으로 뚜렷이 방향을 잡고 있는 것이다.

바디우의 예술도식론과 랑시에르의 예술체제론

예술과 진리의 관계를 관심의 초점에 놓는 알랭 바디우도, 얼핏 보면 **예술도식**의 종말을 주장하는 것으로, 다시 말해 **예술의 종말론**을 다른 방식으로 주장하면서 그것의 궤적을 잇는 것처럼 보인다. 그는 예술체제를 플라톤과 맑스주의의 '지도적 도식'(예술은 진리를 갖지 않는다), 니체와 하이데거의 '낭만적 도식'(예술만이 진리를 갖는다), 아리스토텔레스와 정신분석의 '고전적 도식'(예술은 진리와 상관이 없으며 치유라는 고유한 역할을 갖는다) 등으로 구분한다. 그는 아방가르드의 '지도적-낭만적 도식'을, 전통적인 이 세 가지 도식들이 포화에 도달한 후 그것을 넘어서기 위한 네 번째의 복합적 시도였다고 간주한다. 그런데 이제 이 네 번째 예술체제 역시 포화에 도달했다고 보는 것이 그의 진단이다. 그렇기 때문에 그의 이러한 분석과 서술은 예술체제의 **궁극적 종말**이 도래했다는 주장을 내놓기 위한 전제인 것처럼 보인다. 그런데 예상과는 달리 바디우는, 예술종말론에 맞서 **진리를 생산하는 절차로서의 예술**을 옹호하는 태도를 보인다. 바디우에 의한 이러한 방식의 예술옹호론은, 단토가 선언문 시대의 예술이라고 불렀던 것, 즉 예술의 종말 이후의 예술, 철학으로 된 예술의 지속가능성을 옹호하는 것으로 볼 수 있다. 바디우와 단토 사이에 차이가 있다면, 바디우가 이러한 예술의 가능성을 옹호함에 반해 단토는 그것마저 끝났다고 본다는 점이다.

바디우는, 예술적 진리의 단위는 작가나 작품이 아니라 **예술적**

짜임에 있다는 전제 위에서, 그 짜임을 구성하는 개개의 작품들을 사건이 아닌 **사태**로, **예술적 절차**의 재료로, 예술적 진리의 **국지적 심급**이자 변별점으로, 예술적 절차의 주체이자 주체점으로, 국지적으로 현실화하는 진리로, 진리에 대한 한 번의 **탐색**enquête으로 파악한다. 그리고 예술적 진리는, 이러한 작품들로 이루어지는 무한한 유적 다수로서의 예술적 짜임에 있다고 파악하는 것이다.[37] "예술을 내재적이고 독특한 진리로서 사유할 때의 유효한 단위는, 결국 작품이나 작가가 아니라 사건에 의한 어떤 단절(이것은 일반적으로 그전의 어떤 짜임을 시효가 지난 것으로 만들어 버린다)로부터 시작되는 예술적 짜임인 것이다"[38]라는 말이 증거하듯이, 진리의 단위인 예술적 짜임은 사건에 의한 단절에서 시작된다. 바디우가 생각하는 예술적 짜임은, 예술 분야도, 장르도, 시기도, 기술적 장치도 아니다. 그것은, 사건을 통해 시작되고 무한한 작품들의 복합체로 구성되며, 해당 예술 내부에서 그 기간이 그 예술의 하나의 진리, 하나의 예술진리를 만들어 낸다고 말할 수 있는 단위이다.[39]

바디우는 이렇게 예술을 진리와 연결 짓지만 예술 그 자체를 철학으로 간주하는 것은 아니다. 예술은 진리를 생산하지만 철학은 진리들을 생산하지 않는다. 철학은 진리들을 파악하거나 보여 주거나 드러내거나, 혹은 여기 진리가 있다고 말할 뿐이며, 흩어져 있는 진리들이 함께 가능하도록 함으로써 진리가 만들어지고 있는 이 시대가 어떤 모습인지를 밝힐 뿐이다.[40] 이런 생각 위에서 바디우의 관심은, 기존의 모든 예술도식이 종말(포화)에 처한 시대에 어떻게 새로운 예술적 짜임이 단절적 사건으로 출현할 것인가를 주시하는

데 집중하게 된다.

바디우가 말하는 이 새로운 예술적 짜임의 문제를, 랑시에르는 새로운 **예술체제**의 문제로 탐구하는 것으로 보인다. 바디우가 예술과 철학이 관계 맺는 양식으로서 '지도적 도식'이라고 부른 것과 랑시에르가 '윤리적 이미지 체제'라고 부르는 것은 서로 많이 겹친다. 플라톤에 의해 대표되는 이 체제에서는, 이미지들의 존재방식이 개인과 공동체 들의 존재방식에 어떤 방식으로 관계되는지를 아는 것이 관건이기 때문에, 예술이 그 자체로서 **개별화되지는** 못한다.[41] 랑시에르가 '시학적-재현적 예술체제'라고 부른 것은 바디우가 '고전적 도식'이라 부른 것과 크게 겹친다. 이 예술체제는 예술들을 **행동방식들**의 분류 속에서 식별하기 때문에 시학적poétique이다. 그리고 이 체제에서 행위하고 보고 판단하는 방식들을 조직하는 것은 미메시스이므로 재현적이기도 하다.[42] 랑시에르가 말하는 '미학적 예술체제'는 앞의 두 예술체제와는 달리, 예술의 **자율성**을 근거로 삼으며, 예술을 모든 일반법칙으로부터 벗어나게 할 뿐만 아니라, 주제, 장르 등의 모든 위계로부터도 벗어나게 하는 체제이다. 이 체제는, 예술이 무엇이었는지, 또 무엇일 수 있는지에 대한 어떤 이념의 토대 위에서 **삶의 새로운 형태들**의 발명에 열중한다는 점에서, 바디우가 말한 '낭만적-지도적 도식'과 일정하게 겹치는 체제로 볼 수 있다. 랑시에르는 예술의 위기와 그 이론으로서의 예술종말론에 대해 언급하면서 그것을, "예술들의 동시대적 형태들의 정치적 다의성들과 같은, 매체들과 장르들의 혼합들로부터 점차 더 멀어지는, 이 단순한 모더니즘 패러다임의 패주"[43]라고 이해한다.

그가 말하는 '미학적 예술체제', 즉 예술의 미적 체제의 과제는 이미지의 윤리적 체제나 시학적-재현적 체제가 만들어 내는 위계, 즉 감각적인 것의 분할양식을 깨뜨리는 것이다. 그것은 감각의 자유로운 놀이에 따라서만 예술을 식별한다. 여기서 **재료의 승리**, **감각의 승리**, **대중의 승리**가 나타난다. 예술체제 안의 평등은 정치적 평등으로 이어지며 지성의 평등과 통한다. 아서 단토가 예술의 종말의 개념 속에서 객관적으로 파악한 위계의 해체와 다원주의가, 랑시에르에게서는 새로운 예술체제의 개념으로, 예술을 여전히 사회적 유희나 공공재화로서 사용하려는 움직임에 대항하는 실천적 체제로서 파악된다. 그 체제의 기획을 그는 놀이·목록·만남·신비 등의 전략으로 표현하는데, 이것들은 **합의를 거부하는 전략**들이다. 바디우의 비미학의 사유는 철학과 진리생산의 공정들 사이에, 그리고 예술도식들 사이에 위계를 설정하는 것을 주저하지 않는다. 반면 랑시에르의 '미학적 예술체제'는, 이러한 식의 합의를 거부하면서 이견을 만들어 내는 정치적 행위이며 그 자체가 하나의 정치를 구성한다. '미학적 예술체제'는 아무나$^{n'importe\ qui}$의 감각적 능력이 발현되는 장소이다. 이러한 점들 때문에 우리는 랑시에르의 새로운 예술체제에 대한 탐구를, 벤야민·단토·번햄·바티모 등 예술의 종말이라는 담론형식 속에서 20세기에 이루어진 일련의 미학적 모색들과 더불어, 삶미학과 다중예술의 지평을 여는 예술진화론적 시도들 중의 하나로서 이해할 수 있다.[44]

예술종말론은 예술진화론을 예비한다

  이상에서 살펴본 깃처럼 여러 예술종말론들은 주관적이고 객
관직인 특수한 역사적 상황변화를 자신들의 논리의 기초로 삼는
다. 가령 가라타니 고진은 기술발전과 그것에 기초한 체제 이행(산
업자본주의에서 신자유주의로) 및 내면성을 상실한 부동하는 외
향성의 대중의 등장을, 소설 장르를 대표로 하는 근대문학 종말의
근거로 삼으며, 잭 번햄은 테크놀로지의 발전으로 인해 예술객체의
위치가 침식되는 것을 기존 예술의 종말의 근거로 삼는다. 가라타
니는 소설 장르의 종말이 예술의 기능의 최종적 종말을 의미하는
것으로 이해하는 경향이 있지만 단토, 번햄, 바티모, 바디우, 랑시에
르 등이 전개하는 예술종말 이론의 대부분은, 기존 예술의 종말이
예술적 가능성의 일체의 종말을 의미하는 것이 아니라 종말이나
몰락이라는 형식 속에서 예술의 새로운 진화의 지평을 여는 사건
으로 이해하는 경향이 있다. 즉 이들에게서 예술종말론은 예술진
화론을 예비하는 것으로 기능한다. 그러므로 다음 장에서는 예술
종말론에서 예술진화론으로의 이행의 양상들이 어떻게 펼쳐지는
지를 살펴볼 것이다.

예술종말론에서
예술진화론으로의 전환

단토는 '예술의 종말'이라는 개념을 통해 역설적이게도 '예술의 일반화'의 장을 열어 놓는 독특한 논리를 전개했다. 이런 의미에서의 예술의 종말에 대한 이론은 예술의 새로운 시작을 여는 이론적 장치로 기능한다. 단토에 앞서, 예술의 종말과 예술의 진화를 대립되는 것으로 사유하기보다, 생산적으로 상호작용하는 것으로 사유한 사람으로서 중요한 의미를 갖는 사람이 바로 발터 벤야민이다.

발터 벤야민의 예술진화론적 관점

벤야민은 자본주의가 예술적대적이라면, 그래서 예술의 종말과 같은 것이 도래한다면 그것은 창조성, 천재성, 영원한 가치 등과 같은 **전통적 개념**의 예술에 대해서일 것이라고 본다. 그래서 그는 고루한 예술종말론자들이 취한 태도와는 달리, 발전하는 자본주의의 생산조건 속에서 예술의 발전방향과 진화경향이 무엇인가를 탐구한다. 그가 주목하는 가장 중요한 변화는, 예술삭품에 대한 **기술복제**가 가능해진 것이고 또 복제기술을 응용한 영화가 부상한 것이다.

벤야민은 전통적 예술개념이 기술복제에 대해 갖는 부정적 태도에 대해 먼저 논한다. 그 부정적 태도는, 기술복제된 예술품은 더 이상 원작이 아니고, 예술작품이 갖는 유일무이한 현존성인 아우라를 갖지 않는다는 시각에서 기인한다. "예술작품의 기술복제 가능성의 시대에 위축되고 있는 것은 아우라"[1]임을 벤야민은 주저 없이 인정한다. 기술복제된 예술작품은 아우라를 파괴하며 그것에 대해 적대적이다. 또 예술작품의 기술복제는 복제품의 대량생산과 복제품의 현재화를 통해 복제품을 전통적 영역으로부터 분리시킨다. 전통을 동요하게 하며 위기에 처하게 하는 것은 이러한 사태 자체이다. 벤야민이 보기에 예술종말론은 전통적 예술장이 복제품의 유통이 가져오는 변화에 대해 느끼는 위기감의 이론적 표현이다.

벤야민은 이 위기를 **지각양식의 역사적 변화과정**으로 이해한다. 그는 아우라의 붕괴가 자연적으로 또 역사적으로 규정되는 지각매체의 발전에 따른 것이라고 보면서, 아우라 붕괴의 사회적 조건을 탐색한다. 기술복제는 그 역사적 조건들 중의 객관적 측면에 속한다. 벤야민은 이와 더불어 주체적 조건의 형성에 주목하는데, 그것은 **대중의 등장**이다. 대중은 오늘날 "사물을 공간적으로 또 인간적으로 자신에게 보다 가까이 끌어 오고자 한다."[2] 그리고 대중은 복제를 통해 사물의 일회적 성격을 극복하고자 한다.[3] 대중은 그림을 통해, 그리고 그것의 복제를 통해 대상을 가까이 소유하고자 한다. 대중은, 아우라를 선호하는 전통적 지각취향과는 달리, 대상의 껍질을 벗겨내는 지각, 분위기를 파괴하는 지각을 선호한다. 그 결

발터 벤야민
(Walter Benjamin, 1892~1940)

과로 대중은 복제그림을 향유하는데, 이것은 **일회성과 지속성**에 의해 특징지어지는 전통적 회화와는 달리, **일시성과 반복성**에 의해 특징지어진다. 벤야민은 이러한 변화를 자본주의의 예술적대나 예술억압으로서가 아니라, "현실이 대중에게 적응하고 또 대중이 현실에 적응하는 현상으로, 사고의 면에서는 물론이고 직관의 면에서도 무한한 중요성을 지니게 될 하나의 **발전과정**"[4]으로 이해한다.

이어 벤야민은, 전통적 예술이 갖는 아우라가 마땅히 벗겨져야 할 것임을 논증한다. 예술작품의 아우라는 예술의 사용가치가 마술이나 종교제의에서 발휘되었던 것의 흔적이다. 진품 예술작품의 일회성은 종교제의에 근거를 두고 있다. 사진술의 등장은 이 전통을 깨뜨리는 획기적 사건이 된다. "예술작품의 기술적 복제가능성은, 세계역사상 처음으로, 예술작품으로 하여금 지금까지 종교적 의식 속에서 살아온 **기생적 삶**의 방식으로부터 벗어나게 만든다"(206)는 것이 벤야민의 생각이다. 그는, 사진술의 등장으로 인한

예술위기 상황에서 예술지상주의가 취한 예술신학적이고 반동적인 태도를 거부한다. 오히려 그는, 이 위기상황이야말로 예술이 종교에의 봉사라는 낡은 사회적 기능을 벗어 버리고 사회적 실천과 정치라는 새로운 사회적 기능을 획득할 기회로 보면서, 이를 적극적으로 받아들인다.[5]

대중의 등장은 이렇게 예술의 위치와 역할을, 그리고 그 가치와 개념을 변화시킨다. 예술이 정치적 기능을 획득하면서, 예술의 가치중심은 제의가치[Kultwert]에서 전시가치[Ausstellungswert]로 이동한다. 이러한 이동을 설명하면서 벤야민은 브레히트의 생각을 참조한다. 브레히트는, 예술작품의 상품으로의 변화 과정에서 오래된 예술작품 개념이 그 상품화된 물건에 더 이상 적용되지 않을 때에는, 그 물건의 기능을 버리지 않기 위해 오래된 예술작품 개념을 조심스럽고도 신중하게 그러나 아무런 두려움도 없이 버려야 할 것이라고 말한 바 있다. 벤야민은 브레히트의 이 말을 긍정적 방식으로 인용하면서, 예술작품에 아직 남아 있는 예술적 기능 역시 사회적 기능에 부수적인 것이 될지도 모른다고 전망한다.[6] 아우라는 제의가치의 징표이다. 대중의 출현으로 인해 전시가치가 두드러지면서 아우라가 사라지는 것은, 예술의 종말의 지표로서보다는 예술의 진화의 지표로 받아들여야 한다는 것이 벤야민의 생각이다.

그러므로 우리는, 예술을 사회역사적 진화의 관점에서 고찰하는 것이 벤야민의 고유한 방법론이라고 단언할 수 있다. 전통예술을 지탱하던 예술의 자율성 이념은 기술복제시대의 도래를 통해 붕괴된다. 영화의 등장은 결정적 분기점이다. 처음에 영화를 예술 속에 포함시키려는 노력은 영화에서 종교제의적 요소(기적적인 것, 초자연적인 것, 동화적인 것)를 찾으려는 낡은 관점에 따라 이루어졌다. 즉 반동적 관점에 따라 영화를 예술세계에 수용하려 한 것이다. 하지만 이러한 시도는 영화의 촬영기술이나 영화 관중의 지각양식과 부합할 수 없는 것이었다.

어떤 점이 그 부적합성을 규정하는 것일까? 영화에서 아우라가 사라지는 세 가지 이유에 대한 벤야민의 분석이 이 물음에 일정한 답을 제시한다. 그에 따르면, 첫째, 영화에서 배우의 연기는, 무대에서의 연기와는 달리, 카메라동작에 의해 매개되고 감독에 의해 편집된 결과로서 나타난다. 영화배우의 연기는 카메라 및 감독의 눈의 시험을 거쳐야 연기로서 자리 잡는다. 그 결과, "관중의 눈은 배우와의 개인적 친분에 의해 영향을 받지 않는 비평가의 태도를 취한다"[7] 즉 관중도 카메라처럼 배우의 연기를 시험하는데, 연기와 관중 사이에 형성된 이 간극은 종교제의적 가치가 드러날 수 있는 태도와는 거리가 멀다.[8] 둘째로 영화에서는 인간과 사물이 동렬동위에 놓인다. 영화촬영소에서 배우의 연기는 무대에서 맥베스 역을 하는 연극배우와는 달리, 관객과 혼연일체가 되어 이루어지는 것이 아니라 관객을 대신하여 자신을 바라보는 카메라를 의식하며 이루어진다. 이 때문에 연기자를 둘러싼 아우라가 사라진다. 오히려 연기자는 카메라에 비치는 소도구와 다를 바 없는 위치에서 그 소도구들과 더불어 영화구성의 요소로 기능하게 된다. 이처럼 영화에서 사물들은, 인간과 더불어, 그리고 인간과 동등하게, 중요한 역할을 수행하게 되는데 이로 말미암아 아우라의 붕괴는 필연적인 것

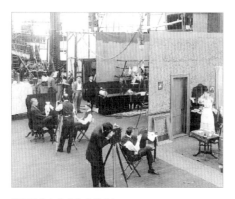

1900년대 초의 영화 스튜디오

이 된다. 셋째, 연기자의 연기는 하나의 통일적 행위로서 촬영되는 것이 아니라 시간차를 둔 단편들로, 그리고 우연적 요소들로 구성된다. 그렇기 때문에 개별 연기들은 상황적 아우라를 전혀 갖지 못한다. 이런 이유들로 영화가 아우라에서 벗어난 한에서, 영화는 더 이상 낡은 종교제의적 지각양식과 부합할 수 없는 것이었다.[9]

기술복제시대에는 대중과 예술이 맺는 관계도 달라진다. 각 장르마다 이 관계변화의 양상은 다양하다. 예컨대 문학에서는 독자와 필자의 경계가 소멸하면서 독자가 필자로, 필자는 독자가 된다. 영화에서 대중은 단순한 구경꾼에 머물지 않고 배우로 상승할 기회를 갖게 된다. 노동과정이 언어습득의 과정으로 되는 것도 이 시대의 특징이다. 벤야민은 "일을 말로 표현하는 것은 일을 수행하는 데 필요한 능력의 일부가 된다. 글을 쓰는 문학적 능력은 이제 특별한 전문교육을 통해서가 아니라 다방면에 걸친 기술교육을 통해 배양되고, 그럼으로써 그러한 능력은 공동소유의 성격을 띠게 되었다"[10]고 본다. 그렇기 때문에 벤야민이 바라보는 기술복제시대는 예술의 종말 시대이기는커녕, 대중예술의 잠재력을 증폭시키는 시대이다. 물론 이러한 방향으로의 진화에는 첨예한 분화가 포함되어 있다.

예술의 진화가 반드시 대중을 진화시키는 계기로 귀결되지는 않는다는 점이 그것이다. 그렇지 못한 측면도 있다. 가령, 서구에서는 영화가 **전통적인 예술관**에 대한 혁명적 비판을 수행하면서도, 자본에 포섭되어 있기 때문에, 기존의 **사회적 소유관계**에 대한 혁명적 비판은 억제한다. 또 러시아에서는 작업과정 속에서 자신을 연출하는 민중이 배우로 등장함에 반해, 서구의 영화산업에서는 대중이 스펙타클의 구경꾼으로서만 동원된다.

벤야민은, 어떤 예술형식의 사회적 중요성이 줄어들 때, 그것에 대한 수용자의 감상적 태도와 비평적 태도가 분리된다고 본다. 예컨대 회화에서 전통적 작품은 무비판적으로 향유됨에 반해 새로운 작품은 혐오감을 갖고 비판된다. 그런데 영화에서는 관중의 **비평적 태도가 감상적 태도와** 일치한다. 아우라의 소멸이 감상을 방해하지 않는 것이다. 그리고 관중의 개인적 반응은 집단에 의해 직접 영향을 받는다. 이것은 영화가 집단적 성격의 예술임을 보여 준다. 영화의 카메라는 마치 프로이트가 지각의 드러나지 않던 넓은 흐름을 분석 가능하게 만든 것처럼, 지각되지 않던 것들을 집단적 지각의 영역 속으로 끌고 들어오는 **외과의사적 역할**을 수행한다. 카메라는, "사람의 의식이 작용하는 공간의 자리에 무의식이 작용하는 공간을 대신 들어서도록"[11] 만든다. 그것은 상승과 하강, 중단과 분리, 확대와 축소, 위치의 재배열 등을 통해 (마치 정신분석학이 충동의 무의식적 세계를 드러낸 것처럼) 시각의 무의식적 세계를 드러낸다.

벤야민이 보기에 이 모든 변화에서 대중의 등장은 결정적이다.

"대중은, 예술작품을 대하는 일체의 전통적 태도가 새로운 모습을 하고 다시 태어나는 모태"[12]이기 때문이다. 대중은 예술작품에 집중Sammlung하지 않고 산만함Zerstörung 속에서 예술작품이 자신들 속으로 빠져들게 만든다. 어떤 과제를 산만한 오락 속에서 해결할 수 있는 것은 하나의 능력이며, 그것은 대중 속에 하나의 습관으로 자리 잡는다. 대중은 영화에 대한 비평적 태도를 가지면서 주의를 기울이지 않는다. 이런 방법으로 관중은 종교제의적 가치를 뒤로 밀어 낸다. "관중은 시험관이지만 정신이 산만한 시험관이다."[13]

파시즘은 정치의 예술화를 통해, 이 프롤레타리아화한 대중을 조직하려 한다. 실제의 대중은 소유관계의 변화를 요구하지만, 예술화하는 정치는 이 소유관계의 문제를 감추면서 대중을 기술적으로 복제한다. 대중의 축제행렬, 대규모의 대중집회, 대중이 관람하는 스포츠경기, 대중이 동원되는 전쟁 등이 그것이다. 정치에 의한 대중의 이 기술적 복제과정에서, 생산력은 부자연스럽게 이용된다. 전쟁은 기술적 수단, 기술의 속도, 에너지 증대가 부자연스럽게 이용되는 마지막 출구이다. 전통주의적 통념과는 달리, 벤야민은 이것을 기술이 발전한 것의 결과로 보지 않는다. 오히려 그는 기술이 사회의 근원적 에너지를 감당할 수 있을 만큼 충분히 발전하지 못한 것의 증거로 본다.[14] 제국주의 전쟁은 기술적 수단들(생산수단)이 사회 속에서, 그리고 생산과정에서 충분히 활용될 수 없는 상황에서 나타나는 "기술의 반란"[15]이다. 파시즘은 이러한 전쟁을 예술로 승화시키면서 예술지상주의를 최후로 완성한다. 이것이 정치의 예술화인데, 이것은 인류의 자기소외의 극한을 표현한다. 이에 대한 대안이 있을까? 자본에서 파시즘으로 이어지는 정치의 예술화 작업에 대항할 수 있는 방법으로 벤야민이 제시하는 것은 **예술의 정치화**이다. 벤야민은 자신의 시대에 예술의 정치화가 정치의 예술화에 대항하는 코뮤니즘적 실천으로 기능한다고 주장한다.

이러한 벤야민의 생각들은 현대 자본주의와 현대 예술을 바라보는 시각의 형성에서 하나의 중요한 전환점을 보여 준다. 벤야민의 생각을 단순히 이어가고 또 발전시켜 나가기만 하는 것으로도 우리 시대를 이해할 기본적 인식노선을 그려내 볼 수 있는 것은 이 때문일 것이다. 기술복제 현상이 가져온 변화에 대한 서술을 통해, 그리고 기술이 파시즘에 포섭되어 제국주의 전쟁에 동원되는 것이 기술 발전의 불충분함의 결과라는 인식을 통해, 벤야민은 자본주의의 인지적 이행을 일정하게 예상할 뿐만 아니라 심지어 요청하고 있으며 인지자본주의적 발전에서 예술의 진화방향에 대한 중요한 암시를 던진다. 노동이 언어화된다는 벤야민의 생각이 그것을 단적으로 표현한다. 노동의 언어화는 노동이 공통되기의 행위로 됨을 의미한다. 언어화하는 노동, 예술화하는 노동은 새로운 주체성으로서의 다중이 탄생하게 되는 조건이다. 벤야민이 직시했던 노동의 언어화와 인지화가 더욱 심화되면, 벤야민의 대중은 다중으로 이행한다. 이 이행과정에서 기술복제를 넘는 **전자복제**가 출현했음은 주지의 사실이다. 이 과정에서는 생산 자체가 더욱 영화적인 것이 된다. 벤야민이 말한 바처럼, 영화에서는 배우와 무대장치와 소품이 동등하게 중요한 기능을 수행한다. 즉 영화에서 사물과 인간, 기계의 혼종이 극명하게 드러난다. 삶은 이 세 가지 것들이 혼종되는 물적인 것$^{Ding \ 16}$, 즉 아상블라주이다. 생산에서 인간중심성은 사라진다. 생산은 영화에서처럼 인간, 기계, 사물이 혼종되면서 이루는 사건이자 흐름이 된다. 예술은 노동과 더 이상 구분되지 않게 되며, 삶과 노동도 구분할 수 없게 되고, 정치도 노동이나 삶과 구분될 수 없게 된다. 예술은 삶이고, 삶은 노동이고, 노동은 정치고, 정치는 예술이다라는 식의 총체적 동어반복 상황이 전개된다. 그렇다면 인지자본주의에서 예술의 정치화가 정치의 예술화에 맞선다고 말할 수 있을까? 삶의 세계 자체가 정치인 상황 속에서 그러한 대항관계의 축은 재편된다. 대항은 이제, 이 정치적 과정을 사유私有화하려는 운동과 공통共通되도록 만들려는 운동 사이에서 벌어진다.

푸코의 삶의 미학

벤야민은 정치의 예술화 현상만이 아니라 노동의 예술화 현상이 출현하고 있는 현실을 직시했다. 자본주의의 발전과 더불어 예술은 삶의 더 넓은 부면으로 확장된다. 물론 예술의 양적 확장이 반드시 예술종말론의 주장과 대립된다고 할 수는 없다. 예술종말론이 반드시 예술생산의 종말이나 그 양적 축소를 함축하는 것은 아니기 때문이다. 그렇지만 예술종말론이 시사하고 있는 바와는 달리 예술의 정치적 역할은 더 커지며 그것의 사회적 역할도 커진다. 좀더 정확하게 말해 예술이 사회에서 특별한 지위를 차지하지 않게 되기는커녕, 사회적 갈등과 투쟁의 중심무대로 진입하는 경향이 여실하다.

이와 더불어 나타나는 현상이 여러 사회활동 영역들의 경계소멸 현상이다. 예술은 경제, 사회, 종교, 정치, 윤리 등의 영역들과 점점 구분할 수 없게 된다. 또 예술은 자본주의적 생산에서 헤게모니적 활동으로 발전한다. 이러한 주장은 미셸 푸코, 펠릭스 가타리, 그리고 마우리찌오 랏자라또 등에 의해 제기되고 발전되었다.

1장에서 언급한 바 있듯이 푸코는, 서구 문명을 지배해온 기독교의 관념이 삶을 율법에 복종시키고 자기를 버림으로써 구원의 조건을 확보해온 도덕형식이라고 본다. 그러나 20세기를 거치면서 기독교 문명은 사실상 끝난다. 푸코는 기독교 도덕관념이 사라진 상황에서, 자신의 삶을 작품으로 만드는 윤리미학적 노력이 기독교 도덕의 부재라는 진공상황을 극복하는 힘이어야 한다고 생각한다. 이 미학적 노력을 지칭하는 푸코의 개념이 '삶^{existence}의 미학'이다. 푸코는 이러한 삶의 미학의 뿌리를 고대 그리스의 윤리적 주체성에서 찾는다. 고대 그리스인들은 '나는 누구인가?'라는 정체성의 질문에 머무르지 않고, '나는 나를 무엇으로 만들 수 있고 또 만들어야 하는가?'라는 실천적 질문을 던지는 것으로 나아갔다.[17] 이것은, 고대인들이 자신의 삶을, 변형하고 창조해야 할 발명의 대상으로, 미학적이고 윤리적인 대상으로 사고했다는 것을 보여 준다.

이러한 사고 속에서 중요한 것은 현재의 자기와 달성해야 할 자기 사이의 거리이다. 삶은 작품의 재료이자 그것을 가공하고 변형하는 실천적 과정이다. 이것은 모든 사람에게 해당된다. 누구나 자신의 삶을 발명하고 재창조해야 한다. '나는 누구인가?'라는 정체성

질문에 머물도록 만드는 현대 사회의 사회심리적 조건 속에서, 삶을 발명과 창조의 장으로 사유하는 것은 삶 자체를 **정치**의 장으로 파악하도록 만든다. 벤야민이 정치의 예술화에 대항하는 것으로 실정한 예술의 정치화가 푸코에게서는 **삶의 정치예술화**로 변용된다. 누구나가 자기 자신과의 관계를 재성립하면서 자기 자신을 배려하고 경배하고 통제하려는 노력 속에서만, 즉 다른 자기를 구축하려는 창조적 노력 속에서만 권력에 대한 저항은 유효할 수 있다는 것이 푸코의 생각이기 때문이다. 그에게서 근대의 경제적 착취와 정치적 억압에 대한 저항은, 자기배려적 실천에 입각해 자신과 집단의 삶을 아름답고 살 만한 **작품**으로서 생산하는 실천의 문제와 불가분한 것이다.[18]

가타리의 새로운 미학적 패러다임

이것은 가타리의 '새로운 미학적 패러다임'이라는 주제와 통한다. 그가 말하는 새로운 미학적 패러다임이란, 종교적 의례활동 및 종교적 재현과 밀접하게 연결되어 있었던 예술이 서구의 역사에서는 뒤늦게, 자신의 특화된 가치론적 준거를 드러냈다는 인식에 기초한다. 오늘날 미적 역능은 종교적 제의에는 물론이고, 철학적으로 사고하고 과학적으로 인식하며 정치적으로 행동하는 다른 역능들 어디에도 종속되지 않는 독립성을 가지면서, 우리 시대의 언표행위의 집합적 배치 안에서 우선적인 지위를 점하려는 것처럼 보인다는 것이다.[19] 가타리가, 우리 시대에 미학적 패러다임이 우선적인 것으로 현상할 뿐만 아니라, 그 패러다임이 요청된다고 보는 이유는, 현재의 사회적·정치적 조직화 지평에서 벗어나 **탈주선을 구축하는 능력**이 예술에게 주어져 있다고 보기 때문이다. 예술이, 현실적인 것에 대항하여 잠재성을 폭발시키면서 가능성의 새로운 장을 열어내는 특이화의 능력을 보여 주며, 이 특이성들의 횡단적 접면을 구축하는 능력을 보여 준다는 것이다.

특이화의 능력이란 구성의 지평 위에서 지각과 정동을 창조하는 능력으로서, 새로운 삶의 지도그리기를 시작할 수 있는 능력이다.[20] 이 능력에 기초한 미학적 패러다임은 물론, 위대한 예술작품들에만 국한되는 것이 아니라, 경제, 사회, 정치, 교육 등의 광범위한 영역에 적용될 수 있는 것이다. 가타리는, 현재 지배적인 과학적이고 이성주의적인 패러다임이, 보수적인 경향들과 규칙들에 얽매여 있어서, 현재의 전지구적인 문제에 대처하는 데 필요한 창조성의 존재론적 뿌리에 다가갈 수 없는 패러다임이라고 본다. 이에 반해, 자신의 삶을 미학적으로 만들어 가는 미학적 기계, 분자적 전쟁기계는 세계를 느끼는 색다른 방식을, 사물의 새로운 얼굴을, 사건의 상이한 형세를 만들어 냄으로써 **주체적 재특이화**의 핵심적 수단이 될 수 있다고 그는 본다.[21] "예술은 창조를 독점하지 않지만, 돌연변이적 좌표들을 발명하고 전례 없고 예견할 수 없으며 생각할 수 없는 존재의 특질들을 만들어낼 수 있는 능력을 극단적인 지점까지 지닌다"[22]는 것이다.

자본주의는, 가치들을 구획하고 양극화함으로써, 가치들이 생겨난 표현소재들을 평탄화한다. 또 자본주의는, 욕망가치, 사용가치, 교환가치 등을 형식적으로 동등하게 취급함으로써, 가치들을 자본의 경제적 가치증식의 궤도 속으로 밀어 넣으며, 차별적인 특질들과 비담론적인 상렬도intensité들을 이항적이고 선형적인 관계들의 배타적인 통제 아래에 놓는다. 주체성은 소통을 통해 표준화되며, 대중매체와 문자기계에 예속된 발화를 위해 특이성을 말살당하며 모듈화된다. 자본주의적 기표는, 모든 다른 가치세계들을 초코드화하면서, 재특이화와 이질발생이라는 저항의 핵심지대에 남아 있는 사람들에게로 덮쳐온다.[23] 이러한 조건에서 새로운 미학적 패러다임은, 예술창조과정을 자기생산의 미학적 기계로 자기긍정하면서, 자신의 표현소재들과 자신이 촉진하는 정동들의 존재론적 직조를 갱신한다. 여기서 '기계'란 기계학적 관점의 기계가 아니라 테크놀로지적, 생물학적, 정보과학적, 사회적, 이론적, 미학적 측면들을 동시에 포괄하는 개념의 기계이다. 가타리가 기계학mécanisme으로부터 기계론machinisme을 분리시키면서, 후자의 기계론에, 전자의 기계학에는 매우 낯선, 자기생산적이고 자기창조적인 과정과 윤리정치적이고 윤리존재론적인 특질을 부여하는 것은 이 때문이다.

여기에서 가타리는, "존재의 정체성이 문제가 아니라 과정적 지속이 문제이다"[24]라고 말하는데, 이것은 정체성의 생산이 아니라 삶의 생산이 문제라는 푸코의 삶미학적 생각과 연결된다. 이러한 생각을 바탕으로 그는, "강조는, 존재론적 등가물로서의 존재에 두어지는 것이 아니라, 존재의 방식, 현존재를 생산하기 위한 기계화, 이질성과 복잡성이 지닌 생산적인 실천에 두어진다"[25]라고 강조한다. 이러한 생각 위에서 구상되는 새로운 미학적 패러다임은, "감각적인 유한성의 근저에 있는 창조적 잠재성을 장악하기 위한 긴장"[26]에 다름 아니다. 이 패러다임은, 실존적 장악(전유)과 횡단단자적transmonadique 기입이라는, 자기생산의 두 가지 측면들을 결합한다. 그리고 이 패러다임은 순환적이고 재영토화하는 반복들에 대한 영구한 저항과 공존하며, 미학적 틀거리들, 부분관찰이라는 과학적 배열장치들, 철학적인 개념적 몽타주들, 정치적이거나 정신분석적인 거주지의 터잡기 등의 끊임없는 갱신과 공존한다.[27] 이 패러다임은, 전통적인 예술·철학·정신분석이 목록화한 보편에서 벗어나고 그것들을 우회하면서, 다른 언표행위배치들, 다른 기호적 자원들을 영구히 촉진하며, 강렬하고 과정적인 생성들, 미지의 것에 대한 새로운 사랑, 그리고 지배적인 주체성에 의해 증류된 유아적 합의를 깨뜨리는 특이성의 정치학 및 윤리학을 개진한다.[28]

이 평면에서, 이질발생과 특이화는 새로운 사회적·예술적·분석적 실천들을 부화시키면서, 그것들의 공존과 결합을 가져오는 공통되기의 과정이 된다. 이 과정에서 예술가의 예술적 지각은, 현실의 한 단편을 떼어 내는데, 이 떼어냄을 통해 그 단편은, 부분적인 언표행위자의 역할을 수행하는 것에 머물지 않게 되는 방식으로 탈영토화된다. 또 예술작품은, 그 수용자들로 하여금 주어진 틀을 벗어나게 하고 의미를 절단케 하면서, 주체의 재창조나 재발명으로 이어지게 한다. 가타리는, 이 특이화하는 탈영토적 이행 앞에서, '자유로운 형상화', '추상화', '개념주의' 등 통상적인 미학적 범주 대부분이 타당성을 잃게 된다고 말한다.[29] 작품생산은 하나의 돌연변이적인 언표행위생산이며, 주체성의 잉여가치(부ᄡ의 엔트로피)의 생산이다.[30] 여기서 가타리는 다중 및 다중예술의 개념에 한층 가까이 다가간다. 왜냐하면 예술작품의 생산이, 더 이상 초월적인 지식인들(예컨대 실존주의적 예언가, 유기적 지식인, 도덕세대의 설교자들 등)에 의지하지 않고 교사, 사회사업가, 모든 종류의 수백만의 기술자들 등의 세계에 스며들어 있는 집단지성과 "다양한 공중"[31]의 역할로 되기 때문이다. 이때 지식인에게 어떤 역할이 남아 있다면, 그것은, "도덕적 교훈의 사상가나 제공자"가 아니라 "가장 극단적인 고독 속에서조차 횡단성의 도구들을 순환시키는 일"[32]이다. 루카치가 작가들에게 요구한 **재현적 민중성** 개념은 여기서 극적으로 변환되어 **표현적 다중성**의 개념으로 나타나고 전문 작가들은 횡단성의 도구들을 순환시키는 특수한 역할을 부여받는다.

맑스의 리얼리즘, 루카치의 위대한 리얼리즘, 벤야민의 예술의 정치화, 푸코의 삶의 정치예술화와 삶의 미학 등에서 그랬듯이, 가타리의 새로운 미학적 패러다임도 적대와 저항의 구도를 떠나지 않는다. 가타리는, 도시화 및 예술소비의 폭증이 나타나는 자본주의적 문화현실은 **결코** 일의적이지 않으며 그 속에 갈등과 분화와 대립이 있음을 강조한다. 그 현실이 한편에서는 획일화, 표준화를 유도하기도 하지만, 다른 한편에서는 주체성을 분기시키면서 혁신적 선분과 연결된 미학적 실천의 쇄신을 가져올 가능성을 갖고 있다는 것이다. 그는, 새로운 미학적 패러다임에 대한 강조가 결코 **사회체**의 미학화에 대한 주장과 동일시될 수 없다고 말한다. 만약 새로운 미학적 패러다임의 촉진이 현재의 예술형태만을 전복하는 것에 머문다면 사회체의 새로운 미학화로 귀결되겠지만, 새로운 미학적 패러다임의 요청은 **사회생활의 형태 전부를 전복하는 것을** 의도하기 때문이다. 이 패러다임은, 다른 가치 실천을 통한 새로운 세계의 발명을 추구하며, 이 돌연변이적인 가치세계와 공존할 수 있도록, 재특이화를 통해 주체성을 재창조하는 것을 추구한다.[33] 이렇게 가타리에게서 예술진화의 문제는 주체성의 진화와 분리불가능하게 결합된 문제로 나타난다.

마우리찌오 랏자라또의 '노동의 예술화와 미적 생산론'

벤야민이 '정치의 예술화' 경향에 '예술의 정치화'를 대치시킬 때 초점에 놓이는 것은 정치적 영역이다. 푸코가 주체생산을 위한 '삶의 예술화'를, 그리고 가타리가 주체성의 재특이화 과정으로서의 미적 실천을 주장할 때 초점에 놓이는 것은 삶과 주체성이다. 이러한 관점들에서 노동은 주요한 관심 영역의 밖에 놓인다. 마우리찌오 랏자라또는 이들이 제시하는 예술진화적 입장을 계승하면서도, 국제상황주의자의 이론과 이탈리아 노동자주의 이론을 그것들에 접목시켜, 이들과는 사뭇 다른 시각을 제시한다. 차이의 핵심은, 그가 노동과 예술의 상호접근에 주목하면서 **노동의 예술화**와 **예술노동**을 분석의 초점에 놓는다는 것이다.

탐구의 방향을 이렇게 설정함에 있어서 마우리찌오 랏자라또는, 가브리엘 따르드의 연구를 중시하고, 그것으로부터 중요한 논제들을 가져온다. 따르드에 따르면 예술노동과 산업노동은 두 가지 점에서 구별된다. 첫째로 예술노동은, 물리력을 통해 물질적 상품을 생산하는 산업노동과는 달리, 상상력을 통해 특이하고 미묘한 삼각늘에 사회적 일관성을 부여하는 감각 생산물을, 즉 예술작품을 생산한다. 예술작품은 그 소비자/커뮤니케이터들의 영혼과 그것의 심리학적 요소들을 결합함으로써, 그들의 감각과 취향을 자연적이고 생득적인 것으로부터 서로에게 공통적인 하나의 집단적 감성으로 변형한다. 둘째로 예술노동은, 생산(자)와 소비(자)의 구분을 제도화하는 산업노동과는 달리, 양자의 구분을 불가능한 것으로 만든다. 예술소비의 과정은 생산된 것을 단순히 소비하는 것에 머무는 것이 아니고, 창의적이고 탐험적인 상상력의 집단활동에 참여하는 것이다. 예술 소비를 위한 욕망은, 예기치 않은 만남들에 열려 있으면서 새로운 창안들을 제공하는, 상상력의 발휘에 의해서만 충족될 수 있는 것이다. 즉 소비자가 상상력의 발휘자이자 생산자이지 않으면 그 욕망은 충족되지 않는다. 게다가 예술 생산자도 대중의 취미를 만족시키는 것만을 추구하지 않으며 그 자신의 취미를 만족시키려고 욕망한다. 즉 예술생산자 역시 예술을 소비하려는 강력한 욕망을 갖는다. 이 때문에 예술노동에서는 생산(자)와 소비(자)를 구별하는 것이 불가능하다.[34]

마우리찌오 랏자라또가 주목하는 것은, 현대 사회에서 예술노동과 산업노동의 이러한 차이와 대립이 점점 줄어들고 심지어 통합되는 경향이 있다는 점이다. 예술적 소비 욕망인 아름다운 것에 대한 사랑, 절묘한 것에 대한 욕망은 산업을 위한 폭넓은 기회를 제공

해 준다. 예술의 기술복제를 통해
대중이 예술의 소비자로 등장하는
것(발터 벤야민)처럼, 과거에 상위
계급들과만 관계했던 사치산업이,
사회적 욕구의 발전과 더불어, 대
중과 관계하는 예술산업으로 나아
간다는 것이다.[35]

가브리엘 따르드
(Jean Gabriel Tarde, 1843~1904)

　　현대의 역사적 경향에 대한 이
러한 인식 위에서 마우리찌오 랏자
라또는, 포스트포드주의에서 주요한 생산영역이 되고 있는 시청각
적 생산, 광고, 패션, 소프트웨어 등 비물질적 생산들에 주목한다.
이것들이 생산하는 것은 **사회적 관계 그 자체**이다. 여기서 주체성이
나 그것이 살고 생산하는 이데올로기적 환경은 생산의 원료가 된
다. 이 비물질노동의 과정에서 주체성은 소비자/커뮤니케이터로 생
산된다. 이러한 노동과정은 또, 경제적 가치를 생산하면서 동시에
정치적 권력을 생산한다. 경제적 가치와 정치적 권력이 인지적 성격
의 비물질노동을 통해 동시에 생산된다는 것은, 지금까지 노동과
정 외부의 현상들에 초점을 맞추고 있었던 푸코의 지식/권력 명제
를 자본주의적 노동과정과 가치화 과정에 적용하고 재해석해야 함
을 의미하는 것이라고 마우리찌오 랏자라또는 말한다.[36]

　　전통적으로 언어에 의해 이루어지고 이데올로기적이고 문학예
술적인 제도들에 의해 조직되어 왔던 인지적 소통이 역사 속에서
겪는 가장 큰 변화들 중의 하나는 그것이 산업에 포섭된다는 것이

다. 그리고 그것의 영향으로 인지적 소통이 단순한 문학예술적 제도들을 넘어 좀더 복잡해진 특수한 기술적 체계들에 의해, 즉 지식, 사유, 이미지, 소리, 그리고 언어를 재생산하는 기술체계들에 의해 생신된다는 것이다. 오늘날 인지적 소통과 그것의 재생산은 새로운 생산양식을 담지하는 조직화 형식 및 관리 형식에 의해 이루어진다. 이것을 마우리찌오 랏자라또는 물질적 모델에서 미적 모델로의 생산의 전환이라고 부른다. 이 미적 모델 속에서 작가, 재생산, 수용이라는 전통적 예술생산의 세 단계들은 즉각적으로 사회적인 형식을 띠며 실제적인 생산순환의 분절결합을 지시하는 것으로 변화한다. 다시 말해 '작가'는 더 이상 개인적이지 않으며 분업, 투자, 주문 등 산업적으로 조직된 생산과정의 한 마디node가 된다. '재생산'은 더 이상 소규모의 과정이 아니라 수익성의 명령에 따라 조직된 대량생산이 된다. 수용자는 이제 소규모의 청중을 넘어 대규모의 소비자/커뮤니케이터가 된다. 이러한 변화들은, 전통적 예술활동에서 작품으로 나타났던 이데올로기적 생산물을 상품으로 바꾼다.

예술생산의 세 단계들인 작가, 재생산, 수용이 산업에 포섭됨으로써 미적 모델이 주도적인 산업모델로 자리 잡는다. 하지만, 랏자라또는 예술생산의 자본주의적 포섭과 그 생산물의 상품으로의 변형에도 불구하고, 미적 생산의 특수성이 폐기되지는 않으며 작가와 청중 사이의 창조적 관계도 폐지되지 않는다고 강조한다.[37] 이 주장은, 기호생산의 산업화가 정신에너지의 과잉소비와 소진을 가져온다는 (이후에 살펴볼) 프랑코 베라르디[비포]의 관점과 첨예하게 대립되는 지점이므로, 마우리찌오 랏자라또의 생각을 좀더 주의 깊게 살펴보자.

마우리찌오 랏자라또의 생각이 전개되는 곳은 비물질노동의 생산순환이 자본 재생산의 고전적 형태에 대해 갖는 차이를 설명하는 대목에서다. 그에 따르면 첫째로, '작가'인 비물질노동의 생산적 상승작용들의 근본적 자율성은 변함없이 유지된다. 비물질노동의 작가는 고전적 노동력과는 달리 네트워크들이나 흐름들로 존재하는 직접적으로 집단적인 형식들 속에서 그 자신을 구성한다. 이 때문에, 이 협력형식이나 그것의 사용가치가 자본주의적 논리에 종속된다고 하더라도, 비물질노동 그 자체의 자율성이 사라지지는 않는다는 것이다. 둘째로, 그것의 이데올로기적 생산물들도, 비록 상품으로 변형되긴 하지만, 그것의 특유성을 상실하지는 않으며 사회적 의사소통의 형성과정에 내재한다. 즉 그것들은 의사소통 과정의 전제이자 결과로 기능하면서 의미의 문제를 연출한다. 셋째로, 소비자/커뮤니케이터인 공중도 이데올로기적 생산물의 수신인으로서 생산과정의 구성적 요소로 된다. 다시 말해 수용 그 자체가 생산물의 통합적 구성부분으로서 일종의 창조적 행위로 된다. 생산물이 상품으로 변형됨에도 불구하고 미적 모델에서는, 생산과 수용이 단일한 창조과정의 두 측면이 되는, 창조성의 **개방적 이중과정**이 폐지되지 않으며 창조의 사건적 성격이 보존된다.

이러한 고찰 위에서 마우리찌오 랏자라또는, 생산적인 것이란, 의미를 연출하는 양상들에 따르는 사회적 관계의 총체로 재규정되며, 작가-노동-청중의 이 사회적 관계와 사회적 삶으로서의 협력 그 자체가 경제에 의해 사전결정되지는 않는다고 본다. 자본주의적 기업가는 비물질노동의 형태들과 내용들을 생산하지 못하며, 그 생산의 능력들을 혁신하지도 못하고, 단지 비물질노동의 활동을 관리하고 조절하거나 그 과정을 통제할 장치들을 만들어낼 수 있을 뿐이라는 것이다. 이러한 조건에서 경제가 전유할 수 있는 것은, 단지 그 사회적 협력 자체가 아니라 그것의 형태나 그것의 산물뿐이다.[38]

그렇기 때문에 마우리찌오 랏자라또는, 예술노동의 산업화라는 역사적 조건 속에서 **예술의 자율성**을 방어하는 것은 복고적일 뿐만 아니라 효과적이지 못한 전략이라고 주장한다. 진리가치와 미가치가 부를 생산하는 동력이 되고, 상상력 넘치는 새로운 지식, 감각, 감정 등에 대한 변덕스럽고 특별한 욕구들이 생산과 소비의 주요한 욕망이 되고 있는 상황은 예술적이고 문화적인 생산이 경제적 명령에 실제적으로 포섭되고 있음을 보여 주는 것임은 분명하다. 하지만, 마우리찌오 랏자라또는 이것이 결코 **파국**만은 아니며 동시에 하나의 역사적 **기회**, 인류 역사에서 전례가 없었던 기회이기도 하다고 강조한다. 문제는 인류가 아직 그 기회를 움켜쥘 방법을 모른다는 점에 있다. 이 상황을 마우리찌오 랏자라또는, 한편에서는 예술적, 지적, 경제적 **노동**이, 그리고 다른 한편에서는 재화들의 소비를 통한 지식가치 및 미가치들의 전유가 동일한 윤리학에 의해 조절될 필요가 있다는 역사적 요청의 등장으로 해석한다.[39]

비포의 미래주의 종말론과 시 이론

　예술노동의 산업으로의 포섭이라는 상황에 주목하며 현대자본주의가 비물질노동을 기반으로 하는 인지자본주의 혹은 기호자본주의라고 생각한다는 점에서 비포(프랑코 베라르디)는 마우리찌오 랏자라또와 인식을 같이 한다.[40] 하지만 그는 비물질노동으로 나타나는 노동의 기호화와 정보화를 역사적 기회로서보다는 오히려 역사적 파국으로 읽는다는 점에서 마우리찌오 랏자라또의 관점과 대립하고 있다. 게다가 그는, 정보노동이 사용하는 자동화된 언어에 탈자동적인 언어흐름으로서의 시詩를 대치시키고 일반지성과 기호의 해방을 주장한다. 이 점에서 그는, 마우리찌오 랏자라또가 시대착오적인 것으로 생각하는 예술의 자율성론을 다시 주장하는 것처럼 보이기도 한다. 두 사람의 인식에서 나타나는 이 간극과 차이는 우리에게 무엇을 보여 주는가? 그리고 이 차이 속에서 무엇을 생각해 내야 하는가?

　비포는 가타리와 유사하게 시의 특이화 기능을 강조하는데, 자세히 살펴보면 랏자라또와 비포 사이에, 시가 특이화 기능을 갖는가 아닌가를 둘러싸고 이견이나 쟁점이 있는 것 같지는 않다. 두 사람 모두가 시는 특이화하는 기능을 갖는다는 생각에 동의하고 있기 때문이다. 이견과 쟁점은 시나 예술활동 그 자체보다, 인지자본주의에서 일반지성이 수행하는 비물질노동에 시적 특이화 기능이 존속하는가 그렇지 않은가를 둘러싸고 첨예하게 드러난다. 마우리찌오 랏자라또는 따르드의 관점을 이어받으면서, 인지자본주의에서는 노동이 **가변적인 특수노동**으로 변이한다고 본다. 이러한 생각은, 일반지성의 노동 속에 시적 특이화가 존속한다고 보는 관점을 표현한다. 하지만 비포는 인지자본주의 하에서는 일반지성의 노동이 **자동기계화**되며 지성의 시적 특이성을 소진시킨다고 본다. 그러므로 그의 시적 특이화는 자본주의적 생산력으로 기능하는 비물질노동에 대한 거부를 통해, 그것 밖에서, 즉 자동화되지 않은 언어인 시를 통해서 도달해야 할 목표가 된다.

비포의 문제의식은 다음과 같은 판단, 즉 기호자본주의에 대항한 지난 수십 년간의 운동이 힘과 파급력을 가졌지만 일상생활, 노동과 기업관계, 불안정노동, 이민자들의 삶을 바꾸지는 못했고, 도시에서의 연대, 사회적 자율을 창조하지도 못했으며, 윤리적 항의에 그쳤다는 판단에서 비롯된다.[41] 그는, 현대 자본주의의 테크놀로지가 노동조직과 노동연대를 파괴했고, 정보영역이 진리가치와 미가치의 통합을 가져오기보다 오히려 소통, 공감, 연대의 가능성을 위협했으며, 우리의 운동을 고발에 머물게 하고 자율의 새로운 길의 생성을 저해해 왔다고 본다.[42] 테크놀로지 발전과 정보화가 총체적으로 부정적인 결과를 가져왔다고 평가하는 것이다.

이러한 가치평가는 무엇에 기초한 것일까? 현대자본주의에 대한 비판에서 비포는 보드리야르적 접근과 가타리의 접근을 비판적으로 결합시킨다.[43] 그가 보기에 기호자본주의는 결속conjunction의 왕국을 접속connection의 왕국으로 변화시킨다. 결속[통접, 결합접속]과 접속[연접, 연결접속]은 들뢰즈와 가타리가 『앙띠 오이디푸스』에서 칸트의 종합이론을 재해석하여 제시한 종합의 세 양식들 중의 두 가지다. 들뢰즈/가타리는 이접[분리접속]disjunction을, 그중에서도 '이것, 아니면 저것'either … or …의 배제적 이접을 결속 및 접속과 대립시킴에 반해, 비포는 접속을 결속과 대립시킨다. 접속은 통사론적인데 결속은 의미론적이라는 것이 그 이유다.[44] 통사론적 접속은, 감수성을 억제하며

프랑코 베라르디 [비포]
(Franco "Bifo" Berardi, 1948~)

윤리를 마비시키고 정신병리학적 전염병을 만연시키며 언어와 정동을 단절시키고 언어와 섹스를 분리시킨다. 그 결과 인지능력은 특이화할 수 있는 능력을 빼앗기고 우울증, 공황, 불행, 근심, 두려움, 공포 등의 질병을 겪는다. 이렇게 되는 것은, 기호자본주의가 사람들의 인지능력 그 자체를 전체로서 구매하여 노동하게 하는 것이 아니라 그들의 활동, 감수성, 주의력, 소통능력의 파편을 구매하여 그것들을 접속망 속에 투입하기 때문이다. 즉 자동장치인 접속망이 강력한 유기체가 되고, 산 노동living labour은 세포화되어 부품으로 기능할 뿐이기 때문이다. 이것이 정보자본주의가 사회의 심적 에너지와 정신적 시간을 생산성의 경쟁영역으로 포섭하는 방식이기 때문이다.[45] 언어적 모델링을 통해 논리적이고 인지적인 자동기계가 된 접속망 속에서, 사회적 노동시간은 자본의 필요에 따라 소환되고 재조합될 수 있는 가치화하는 세포들의 바다가 된다. 비포가 보기에 접속가능성과 불안정성은 동전의 양면일 뿐이다.[46] 또 삶의 심미화는, 자본이 사회의 정신에너지를 동원하는 한 측면에 지나지

않는다.

이것은, 현대의 초자본주의인 신자유주의가 미래주의의 이념을 자본주의의 실제적 동력으로 포섭했음을 의미한다.[47] 미래주의는, 삶의 심미화를 포함하여 삶의 에너지 전체를 사회적 기계의 생산성을 가속하는 데 동원하자고 주장해 왔다. 미래주의는 레닌의 전산업행위적 지식인, 그람시의 이데올로기적 지식인, 프랑크푸르트학파의 문화산업적 지식인, 인터넷 이후의 일반지성 등으로 역사 속에서 계기적으로 그 물적 담당층을 바꾸어 왔다.[48] 미래주의가 표현해온 규제거부, 아나키, 탈영토성 등은 신자유주의적 탈근대자본주의의 통제장치(탈규제, 분권화, 지구화)로 흡수되었다. 또 미래주의가 표현했던 지성의 행동주의, 진보, 성장, 그리고 미래에 대한 믿음 등은 빌려온 미래에 투자하는 영구과정인 금융화된 채무자본주의의 동력으로 흡수되었다. 비포는, 신경제(그리고 그것의 문화적 표현으로서의 사이버문화)에서 인지노동이 주도적으로 되고 기업가적 기능과 동일시되면서 대중금융자본주의의 최전선에 참여하게 된 것을 이 흡수의 징표로 파악한다. 요컨대 닷컴.com은 인지노동과 금융자본이 합류하는 지점으로 파악된다. 그것의 결과는 부정적이다. 자본 측에서 그 결과는 독점, 공격성의 확산, 환경의 파괴였고 노동 측에서 그 결과는 우울증, 무지, 자살의 증가였다.[49]

비포가 일관되게 강조하는 "미래는 없다, 미래는 끝났다"는 단언은 2000년의 닷컴 붕괴에 기초한 역사적 진단이다. 미래는 진보적 근대의 문화적 상황에서 출현한 심리적 인식, 문화적 기대로 등장했다. 미래는, 20세기 내내 혁명의 편에 있었다. 하지만 미래는, 새로운 테크놀로지에 대한 수요가 감소하고 혁신부문들의 과잉생산과 주의집중의 포화라는 일반적 붕괴조건이 형성되는 21세기에는, 금융자본주의의 도식 안에서 소진된다. 닷컴 붕괴는 인지노동자와 자본을 분리시키고 양자의 동맹관계를 파괴한다. 신경제는 2001년 9·11을 계기로 전쟁경제로 전화한다.[50] 2008년의 금융위기는, 미래주의의 정치경제학적 재현으로서 영구팽창의 궤도순환을 해온 부채가 수축하며 땅으로 추락한 사건이다. 2000년의 닷컴 붕괴와 2008년의 금융위기라는 이 두 번의 실추를 근거로 비포는 미래라는 범주가, 부단히 팽창하면서 잉여가치를 추구해온 자본주의적 생산양식의 상상효과였고, 미래가 더 나을 것이라는 생각은 부르주아 생산모델이 낳은 가상효과에 지나지 않는다는 냉혹한 평가를 내린다.[51] 그는, 성장 개념만이 아니라 진보 개념까지 거부하며, 이것들을 뒷받침해 왔던 미래 개념은 현대 자본주의가 보여 주는 현재의 비참 속에서 이미 부정적 방식으로 실현된 것으로 취급하여 기각하는 것이다. 무선의 상상력, 언어와 접속의 잠재력, 정신의 편재성을 주장했던 아방가르드와 미래주의는, 오늘날 유럽의 우울 및 침체와 더불어 끝난다는 것이 비포의 판단이다. 남는 것은 현재의 무한성이다.

비물질적 인지노동들에 대한 이 암울한 평가는, 그가 『아/트라베르소』, 〈라디오 알리체〉, 텔레스트리트, 〈레콤비난트〉 등 정보기술에 의거한 미래주의적 행동주의 실천에 오랫동안 전념해온 점을 고려하면 진지하게 받아들이지 않을 수 없는 성격의 것이다.[52] 비포에게서 소진된 것은 미래주의만이 아니다. 행동주의도 그렇다. 이제 행동주의는 자본의 팽창운동에 대한 나르시즘적 반응이며, 정치적 창조성이 축출된 시대에 우울을 떨치기 위한 필사적인 시도에 지나지 않는 것으로 평가된다. 비포는, 행동주의가 욕망을 의무로 대체하는 방식으로 부사=활동가 모델을 생산해 왔다고 파악한다. 신자유주의는 이 모델을 자본의 것으로 전유하여, 그것을 '누구나 기업가가 되라'는 경쟁적 명령으로 바꾼다. 이를 통해 노동 자신이 규칙과 경쟁을 내면화하도록 만들어, 권위 없는 통제를 실현한다. 사회적 두뇌의 과잉노동과 과잉생산은, 파편화하고 프랙탈화된 노동을 디지털 자동기계체제를 통해 조립하는 방식으로 이루어진다. 사회는 디지털노예들이 노동하는 "불행의 공장"[53]으로, 인간은 무력해지고 의사결정은 지능기계들에 맡겨지는 디스토피아적 전체주의 질서로 전화한다. 비포가 보기에 이제 경제는, 사용가치 생산이나 가치생산 등의 고전적 목표가 아니라, 코드에 의해 결정되며 생산으로 환산될 수 없는 초과실재로, 시뮬레이션된 이중의 인공세계가 된다. 이것은, 산업자본주의, 라인자본주의, 생산규율, 노동윤리를 표상했던 프로테스탄트적인 것과는 달리, 언어화, 우발성, 탈규제, 금융논리 등을 표상하는 가톨릭적인 것과 바로크적인 것[54]의 지배를 가져온다.[55] 비포가 자신의 미디어적 방식의 미래주의적 실천에 종지부를 찍는 이유는, 자신의 자율주의적 미디어 실천이 기대와는 다른 효과를 낳는 것으로 귀결되었다는 인식 때문이다. 비포 자신이 주도했던 최초의 비공영 자유라디오방송 실천인 〈라디오 알리체〉는, 1920년대 파시즘에서부터 분명한 형태를 드러낸 근대성의 프로테스탄트적인 것에 도전하여 노동거부, 관능성, 게으름의 가치를 제시했다. 그러나 이것의 바로크적 경향은 베를루스코니의 민영미디어산업 및 (조잡, 천박, 무례, 통속, 공격, 과도함, 연기, 위반, 조소 등을 특징으로 하는) 예술희극의 정치적 자원으로 전용되고 말았다는 것이 비포의 자기비판적 평가이다. 경영자계급에 대한 투쟁에서 인지노동자, 즉 코그니타리아트cognitariat는 패배했으며, 이 상황의 역전은, 미래가 가능하다는 진보주의적 인식틀의 폐기 없이는 불가능하다는 것이 비포의 생각이다.[56]

이러한 평가 위에서 비포의 대안은 급격한 방향전환을, 즉 전향을 제시하는 것으로 나아간다. 우선 그는, 불안정과 우울에 대한 반작용으로부터 생계보장을 위한 안정직업으로 나아가는 것을 지지하지 않는다. 그것은 착취지배에 예속되는 문화적 후퇴를 의미할 것이기 때문이다. 그렇다고 해서 현재의 불안정성을 발판으로 나아갈 길이 활짝 열려 있는 것도 아니다. 그가 보기에 불안정성, 탈인격성이 노동을 지배할 때 이들 불안정노동자들의 투쟁은 순환되지 않는다. 의식성, 조직, 연대와 같은 사회적 침전물도 남기지 못한다. 프랙탈화된 노동은 투쟁의 물결을 일으키지 못한다. 투쟁들이 순환과정을 이루려면 노동하는 몸들의 근접성과 실존적 시간의 연속성이 있어야 하는데, 기호자본주의에서는 세포화된 몸들이 공동체를 이룰 수 있는 조건들이 없다.

여기서 그는, 코그니타리아트가 자동기계로부터 자신을 분리하여 자신의 몸과 집단성에 다시 연결되어야 한다고 주장한다. 미래에 대한 환영을 씻을 길을, 현재의 무한성에 집중하는 노래나 시에서 찾고 그것을 통해 자신을 치유해 나가야 한다는 것이다.[57] 그러나 비포는, 이것이, 시와 행동의 연결을 추구하려 한 미래주의적 행동주의와는 다르다고 말한다. 예술과 행동을 연결하려는 20세기의 시도는 경제적·군사적 동원에 흡수되었다. 그러한 동원을 벗어나서, 시적인 것의 사율로, 그리고 그것을 통해 사회적인 것의 자율로 향하는 길은, 미래를 지향하는 저항적 행동보다는 절대적 나약함, 포기, 활동중지, 무위, 퇴각, 침묵, 느림, 수동적 사보타주, 내파로의 철수를 통해 가능할 것이라고 비포는 생각한다.[58] "자본주의적 성장과 국민정체성으로부터 우리의 지력을 빼내자. 생산경쟁으로부터 우리의 창의력과 시간을 빼내자. 수동적 사보타주의 시기를 개시하고 이탈리아의 국민정체성이라는 우스꽝스러운 공간을 완전히 비워 버리자"[59] 이 길에서 "치유적 전염지대로 의도된 사회적 인간의 저항지대"[60]를 구축하자는 것이 비포가 제시하는 방향이다.

이러한 방향설정에서 주목할 것은, 사회적인 것[61]이 비물질노동을 통해서가 아니라 그것에서 물러남으로써 비로소 드러날 것으로 제시된다는 점이다. 다시 말해 비포에게 공통적인 것common이 있다면 그것은, 현존 사회 속에 잠재적으로 실재하는 것이 아니라 현존 사회의 부정 속에서 도래해야 할 어떤 것으로 나타난다. 이 점은, 비물질노동이 갖는 특이한 변형과 창조의 능력을, 새로운 삶과 세계를 구축할 공통적인 것의 잠재적인 동시에 실재적인 지평으로 간주하면서, 비물질적 인지노동의 잠재력을 중심으로 코뮤니즘적 대안에 대한 사유를 전개하는 다른 많은 자율주의자들과 비포의 첨예한 차이로 남아 있다.

이 차이와 간극 속에서 드러나는 것 중에서 가장 중요한 것은,

비포가 '언어화되고 디지털화한 인지적 자동기계장치' 혹은 '자동화된 네트워크장치'라고 부른 것이 실재하는지, 또 그것이 실재한다면 그것이 어떤 성격을 갖는지, 또 그것의 성격은 계급투쟁에도 불구하고 변할 수 없는 불변적 성격의 것인지에 대한 것이다. 비포는, 그것이 실재하며 그것의 성격은 전체주의적이고 또 그것의 성격은 변할 수 없다는 생각을 분명히 표현한다. 하지만 네그리, 하트, 마라찌, 랏자라또 등의 많은 자율주의자들은, 그 자동기계장치는 인지노동자의 몸, 즉 사회적 두뇌의 연결망일 뿐이며, 그것이 현재 자본관계에 포섭되어 있다고 할지라도, 그것이 그 자본관계에서 분리될 때에는 공통적인 것을 생산할 장치로 전용될 수 있는 이중적이고 가변적인 성격의 것이라고 본다. 그래서 이들은, 예술의 진화는 인지노동에서 분리되는 별도의 자리에서 출발해야 하는 것이 아니라, 이 인지노동과 인지장치의 자본관계로부터의 분리와 해방이라는 집단적이고 사회적인 방식으로 이루어져야 한다고 주장한다. 이런 관점에서 보면, 미래의 자본주의적 사용양식(부채의 일반화와 모든 사람의 채무자화)은 미래의 코뮤니즘적 재구성(다중의 보편적 상호의존)이라는 관점에서 비판되어야 할 것이지만, 미래 일반이 그 자체로 폐기되어야 하는 것은 아니다. 이런 시각에서 보면, 비포가, 1960년대에 상황주의자에서 1980년대에 포스트모더니즘을 향해 걸어갔던 장 보드리야르의 프랑스적 여정을, 자율주의자에서 포스트모더니즘으로 걸어가는 이탈리아적 여정의 형태로 다시 밟고 있는 것으로 비칠 수밖에 없을 것이다.

7

예술진화에서 상황창조와
관계구축의 문제

상황주의자에서 포스트모더니즘으로 나아간 보드리야르는 물론이고, 미래주의의 종말이라는 문제의식 위에서 극한적 현재성을 대안으로 제시하는 비포도 20세기 아방가르드의 정점인 상황주의자 미학의 극복을 추구한다. 이 장의 후반부에서 살펴볼 니꼴라 부리요도 상황주의자 미학의 문제의식을 **관계의 미학**으로 발전시키는데 관심을 갖고 있다. 상황주의자 미학이 왜 지금 여러 동시대 미학의 화두에 놓여 있을까?

상황주의자들은 자신들의 시대를 스펙타클의 시대로, 즉 축적된 이미지가 지배하는 시대로 지각했다. 이것은, 산업자본주의와는 다른 **새로운** 사회단계가 시작되었다는 문제의식이 상황주의자들에게서 비록 초기적이지만 본격적으로 대두했음을 의미한다. 현대 미학이 상황주의자 운동을 반복적으로 참조하게 되는 것은, 그 이후로 더욱 진전된 조건 위에서, 이 새로운 사회단계의 성격과 본질이 무엇인가를 밝히고 그것을 극복할 대안적 가능성이 무엇인지를 탐색했던 상황주의자들의 문제의식을, 예술진화의 맥락에서 지속해 나갈 필요가 절실하기 때문일 것이다. 그러므로 이 장에서는 여러 현대 미학 경향들의 화두가 되고 있는 상황주의자들의 미학적 문제의식을 먼저 살펴본 후, 그 다음으로, 그들의 문제의식의 한계를 넘어서려는 니꼴라 부리요의 관계미학적 탐구를 검토할 것이다. 이로써, 예술종말론들이 종말의 시대로 규정하곤 하는 1990년대 이후를, 예술종말론의 주장과는 달리, 예술진화의 시공간으로 적극적으로 파악하려는 미학적 시도들이 어떤 방향을 잡아가고 있는지를 살펴보고자 한다.

상황주의자 미학

예비적 고찰

앞의 6장에서 살펴본, 미래주의의 종말이라는 비포의 테제는, 미래가 자본주의적으로 이용되고 있는 상황에 대한 비판적 개입의 한 방식으로 읽을 수 있다. 상황주의자들도 비포와 동일하게 미래의 자본주의적 이용이라는 상황을 지각했지만, 미래에 대한 **사보타주**라는 비포의 방법과는 달리, 미래의 **재구성**이라는 방식을 통해 그것을 극복하려 했다.

상황주의자들이 활동한 시기는, 프랑스에서 드골이 집권한 시기와 상당 부분 겹친다. 비포가 모든 아방가르드 운동의 무력함을 선언하듯이, 상황주의자들도 낡은 아방가르드 운동들이 이 시기의 새로운 사회적 모순과 문제들에 대응할 시야와 동력을 갖고 있지 못하다고 보았다. 20세기 초에 등장하여 연쇄적으로 발전해 온 아방가르드 운동들이, 2차 세계대전 이후에는 좌절 끝에 동력을 잃고 퇴행하고 있다는 것이 상황주의자들의 판단이었다. 이들은, 미래주의, 다다이즘, 초현실주의로 이어지는 집단적 아방가르드 운동의 진보적 흐름이 분명히 총체적 변화를 위한 열망을 제시했지만, 실제적 변화의 어려움에 직면하여, 이것을 변화의 불가능성으로 파악하고, 원리적 입장으로 후퇴했다고 진단했다. 예컨대, 미래주의는 1차 세계대전기에 형식혁신의 문학예술을 혁명하려는 태도를 보였지만, 순진한 기술적 낙관주의에 사로잡혔고 결국 민족주의와 파시즘으로 나아가면서 붕괴했다. 스위스 쮜리히의 망명자, 도주자들이 시작한 다다이즘은 부르주아 사회의 가치를 거부하고 전통적 문화개념을 파괴하려 했지만, 그것이 전개한 부정과 파괴 중심의 운동은 그 한계를 드러냈다. 프로이트의 심리학을 시적으로 전용함으로써, 욕망의 존엄을 제시하고 새로운 생활방식을 제기하려한 초현실주의의 반란정신은 2차 세계대전 후 급속히 해체되기 시작했다. 그것은 현대 사회의 논리적 가치를 파괴하기 위해 무의식적인 것과 비합리적인 것의 힘을 강조했지만, 무의식적 상상의 무한한 풍부성이라는 생각은 관념에 지나지 않는 것으로 드러났다. 무의식적 상상력은 오히려 빈곤했고 자동기술은 단조로웠다. 그 결과

1930년에서 1945년 사이에 초현실주의는 신비주의적 관념론으로 후퇴했다.

　파리를 중심으로 나타난 아방가르드의 이러한 위기와 퇴행적 대응양상들은, 그 위기를 더욱 확산시키거나 정신적 붕괴에 빠져드는 것, 혹은 먼 과거로 회귀하는 등의 것이었다. 이들은 자신들의 정신적 공허nothingness를 그럴듯한 어휘로 숨기거나 아니면 그와 반대로 그러한 공허를 자랑하고 뽐내는 방식으로 행동했다. 상황주의자들은 서구에서의 이러한 퇴행이 동구에서의 사회주의 리얼리즘의 쇠퇴와 동시적으로 나타나고 있다고 보았다.[1] 이러한 진단 위에서 상황주의자들은, 근대문화의 위기가 전 세계에 걸친 총체적 이데올로기적 해체를 가져오고 있다고 파악했다. 그러므로 상황주의자들의 아방가르드 비판도 가히 총체적이라고 할 수 있다.

　반세기 전 상황주의자들의 대안을 따라가 보기 전에 먼저 우리 시대에 필요한 미학적 문제의식을 조금 예리하게 다듬어 놓는 것이 유익할 수 있을 것이다. 이를 위해 우리가 미리 상기해 볼 것은, 21세기 초에 비포가, 20세기 후반 상황주의자들의 이 미래주의 비판의 한계를 정의하고 그것을 극복하는 것을 자신의 비판미학의 출발점으로 삼는다는 점이다. 비포는 상황주의자들의 비판과 경험을 하나의 조짐으로, 고통스런 전조로 읽자고 제안한다. 이를 위해 그는 상황주의자들의 시간을 거꾸로 거슬러 가며 징후적으로 독해하는 방법을 사용한다. 즉 그는, 상황주의자 운동의 개시에서부터가 아니라 그 운동의 종점, 즉 기 드보르의 자살에서부터 그 운동을 이해하기 시작한다. 비포는, 이 최후의 위대한 헤겔주의자였던 기 드보르의 자살이, 그의 총체화하는 변증법적 상상력의 궁지를, 즉 변증법적 상상력이 해석에서나 실천에서나 더 이상 효과적으로 작동하지 않는, 파편적이고 자동주의적인 역사직 장쎄의 등장을 보여 주는 **징후**라고 말한다. 미래는 너 이상 실천석 과제가 아니라 실현된 현실이다. 그 실현된 미래는, 소통적 생산의 디지털 변형을 통해 전개되는 기호자본주의적 현실이다. 이 현실이 변증법적 부정과 새로운 총체화의 가능성을 닫고 총체성이 더 이상 가능하지 않은 파편화된 세계로 나타났을 때, 기 드보르는 변증법의 그 궁지를 극복하고 넘어서려고 하기보다 자살을 통해 그 궁지를 고수하는 태도를 보였다고 비포는 해석한다.2

하지만 아이러니하게도, 비포의 미래주의 비판의 거의 모든 요소들이 상황주의자들에 의한 아방가르드 비판 속에 거의 반세기 앞서서 이미 예시되어 있다는 점이 주목되어야 한다. 둘 사이에 한 가지 차이가 있다면, 상황주의자들이 미래주의의 퇴락을, 비포와는 달리, 아방가르드와 미래주의적 가치관 자체의 문제점의 발현이 아니라 부르주아지가 위로부터 수행하는 **계급투쟁**의 효과로 파악했다는 점이다. 부르주아지는 아방가르드 운동들을 자신에게 위험한 것으로 보았고, 그러한 혁신의 취향을 혼돈스럽고 타락하고 무해한 형태의 새로움으로 전환시키려 시도했다. 그것은 초현실주의의 위험성을 일상적인 미적 상거래 속으로 흡수하는 것이었다. 부르주아지는 아방가르드의 지적·예술적 창조의 추상원리를 존중하는 척하면서 실제적인 창조에 대해서는 저항하며, 궁극적으로는 그것들을 상업적으로 이용했다. 그 결과 삶과 창조의 현실적 조건에서 도피하는 문화, 기존질서에 무해한 문화가 전 세계를 지배하게 되었고, 광고가 유일하게 적극적인 문화적 행위양식으로 자리 잡게 되었다는 것이다.

상황주의자들이 '썰물시대'라고 규정한 이러한 상황에 대한 그들 자신의 대응방식은 무엇이었는가? 그것은 "초현실주의는 근대사회의 합리성에 원시사회의 비합리성을 대치시켰지만 우리는 거꾸로 가서는 안 되고 앞으로, 즉 세계를 더욱 합리적으로 만들기 위해, 그것을 더 흥분되고 매혹적이고 충만한 것으로 만들기 위해 노력해야 한다"[3]는 것으로 요약할 수 있다. 그들은 아방가르드의 해체를 인정하지만 아방가르드의 원리와 정신을 포기하지 않는다. 아방가르드가 해체되면서, 변화를 추구하기보다 이미 수용된 문화를 미디어적으로 강화하는 유사모더니즘적 문화가 지배적이 된 시대에, 그들은, 다름 아닌 아방가르드로부터 문화의 새로운 혁명적 개념이 형성될 수 있고, 아방가르드 소수파가 지배문화와 저항문화의 갈등을 극단화하면서[4] 긍정적 가치를 재발견할 수 있을 것으로 기대한다. 그들은 "우리가 갇혀 있는 이 세상의 가장 자유로운 변화는 우리의 적절한 행동을 통해서만 가능하다"[5]는 생각에 따라 삶을 조직할 가능한 방식이 무엇인지를 탐구하기 시작한다.

그 소수파는 실제로 〈실험예술가 인터내셔널(1949~1951)〉을 결성하고 『COBRA』[6]를 출간하기 시작했으며, 레트리즘(프랑스)은 1946년에서 1952년 사이에 모든 영역에서 새로운 형식창조를 추구했고, 1952년에는 〈레트리스트 인터내셔널〉을 결성하여 일상생활에 개입할 새로운 방법을 탐구했다. 국제상황주의자들Situationist

International, SI은 이 흐름의 일부로서 이것을 지속시키기 위한 집단적 작업형태이다. 이들은 문화에서 혁명적 행동은 삶을 설명하는 것만이 아니라 삶을 **확장**하는 것을 목표로 삼아야 한다고 보면서, 모든 전선에서 비참을 공격하는 운동, 인간에 대한 착취, 착취가 낳은 열정들, 보상들, 습관들을 파괴하고, 행동의 새로운 조건의 요소들을 발견하기 위해 노력한다. 이를 위해 그들은, 근대문화를 거부하는 데 머물지 않고, 그것을 부정하기 위해서는 그것을 장악해야 할 필요가 있다고 생각한다. 그들의 노력은, 상황들을 구축하는 것으로 집약되었다. 새로운 상황의 구축이란, 삶의 순간적 환경을 구체적으로 구축하고, 그것을 더 나은 열정적 질로 변형시키며, 삶의 텅 빈 순간들을 축소하는 것이다. 이렇게 삶을 질적으로 향상시키기 위해서는, 항구적 상호작용 속에 있는 두 구성요소(삶의 물질적 환경과 그것이 낳는, 그리고 그것을 급진적으로 변형시키는 행동)에 기초하여, 삶에의 체계적 개입을 발전시키는 것이 필요했다.

상황주의자들은 자신들의 표어를 **통일된 도시주의**로 설정한다. 이것은 모든 예술과 기법들을 통합된 환경의 구성에 기여하는 수단으로 사용하는 것을 의미한다. 건축, 시, 영화에서 새로운 형식을 창조할 뿐만 아니라 과거의 형식을 전용한다. 통일된 도시주의는 역동적인 행동스타일과 관련된 것으로 그것의 가장 기본적 요소는 집이 아니라 (구축된 환경의 규모에서 일련의 충돌적 환경을 결합하는) 건축복합체다. 이러한 방향의 도시실험과 공간발전이 반드시 고려해야 할 요소는 그 도시가 생산하고자 하는 정서적 효과다. 도시가 특정한 기본감정을 불러일으키도록 설계함으로써, 건축은 정서적으로 감동적인 상황을 취하는 방향으로 나아가야 한다고 본 것이다. 즉 모든 사람들이, 자신이 무엇을 사랑하는지, 무엇이 자신을 매료시키는지를 발견할 수 있도록 도와야 한다. 이런 방법으로 그들은 상황이 구축될 수 있는 요소들을 구체화할 수 있고 이 요소들을 동력화할 기획을 구체화할 수 있다고 보았다. 그것을 이들은 상황주의자 **심리지리학**이라고 불렀다.

부르주아지가 증가된 여가시간을 부르주아적 취향과 이데올로기로 채우기 위한 장치들을 개발하는 데 분주한 상황에서, 상황주의자들은, 환경의 급격한 변화를 통한 일상적인 것에서의 열정적 여행실천, 즉 **표류**를 제안한다. 그리고 낡은 세계의 소외와 연관된 '스펙타클/비개입'의 원리에 대항하는 **상황구축**을 제안한다. 그들이 관심을 갖는 것은, 예술이나 그 밖의 것의 영원성 같은 것이 아니라, 실제적 삶과 그것의 질적 향상이다. 그래서 그들은 "거리를 보는 시각방식을 변화시키는 것이 회화를 보는 시각방식을 변화시키는 것보다 중요하다"[7], "삶의 실제적 구축이 극장을 대체하고, 종교를 대체한다"[8]고 말한다. 그들은, 삶은 불연속적인 것이므로, 상황주의자 방법을 통일적으로 사용함으로써 삶의 특수한 매 순간을 집단적으로 구축하는 것이 중요하다고 본다. 여기에서, 상황창조 과정의 감독과 생산자, 상황을 사는 직접적 행위자들, 그리고 행위 속으로 떠밀리는 소수의 수동적 구경꾼들 등이 구별될 수는 있다. 하지만 이 구별은 항구적일 수 없고 일시적일 뿐이다. 개개인들은 집단적으로 세계를 장악함으로써, 타인들에 의해 그들에게 제시되는 것에 사로잡히는 구경꾼들이기를 멈추고 실제적 개인으로 된다. 상

기 드보르
(Guy Louis Debord. 1931 ~ 1994)

황을 창출하는 것은, 그러므로, 상황구축을 위해 실제적으로 작업하는 개인들이다. 이런 사람들이야말로 전pre 상황주의자들이다. 상황주의자들은, 놀이를 좋아하는 민중들의 경향이 자신들의 디자인을 망친다고 생각하는 산업디자이너들의 기능주의와 투쟁하면서 이 놀이의 경향을 해방하고 확장하고 혁신할 필요가 있다고 주장한다. 물론 부르주아 문화도 게임을 중요한 요소로 갖는다. 하지만 상황주의적 놀이는 경쟁과 분리를 거부한다는 점에서 부르주아적 게임과는 다르다. 이러한 혁명적 게임의 실험형식을 촉진하는 것은, 상황창조를 위한 계획과 시나리오를 바탕으로 한 소규모 실험들에서 출발할 수 있고, 그것에서 집단적 놀이로 발전할 수 있다. 이런 방식으로 구축된 상황이란, 새로운 환경ambiance의 창출을 위한 예술적 수단의 통합적 사용인 동시에, 시간 속에서 통합되는 행동의 총체이다.

기 드보르와 스펙타클의 사회

상황구축이라는 상황주의자의 미학 사상과 미적 전략은 현대사회의 성격규명과 그 속에서 주체성의 자리, 혁명의 가능성, 그것의 진로를 다룬 책들, 즉 기 드보르의 『스펙타클의 사회』와 라울 바네겜의 『일상생활의 혁명』9에서 좀더 심층적으로 서술된다.

기 드보르의『스펙타클의 사회』는 현대 자본주의를 '스펙타클 자본주의'로 성격규정하고, 그것을 혁명할 길을 찾아내려는 이론적 시도이다. 그는『자본론』을 명시적으로 패러디하면서[10] 첫 절을, "현대적 생산 조건들이 지배하는 모든 사회들에서, 삶 전체는 스펙타클의 방대한 집적으로 나타난다. 직접적으로 삶에 속했던 모든 것은 표상으로 물러난다"[11]는 말로 시작한다.『자본론』에서의 '상품의 방대한 집적'은『스펙타클의 사회』에서는 '스펙타클의 방대한 집적'으로 치환된다. 삶의 각각의 측면에서 떨어져 나온 이미지들은 자체의 고유한 일반성 속에서 별개의 거짓 세계로 펼쳐지고 자율적 운동을 전개한다. 맑스의 용어를 빌리면, 그 스펙타클 이미지들은 피상적이고 물신적인 형태, 즉 완성된 자본 물신이다. 맑스는, 일반적 등가물로서의 **화폐**의 형성을 통해 물신주의가 확립되며, 생산과정으로부터 분리되어 자립적 운동을 펼치는 **이자 낳는 자본**이[12] 자본 관계의 가장 피상적이고 물신적인 형태라고 보았다.[13]

이제 기 드보르는, 집적된 스펙타클 이미지가 더욱 피상적이고 물신적인 자본형태라고 설명한다. 자본이 단순한 사물이 아니라 사람들 간의 사회적 관계이듯이, 스펙타클도 "이미지들의 집합이 아니라 이미지들에 의해 매개된 사람들 간의 사회적 관계"(∮4)이다. 따라서 그것은 "하나의 이미지가 될 정도로 축적된 자본이다"(∮34). 그것은 권력의 전체주의적 관리의 시대에 나타나는 권력 자신의 자화상으로, 기존 질서가 아무런 방해도 받지 않고 행하는 자신에 관한 담화이다(∮24). 그것은 사람들을 구경꾼으로 만드는 수동성의 제국으로서, 분열, 분리, 고립의 재생산에 기초하고 있다.

스펙타클 체제에서 보편화된 분열은 사회 내부의 분열의 보편적 형태이며, 분업의 산물이자 계급 지배의 기관인 현대 국가와 불가분의 것이다. 스펙타클의 형식과 내용은 모두 기존 체제의 조건과 목표를 총체적으로 정당화할 뿐 아니라 그 정당화의 영원한 현존 자체이다(ƒ6). 기 드보르는 스펙타클의 성공이 곧 세계의 프롤레타리아화를 가져온다고 주장한다(ƒ26).

정통 맑스-레닌주의의 국가 독점 자본주의 이론이나 만델의 후기 자본주의 이론, 혹은 토니 클리프의 국가자본주의 이론 등이 현대 사회의 변화를 설명하면서 소유관계의 변형, 즉 자본에 대한 국가 소유의 강화 경향에 초점을 맞추고 있는 것과는 달리, 드보르의 스펙타클 자본주의 이론은 지배의 스펙타클화에 초점을 맞추는 한편, 이에 상응하는 것으로 노동계급의 수동화, 즉 **구경꾼**으로의 전화를 실천적 문제로 설정한다. 그렇다면 구경꾼은 어떤 주체성인가? "구경꾼의 의식은, 평평한 우주에 수감되어 있고, 그 뒤쪽 면에 자신의 삶이 유배당해 있는 스펙타클의 스크린에 묶여 있어, 자신의 상품들과 그 상품들의 정치학으로 그를 일방적으로 둘러싸고 있는 허구의 화자들만을 알고 있"(ƒ218)는 주체성이다. 그리고 스펙타클은 구경꾼의 거울 **이미지**다.

그렇지만 기 드보르의 주요한 관심사는 "투쟁에 대한 이해이지 법칙에 대한 이해가 아니었다"(ƒ81). 그는 스펙타클을 이해하고 폭로하는 방법을 넘어 그것을 해체할 수 있는 방법에 관심을 갖는다. 그가, 비스펙타클적 파열들, 즉 새로운 **상황**들의 창조를 대안으로 제시하는 것은 이러한 관심의 산물이다. 다른 상황의 구축이나 새로운 상황의 창조는, 주어진 상황 속에서 수동적 위치에 놓인 프롤레타리아트가 능동적 주체로 전화하기 위한 혁명적 실천의 양식이다.

산업국들에서는, 농민이 점차적으로 소멸하고, 공장 노동의 논리가 대규모 '서비스' 부문과 지적 전문직들에까지 확장된다. 이에 따라, 프롤레타리아트는, 양적으로는 증가하고 있었지만 주관적으로는 전망을 상실하고 무력감에 빠지거나 신비주의에 함몰하고 있었다. 이런 상황 속에서 기 드보르는 구경꾼으로 존재하는 프롤레타리아트, 다시 말해 오직 유토피아적 부정의 형태 속에서만 존재하는 프롤레타리아트로부터, '자신의 외부에 더 이상 아무것도 남겨 둘 수 없는 혁명'과 '프롤레타리아트적 부정의 부정으로서의 평의회'의 능력을 도출해야 하는 어려움에 직면했다. 이런 상황에서 그는, 새로운 시대의 개막을 알리면서 '범죄의 위장' 하에서 시작되고 있는 노동자·학생들의 자발적 투쟁을 주목한다. 그리고 그는, 노동자들의 이 반노동조합 투쟁들, 청년들의 이 반역적 조류들에 의해 시작된 최초의 무조직적 항의들을 계급사회에 대한 프롤레타리아트의 두 번째 공격의 전조로 이해한다. 이런 식으로 그는, 프롤레타리아 군대는 아직 움직이지 않고 있으나 그 잃어버린 아이들이 스펙타클 사회의 전쟁터에 재등장하고 있다고 보았다. 기 드보르가 그려내는 것은 새로운 '러드 장군'의 표상이다. 새롭게 등장하고 있는 이 반란자들에게, 스펙타클의 사회에서 허용된 소비의 기계들을 파괴하라고 촉구할 혁명 조직이 그것이다(∫115). 이러한 러드 장군은, 자신이 노동계급을 대표하지 않음을 알고 있을 뿐만 아니라 혁명의 순간에는 분리된 조직으로서의 자신 또한 해체될 것을 알고 있는 조직이다(♩119와 120).

국제상황주의자 조직은, 아마도 이 러드 장군의 조직적 구체화로서, 1957년에 창립되었다. 『스펙타클의 사회』 8장은 어떤 의미에서는 이 조직의 예술 강령이라고도 할 수 있다. 여기에는 우리가 앞의 예비적 고찰에서 살펴본 바와 유사한, 아방가르드 예술사에 대한 평가가 등장한다. 여기서 기 드보르는 다다이즘과 초현실주의를 현대 예술의 종언을 나타내는 양대 조류로, 그리고 혁명적 프롤레타리아트의 마지막 대공세의 표현으로 이해한다. 이렇게 함으로써 그는, 방법론적 규범주의 진영으로부터 쁘띠부르주아 급진주의 예술로 평가절하되던 혁명적 예술 표현들에, 적극적 의미와 실천적인 역사적 평가를 부여한다. 그렇다면 이 의미심장한 예술실천들이 실패한 이유가 무엇일까? 다다이즘은 예술을 실현하지 않고 예술을 억압하려 했던 반면 초현실주의는 예술을 억압하지 않고 예술을 실현하려 했다. 그런데 이 둘은 모두 예술의 장에 자신들을 '속박시켰고 예술의 장에 머물렀다. 드보르에 따르면, 바로 이 점이 이 예술실천들이 실패한 이유이다.

따라서 기 드보르는, 예술의 억압과 예술의 실현을 **예술의 폐지**라는 단일한 사태의 두 가지 불가분한 측면들로 위치 지음으로써, 지금까지의 모든 예술 운동들의 한계를 돌파하려 시도한다(♩191). 그에 따르면, 예술 폐지의 필연성은 스펙타클 기계들의 파괴라는 기획의 일부이다. 왜냐하면 문화가 그렇듯이, 예술도 계급 사회에서는 삶의 표상들의 일반 영역, 삶과 따로 떨어져서 존재하는 일반화의 권력에 다름 아니기 때문이다(♩1). 예술이 광채를 발할 때 삶은

노쇠해진다. 그래서 예
술의 위대성은 오직 삶
의 황혼에서만 나타나기
시작하는 것이다(∮188).
드보르는, 이러한 사회에
서 예술의 폐지를 추구
하는 부정적 운동인 **변**

기 드보르의 영화 〈분리에 대한 비판〉
(Critique de la Séparation, 1961) 중에서

화의 예술은 불가피하게 아방가르드적이며, 예술을 추구하기보다
예술의 소멸을 추구하는 운동일 것이라고 주장한다. 그리고 그는,
그것이 언제나 뒷북을 치는 예술 속에서가 아니라 **실천** 속에서, 즉
직접적인 활동과 그 활동의 언어를 통일시키는 실천 속에서 재발견
되어야 한다고 강조한다.

라울 바네겜과 일상생활의 혁명

　기 드보르의 『스펙타클의 사회』가 "현대적 생산조건들이 지배
하는 모든 사회들에서 삶 전체는 스펙타클의 방대한 집적으로 나
타난다"는 명제를 통해 『자본론』의 첫 문장을 패러디하는 반면, 라
울 바네겜의 『일상생활의 혁명』은 "우리가 얻을 것은 즐거움의 세
계요, 우리가 잃을 것은 권태뿐이다"라는 선언을 통해 『공산당 선
언』[14]의 끝 문장을 변주한다. 기 드보르가, 거대 미디어들이 노동자
들을 구경꾼으로 전락시키는 사회에서 혁명적 상황의 창조는 어떻
게 가능한가를 물었던 것과 유사하게, 바네겜은 현대 복지국가가

제시하는 권태로운 **생존**subsistance의 상황 속에서 열정적 **삶**vie의 상황은 어떻게 창조될 수 있는가를 묻는다.

생존이란 무엇인가? 그것은 수동적 삶 혹은 삶의 수동성이다. 노동과 여가 모두 자본에 포섭돼 삶 전체가 자본의 생산성을 향해 복무하는 사회에서의 삶이다. 라울 바네겜은 이 시시한 삶의 역사적 위치를 냉정하게 평가한다. 생존은 봉건사회의 지배자들의 비정한 살인보다, 부르주아적 착취자들의 체계적 학살수용소보다 더 잔인하다. 사이버네틱스 학자들의 기술적 조직이 삶을 생존으로 만들면서 가까운 미래의 사회를 향해 내미는 일반화된 조건화의 얼어붙은 이 손을, 아우슈비츠의 학살과 비교한다면 아우슈비츠의 학살은 차라리 서정적이었다는 것이다.

그런데 라울 바네겜이 잔인한 것으로 그리고 있는 그러한 사이버네틱 기술사회는, 우리에게는, '가까운 미래'가 아니라 이미 '오래된 현재'이다. 그것은 푸코가 생명[삶]권력biopower으로, 들뢰즈가 통제사회로, 네그리가 제국으로 명명한 바로 그 사회이기 때문이다. 바네겜이 분석하고 있는 것은, 지난 날의 훈육사회로부터 지금 우리가 살고 있는 통제사회로의 이행기이다. 여기서 삶은 경제적 명령과 소비재로 축소된다. 격한 감정을 피하고 긴장을 피하고 적게 먹고 적당히 마시라는 식의 사적 건강법에 의해 지배되는 생존으로 축소되는 것이다. 이 생존 속에서 인간은 쾌락과 공포의 미로를 방황하며 영원한 자기상실에 빠진다.

라울 바네겜의 관심은, 생존의 상황을 강조함으로써 당대에 이미 널리 유포되어 있던 절망의 분위기와 영합하는 것에 있지 않았다. 정반대로 그는, 절망을 혁명가들이 앓고 있는 질병으로 이해한다. 절망은 생존적 삶과 함께 거부되어야 한다. 그런데 이 거부는 나약한 거부(개량주의)에 머물러도 안 되고 과도한 거부(허무주의)로 기울어도 곤란하다. 그것은 총체적 초월을 향한 거부여야 한다. 이를 위해서는 관점의 전복이 필수적으로 요구되는데, 바네겜은 자신의 책을 바로 그 지침서로 제시한다.

바네겜이 겨냥하고 있는 사회는, 우리가 살고 있는 신자유주의 사회가 아니다. 시대를 가늠해 보면 바네겜은, 오늘날 신자유주의에 대항하여 일부의 좌파들이 (서구 사회들의 경우는) 유지해야 할 목표로 혹은 (한국 같은 사회들의 경우는) 달성해야 할 과제로 제시하곤 하는, 바로 그 복지국가에서의 삶이 일상에서 제기하는 비참한 문제들을 겨냥한다. 바네겜이 문제로 삼고 있는 것은 자본주의적 복지국가만이 아니다. 생존의 삶을 강제하는 것은 기존의 사회주의 국가도 마찬가지이기 때문이다. 제3세계들의 경우 권태보다는 고통을 수반하는 생존의 삶이 강제된다. 그러므로 지구 사회 전체가 그의 문제로 설정되고 있다. 그렇다면 이것들을 전복할 힘은 어디에서 발견되는가? 바네겜은, 비포가 디지털 자동성의 언어에 대항하는 것으로 탈자동성의 언어양식인 시를 제시하듯이,[15] '창조성, 자발성, 그리고 시'를 그 답으로 제시한다. 바네겜에게서 자발성은 개인적 창조성의 존재 양식이다. 이 창조적 자발성은 외부에서 주입되어야 하는 것이 아니다. 시는 이 창조적 자발성의 조직화이며 그것을 내적 일관성에 따라 개발하는 것이다. 그것은, 구속의 의지를 분해하면서 급진적 주체성에 따라 세상을 바꾸려는 의지를 가능케 하는 힘이다.

비포에게서 시가 그렇듯이, 바네겜에게서도 시는 독립된 **작품**으로서의 시 이전의 것이다. 그에게서 시의 본령은, 새로운 상황을 창조하는 시석 **행위**에 있시 창조된 시작품에 있지 않다. 그래서 그는, '시 작품을 만들면서 그것을 폐지하는' 어려운 과제를 제기한다. 그가 말하는 시는 **생존**을 넘어 열정의 **삶**을 창조하는 행위, 즉 '새로운 삶의 양식의 추구' 그 자체이다. 그가 제시하는 또 하나의 중요한 전략으로 전용detournement이 있다. 전용은 생존의 삶의 조건들, 기존의 예술 자원들을 창조적으로 사용함으로써 전혀 다른 질을 창출하는 것이다. 바네겜은 이것을, 새로운 삶의 양식을 추구하는 유력한 방법으로 제안한다.

『일상생활의 혁명』은, 부르주아 사회에서 사이버네틱 사회로의 이행을 날카롭게 포착하며, 열정적 삶을 권태로운 생존으로 포섭하여 관리하는 현대 삶권력의 작동 양식을 세밀하게 그려낸다. 삶권력의 상황에서 혁명의 낡은 무기들이 더 이상 적합하지 않게 되는 것은 필연적이다. '자발성, 창조성, 시'라는 바네겜의 혁명적 요구들에 응답이라도 하려는 듯, 책이 출간된 바로 다음 해에 68혁명이 폭발했다. 그러나 바네겜과 국제상황주의자들이 기대했던 노동자평의회의 시대는 도래하지 않았다. 무슨 일이 일어났던 것일까? 바로 자본이, 바네겜과 혁명이 요구했던 '새로운 삶의 양식의 창출'을 축적의 방법으로 '전용'했기 때문이다. 오늘날의 자본주의는 상품보다 삶의 새로운 양식을 생산하며, 이로써 삶을 권력 속에 포획하는 신자유주의적 통제사회로 나타난다. 이러한 상황변화는, 바네겜의 무기들이 다시 급진적으로 비판되고 혁명되어야 할 필요성을 제기한다.

니꼴라 부리요의 관계미학

상황주의 미학에서 관계미학으로

상황주의자들은 스펙타클의 개념을 통해 현대 부르주아 사회의 중요한 특징을 설명해 냈다. 하지만 그들의 실천은, 스펙타클이 삶에 대한 시각적 부정이자 삶에 대한 부정의 가시화임을 폭로하는 것에 집중되었다. 구경꾼인 프롤레타리아트는 이 부정적 폭로를 통해서만 주체화될 존재로 상정되었다. 이 주체화를 위해서는 지도자나 대표자는 아니지만, 촉매로서 기능할 전위의 활동이 요구되었다. 상황주의자들이 바로 그 촉매이다. 그들은, 예술이 아니라 삶이 진정한 관심사라는 생각을 강력하게 피력했고 또 그것을 실천했다. 이 실천 속에서 예술세계는 스펙타클의 일부로 간주되는 경향이 있었다. 1972년 국제상황주의사 조직의 해체는, 예술을 부정하는 예술가들의 조직이라는 딜레마가 이러한 전위적 실천을 통해서 해결될 수 없었던 것의 표현이었던 것일까?

니꼴라 부리요는 "상황주의를 현재화하면서도 상황주의를 가능한 한 예술세계와 화해시킬 방법"[16]을 관계의 미학이라는 이름으로 전개한다. 그는 '구축된 상황'이라는 상황주의자들의 개념을, 일상적인 환경 안에서, 예술적 재현을 예술적 에너지의 실험적 실현으로 대체하는 것으로 이해한다. 이 대체의 실천은, 앞에서 살펴본 것처럼, 이미지에 의해 미디어화된 인간들 사이의 사회적 관계로서의 스펙타클을 공격하는 것으로 나타났다. 부리요가 보기에, 상황이라는 개념은 개체들과 타자들의 필연적 관계, 디지와의 필연적 공존을 함축하지 않는 개념이다. 그렇기 때문에 사적으로 사용하기 위한 상황, 심지어 타인을 고의적으로 배제하는 상황까지도 구축된 상황으로 받아들여질 수 있다. 여기서 부리요는, 예술실천이 세계에 대한 태도를 구성하는 것이지만, 그것은 타자와의 관련 없이는 가능하지 않다는 생각을 제시한다.

왜 기 드보르가 타자와의 이 관련, 관계를 간과했을까? 부리요는 드보르의 사유에, 교환의 자본주의적 형태와 교환일반의 구분이, 다시 말해 역사적 생산 및 교환의 형태로서의 자본주의와 절대적인 것 안에서의 교환의 구분[17]이 없었다는 사실에 착목한다. 기 드보르가 스펙타클의 시간을 등가적인 간격의 무한한 축적인 노동의 교환가능한 시간과, 더욱 강도 높은 스펙타클이 될 뿐이면서도 자연의 순환주기를 모방하는 바캉스의 소비가능한 시간으로 나눌 때, 거기에서 교환가능한 시간은 완전히 부정적인 의미로만 제시된다. 부리요는, 드보르가 삶과 사회성의 요인인 교환 자체를 간과함으로써 상호인간적인 교환의 가능성을 배제해 버렸다고 본다. 삶과 사회성의 요인인 교환 자체의 관점에서 보면, 드보르가 말하는 노동시간은 교환가능한 시간이 아니라 급여의 형태로 살 수 있는 시간에 지나지 않는다. 이러한 비판 위에서 부리요는 구축된 상황의 개념을, 교환의 형상에서부터 전개된 관계적 세계의 개념으로 전환할 것을 제안한다.(154) 이런 관점에서 그는, 스펙타클은 사회적 관계 그 자체의 부정을 통해 제대로 고려되거나 대적될 수 없고, 사람들 사이의 새로운 관계방식을 생산하는 것을 통해서만 그렇게 할 수 있다(153)는 생각에 도달한다.

우연의 유물론

부리요는 자신의 이 관계미학적 사유가, 만남의 유물론, 혹은 우연의 유물론이라 불리는, 후기 알뛰세르의 재구성된 유물론의 철학 위에 정초된 것이라고 말하기를 주저하지 않는다. 이 미학적 유물론은, 작품을 진부한 사실들의 재현으로만 이해하거나 혹은 경제적 관계로 환원하는 낡은 유물론과 단절하면서, 기원도 없고 선재하는 의미도 없으며, 목적을 부여하는 이성도 존재하지 않는 세계의 우연성을 출발점으로 삼는다.[18] 그는, 인간의 본질은 사회적 관계들의 집합이라는 맑스의 말에 의지하면서, 인류의 본질이, 역사적인 사회형태 안에서 개인들을 결합시키는 관계들로 이루어진 순수하게 관–개인적인trans-individuelle 것이라고 정의한다.

이런 관점에서 부리요는 예술의 종말 이론을 그릇된 표상으로 기각한다. 말하자면, 예술의 종말(그리고 역사의 종말)은 있을 수 없다(29)는 것이다. 왜냐하면 경기는, 경기참가자와 그들이 비판하고 구성하는 시스템에 따라서 부단히 다시 시작되기 때문이다. 오직 게임의 종말과 경기의 종료를 혼동하는 사유 속에서만 예술의 종말과 같은 그릇된 표상이 나타날 수 있을 뿐이다. 경기의 영원한 반복이라는 관점에서 예술을 모든 시대의 모든 사람들 사이의 게임으로 보게 되면, 그러한 의미의 예술은 통상적인 의미의 예술이라는 틀을 벗어날 수 있다. 예컨대 국제상황주의자들이 말하는 구축된 상황들은 (드보르가 그것을 예술의 지양, 예술의 폐지로 이해했을지라도) 바로 그 **게임으로서의 예술**의 역사적 사례들로 이해할 수 있다.

주목할 점은, 부리요에 따르면, 사회적 관계들의 놀이인 이 게임이 형태를 발생시킨다는 점이다. 형태는, 지속적인 이탈과 만남을 겪는 세계의 요소들 사이에 형성되는 우발적 통합이며 지속적인 만남이다. 이 형태들의 총체에서 예술작품은 부분집합을 구성한다. 그리고 예술작품들은 선, 색, 오브제들, 퍼포먼스들, 경험들 등과 같은 구성요소들이 서로 만나 인접하고 또 접합하면서 새로운 삶의 가능성들을 추동할 수 있도록 구축된 실현가능한 세계의 모델들이다.

그런데 이 만남, 인접, 접합의 구성은 역사적 맥락에 종속된다. 예컨대 사진, 영화, 디지털기술 등의 순차적 등장은 그전에는 미지의 영역이었던 형태세계들의 유형을 인식할 수 있게 만들고 특정한 예술적 프로그램에 특권을 부여한다. 이런 식으로 개개의 작품은, 특정한 역사적 기술적 조건 하에 있는 관찰자-조작자에 의해 재활성화될 수 있는 일련의 개체적 지위를 갖는다.

이때 작품을, 개개의 사실이 아니라 **요소들의 결합체인 사물**chose[19]로 고려하는 것이 중요하다고 부리요는 말한다. 사물로서의 예술작품들은 단순히 분리된 대상들이 아니다. 그것들은 형태라는 선 위의 점들로 볼 수 있다(33) 왜냐하면 형태가 기호, 대상, 행동을 통해 전개되는 작품의 기본원리로 작동하면서 작품들을 서로 잇고 또 그것들을 역동적으로 응집하기 때문이다.

형태는 어떤 방법으로 이러한 응집기능을 수행할 수 있는 것일까? 주로 다네Serge Daney의 견해에 준거하면서 부리요는, 형태를 '나를 바라보는 얼굴'로 정의한다. 그것은, 특정한 시공간 속에서 나로 하여금 시선을 통해 작품과 대화하도록 요구한다. 예술작품은 형태를 통해 나의 시선을 잡으려 애쓰고 자신을 인정해 줄 것을 요구한다. 형태는 이미지 내에서 욕망을 대표한다. 그러므로 형태를 생산하는 것은, '보여 주다/보다'의 관계를 통해 가능한 만남을 고안해 내는 것, 혹은 교환의 조건을 창조하는 것에 다름 아니다(38). 이런 전제 위에서 부리요는, 예술실천의 본질이 **형태를 통해 주체들 간의 관계를 발명**하는 데에 있다고 주장한다. 이런 맥락에서 그는, 관계의 미학은 기원과 목적에 관한 진술을 전제로 하는 하나의 예술이론이 아니라 일종의 형태에 관한 이론이라고 설명한다(30).

1990년내 예술상황의 관계미학적 성격

상황주의자들의 예술미학과 그들의 역사적 예술실천에 대한 비판적 전유, 알뛰세르의 우발적 해후의 유물론의 형태미학적 재구성이 부리요 관계미학의 **이론적 축**이 되고 있다면, 1990년대의 실제적 예술실천에 대한 탐구는 그것의 시대적 타당성을 뒷받침하는 경험적 근거로 작용한다. 이 탐구로부터 그가 끌어내는 1990년대 예술실천의 두 가지 특성은 모두 관계적인 것이다.

첫 번째 특성은 수신자 혹은 관객의 참여와 전이성이다. 플럭서스의 해프닝과 퍼포먼스에 의해 이론화된 관객의 참여는 1990년대 예술실천에서 일반적 경향이 되었고, 예술세계는 스펙타클이 지배하는 공간이 아니라 단역들이 서로 전이하며 상호작용하는 세계가 된다. 예술실천은 출발에서부터 타자를 전제하고 타자와 협상하지 않으면 안 되며, 이 때문에 예술세계는 입장들 사이의 관계와 투쟁의 소우주가 된다.

이 관계는 예술세계 내부를 관통할 뿐만 아니라 예술세계와 외부 사이에도 구축된다. 부리요는 이런 관점에서 미술사를 세 단계로 구분한다. 그 첫 단계는, 인간사회와 보이지 않는 힘들 사이의 접점으로 기능하면서 신과의 소통방식을 추구한 단계이다. 두 번째 단계는, 르네상스 이후 원근법(알베르티), 해부학적 리얼리즘(레오나르도 다빈치) 등을 통해 인간과 세계 사이의 관계를 탐구하거나, 일상생활의 평범한 요소들을 통해 우리가 세계와 맺는 시각적 관계를 분석하고자 한 큐비즘의 정신적 리얼리즘의 단계이다. 세 번째 단계는, 1990년대 이후 인간들 사이의 관계의 영역에 몰두하면서 관객들 사이에 만들게 될 사회성의 모델을 발명하는 단계이다.

부리요 자신이 속해 있는 이 세 번째 단계에서 예술실천의 영역은 크게 확장된다. 예술작품에 내재하는 관계적인 특성을 넘어, 인간관계들의 영역을 지시하는 형상들이 완전한 자격을 가진 예술적 형태로 기능하기 때문이다. 부리요는, 이제 회화나 조각처럼 미학적 소비 이외의 다른 목적을 갖는 형태들을 생산하는 것은 특별한 경우로서 고려될 뿐이고, 이보다 훨씬 넓은 삶의 활동들, 예컨대 집회, 만남, 시위, 협동, 게임, 파티 등 만남과 관계를 만드는 방식들 전체가, 그 자체로서 탐구될 수 있는, 미학적 대상의 전형이 된다(49)고 말한다.

수신자 참여 특성 다음의 두 번째 특성을 부리오는 유영

레오나르도 다빈치의 해부학적 스케치
(1509~1510년경)

학적游泳學的 특성이라고 부른다. 우선 예술작품이 접속과 만남이 이루어지는 약속의 장으로 되는 것이 그것이다. 전통적 예술장르인 회화나 조각의 경우는, 물리적으로 불가피할 때를 제외하고는, **보편적 관객**이 볼 수 있는 것이었다. 하지만 현대미술은 점점 정해진 시간에만 볼 수 있는 **일시적 사건**의 예술로 되어간다. 스스로의 고유한 시간을 운용하면서 만남을 야기하고 만남의 약속을 제안하는 퍼포먼스의 확산이 그 대표적인 예다.

접속과 만남으로서의 예술은 1960년대 이래로 확대되어 왔다. 그 초기에 그러한 예술이, **새로움**에 특권을 부여한다거나 언어에 의한 **전복**을 보여 주는 식으로, 예술세계의 **내적 관계** 변화에 초점을 맞추었다면, 1990년대 이후에 그것은 예술작품의 **외적 관계**에 초점을 맞추는 방향으로 나아간다. 즉 사회적 유토피아와 혁명적 희망

이 이제 미시유토피아와 모방의 전략으로 대체된다. 이것은 결코 근본적 변화의 포기가 아니다. 왜냐하면, 가타리가 말하듯이, 미시적 시도들, 즉 커뮤니티 형태, 도시구역위원회, 대학 내 어린이집의 조직 등이 근본적 변화를 가져오는 기능을 수행할 수 있을 것이기 때문이다. 예술의 전복적 기능은, 개인적이거나 집단적인 이탈경로의 창조와 일시적이고 유목적인 구성 안에서, 그리고 이를 통해 혼란스러운 상황을 모델화하고 전파함으로써 실현된다. 축제나 소통 네트워크의 교란 같은 것을 작품화하는 것이 그 예이다. 이런 방식으로 예술은 사회성의 **이질적** 양상을 발전시키는 만남, 융합, 상생의 미시영토가 된다.

부리요에 따르면, 유영학적 특성은 예술세계에서 점점 확산되는 협력과 계약에서도 확인할 수 있다. 예술가가 갤러리스트의 전기적 생애를 작품화하여 전시함으로써 예술가-큐레이트의 협력을 예술화하는 것이 상호인간적 협력의 첫 단계다. 이후에 예술가들은 배우, 연예인 등 저명한 인사들과 계약하고 협력하는 것으로 나아갔고 다시 낯선 사람과의 인위적으로 유도된 만남을 작품화했다. 가령 노리토시 하리카와는, 광고를 통해, 자신과 함께 그리스를 여행할 젊은 여자를 고용한 후, 그리스에서의 체류를 전시의 재료로 사용했다. 6개월 동안에 네 명의 사람과 결혼하고 이혼함으로써 결혼이라는 계약관계를 작품화한 알릭스 랑베르의 시도도 그 예다. 협력과 계약의 관계는 또, 고객의 주문에 응해 생산하는 관계적인 직업적·경제적 활동을 예술세계로 끌어들였다. 이런 방식으로 예술가는, 서비스와 상품을 생산하는 현실의 장 안에서 행동하고, 예술적 실천의 공간에서 대상들의 사용기능과 미학적 기능 사이의 모호함을 창조한다. 부리요는 이것을 **실행적 리얼리즘**réalisme opératoire 이라고 부른다.

형태의 정치학

이 실행적 리얼리즘은 어떤 미학적 요소를 갖는가? 원근법은, 하나의 시선에 상징적인 장소를 부여하고 보는 사람에게 그 상징적 사회성 안에서의 위치를 지정해 주는 것이었다. 이러한 원근법과는 달리, 실행적 리얼리즘은 **복수의 동시적인 시선들**을 허락하는 방식으로 시선의 민주화를 꾀한다. 이러한 시선들 속에서 하나의 이미지는 시간성의 한순간으로서 협상의 결과물이다. 상상은, 이 협상자들 사이에 더 많은 교류를 생산하기 위해 현실에 집중하는 인공적 보완장치이다. 예술실천은, 우리의 관계가 갖는 기계적인 부분을 감소시키기 위해, 지각된 것에 대한 선험적인 모든 합의를 해체시킨다. 그리하여 의미도, 하나의 권위적인 진실로서 주어지는 것이 아니라 예술가와 응시자 사이의 상호작용으로부터 **생산되는** 것으로 이해된다. 이제 응시자는 단순한 수용자가 아니라, 점점 더 가볍고 파악하기 어려우며 사라지기 쉬운 대상들로부터 의미를 만들어 내기 위해 노력해야 한다. 작품의 의미는, 예술가가 전송한 기호들을 잇는 운동과 전시공간에서, 개인들이 행하는 협력들 사이에서 생성된다.(147) 이제 공동체는 결코 주어질 수 없고, 오직 협상, 협력, 즉 관계구성을 통해 발명되는 **관계적 망으로서** 생성될 뿐이다.

인터넷의 대중화, 네트워크 문화의 증대, 집단지성 그 자체의 생산 주체화, 여가문화의 산업화 등은 예술 생산과 전시에 관계적 접근을 강화하도록 만든다. 현대 사회에서 소외는 도처에 있다. 생산과 전시를 포함하는 예술실천은, 이 소외의 형태를 재생산하거나 변경함으로써, 즉 그 소외의 사회관계를 단순히 부정하는 것이 아니라 그것을 뒤틀고 예술가 자신에 의해 코드화된 시공간 안에 그 관계들을 투사함으로써, 그 소외의 체제에 틈새를 만들어 내는 것이다. 이제 정치적 프로젝트는 포기되는 것이 아니라, 그것을 구현할 수 있는 **형태를 생산하는** 것으로 바뀐다. 왜냐하면 의미를 생산하거나 그 모델을 만들고, 의미의 방향을 정하며 일상생활에서 그 의미의 반향을 불러일으키는 것은 바로 형태이기 때문이다. 평의회, 연좌시위, 시위와 그 행렬, 파업과 (플래카드, 전단, 공간의 조직 같은) 그것의 시각적 표현들은 혁명사에서 산출된 바로 그 **형태들**이었다.

부리요는, 우리 시대의 혁명적 문화가 특별히 정지의 형태를 모색하고 있다는 점을 강조한다. 그는, 1995년 12월의 마비적 파업과 시간의 다른 조직화, 수면과 철야의 통상적 구획을 깨뜨리며 며칠에 걸쳐 진행되는 자유연회들, 소프트웨어를 차단하는 컴퓨터바이러스들 등은 기계장치의 **중지**와 이미지의 **정지**를 통해 정치적 효과를 낸다고 말한다.(150) '공급자/고객'이라는 관계쌍에 의해 규정되는 노동의 일반화와 그것의 기계적 운동은 상호인간적 관계의 생산물되기, 대안적 정치의 빈곤함, 비경제적 가치를 지닌 노동에 대한 평가절하 등을 가져온다. 정지의 형태들은, 바로 이러한 과정을 중지시키면서, 상호주관성의 가능성을 확대하는 정치적 효과를 가져온다.

예술진화의 징후로서의 관계

앞에서 우리는 미래주의적 가능성의 소진에 대한 비포의 명제에 대해 살펴보았다. 그런데 미래주의에 대해 비판한 것은 비포보다 먼저 상황주의자들이었으며, 미래주의의 종말을 단언한 것은 비포보다 먼저 부리요였다. 그는, "새로운 인간의 시간, 미래주의적 선언들의 시간, 즉시 손에 잡히는 더 발전한 세계에 대한 호소의 시간이 이제 정말로 지나갔다"(79)고 단언한다. 하지만 부리요는, 자동화된 언어세계에 대한 사보타주와 더불어 그 자동화된 세계의 일부가 되어 버린 아방가르드의 폐기를 제시하는 비포와는 달리, 지금 현실에서 전개되고 있는 예술실천들 속에서 대안적 경향을 찾는다. 즉 "유토피아는 구체적이고 고의적으로 파편적인 실험들이 진행되는 실시간 안에서, 즉 주체적인 일상 안에서 보여진다"(79)는 것이다. 행복한 미래를 찬양하는 것이 무의미해진 것은 분명하지만, 현재의 이웃과의 가능한 관계들을 창안하는 것은 유의미하고 또 시급하다는 것이다. 이 현실주의적 대안론에 따라 부리요는, 현대 예술이 20세기 아방가르드의 교조주의와 목적론을 완강하게 거부하면서도 그 유산을 매우 훌륭하게 수용하고 전유하고 있다고 평가한다.

아방가르드의 유산을 전유하면서 현대 예술이 20세기 아방가르드를 전복시키는 또 하나의 지점은 **상상계**의 전환이다. 20세기 모더니즘이 미래에 유리하도록 과거를 쉽게 퇴장시키고 분리와 대립에 의해 실행되어온 **대립의 상상계** 속에서 작업했다면, 현대 예술은 새로운 결합, 구별되는 개체들 사이의 가능한 관계의 창안, 서로 다른 파트너들 사이에 가능한 연합의 구축과 같은 협상과 관계, 그리고 **공존의 상상계**에서 작업한다. 부리요는, 현대 예술이 더 이상 지구의 황금시대를 열려고 하지 않으며, 더 정당한 사회관계와 더 밀도 있는 삶의 방식을, 즉 다양하고 풍부한 존재의 결합을 가능케 하는 삶의 양식을 창조하는 것에 만족하려고 하고(81), 유토피아를 형상화하는 것보다 구체적인 공간들을 건설하고자 한다고 본다. 이것은, 이상주의적이고 목적론적이며 대립주의적인 예술관념들의 종말 속에서 현대 예술이 찾아내고 획득한 진화의 힘이다. 실존하는 현실 가운데에서 존재방식 혹은 행동의 모델을 구성하기 위해서 예술가는, (풀은 아래나 위로가 아니라 **중간**으로 자란다고 말했듯이) 현재가 제공하는 **환경** 가운데 거주해야 하고[20] (알뛰세르가, 우리는 언제나 작동 중인 세계의 기차를 탄다고 말했듯이) **현행적**인 세계를 취해야 하며, (미셸 드 세르또가 말했듯이) 예술가는 실재하는 문화에 세 들어 살아야 한다.(21)

자신의 관계미학에 대한 자끄 랑시에르의 비판에 대한 응답 속에서 부리요는 현대 문화에 세 들어 사는 예술의 이 **임시성**과 **불안정성**을 현대 예술의 존재론적 특성으로 규정한다.[21] 이것은 현대 세계 자체의 불안정성(지그문트 바우만의 액체근대성, 미셸 마페졸리의 깨지기 쉬운 정체성)과 연관된 것이다. 현대 세계는 토지와의 지속가능한 유대에 기초했던 농업시대와는 달리, 대상과 사용자 사이의 경계를 가로지르는 만남인 거래에 의해 규정된다. 현대 예술 역시 어떤 안정된 자리를 차지하고 있지 못하며, 코드전환, 깜빡거림, 흐리기 등을 통해 서로 다른 원리, 전통, 개념들의 만남과 협상 속에서 생성된다. 현대 예술의 이 불안정한 성격은 그 자체가 현대 예술의 정치적 프로그램을 구성한다. 세계를 불안정한 상태로 유지함으로써 특정한 제도의 임시적 성격을 항구적으로 긍정하는 것이다. 이로써 우리는 순수한 구축물, 미장센, 몽타주, 구성물, 이야기인 세계에 살고 있음을 지각하게 된다. 이러한 세계를 이미지나 다른 수단을 통해 분석하고 재서술하는 것이 현대 예술의 정치적 기능이다. 이런 관점에서는, 예술과 정치는 허구와 실재로 구분되는 것이 아니라, 허구를 만드는 두 가지 방식으로 볼 수 있다. 그래서 부리요는, 현대 예술이, 모든 곳에 불안정한 것을 확산시키고 우리의 무대장치를 구성하는 모든 물질적·비물질적 건축물을 침식하는 방식으로, 그리고 구체적 특이성들을 통해 미디어에 의해 막힌 언로들을 열고 대안적 사회성의 양식을 발명하며 원거리신호들 사이의 접속을 창조하고 재창조하는 방식으로, 진정한 **정치예술**의 길을 열어가고 있다고 본다.

현대 예술은, 문화적으로 주어진 것들을 브리콜라주하고 재활용하는 불안정한 실천 안에서 일상을 발명하고, 경험한 시간을 관리하는 작업들에 열중하고 있다. 부리요는 이것들이, 20세기 아방가르드의 메시아주의나 형식적 새로움 추구에 비해, 결코 덜 가치로운 것이 아니라고 평가한다. 이런 관점에서 그는, 현대 예술이 문화적이거나 정치적인 기획을 펼치지 못하고 그 전복적인 측면들이 어떠한 이론적 지반도 갖지 못한다고 주장하는 것만큼 부조리한 일도 없다고 단언한다. 사회적 삶의 변종적 형태들만큼이나 많은 문화적 대상의 생산과 노동조건에 관련된 예술적 기획은, 마우리찌오 까뗄란Maurizio Cattelan이 말한 '달콤한 유토피아'의 시대를 징후적으로 보여 준다는 것이다.

도시와 관계미학

그렇다면 이 달콤하고 희망적인 변화는 어떤 원인들, 계기들에 의해 촉발된 것일까? 부리요는 주저 없이 "세계적인 도시문화의 탄생과 이 도시적 모델이 문화적 현상의 거의 모든 부분으로 확장된 것에서 기인한다"(23)고 말한다. 도시화는 네트워크와 도로의 개발, 원거리 소통의 발전과 고립된 장소의 점차적 개발에 의해 사회적 교류의, 그리고 개인들의 이동성의 놀라운 증가를 가져왔다. 예술작품은, 이 증가하는 도시화에 발맞추어, 그 기능과 전시방식을 바꾸지 않을 수 없었다. 도시공간의 협소함에 맞추어 예술작품은 점차 작아져 왔고, 농촌에서 토지가 지주의 소유가 되듯 둘러봄의 대상이 되어온, 소유대상으로서의 예술작품이 도시환경에 부적절하게 되면서, 마침내 작품은, "경험해야 할 지속적인 시간"이자 "제한 없는 대화의 통로"로서, 요컨대 "만남의 상태"(알뛰세르)로서 나타나기 시작했다는 것이다.(25~6)

부리요에 따르면, 도시는 정글과는 달리, 강렬한 만남을 자극하면서 문명의 절대적 규칙으로 작용하기 시작한다. 예술실천들은 이에 상응하여, 상호주관성을 기반으로 하는 의미의 공동체 구축과 특수한 사회성의 생산을 본령으로 삼는 일종의 사회적 틈새로서 기능하기 시작했다. 이 틈새적 예술실천은, 일상생활을 지배하는 시간과는 상반되는 리듬을 경험하는 시간과 자유로운 공간을 창조하고, 일방적인 커뮤니케이션 영역과는 다른 상호인간적 교류를 조장함으로써, 교환의 가능성과는 다른 교류의 가능성을 모델화한다. 이를 통해 그 예술실천은, 상호인간적 관계의 공간을 창조하면서도 동시에 그것의 가능성을 제한하는, 지배적 사회관계의 한계를 넘어서는 정치적 프로젝트를 발전시켜 간다.

도시(특히 메트로폴리스)는 농촌과는 다른 공간의 구축일 뿐만 아니라 공장과도 다른 공간의 구축이다. 그것은 사회적 생산과 재생산 공간의 거대한 확장이면서 농민, 노동자와는 다른 다중 주체성이 생성되는 공간이다. 부리요가 이 새로운 사회적 주체성의 등장과 예술세계의 변화를 연결하여 설명하고 있지는 않지만, 도시가 가져오는 관계성의 일반화를 관계미학의 핵심적 주제로 설정함으로써, 대도시 자체를 미술관으로 삼는 예술세계의 대도시적 확장을 설명해 낸다. 이뿐만 아니라 그는, 특이한 다중들의 공통되기 관계를 예술실천의 관점에서 사유할 수 있는 비옥한 미학적 토지를 제공한다.[22]

우리 시대 도시형성의 조건과 예술가

도시를 보는 관점들

우리로 하여금 도시를 삶의 조건이 아니라 하나의 대상으로 인지하게 하는 가장 일상적인 매체는 텔레비전이다. 텔레비전이 도시를 소개할 때 가장 흔하게 등장하는 메뉴는 그 도시의 명소이다. 명소 중에서 가장 인기 있는 품목은 아마도 유적일 것이다. 관광상품화된 유적에 초점을 맞춤으로써 텔레비전은 시청자들의 관심을 그 도시의 오래된 전통에 대한 관심으로 끌고 간다. 기이한 건축물, 무덤, 사원, 탑 등이 그것이다. 또 다른 인기 메뉴는 시장이다. 우리는, 요리를 잘한다고 소문난 음식점들이 화면을 가득 채운 장면을 일상적으로 목격한다. 군침이 돌도록 만드는 식탁, 음식의 가공과정, 심지어 주방장의 특기까지. 이렇게 텔레비전은 볼거리, 먹을거리,

장 베로, 〈파리의 생드니 거리〉, 1875~1890

놀거리 등을 소개함으로써 감각을 자극하는 방향에서, 즉 사람들의 소비행위를 부추키는 방향에서 도시를 소개한다. 이런 의미에서 도시를 바라보는 텔레비전의 시각은 소비주의적인 관광산업의 신경기관이라고 할 수 있고, 도시소개는 그 산업을 위한 홍보활동이라고 볼 수 있다.

이 소비주의적 시각은 도시에 대한 생산주의적 시각을 보완하며 그것과 연결된다. 생산주의적 시각은 정치가들, 행정가들, 기술관료들, 기업가들에 의해 확산된다. 이들은 공단, 시장, 무역, 기술, 일자리, 한마디로, 도시의 생산성에 시민들의 관심을 집중시키면서, 도시를 가치생산공장으로 편성하는 것에 혈안이 된다. 인지자본주의로의 이행 이후에 이들은, 도시 주민들의 감정, 감각, 생각 등의 인지활동을 통제하는 일에 관심을 갖기 시작했으며, 최근에는 메트로폴리스의 부동산에 큰 관심을 갖는다. 시민들의 인지적 협력에 의해 형성되는 **공통적인 것**을 가치화함으로써 지대차액을 획득할 수 있기 때문이다. 이러한 사정은 도시 재개발을 사회적 쟁점으로 만들어 낸다.

도시에 대한 이들 소비주의적 관점과 생산주의적 관점은 자본의 가치축적 전략에 의해 규정된다. 도시개발을 통해 더 많은 가치를 **생산**하고 소비를 통해 이 가치가 적극적으로 **실현**될 수 있게 하는 것이 이 관점에 스며들어 있는 경제적 동기이다. 그런데 이것은 도시에 대한 정치적 접근 없이는 성공하기 어렵다. 자본은 도시의 이 가치축적 회로를 내외의 적으로부터 방어해야 하고, 나아가, 주어진 경계 너머로까지 그 회로를 확장하기 위해 투쟁하지 않을 수 없기 때문이다. 발터 벤야민은 『아케이드 프로젝트』의 「오스만식 도시 개조, 바리케이드전」에서 프랑스 파리를 이 관점에서 조망한다. 그에 따르면, 보나파르트는 파리 건설의 목표를 파리에 '부르주아적 질서'를 확립하는 것에 두었다. 피(경찰), 술수(패션), 마술(화려함) 등이 이 목적을 달성할 수단으로 배치된다. 도로망은 내전에서 권력을 방어하고 대중을 진압하기에 유리하도록 설계되었으며, 심지어 개개의 가옥도 '인간을 효과적으로 감금하기 위한 정리함'으로서, 감옥의 원리에 따라 설계되었다. 이러한 것을 우리는 도시에 대한 정치주의적 관점이라고 부를 수 있을 것이다.

그러나 도시는 생산, 소비, 정치를 장으로 하는 가치축적의 공간인 것만은 아니다. 자본이 가치를 생산하고 추출하여 축적하고, 그것을 방어하고 확장하는 데 전력을 기울이는 상황에서도, 사람들은 가치화 과정에 저항하면서 더 나은 삶을 추구하며 더 큰 행복을

실현하기 위해 노력하고
집단적으로 투쟁한다.
사부 코소는 『뉴욕열전』
[1]에서 뉴욕을 사례로 삼
아, 민중의 운동이 전개
되고 권력의 기획과 충
돌하고 실현되고 좌초되
고 그러면서 도시에 흔

이와사부로 코소 (Sabu Kohso, 1955~)

적을 남기는 과정을 묘사한다. 이를 위해 그는, 들뢰즈와 가타리의
블럭block 개념을 동원하여, 운동하는 군집신체, 즉 치마타[2]가 퀴어
스페이스, 아나키스트 예술운동, 생디칼리즘, 브롱크스 문화혁명
등의 모습으로 뉴욕을 구성해 가는 역동적 과정에 서술의 초점을
맞춘다.

이런 의미에서 도시는 결코 일방적인 권력흐름의 공간이 아니며
권력과 **삶**이 서로 충돌하는 장이다. 권력의 전횡의지는 사람들의 도
전에 의해 곳곳에서 좌절되고 붕괴되고 굴절되며, 사람들의 행복
추구도 도처에서 권력에 의해 침식당하고 흡수당한다. 이렇게 도시
는, 무수하게 다양한 사람들의 삶의 터전이자, 그 삶의 노력이 가치
회로 속으로 빨려 들며 축적의 동력으로 장착되는 **역설**의 공간이
다. 즉 도시는 삶을 치안하는 것으로서의 **삶권력**과, 권력을 해체하
여 삶의 과정 속으로 재환수하려는 운동으로서의 **삶정치**가 갈등하
는 이중적이고 갈등적인 장이다.

인지자본주의에서 도시의 변형

상업자본주의에서 도시는 거래 중심지였다. 베네치아, 나폴리 등의 근대 도시는, 무역 중심지로서, 해외무역에서 얻어지는 잉여를 기초로 발전했다. 산업자본주의에서 도시는 생산 거점을 중심으로 발전했다. 농촌에서 유리되어 도시 근교에 집적되는 프롤레타리아트와 그들의 잉여노동이 산업도시 발전의 기반이었다. 인지자본주의로의 이행은 이러한 풍경을 크게 변화시킨다. 무역과 생산이 근교화되며 인지자본주의적 메트로폴리스는 정보와 소통을 중심으로 발전한다. 상업자본이나 산업자본에서 금융자본으로의 이행은 도시의 이러한 소통중심적 발전에 상응하는 자본형태의 변화이다. 금융자본이야말로 사람들 사이의 소통을 가치화할 수 있는 가장 적절한 형태이기 때문이다. 인지자본주의적 메트로폴리스는 근교의 무역중심지를 통해 해외와 연결되고 근교의 생산중심지를 통해 노동자와 농민을 착취하면서 메트로폴리스 주민들의 인지적 활동을 포획하고 수탈하는 거대공장이 된다. 메트로폴리스는, 자본의 축적욕망과 지배욕망을 충족시키는 위계적이고 인공적인 인지공장으로서, 다중들의 생산적 교류와 인지적 소통을 가치축적망 속에 가두는 장치이다.

사람들의 욕망, 생각, 감정, 소통, 안전 등을 가치화하기 위해 메트로폴리스는 인지적 설계구조를 갖춘다. 건축물은 인공지능기계로 설계되며 환경 역시 욕망, 생각, 감정의 소통에 적절하도록 설계된다. 이를 실현할 최적의 주체들로 호출되는 것이 예술가들이다. 개발 가능성이 높은 서울의 여기저기에 아트센터들이나 디자인센터들이 만들어지고, 관광의 관점에서 재설계되는 강릉에 예술인단지가 배치되고, 경기도나 제주도를 비롯한 여러 지역에 이와 유사한 예술단지들이나 예술인마을이 만들어지는 것은, 현대 메트로폴리스의 발전이 예술가들의 예술행위와 인지노동에 의존하고 있음을 징후적으로 보여 준다. 환경을 문화적이고 환경친화적인 관점에서 재조직하는 예술가들의 인지노동이야말로 해당 지역을 인지계발을 위한 자극지대로 만들며 사람들의 왕래빈도와 소통빈도를 높이는 힘이다. 자본의 입장에서 이것은, 해당 지역의 지대를 높이는, 이른바 **외부효과**를 발휘한다. 이 외부효과는 예술가에게는 의도 밖의 것일 수 있겠지만, 자본가나 행정가에게는 고도로 계획되고 의도된 효과이다. 이 외부효과에 의해 지대가 상승하면 지대 지불능력이 약한 예술가들은 더 이상 그곳에서 활동할 수 없게 되고 다른 활동장소를 찾아 떠나야 한다. 지대가 오른 그곳은 중산층에 속하는 사람들의 주거지로 점령된다. 이 일련의 흐름은 이제 지대격차를 노리는 부동산개발, 즉 젠트리피케이션의 공식이 되었다.

메트로폴리스는 생각, 감정, 욕망의 소통을 장려하고 육성한다. 하지만 자본은, 그 과정이 축적을 위한 가치회로를 깨뜨리지 않도록 안전하게 설계되도록 만드는 데에 주의를 기울인다. 다중의 소통과정을 기술적으로 조직된 감시망 하에 두기 위한 세밀한 조치들은 이런 목적에 봉사한다. 거대 정보기관과 정보기업에 의해 일상화된 이메일 감시, 도시의 지하철, 건물, 학교, 아파트 곳곳에 설치된 카메라들, 우주에서 일상적으로 지구를 감시하는 눈인 인공

위성 등이 이것을 위해 사용된다. 자본은 이 장치들을 개발하기 위해 과학기술자를 사용하는데, 이 과정에서 과학기술자들은 자본의 안보와 통치를 위한 지성적 무기로 기능한다.

이것만이 아니다. 법학자, 법조인 등의 법률가들이 인지화된 메트로폴리스 공장을 지키는 파수꾼으로 배치된다. 특히 지적재산권을 지키고 또 확장하는 것은 이들의 중요한 임무이다. 검사와 판사들은 지적재산권을 둘러싼 자본의 권리를 지키기 위해 총력전을 벌인다. 특허전문 변호사들은 임의로 가정된 지적재산권 위반을 마치 사실처럼 가정하면서 소기업들이나 시민들을 협박하며, 이로써 컴퓨터 프로그램 같은 인지상품들의 판촉활동을 벌인다. 인지활동에 대한 이러한 치안, 통제, 접근제한 및 그것의 상품화를 위해 지적재산권 위반(혐의)자에 대한 조사, 연행 등이 필요하면 경찰이 동원된다. 이런 과정을 통해 지적재산권은 우리 삶을 지뢰밭처럼 불안한 것으로 만든다.

이 때문에 메트로폴리스는, 노동의 예술화를 촉진하고 심지어 예술가들을 동원하여 인지적 문화활동을 활성화할 뿐만 아니라, 다른 한편에서는 그것이 잉여가치를 안겨 주는 가치회로를 따라 흐르도록 만들기 위해 감시와 협박과 폭력이 자유로운 예술활동을 제약하는 공간, 즉 모순적이고 이중적인 공간으로 조형된다. 전 세계의 도시정치가 창의도시 건설이라는 이름 하에서 전개되곤 하지만, 창의도시는 창의성의 활성화를 축적과 사적 소유의 목적에 종속시킨다. 지성과 문화를 재산화하고 예술을 축적도구화하는 것이 이른바 창의도시의 구조이자 메커니즘인 것이다.

주지하다시피, 이 구조는 지정학적 분단을 부산물로 낳는다. 재개발을 통해 고급주택화된 지역과 그곳에서 쫓겨난 사람들이 임시로 주거하는 슬럼지구(이른바 '13구역') 사이의 분단, 임대인과 세입자의 분단은 대표적인 것이다. 이러한 사태의 가장 큰 희생자는 청년 세대이다. 이른바 '88세대'는 치솟은 임대료로 고통받는 '렌트세대'로 되고 있다. 이들 중의 큰 부분은 실업자인데, 취업을 한 경우라 해도 재학 시기에 빌린 학자금을 갚는 데, 그리고 천정부지로 치솟은 월세를 감당하는 데 수입의 상당 부분을 빼앗긴다. 더 낮은 임대료를 위해 21세기형 '닭장집'을 찾으면서 전전하지 않을 수 없는 것이 이 세대이다. 그래서 메트로폴리스는 수탈하는 자와 수탈당하는 자로, 채권자와 채무자로, 금융귀족과 신용불량자로, 한마디로 말해 채무노예와 노예소유주로 양극화된다.

개혁, 탈주, 혁명 : 운동하는 도시의 이미지

양극화는 번화한 도시의 표면 속에 살벌한 갈등과 전쟁의 풍경을 함축한다. 그러므로 도시의 풍경을 바꾸는 것은 우리 시대의 중요한 과제 중의 하나다. 여기서 풍경은 단순히, 눈에 스쳐지나가는 볼거리들의 집합체를 지칭하는 것이 아니다. 그것은 도시의 가능성의 총체를 지칭한다. 물리적 공간구축은 사람들의 사회적 관계와 윤리적 관계에 의존한다. 이러한 관점에서 공간문제를 파악하면 도시정치의 관건은 삶형태, 삶양식의 혁신에 있다는 생각에 도달할 수 있다.

잠시 서울을 사례로 삶형태의 혁신 가능성에 대해 생각해 보자. 이른바 '창의도시'의 오세훈에서 '복지도시'의 박원순으로 시장이 바뀐 후 서울시의 풍경, 그 가능성의 공간이 바뀔 수 있을까? 취임 후 박원순은 이미 초등학교 전면 무상급식을 개시했고, 서울시립대에 반값 등록금이 가능하도록 조치했으며, 서울시 도로에 대한 방사능오염조사와 주민들에 대한 방사능역학조사를 지시했고, 비-인간으로 간주되곤 했던 노숙인의 죽음을 서울시민의 죽음으로 받아들이며 애도를 표했다. 서울을 다국적 기업들의 볼모로 만들 수 있는 현재의 한미FTA 협정문, 특히 ISD 조항에 대해서도 반대 의견을 피력했다. 이러한 것들은 도시의 풍경을 바꾸어 나감에 있어 하나의 출발점이라고 할 수 있다. 어쩌면 이것은 선거가 도시의 풍경을 바꿀 수 있음을 보여 주는 한 사례로 간주될 수도 있을 것이다. 그러나 선거를 통해서는 도시가 형성되어 있는 구조 그 자체를 바꿀 수는 없고, 그런 한에서 그 구조를 뒷받침하고 있는 도시의 속살을 바꾸어낼 수는 없다. 노숙자를 애도하는 것을 넘어 노숙자의 발생을 저지하는 것, 급식을 무상화하거나 등록금을 인하하는 문제를 넘어 집단적 경쟁 시스템으로서의 학교라는 제도 자체를 넘어서는 것, 농촌에 대한 수탈과 다중의 소통에 대한 착취 위에서 번성하는 도시기계를 혁파하는 것 등의 문제는, 선거를 통한 지도자 선출이라는 대의적 방법으로 해결할 수 있는 것이 아니다.

어쩌면 바로 이것들의 불가능성이 탈도시 이주 현상의 배경일지 모른다. 적지 않은 청장년 세대들이 도시를 떠나 농촌으로 이주

2011년 2월 9일 이집트 카이로의 타흐리르 광장. 100만 명이 넘는 시민들이 무바라크 정권의 퇴진을 요구하며 광장에 모였다.

한다. 농촌으로의 이주는 도시에서는 불가능한 생존문제의 해결 수단일 수도 있고, 좀더 적극적인 삶형식의 창안을 위한 방안일 수도 있다. 주목을 요하는 것은, 탈도시적 움직임이 좀더 적극적인 삶형식의 창안을 통해 현행의 도시 공간에서는 불가능한 행복의 가능성을 실현하고, 이 과정에서 생존문제까지 해결하는 경우일 것이다. 이러한 적극적 움직임은 새로운 도시를 건설하는 상상력과 동력으로 기능할 수 있을 것이기 때문이다. 억압적이고 착취적인 메트로폴리스로부터의 탈주가 집합적으로 이루어질 수 있다면, 그 탈주는 단순한 탈주에 머물지 않고 대안적인 협동조합, 코뮌 등을 건설하는 것으로 될 수 있을 것이다. 오늘날 마을만들기 운동 속에는 어쩌면 이러한 가능성이 내장되어 있다고도 할 수 있다.

선거를 통해 도시의 권력구조를 개혁함으로써 도시의 표면을 고치는 선택, 도시로부터 벗어나 새로운 도시를 창안하는 선택 외에 도시를 혁명하는 선택이 가능하다. 2008년 서울에서 발생하여 전국으로 퍼져갔던 메트로폴리스 촛불봉기, 2011년 이집트의 타흐리르 광장 점거, 월스트리트 자유광장 점거 등의 사례는, 도시 주민들이 도시 건물과 공간을 용도변경하는 방식으로 도시를 재건축하는 사건들이다. 촛불봉기 과정에서 메트로폴리스 서울은 촛불을 든 시민들로 수놓아져, 서울의 새로운 가능성을 사유하도록 만들었다. 청년을 비롯한 투사들이 집결하여 텐트촌을 건설함으로써, 타흐리르 광장은 의료, 식료, 주거가 제공되는 거처이자 군부독재에 대항하는 투쟁공간으로 바뀌었다. 미국의 자유광장에 들어선 텐트촌은 새로운 삶을 실험하는 공동체적 마을로 바뀌었다. 이런 혁명적 행동양식들이, 현존하는 질서가 부과하는 권력체계를 거부하면서 점거를 통해 전혀 새로운 권력공간을 창출할 수 있는 가능성을 보여 준다는 것은 분명하다.

도시의 풍경을 바꾸어 나감에 있어 선거, 탈주, 혁명이라는 이 세 길 중의 어느 하나를 선택하고 그것에 집중해야 할 필요는 없다. 모든 가능한 방법을 실험하고 실천하는 것이 필요하다. 풍경의 변화는 끊임없는 과정이기 때문이며, 그 과정에 주어진 모든 가능성을 실현하는 것은 다시 더 큰 가능성 있는 변화를 도입할 것이기 때문이다. 이 가능성 확장의 실험과정에서야말로, 예술가, 과학자, 기술자 등은 자본에 의한 젠트리피케이션의 첨병으로 사용되어온 지금까지의 경험과는 전혀 다른 경험, 전혀 다른 역할을 발견할 수 있을 것이다.

네그리의 예술진화론과
삶정치적 다중예술론

네그리의 예술진화론

안또니오 네그리는, 관계미학이 사유하는 문제들을 다중 주체성의 등장과 명확하게 연결 지으면서 예술의 변형과 진화를 탐구해온 대표적인 인물이다. 발터 벤야민이, 예술작품을 가까이 두고자 하는 대중의 출현과 그들의 욕망을 기반으로 새로운 예술의 등장과 예술의 기능변화를 설명하는 것과 유사하게, 안또니오 네그리는 계급구성의 변화와 다중이라는 새로운 주체성의 대두를 기반으로 예술의 진화를 설명한다. 네그리는 "예술시장의 피상성과 일관성의 결여, 다시 말해서 사실상 자본순환과 연관된 예술현상을 감안한다 해도, 한편으로는 예술활동의 상이한 시대들(소위 예술의 '양식'과 '시학'이라 불리는 것)과, 다른 한편으로는 자본주의 생산 및 노동 조직 형식들 간에 거칠긴 하지만 그래도 분명히 실재하는 상응을 포착할 수 있다"[1]고 보면서 자본주의의 발전과정과 예술양식의 진화과성의 상관관계를 고찰한다.

그에 따르면, 쿠르베에서 세잔느에 이르는 예술적 표현의 **사실주의 시대**는, 공장 노동자의 노동이 물질적인 측면에서 거칠고도 강력하게 대중화되고, 사실의 자연화와 주체의 구조적 물질성이 출현하며, 노동력 착취가 산업 및 도시에 집중되는 최초의 시기인 1848년에서 1870년까지의 시기와 일치하며, 주체성의 측면에서는 **전문노동자의 형성기**와 일치한다. 1871년에서 1914년 사이의 **인상주의 시대**는, 자본에 의한 노동분업의 심화와, 생산의 자주관리라는 전문노동자의 전복적 계획이 갈등하는 시기와 일치한다. 인상주의는, 세계의 해체와 재구축의 가능성을 제시함으로써, 전문노동자의 감각에 입각한 역사의 예술적 변형의 첫 단계의 슬로건을 표현한다.(202)

이렇게 사실주의와 인상주의 시기에 예술양식의 진화가 전문노동자 주체성의 형성과 발전에 의해 규정되었다면 이제 **대중노동자 주체성**의 형성과 발전이 예술양식을 규제하는 새로운 시기가 도래한다. 이 시기의 첫 국면은 1917년과 1929년 사이다. 이 시기에 발전한 **표현주의**는, 예술 속에 추상화가 강력하게 도입되는 시기에 발생했다. 그것은 자본과 노동 사이에 **추상**을 둘러싼 갈등이 증폭되는 시기에 해당한다. 자본이 가하는 추상화는, 생산의 기계화에 의해 노동자들의 솜씨, 즉 전문성을 흡수하는 것으로 노동자들을 대중화하는 것이다. 이것은, 과학기술의 도입을 통해 노동과정을 추상화함으로써, 전문 노동자들이 생산과정에서 행사하던 권력을 해체하고, 복지를 통해 노동자들이 따를 소비규범을 확립하는 것 등을 포함한다. 이 시기에 노동의 추상화를 기획하고 실행하는 자본의 새로운 정치로서 발전한 것이, 다름

안또니오 네그리 (Antonio Negri, 1933~)

아닌 노동(자)의 정치로 역사무대에 등장했던, 사회주의와 사회민주주의였다. 하지만 노동은 이 추상화 과정의 희생자이기만 한 것은 아니었다. 노동은, 자본이 추진하는 이 추상의 정치 속에서 노동의 추상 가능성뿐만 아니라 대안적 상상의 물질적 기초를 발견한다. 예술적 생산이 **추상적 형식**을 채택한 것은 바로 이런 기반 위에서다. 요컨대 예술은, 노동의 추상화를 앞서 체험하면서 착취의 실제적이고 현재적인 여러 결정에 이의를 제기한다. 노동의 추상화를 전복시키기 위해 그 추상화를 재전유하여 극단화시키는 것이 그것이다. 추상화는 구상적인 것을 파괴하고 재구축한다. 이 과정에서 예술적 생산은 진정한 혁명의 열정을 체험하며 서사적인 분노 속에 표현되어 있는 건설적인 미학을 갈망하게 된다.(203)

네그리는 대중노동자와 예술양식의 진화가 상응하는 시기의 둘째 국면을 1929년부터 1968년 사이로 설정한다. 이 시기에는, 추상과 생산의 만남을 통해 현재의 생산양식의 추상화와 다른 세계들의 가능한 표상의 교착이 일어나도록 한 대중예술가들, 예컨대

파울 클레, 〈코메디〉, 1921

피카소, 클레, 뒤샹, 말레비치, 보이스, 폰타나, 라우센버그, 크리스토 등의 예술이 지배하게 된다. 이들의 예술에서는 이미지의 추상화, 점차적으로 다양한 재료의 활용, 예술행위의 단순화, 현실의 기하학적인 구조상실이 나타난다. 네그리는 이 추상화가 자본의 필요의 투영이기도 하지만 다른 한편에서는 자본이 우리에게 부과하는 물신화된 운명을 탈신비화할 수 있는 **새로운 주체성의 잠재력**을 드러내는 것으로 이해한다. 네그리의 관점에서 보면, 벤야민의 **대중** 개념은 정확히 이것에 붙여진 이름이다.

근대 예술사의 세 번째 시기는 1968년을 통해 열린다. 이 시기는 대중노동자의 해체와 더불어 **사회적 노동자**가 구성되는 시기이다. 이때에 노동은 **비물질화**하고 **인지화**된다.[2] 주목해야 할 것은, 네그리가 비물질화를 추상화와는 전혀 다른 의미로, 추상화를 대체하면서 오히려 구체적인 것과 물질에 진정으로 몰두하는 노동의 대두로 이해한다는 것이다.(207) 비물질화는 "거리를 갖고 보기나 영성이 아니라 신체 속으로 침잠하기, 다시 말해서 육신의 표현 속에 침잠하기"(207)라고 네그리는 말한다. 비물질노동이 구축하는 것은 소통의 물질적 생산물이다. 비물질노동은 언어적, 협력적, 전자적, 정보처리적인 망들을 통해 조직되는데, 이 망들은 모두가 극도로 물질적인 것들이다. 그가 말하는 비물질성은 "여러 유형의 다중적인 연합과 운동을 통해 부여되는"(207) 것으로, "육신들로 가득차고 유동적이며 유연한 육신, 요컨대 신체의 총체로 충만한 비물질성"(208)이다. 물질-다중의 표현인 이러한 의미의 비물질화 과정은, 벤야민이 예상했던 예술의 정치화를 새로운 수준에서 전개한다. 비물질적인 노동과 예술의 발전이, "사회적인 소통을 구상하고 그것의 유동적인 형상을 파악"(208)하려고 "삶의 형식들을 생산하는 격렬하고도 카오스적인 세계 속에의 침잠을 수반"(208)하면서, "신체와 운동을 다른 방식으로 생산"(208)하고 있기 때문이다. 예술이 새로운 삶의 형식을 생산하는 과정으로 나타난다는 점에 주목하면서, 네그리는 그것을 '삶정치적인 예술'이라고 부른다.

이렇게 근대 예술사를 세 단계로 나누어 서술하면서, 네그리는 예술활동을 특수한 생산양식 내에 위치 짓는다. 그리고 그는, 이와 반대로, 예술활동이 그 생산양식을 재생산한다는 점도 강조한다. 다시 말해 "예술활동이 생산양식을 생산하고 그것에 이의를 제기하며, 그것을 받아들이고 또 그것을 파괴한다"(209)는 사실을 강조한다. 네그리는, 예술작품이 상품이 되었다는 사실을 주목하면서도, 그것이 상품이면서 동시에 다중의 활동의 표현이라는 점을 강조하는 것을 잊지 않는다.

예술을 삶과 그 주체성의 항구적인 생산과 재생산의 과정 속에서 사유함으로써, 네그리는 예술종말론과는 먼 거리에 자리 잡는다. 예술의 종말이라는 관념이 설명력을 가지면서 어떤 것을 표상하는 것이 있나면 그것은, 낡은 예술양식과 그것의 기능이 새로운 주체성의 구성을 낳는 생산양식의 변화에 의해 타당성을 잃고 소멸한다는 사실뿐이다. 그러나 그것은 예술의 종말이 결코 아니다. 낡은 예술양식의 소멸을 가져오는 새로운 주체성의 대두가 오히려, 예술의 재구성, 예술의 도약과 진화의 힘과 계기를 구성하기 때문이다. 많은 사람들이 **예술의 종말사**로 해석한 자본주의의 발전과정 속에서 네그리는, 벤야민, 가타리 등과 마찬가지로, 추상화에서 비물질화로 이행하면서 구체적인 것과 물질적인 것에 대한 유동적인 태도를 산출하는 **예술의 진화사**를 읽어 낸다. 그래서 그는, 노동이 생산양식들의 변화를 통해 더 인지적으로 되어 가는 만큼, 사회가 예술적 노동을 더 필요로 하고 또 그것을 이용하게 되리라고 전망하는 것이다. 이런 전망 하에서 그는, 예술적 생산에서 행위를 하는 자와 이 행위를 받는 자의 관계는 더욱 밀접해지고, 그 과정에서 행위자들의 **존재론적 변형**이 발생하게 된다고 주장한다.(212)

이것은 비물질화하는 노동에서도 동일하게 일어나고 있는 것이다. 그 결과 예술과 노동 사이의 경계는 허물어지고 양자는 서로 중첩된다. 이 중첩을 통해 **대중노동자**에서 **노동자다중**으로의 이행이 일어난다. 이 이행을 통해 생성되는 다중에게는 커다란 예술적 잠재력이 생장하고 있다.

다중은 자기 자신 안에, 언어로부터 산출된 생산물뿐만 아니라 사회관계나 생산으로부터 산출된 생산물 모두를 **아름답게** 만들 수 있는 능력을 갖추고 있습니다. 그리고 이 모든 것은 포괄적인 아름다움의 수준에 이르기까지 다중을 성숙시켜야만 합니다. 이것은 많은 사람들이 과거에 투영해서 살려낸 신화입니다 — 예컨대 헤겔은 이것을 그리스 문명과 동일시했었지요. 하지만 우리에게 이 신화는 반대로 미래입니다. 요컨대 우리는 이를 주체성의 가장 근본적인 혼성화, 그리고 다중의 공통되기와 동일시하고 있는 것입니다. 바로 이곳이 세계의 살이 신체로 변형되고 **생성**이 아름다움으로 변할 수 있는 지점입니다. **지금으로서 유효한 유일한 예술적 가치는 다중의 이 생성을 선취하는 것뿐입니다.**(198, 강조는 인용자)

다중의 생성을 선취하는 예술은, 그 자체가 다중의 공통되기의 일환으로서 그 자체로 다중일 것이며, 이러한 예술적 과정을 통해 특이화하고 공통화하는 **다중**이야말로 가장 위대한 **예술작품**일 것이다. 네그리에게서 **예술가–다중**은 이런 방식으로, 다중의 예술을 창조하면서 다중이 예술이고 예술이 다중인 역사적 동어반복의 상황을 실천적으로 창출하는 주체성으로 설정된다.

삶정치적 예술론과 미술관으로서의 메트로폴리스

19세기 말 비엔나 학파의 일원이었던 오스트리아 빈의 예술사가 알로이스 리글은, 후기 로마 시대 예술사를 연구하면서, 새로운 예술이 기존의 예술양식에 반란을 일으켜서 세계를 바라보고 경험하는 새로운 방식을 어떻게 확립하는지를 분석했다. 이 시대에 일어난 조형예술의 변형과 발전 속에서 그는, 모든 특이한 예술적 표현들을 연결하여 일관된 제도적 발전으로 만들고 연속성과 혁신을 동시에 창출해 내는 하나의 예술적 욕망을 찾아낸 후, 이것을 예술의지Kunstwollen라고 불렀다. 안또니오 네그리는, 이 예술의지가 후기 로마에 국한된 것이 아니라 역사의 모든 시기를 가로지르고 있다고 본다. 그래서 그는, 바로 이 예술의지가 기존의 형식들을 초과하는 다양한 예술적 시도들을 일관되고 지속적인 기획으로 조직하면서, 그때그때의 예술사적 문턱과 경계를 넘어서, 새로운 예술활동의 양식을 창출하는 구성적 힘이라고 주장한다. 이러한 예술의지는 예술생산 속에서 주체의 취향들과 욕구들을 동원하고, 여기에 당대에 주어진 재료들과 기술들을 결합함으로써, 산업에 생기를 불어넣을 뿐만 아니라 새로운 생명존재를 형성하는 힘으로 작용한다. 이 과정에서 기술적 수단과 인지적인 것이 결합하여 주체와 객체의 생산적 혼종을 가져오게 되는데, 네그리는 이것을 인지화된 노동에 기초한 **삶정치적 노동**의 다원결정의 과정과 다르지 않은 것으로 해석한다. 이 과정 속에서 노동과 예술은, 그리고 그것들의 주체와 객체는, 마치 에셔M. C. Escher의 손처럼, 외부를 찾아볼 수 없는 생산작용 속에서 서로를 참조한다.

그러므로 노동의 진화와 예술의지의 진화는 긴밀한 상호연관 속에 놓이지 않을 수 없고 예술활동은 특수한 생산양식 내에 위치하며 그 생산양식을 재생산하거나 해체한다. 바로 앞의 절에서 살펴본 것처럼, 실제로 네그리는 이 관점을 근대의 예술사에 적용하여, 예술양식 및 예술활동의 상이한 시대들과 자본주의적 생산 및 노동조직 형식들의 이행 사이에 분명한 상응관계를 정식화한다. 앞서 예술진화론적 관점에서 이미 서술한 바이지만 여기서 그것을 간단히 요약하는 한

알로이스 리글
(Alois Riegl, 1858~1905)

편, 삶정치적 관점에서 필요한 예술사회사적 측면을 보충해 보자.

첫째로 밀레에서 쿠르베에 이르는 예술표현상의 **사실주의**. 1848년에서 1870년 사이, 그러니까 노동력에 대한 착취가 산업 및 도시에 집중되는 이 시기에 매뉴팩처와 공장을 중심으로 형성된 전문(숙련)노동자 주체성에 상응하는 예술양식. 이 양식은 낭만주의에 반대하면서 대상을 있는 그대로 충실하게 **재현**하는 것을 지향했다. 1871년에서 1914년 사이. 이 때에는 이 전문노동자 주체성이 생산에 대한 노동자 자주관리라는 전복적 계획을 발전시킨다. 핵심적 생산수단을 재전유하여 그것을 스스로 경영함으로써 자본주의 세계를 해체하고 새로운 세계를 건설할 수 있다고 본 것이다. 이 시기는 사실주의처럼 도시나 농촌의 일상생활을 대상으로 하되 대상을 그대로 재현하는 것이 아니라 빛과 색, 대상과 면의 재구성을 통해 세계의 지각적 **해체**와 **재구축**을 실험한 창작경향을 발전시킨다.

귀스타브 쿠르베, 〈돌 깨는 사람들〉, 1849~50

이것이 두 번째의 근대적 예술양식, 즉 모네에서부터 고갱, 고흐, 세
잔느에 이르는 인상주의이다.

　둘째로, 전복적 자주관리를 추구하는 전문 노동자 집단의 저항
과 혁명(그 대표적인 사례가 1917년 혁명이다)에 대한 자본 측의 반
동은 복지를 통해 노동자의 소비에 대한 새로운 규범을 설정하는
것으로, 과학기술을 생산에 응용하는 기계화로, 그리고 노동의 단
순화와 **추상화**를 통해 신체적 전문성과 숙련성을 해체하는 것으로
나타났다. 이것이 포드주의 생산체제와 케인즈주의 관리체제로의
이행이다. 그러나 이것은 노동계급에게 오히려 대안적 상상의 물질
적 경험을 제공하는 것으로 작용한다. 인상주의를 뒤따르는 예술
양식인 **표현주의**가 이에 조응하는 것인데, 1917년에서 1929년 사이
에 전개된 이 예술양식은 노동의 추상화를 전복시키기 위해 그 추
상화를 예술적으로 재전유하고 또 극단화하는 방식으로 혁명의 열

정을 표현했다. 샤갈에서 뭉크에 이르는 표현주의적 추상화는 전통적 원근법을 해체하고, 소재를 본질적으로 축소하며 색채, 구도, 형태를 생략하거나 과장하며 대상의 외관이나 인상의 재현보다 예술가 자신의 내적 흥분이나 해석을 드러내는 방식을 사용했다. 이 것을 네그리는 전문노동자의 **대중노동자**로의 이행 및 대중적 전위의 구축에 조응하는 아방가르드 대중예술가 주체성의 형성으로 이해한다. 이 예술 주체성은 1968년까지 다다이즘, 미래주의, 초현 실주의 등의 방식으로 예술 속에 파괴와 해체, 속도, 철학 등을 도입하는 **추상실험**을 지속했다.

셋째로, 68혁명은, 대중노동자의 노동거부운동과 비보장노동자의 사회적 임금 요구가 엮여 짜이면서 포드주의 생산체제와 케인즈주의 관리체제를 해체시킨 사건이다. 자본은 이것을 새로운 생산력의 대두로 파악하면서 생산을 **공장** 울타리를 넘어 **사회** 전체로 확산시키고 기업조직을 통해 아래로부터의 시장경쟁을 자극하는 방식으로 이 새로운 생산력의 저항적 에너지를 신자유주의화된 자본주의 틀 내부로 흡수했다. 이것은 노동력의 인지화, 비물질화와 **사회적 노동자**로의 이행을 가져왔다. 사회적 노동자는 자신들의 육체, 학교, 연구실, 사무실, 정보통신망 등의 **물질적 장치**들을 통해 정보, 지식, 정동, 소통 같은 **비물질적 생산물**들을, 그리고 삶형식들을 생산한다. 이제 추상화는 소재나 신체들의 축소, 생략, 과장, 왜곡 등을 통해 도달할 **목표**로 되는 것이 아니라 상호작용하는 신체 장치들의 직접적인 **기능**으로 나타난다. 네그리는 노동의 이러한 변화에 조응하면서 그 노동영역 내부에서 비물질적이고 **삶정치적인** 예술활동의 양식이 출현하는 것이라고 본다. 프란시스 베이컨과 워홀의 창작은 이러한 변화의 시작을 알린다. 이들은 사물, 인간, 세계를, 유동하는 흐름의 형상 속에서 파악하면서 새로운 **삶형태들을** 생산하는 격렬한 카오스적 세계 속으로 침잠한다. 상황주의 예술가들과 플럭서스 예술가들은 신체, 운동, 세계를 다른 방식으로 생산하고 발명하려는 예술적 노력을 표현한다. 이들의 생산물이 비록 자본주의적 상품형태로 제시될 때조차도 그것들을 낳는 활동은 생명이라는 숲의 자유로운 새이고 창조적이고 삶정치적인 활동성의 표현이다.

노동과 예술 모두가 이렇게 새로운 삶형태들의 발명을 추구하는 한에서, 양자 사이에 명확한 경계를 긋는 것은 불가능하다. 예술은 이제 **삶정치적 활동 그 자체이다.** 예술활동이 캔버스와 좁은 아틀리에를 벗어나 자연, 타인, 사물들과의 관계의 장을 자신의 작업공간으로 삼게 되는 것은 이 때문이다. 전시공간도 하얀 큐브로서의 미술관을 벗어나 거리, 공원, 시위농성현장 등의 **삶의 공간들로** 확산된다. 이것은 창작과 전시, 예술 생산과 예술 유통 사이의 경계가 희미해지는 현상을 수반한다. 이 과정에서 전문예술가보다도, 사회적 생산 속에서 각자 특이하면서도 다양한 방식으로 협력하는 사회적 **다중이** 새로운 예술적 주체성의 바탕으로 정립되며 전문예술가도 그 주체세계의 일부로 편입된다. 네그리가, 앞의 7장에서 살펴본 상황주의자들의 도시론 및 관계미학의 메트로폴리스론을 삶정치적 예술론의 관점에서 확장하면서, **아틀리에가 아니라 메트로폴리스를** 새로운 예술적 주체성의 작업실로 파악하고, 메트로폴리스를 **사회화된 미술관**으로 보는 것은 이런 관점에서다.

메트로폴리스는 다중들^{multitudes}이 자신의 의식을 바꾸고 자신의 신체를 변형시키면서 **결합된 다중**^{multitude}으로 생성되어 가는 공간이다. 이곳에서 다중들은 자신들의 삶의 조건들을 결정하면서 소통의 네트워크를 구축해 간다. 메트로폴리스는 이런 의미에서 다중들이 생산하는 공통적 공간이다. 그러나 공통적인 것이란, 흔히 생각되듯이 **이로운 것**, 좋은 것만을 의미하는 것이 아니다. 자본주의적 관계하의 메트로폴리스는 오히려 **해로운** 공통적인 것을 더 많이 생산한다. 일반화된 경쟁관계, 개인주의적 사회관습들, 수탈의 제도형태들, 각종의 오염, 교통체증, 고용과 소득의 불안정성과 비참, 우울증을 비롯한 슬픔의 사회심리 등등이 그것이다. 삶정치적 예술은 무엇보다도 메트로폴리스의 이 해로운 삶형태들, 즉 활력을 감소시키는 이 마주침들을 폭로하고 그것에 저항하는 것에서 시작된다. "모든 거리가 우리의 팔레트다"라고 외치며 메트로폴리스 자체를 예술매체로 삼은 **아방가르드** 운동은 이미 이 방향으로의 한 걸음이었다. 여기에 "우리 모두가 조각가다"라는 요셉 보이스의 외침이 결합될 때, 메트로폴리스의 다중들은 단순한 예술소비자가 아니라 예술의 조건이자 주체로 나타난다. 이를 바탕으로 하여 나타난 **도시주의**^{urbanism}는, 도시라는 물리적 신체에 국한되지 않고 주어진 임의의 **경계선을 넘어가는 운동**으로, 하나의 생활양식으로 되면서 노동력의 인지화와 사회화에 조응하는 예술의 가능성을 한 걸음 더 확장시킨다.

네그리는 라틴아메리카를 여러 차례 방문하고서, 21세기 초에 이루어진 라틴아메리카 메트로폴리스들의 변화에서 현대를 움직이는 예술의지의 성격을 확인한다. 모든 것이 점거되어 외관상으로 보면 거칠고 무질서해 보이는 라틴아메리카 도시들의 행렬 속에서 네그리는 수많은 사람들의 자기조직화 운동과 도발적인 상상력을 발견한다. 그가 보기에, 라틴아메리카의 메트로폴리스는, 살인, 범죄, 가난 등 엄청난 비참 속에서도 새로운 음악, 새로운 미술, 새로운 인간관계, 새로운 마을 등의 창조적 제도형태들을 만들어나가는 **열린** 아틀리에이자 **확산된** 전시장이었다. 네그리는 과거 예술의 역사적 발전을 연구하는 것은, **미래**에 무슨 일이 일어날 것인가를 탐구하는 일이라고 말하곤 했다. 이 말을 고려해 보면, 라틴아메리카 메트로폴리스의 건축물들, 인간관계들, 사건들에서 그가 발견하는 것은, 미래도시, 즉 미래의 삶의 잠재적 형상이다. 그곳에서는 사적이지도 않고 비밀스럽지도 않은 방식으로, 매 순간의 삶에 대한 결정의 사건이 전개된다. 여기서는 존재하는 것들에 대한 인상들과 반응들, 그리고 생겨날 것들에 대한 기대들 등이 결합되어 특이한 결정들이 이루어진다. 이곳은, 포드주의적 계획화에 상응했던 르 코르뷔지에의 도시계획이 작용할 수 있는 공간이 아니다. 그것은, 가족제도, 국가제도, 민족제도, 당제도 등, 공통적인 것을 관리해온 모든 전통적 제도형태들이, 심지어 하나의 제도로서의 인간 자체가 위기에 처하고 심지어 해체되어 가는 폐허 위에서, 어떻게 우리가 서로 사랑하고 공통될 수 있는가에 대한 다른 **제도적** 모색이 이루어지는 공간이다. 예술의지가 새로운 예술활동의 양식을 더듬고 있는 이러한 공간이 비단 라틴아메리카만이 아니라는 것은,

북아프리카 튀니지, 이집트, 리비아에서 존엄의 요구로 폭발하여, 지중해 건너 남유럽의 스페인, 포르투칼, 그리스에서 분노의 실질민주주의의 공명파를 불러일으키고, 다시 대서양을 건너 미국의 월스트리트에서 모든 것에 대한 점거라는 자기가치화의 상상력을 고조시켰던 2011년의 전지구적 반란이 보여 주는 바일 것이다. 네그리의 시각에서, 이것들은 미래의 삶, 미래의 시를 가능케 할 구성능력의 출현이자 새로운 예술의지의 현시에 다름 아니다.

들뢰즈의 예술진화론과
이미지장치로서의 예술

해석, 배치, 그리고 이미지장치

질 들뢰즈는, 문학을 예술의 **특권적** 분야로 파악하면서, 문학을 재현 비판과 해석의 가장 적실한 영역으로 설정한 바 있다. 하지만 1970년대에 이루어진 펠릭스 가타리와의 만남과 공동작업은 들뢰즈의 예술관에 커다란 전환을 가져온다. 가타리는 물질적 의식을 **사회적 생산물**로 파악하고 무의식의 충동경제를 개인적이고 가족적인 맥락에서 벗겨내어 **사회장치**에 직접 접속되어 있는 것으로 파악하고 있었다. 이런 관점에서는 문학도 사회와의 관련 속에서만 이해될 수 있기 때문에 특권적 지위를 가질 수 없었다. 단독저서인 『매저키즘』[1](1967)에서부터 펠릭스 가타리와의 공동저작인 『카프카 : 소수문학을 위하여』[2](1975)에 이르기까지 들뢰즈에게서 문학은 여전히 어느 정도 특권적 지위를 차지하지만, 분석의 이론적 쟁점들은 다른 예술적 실천에도 적용될 수 있는 것으로 변형된다. 가타리의 영향 하에서 문학의 암묵적 우선권은 서서히 포기된다. 이러한 전환은 예술 전반에 비인칭적 실험의 기능을 부여하면서 발생한다. 그것은 예술관의 **정치적 전환**이라 할 수 있는 것으로, 모든 형태의 사유를 **실제적 배치**로서 이해하면서 예술가를 풍속의 형성을 통해 **취향의 실제적 변형**을 실행하는 주체로 이해하는 것이다. 배치 개념을 도입함으로써 그의 초기 문학론에서 나타났던 해석 비판은 기호론으로 이행한다.

> 예술은 더 이상 의미작용의 문제가 아닌 **기능**의 문제에 속한다. 해석은 결정적으로 **실험**으로 대체된다. 정동과 힘들의 관계인 **기호가** 기표(언어학적 기표이건 정신분석적 기표이건 간에)를 대체한다.[3]

의미에서 기능으로, 해석에서 실험으로, 기표에서 기호로의 관심이동은 의미^{sens}에서 감각^{sensation}으로의 주제이동과 동시에 이루어진다. 감각에 초점을 맞추는 들뢰즈의 기호론은, 감각적이며 효과생산적이고 탈언어적인 기호들의 체제를 탐구의 중심에 놓으며, 동요, 떨림, 운동을 통해 역량의 변이를 가져오는 작용과 반응의 체제를 탐구하는 데 집중한다. 기호는 "인간의 심리적 특질이나 상상력의 부적합한 외형이 아니라 정동, 곧 조우와 포획의 사건, 관계의 구성, 역량의 변주이다."[4]

운동의 배치와 정동의 떨림으로서의 **기호**는 후기 저작 『시네마

질 들뢰즈 (Gilles Deleuze, 1925~1995)

1：운동–이미지』[5]와 『시네마 2：시간 –이미지』[6]에서는 이미지로 재정의된다. 시몽동의 개체화론(이것임)haecceity과 스피노자의 정동이론을 베르그손의 물질론과 결합시키면서 들뢰즈는 이미지를, "정동을 추출하는 감각적 힘들의 관계"[7]로 정의한다. 『시네마 1：운동–이미지』에서 들뢰즈는, 물리적 현실인 운동과 심리적 현실인 이미지의 대립이라는 전통적 표상에서 벗어나, 예술을 정신적 구상화나 주관적 표상이 아닌 실제적 작용으로 제시한다.[8] 이미지는, 의식의 재현이나 사물의 재현이 아니라, 출현 혹은 실료 그 자체의 층위에서 작용과 반응의 체계로 기능하며 동요, 진동, 운동 그 자체로서 인식의 매개를 거칠 필요가 없이 직접적으로 존재하는 것이다.[9] 들뢰즈는, 이미지가 심리학적 행위나 심리적 표상이 아니라 존재이고 사물이며 머릿속에 존재하는 것이 아니라 힘들의 관계이자 질료의 유동적 떨림으로 존재한다고 보기 시작한다. 그래서 들뢰즈는 "뇌야말로 이미지 중의 하나다"[10]라고 말하기에 이른다. 이미지가 힘들의 관계인 한에서 그것은 고립되어 있지 않고 복수적이다. 그러므로 예술은 그 자체로 이미지들의 다양체이다. 그 다양체가 색, 소리, 선, 문자 등 그 무엇으로 구성되건 그 속에서는 인간인가, 기계인가, 사물인가를 불문하는 존재들이, 매우 이질적이고 다양한 존재들이 서로 얽히면서 꿈틀댄다. 우리의 관점에서 보면 예

술은 바로 이런 의미에서 **다중** 그 자체인 셈이다. 그리고 앞의 8장에서 제시된, '다중이 예술작품 그 자체'라는 우리의 명제도 들뢰즈의 이런 생각과 접속되며 그것에 의해 뒷받침될 수 있다.

이미지 체제에서 주체는, 불필요한 것을 제거(감산)하여 **지각**을 정립하고 그것을 중심으로 세계를 만곡(주름)시키면서 행동으로 반응하기 전에 작용을 굴절시키는 시간적 유예이다. 즉 그것은 작용과 반응 사이의 거리를 벌리고 분리하는 절단, 간극, 유예의 주관적 시간이다. 주체는 내부에서 스스로를 느끼는 이미지[11]로서, 지각-이미지(신체에 의한 감산으로서의 단순화, 선택, 프레임화), 감정-이미지(만곡과 정동의 지대구축), 행동-이미지(반응) 등의 세 가지 커다란 이미지 유형으로 나타난다.[12]

들뢰즈의 이미지-주체는 유기체와는 다른 것이다. 유기체와 기관은, 제한과 경계획정을 함축하는 것으로, 생명의 약동에 대한 결정적 착복행위이고, 생명이 스스로를 한계 짓기 위해 자신에게 대립시킨 것이다. 그것은 잠재적인 것의 개체화와 **분화**différenciation의 결과이다. 이와 달리, **이미지-주체로서의 예술**은, 비유기적 힘을 포획하여 안정된 형태 이전에 존재하는 강도적 과정을 포착하는 것, 즉 **미분화**différentiation이다. 예술이 포획하는 비유기적 힘은, 아직 주어진 하나의 형태로 개체화하지 않은 강렬한 미분적 역량으로서의 신체를 활성화한다.[13] 유기체는 생명을 지속하기 위해 필요하지만 생명을 제한하는 방식으로만 생명을 가능케 한다. 그렇기 때문에 분화된 기관으로 안정화되기 이전의 생명을 포획하는 것이 필요하고, 이 역할이 예술에게 주어지는 것이다. 따라서 예술의 역량은 유기적 형태의 기저에서 비유기적 힘이 솟아오르도록 하는 역행involu-tion의 능동적 능력에 의해 좌우된다.[14] 이 역행의 과정에서 예술은, 형태도 없고 가시적 신체도 아니며 말하는 인칭도 아닌, **특이성들**에 접근해 갈 수 있게 된다.

예술은 주형이 아니라 **변조**이다.[15] 그것은 형태와 질료의 정태적 대립공간에서 작업하는 것이 아니라 에너지 차원, 분자적 차원에서 작업한다. 그것은, 특이성 혹은 이것임의 보유자라 할 운동하는 에너지로서, 물질성의 차원에서 움직이면서, 새로운 재료들로 강렬한 힘들을 포획하여 새로운 공동체를 구축한다.[16] 여기에서 이 특이성들이 우글거리는 잠재성의 세계, 모든 것이 허용되는 광기의 세계야말로, 요컨대 그 다양성 자체야말로 가장 극진한 형태의 협력이 출현하는 세계이며, 네그리라면 공통되기의 세계로 이해할 생산적 세계이다.[17] 기관을 갖춘 것은 모두 제한적이며, 특이하기보다는 특수하다. 특이한 것이야말로 어떤 제한도 없는 공통적인 세계, 생태적으로 사회적으로 정치적으로 공통적인 지평이다. 특이화야말로 공통되기의 진정한 운동이다. 공통되기를 특이화에 대한 제약으로 이해하는 것은 가능하지 않다. 생명 자체는 특이한 것으로서, 특이함의 그 괴물적 힘에 의해 약동을 이루어나간다. 가장 공통적인 것은 가장 특이하며 가장 특이한 것은 가장 공통적인 것이다. 분열증이 공통되기의 가장 극한적인 형태로 되는 것은 이 때문이다. 공통되기는 상상적 유사성이나 구조적 상동성과는 아무런 상관이 없는 특이한 다중들의 공동체를 구축하는 것이며, 생명체는 이 특이화를 통해 생명되기를 지속한다.

이러한 인식전환은 들뢰즈의 사상사에서 '정신분석, 욕망, 성으로부터 삶[생명]으로'라는 주제전환을 가져온다. 무의식이 삶정치적 현상으로 파악되면서, 집단적 권위의 실행에 대한 거부가 과제로 제시되고, 예술은 정치적·사회적·정신요법적 쟁점을 포함하는 장으로 이해된다. 예술가가 **문화의 의사**로 이해되기 시작하는 것은 이런 맥락에서 자연스럽다. 저항과 생성을 통해 생명운동의 지도를 제작하는 것, 즉 글쓰기의 횡단적 실천은 권력을 비판하는 다양체의 실천이론이자 생명운동의 행동학인 **이것임**의 구성이론으로 되며, 그것은 다시 **힘의 포획**으로 나타난다. 그것은 이후에 맑스의 생산관계, 프로이트의 무의식, 푸코의 장치 등을 사회적 생산에서의 실천론적 배치라는 관점에서 통합한, 담론적이자 동시에 비담론적인 **기계**의 개념으로 압축된다.[18] 들뢰즈의 기계는 기계장치나 기술적 기계라기보다 오히려 사회적 기계, 권력장치이다. 그것은 흐름의 편집이고, 다른 기계에 대해 다시 흐름으로서의 가치를 갖는 **장치**이다.[19] 들뢰즈의 기계는 흐름을 절단하여 사회적으로 약호화하는 기능을 통해 개체적이거나 주관적인 것이 아닌 **집단적인 것**이 되는데, 이런 의미에서 기계는 그 자체로 **정치적**이다. 예컨대 소수문학은 매체(랑그), 사회체(수발신자), 생산주체(초월적 주체나 전능한 화자가 아닌 탈인격화하고 비인칭화하는 저자) 등에서 주류규범을 해체하고 변형하며 특이한 변주와 탈주선, 즉 생성을 도입하는 기계이다. 들뢰즈의 기계정치론은 이제 모든 인간주의적 함의를 벗어나면서 자연사물들, 기술기계들, 정신들과 신체들 등이 서로 접속되고 배치되어 생산하는 기계들의 공장을 이루며, 브뤼노 라투르가 말하는 물정치Dingpolitik를 함축하게 된다.[20] 이러한 전환을 통해 비로소 들뢰즈는 예술과 사유에 정치적 차원을 통합할 수 있게 된다. 벤야민이 영화에 대한 분석을 통해 예술과 대중정치를 연결시키고, 네그리(와 랏자라또)가 비물질노동에 대한 분석을 통해 예술을 삶정치와 연결시킨다면, 들뢰즈는 기호분석을 통해 예술을 **정동정치**와 연결시킨다. 여기서 그가 기호를 "실재하는 생명양식의 실험"[21]으로 이해하는 한에서, 기호를 통한 예술적 정동정치라는 그의 정치미학은 8장에서 다룬 네그리의 예술적 삶[생명]정치의 미학과 겹친다고 할 수 있다.

감각의 기념비로서의 예술

들뢰즈의 예술관의 역사적 변화에 대한 이러한 개괄을 바탕으로, 예술에 대한 들뢰즈의 최후의 정리라 할 수 있는 『철학이란 무엇인가』의 2부 7절 '지각, 정동, 개념'을 주의 깊게 살펴보도록 하자.

이 책에서 들뢰즈는 예술작품을, 기념비처럼 홀로 서서 자체 보존되는 감각들의 집적으로, 지각들과 정동들의 복합체로 정의한다.[22] 기념비처럼 홀로 선다는 것은 시간 속에서 오래 지속한다는 의미가 아니다. 그것은, 아무리 짧게 존속한다 할지라도 그 짧은 존속과 더불어 공존하는, **영원함** 속에서 존재한다는 의미이다.[23] 그것은 대상에 대한 지각작용perception들로부터, 그리고 지각하는 주체의 상태로부터 지각percept을 떼어 내는 것이며, **정동작용**affection으로부터 **정동**affect을 단절시키는 것이고, 감각들의 덩어리를, 즉 하나의 순수한 감각존재를 추려내는 것이다.[24] 지각이나 정동으로서의 감각은 대상을 반영하는 **지각작용**이 아니다. 대상과 그 감각 사이에 유사성이 있다면 예술의 고유의 방법이 만들어낸 유사성일 뿐이다.[25] 오히려, 지각들은 자연의 비인간적인 **풍경**이고 정동들은 인간의 비인간적인 **생성**이다.[26]

들뢰즈는 지각작용을 지각으로, 정동작용을 정동으로 고양시키는 데에는 작가의 문장, 음악가의 음계와 박자, 화가의 필치나 색체와 같은 **스타일**이 필요하다고 말한다.[27] 누구의, 어떤 스타일을 의미하는 것일까? 가령 작가가 아닌 다중이 어떤 유형의 창작을 한다고 해서 스타일이 불필요한 것은 아닐 것이다. 다중의 삶활동도 스타일을 만들어 나가지 않을 수 없다. 하지만 여기에서 들뢰즈가 삶형태보다는 완성된 고전적 작품형태, 전통적 작품형태에 훨씬 더 큰 관심을 기울이고 있는 것만은 분명하다. 하지만, 소설가만이 견자이자 **생성되어 가는 자**[28]로서 체험의 지각적 상태들과 감정상의 전이들을 넘어서는 것은 아닐 것이다. 다중도 매 순간 체험을 생성의 장으로 만들지 않으면 안 된다. 다중이야말로 삶과 세계의 견자이며 생성하는 자로서 새로운 정동들의 제시자, 창안자, 창조자로 기능할 수 있고 또 그래야 하는 주체성이다.

그렇다면 전문적 예술가와 다중은 어떤 관계에 있을까? 전문적 예술가들은 다중이 배워야 할 능력을 앞서 보여 주는 자들이면서, 이와 동시에, 다중을 예술적으로 선취하고 이를 통해 다중으로 되어 가는 자들로서 의미를 갖는다. 전문예술가와 다중이라는 이 두

성분의 합류를 통해 형성되는 다중-예술가는 언어를 뒤틀고 진동시키고 품고 쪼개서 지각작용들, 정동작용들, 견해들을 해체시키고 거기에 지각들, 정동들, 감각의 집적들로 구성된 하나의 기념비를 세워 놓는다.[29] 다중의 혁명예술의 역할은 혁명을 성공시키는 것에 있는 것이 아니라, 혁명이 일어난 그 순간에 혁명이 인간들에게 부여한 울림들, 어우러짐, 열림들, 그리고 혁명이 인간들 사이에 세워 놓은 새로운 유대들을 감각의 기념비로 빚어내 그것을 영원한 것으로서 체험하게 하는 데에 있다.[30]

들뢰즈가 말하는 감각의 기념비는 방(살, 형상), 집(몸/신체), 우주(세계)로 구성된다. 살은 형상이며, 집은 윤곽이고, 우주는 아플라aplas이다. 집은 우주적 힘들을 선별하고 여과하며, 살은 몸들로부터 감각이 생성되도록 한다. 지각은 세계를 가득 채우며 우리들을 감동시키고 생성가능하게 해준다. 그것은 감지불가능한 힘들이 감지될 수 있도록 해준다.[31] 예술적 살(형상)은 이제 한 장소나 집의 거주자가 아니라 집(생성)을 떠받치는 우주의 거주자가 된다. 이것은 유한으로부터 무한으로의, 영토로부터 탈영토화로의 이행이다.[32]

이런 관점에서 들뢰즈는, 예술이, 하나의 영토를 떼어내 집을 만드는 동물과 더불어 시작되었을지 모른다고 말한다.[33] 그는 호주의 수림들 속에 서식하는 세노포이에트 딘티로스트리라는 새에 대해 언급하는데, 그 새는 어구들과 색채들, 소리들을 표현적으로 만들면서 자신의 음조들과 다른 새들의 음조로 구성된 노래를 부르는 완벽한 예술가로 서술된다.[34] 동물을 예술가로 이해하는 이 심원한 생각에서 우리는, 다중이 예술가라는 우리의 생각의 든든한 논거를 발견할 수 있다. 이것을 좀더 일반화한다면 우리는, 생명이 그 자체로 예술이며, 생명체는 예술가들이라고 말할 수 있을 것이다. 생명체들은 우주로부터 집을 짓고 방을 만드는 존재들이기 때문이다. 들뢰즈는 이것을 두고, "하나의 집, 자세들, 색채들, 소리들, 이러한 것이 바로 예술을 만들기 위해 요구되는 모든 것들이다. 단 모든 것이 마녀의 빗자루와도 같이 광적인 어떤 벡터를 향해, 우주의 선 혹은 탈영토화의 선을 향해 열리고 도약한다는 조건에서이다"[35]라고 말한다. 그런데 자연도 두 개의 살아 있는 요소들, 즉 집과 우주, 낯익은 것과 낯선 것, 영토와 탈영토화, 유한 구성물과 무한 구도를 조합한다. 처음에 문학의 특권적 지위를 주장했고 이후에도 전통적 작품형태에 초점을 맞추었던 들뢰즈가 이제, "바로 이런 의미에서 **자연은 언제나 예술가**"라고 선언한다.[36] 그는 전통적 예술형태에 집착하는 데에서 시작해서 동물, 자연까지 예술가로 바라보는 관점으로 일관되게 나아왔다. 이러한 관점에서도 집은 예술의 출발점이된다. 건축은, 예술의 으뜸으로서, 우주로 향해 열려지기 위해 영토를 가로지르는 구도이기 때문이다. 집-영토로부터 도시-우주로의 이행이 건축에 의해 가능해진다.[37]

예술가의 행위는 틀로부터 벗어나는 것, 출구를 찾는 것이다. 그것은 **구성의 구도**를 재개하는 것이다. 들뢰즈는 구성이야말로 예술에 대한 유일한 정의라고 말한다. 구성되지 않은 것은 예술작품이 아니라는 것이다.[38] 그렇다면 그가 말하는 구성은 무엇인가? **기술적 구성**이 아니라 **미학적 구성**이 진정한 구성이다. 기술적 구성에서는 감각이 **재료** 안에서 실현된다. 반대로 미학적 구성은 재료를 감각으로 이행시킨다.[39] 예술작품에 고유한 것은 두 번째의 것이다. 예술작품은 기술에 의해, 기술을 위해 만들어지는 것이 아니라 새로운 지각과 정동들을 창조하기 위해 만들어진다.[40] 예술은 **구성된 감각**이다. 예술은 유한을 거쳐 무한을 되찾고 복원시키는 것이다. 이를 위해서 예술은, 카오스와 대적하여 그것으로부터 하나의 구도plan를 끌어내는 철학처럼, 무한을 복원시키는 유한의 구도, 구성의 구도(기념비)를 끌어내야 한다.[41] 무한과 카오스로의 이 침잠을 통해 예술은 철학, 과학과 구분 불가능하게 되며, 다가올 민중, 대중적 민중, 세계적 민중, 두뇌적 민중, 카오스 민중, 즉 **다중**을 카오스로부터 건져 내는 데 성공할 수 있다.[42]

들뢰즈의 영화론과 다중예술의 문제

들뢰즈는, 자연이나 동물이 이미 예술가들임을 시사하면서도 이들을, 혹은 이들의 창조물을 분석의 대상으로 삼지는 않았다. 그의 관심은 초기에는 카프카나 프루스트와 같은 작가들에, 후기에는 프란시스 베이컨 같은 화가나 에이젠슈타인, 프리츠 랑, 오즈 야스지로, 고다르 등과 같은 영화의 대가들에 집중된다. 다중예술에 개념적 문을 열어 놓지만 분석대상으로서는, 게오르크 루카치가 그랬듯이, 위대한 예술가들의 작품들에 초점을 맞추는 것이다. 영화를 다루면서도 그는, "우리가 보기에 영화의 위대한 작가들은 화가

나 건축가, 음악가들뿐만 아니라 사
상가들에 비견될 만하였다. 그들은
개념 대신 운동-이미지와 시간-이
미지를 가지고 사유한다"[43]는 말로
시작한다. 그는, 같은 곳에서, 자신
의 글이 "위대한 영화들의 삽화"가
되기를 바란다고 말하기를 주저하
지 않는다. 그러므로 우리는, 위대한
영화들이 어떻게 영화의 그 위대성
을 실현했는가라는 문제를 살펴봄

프란츠 카프카
(Franz Kafka, 1883~1924)

으로써 다중예술과 영화의 관계 문제를 생각해볼 필요가 있다.

『시네마 1 : 운동-이미지』 1장 '운동에 관한 논제들'에서 들뢰즈
가 도출하는 결론은 주목할 만한 가치가 있다. 자신의 영화론의 서
론이기도 한 그 결론에서 그는, "(1) 즉각적 이미지들, 즉 운동의 부
동적 단면들만 존재하는 것이 아니다. (2) 시간적 지속의 동적 단면
들인 운동-이미지들이 있다. (3) 운동 말고도 그 너머에 시간-이미
지, 지속-이미지, 변화-이미지, 관계-이미지, 부피-이미지 등이 있
다"[44]는 세 가지 핵심논제를 제시한다.

첫 번째 논제는, 운동의 즉각적 이미지, 즉 부동적 단면들만 존
재하는 것이 아니라는 것이다. 영화의 이미지가 얼핏 보면 운동의
부동적 단면들인 즉각적 이미지에 해당하는 것처럼 보이지만[45] 들
뢰즈는 그렇게 보지 않는다. 베르그손은 1907년의 『창조적 진화』에
서 영화 이미지를, 부동의 단면들인 즉각적 단면들에 장치를 통한

추상적 운동/시간을 부가하여 만들어낸 **가짜 운동**이자 **영화적 환영**이라고 비판한 바 있다. 놀랍게도 베르그손은, 영화가 만들어 내는 이 가짜 운동은 고대적 사유나 **자연적 지각**이 행하고 있는 것과 다른 것이 아니라고 말한다. 지각, 지적 활동, 언어는, 지나가는 현실을 동시적인 장면들로 찍어, **지식의 장치**인 내적 영사기의 작동에 의해 그 장면들을 엮어 나가는 것인데, 바로 이것이 영화장치가 수행하는 것과 동일하다고 보았기 때문이다. 『물질과 기억』에서는, **지속**과 관계하는 **직관의 관점**에 서서 **지각**에 대한 비판을 수행한 베르그손이, 『창조적 진화』에서 이 비판을 **영화적 지각**에 대한 비판으로 확장한 것은 자연스러운 것으로 느껴진다.

그런데 당대의 현상학자들은 베르그손과는 달리, 자연적 지각과 영화적 지각이 서로 다르다고 보았다. 들뢰즈는 이 문제에서는 현상학자들의 생각이 베르그손의 생각보다 옳다고 본다. 왜냐하면 들뢰즈는 영화 이미지가, **부동의 단면들**에 추상적 운동을 결합시키는 자연적 지각이나 사진 이미지 혹은 무용의 포즈pose들과는 달리, 즉각적인 운동-이미지를, 즉 동적 단면들을 제시한다고 보기 때문이다. 영화 이미지는 즉각적인 지각 이미지와는 다르고 그것을 초월한다는 것이다.[46] 그런데 들뢰즈는 베르그손이 『창조적 진화』보다 10년 전인 1896년에 쓴 『물질과 기억』에서 운동과 공간을 구분하면서, 운동이 가로지른 공간은 균질적인 공간에 속하지만 운동들은 이질적이고 서로 환원될 수 없다고 말했던 것을 상기한다. 운동은 항상 구체적 지속durée 속에서 이루어지며 개개의 운동은 자신의 고유한 질적 지속을 갖게 된다는 것이다. 이것이 바로 영원함보다 새로움을, 정체성보다 생성을 사유하는 베르그손의 방식이었다. 들뢰즈는 여기에서, 베르그손이 즉각적인 지각 이미지와는 다른, 운동–이미지의 본래적 개념을 이미 제시했고, 영화의 미래 혹은 본질을 예감했다고 본다.

그렇다면 『물질과 기억』과 『창조적 진화』에서 나타나는 베르그손의 관점의 이 간극을 어떻게 이해해야 할까? 들뢰즈는, 베르그손 당시의 영화에서 카메라는 고정되어 있었고 공간적이고 부동적인 플랑plan만이 영화의 상황을 구성했고, 그 때문에 영화가 운동–이미지를 제시하는 것이 어려웠다는 것에, 즉 당대의 기술적이고 역사적인 제한에 주목할 것을 요구한다. 들뢰즈에 따르면, 생명이 진화하는 것처럼 영화도 진화한다. 생명이 처음에는 물질을 모방하도록 강요되기 때문에 그것의 새로움이 초기에는 드러나지 못하고 그 힘의 전개기에 비로소 드러나듯이, 영화의 새로움도 초기에는 드러나지 못하고 편집, 이동카메라, 촬영의 영사에서의 분리 등의 진화 과정을 거쳐서야 비로소 드러나게 된다는 것이다. 발전된 시대의 영화에서 영화 이미지는, 『창조적 진화』에서의 평가와는 달리, 부동의 단면이 아닌 **동적 단면**이 되고, 『물질과 기억』의 첫 장에서 제시된 바와 같은, **지속으로서의 운동–이미지**를 획득한다는 것이 들뢰즈의 결론이다.

이제 들뢰즈는, 베르그손으로부터 두 번째 논제를 추출한다. 지속으로서의 운동–이미지는 운동을 영원한 포즈들이나 부동의 단면들과 같은 특수한 순간들과 연관 짓지 않고 **불특정한**quelconque **순간들**과 연관 지을 때 발생한다는 것이 그것이다. 불특정한 순간이란 다른 순간으로부터 등거리에 있는 순간을 지칭한다. 불특정한 순간으로 구성된 운동에서 운동은, 형식적이고 초월적인 요소인 포즈에 의해서 구성되는 것이 아니라, 물질적이고 내재적인 요소들인 단면을 통해 구성된다. 케플러의 천체물리학(궤도를 주파하는 데 걸리는 시간), 갈릴레이의 근대물리학(어떤 공간에서 물체의 추락 시간), 데카르트의 근대기하학(움직이는 직선 위에 있는 점이 불특정한 순간에 있게 되는 도정상의 위치), 뉴튼과 라이프니츠의 미적분학(무한히 근접하는 단면) 등은 시간을 독립적인 변수로 보고자 하는 열망에 의해 구성되었다.[47] 독특한 것이나 비범한 것은 불특정한 순간들의 형태일 뿐이다. 들뢰즈는 운동이 불특정한 순간들과 연관될 때 그 각 순간들이 새로움의 생산, 비범함과 독특함의 생산으로 나타난다고 말한다. 영화는 불특정한 순간에 의거해서, 다시 말해 연속성의 인상을 부여하기 위해서 선택한 등간격의 순간들에 의거해서 운동을 재생산하는 체계[48]이기 때문에, "오래된 환영을 이룰 완벽한 장치가 아니라 새로운 실재를 완성시킬 기관이 될 것"[49]이라고 들뢰즈는 단언한다.

들뢰즈가 베르그손으로부터 추출하는 운동에 대한 세 번째 논제는 운동과 변화의 관계이다. 그것을 들뢰즈는, "순간이 운동의 부동적 단면인 것처럼 운동은 지속, 즉 전체^{Tout} 혹은 어떤 전체$^{un\ tout}$의 동적인 단면이다"라는 말로 요약한다. 운동은 지속 혹은 전체 안에서의 변화를 표현한다는 것이다.[50] 달리 말해, 운동은 공간 안에서의 이동^{translation}인데, 공간 안에서 부분이 이동할 때마다 전체 안에서 질적 변화가 일어나게 된다는 것이다. 원자 운동을 예로 들면, 물질의 모든 부분들의 상호작용을 나타내는 원자들의 운동은, 필연적으로, 전체 안에서의 에너지의 수정, 간섭, 변화들을 표현한다. 이 사실에서 베르그손이 발견하는 것은, 이동의 배후에 진동, 발광rayonnement이 있다는 사실이다. 일반적인 인식은, 운동을 특질들의 외부에 존재하는 불특정한 요소들이라고 본다. 하지만 들뢰즈는, 이 특질들조차도 불특정한 요소들의 운동과 동시에 변화하는 순수한 진동들에 지나지 않는다고 본 베르그손의 생각[51]에 주목한다.[52] 이러한 관점에서 볼 때, 부동의 단면들에 추상적 시간을 부가하여 운동을 나타내는 것은 환영이며, 동적인 단면으로서의 운동을 통해 질적인 변화를 나타내는 것이 실재이다. 실재적 운동이 전체 안에서의 변화를 표현한다고 했을 때, 그 전체는 이미 주어진 것이 아니고 주어질 수 있는 것도 아닌 것으로서의, 끊임없이 변화하고 계속 새로운 것을 솟아나게 하는 지속으로서의 열린 전체이다. 그러므로 베르그손이 말하듯이, 전체로서의 우주의 지속은 그 안에서 일어날 수 있는 창조의 넓이와 같은 것이며, 구체적 지속으로서의 실재적 운동은 어느 한 전체의 열림을 가리키고, 그것은 닫힌 체계를 가로지르는 수많은 동적 단면들에 의해 가능해진다.

이상의 것을 들뢰즈는 세 개의 단계로 구별한다. "(1) 판별될 수 있는 대상들이나 구분되는 부분들로서 정의되는 폐쇄집합들 또는 체계들, (2) 이 대상들 사이에 성립하며 그 각각의 위치를 변경시키는 이동운동, (3) 자체의 고유한 관계들에 의해 끊임없이 변화하는 시간적·정신적 현실로서의 지속 또는 전체."[53] 이제 운동은 대상들과의 관계 속에서 전체의 변화를 표현하며 운동 그 자체가 지속의 동적인 단면이 된다.[54] 이렇게 해서 우리는, 들뢰즈가 제시한 두 가지 논제들, 즉 "운동의 부동적 단면들만 존재하는 것이 아니다"와 "시간적 지속의 동적인 단면들인 운동-이미지가 있다"를 통일적으로 이해할 수 있다.

그렇다면 세 번째 논제인 '운동 너머의 시간-이미지'는 어떻게 이해될 수 있을까? 영화에 관한 두 번째 책인 『시네마2 : 시간-이미지』에서 밝혀지게 되는 이 문제에 대한 고찰을 통해서 우리는, 들뢰즈가, 흔히 예술의 종말이라고 진단된 상황을 어떻게 예술의 극적 진화의 순간으로 파악하게 되는지를 이해할 수 있게 될 것이다. 그는, 예술종말론자들처럼, 낡은 이미지 체제의 종말, 즉 운동-이미지의 이완과 해체라는 상황을 직시한다. 하지만 그는, 예술종말론자들과는 달리, 그것을 종말이나 무의미화의 순간이 아니라 새로운 이미지의 생성의 순간으로 인식한다.

들뢰즈가 주목하는 것은 네오리얼리즘에서 출현한 새로운 이미지이다. 그는, 네오리얼리즘에 대한 내용론적 정의는 물론이고, 그것을 비판한 바쟁의 형식론적 정의도, 이 새로운 이미지들을 현실realité의 층위에서만 이해하고 있다고 본다. 즉 이 정의들은, 네오리얼리즘이 형식적인 혹은 내용적인 잉여현실plus de realité을 창조한 것에만 관심을 기울인다는 것이다. 이러한 정의와 거리를 두면서 들뢰즈는, 문제를 실재적인 것le réel의 층위에서 올바르게 제기하기 위해서는, 그것을 정신의 층위, 사유의 용어로 제기하는 것이 필요하다고 주장한다.[55] 들뢰즈도, 네오리얼리즘이 지금까지의 예술, 지금까지의 이미지 체제의 어떤 위기를 표현하고 있다는 점에 대해서는 이들과 인식을 같이 한다. 하지만 그는, 위기에 처한 것은 "지각, 행동, 감정으로 구성된 운동-이미지의 집합"이며, 이 위기는 결코 예술이나 이미지의 종말을 의미하는 것이 아니라고 본다. 오히려 이 위기는 "지각이 사유와 관계할 수 있도록, 행동으로 연장되는 것을 막고, 점차적으로 이미지가 운동의 차원을 넘어서게 하는 새로운 기호들의 요구에 부응하게 할 어

루키노 비스콘티의
⟨흔들리는 대지⟩(1948) 포스터

떤 새로운 요인"[56]이 틈입하고 발생하는 계기가 된다는 것이다.

들뢰즈에 따르면, 네오리얼리즘 영화는, 고전적 리얼리즘이 제시한 행위의 영화로부터 견자voyant의 영화로의 이행을 보여 준다. 또 이것은, 행동-이미지의 감각-운동적 상황과는 본질적으로 구별되는, 순수 시지각적이고 음향적인 상황의 부상을 보여 준다. 들뢰즈가 보기에 네오리얼리즘은, 회화에서 인상주의가 획득한 순수 시지각적 전환을 영화에서 달성한다.[57] 들뢰즈는, 행동-이미지들의 위기와 감각-운동적 관계들의 이완(예컨대 소요 형태들, 진부한 것들의 산포, 인간에게 무관심하게 발생하는 사건들 등)이 새로운 이미지 차원을 열면서 감각-운동적 상황의 헤게모니를 순수 시지각적이고 음향적인 상황의 헤게모니로 대체하는 일종의 진화를 이룬다고 파악한다.[58] 이 진화의 결과, 행동은 상황을 완결시키거나 제압하는 대

신, 상황 속에서 부유하고 있는 모습으로 나타난다.[59] 예컨대 비스콘티의 작품, 〈흔들리는 대지〉에서 공산주의적 의식은, 자연과의 투쟁이나 인간들 사이의 투쟁을 통해 나타난다기보다, 부유한 자들이 제외된 조건에서 이루어질 인간과 자연의 감각적이고 관능적인 일체성에 대한 거대한 비전에 기대고 있다. 이 때문에, 계급행동들이 거듭 실패하는 상황에서도, 그것이 혁명을 향한 희망을 꿈꿀 수 있게 한다는 것이다.[60]

이 시지각적·음향적 상황은, 더 이상 행동에 의해 유도되거나 행동으로 연장되지 않으면서, 시지각기호opsigne 혹은 음향기호son-signe를 낳으며, 인물들은 행동을 하면서도 스스로의 행동을 보면서 움직이는 견자, 즉 **시지각적 행동인들**로 나타난다. 이들에게서 운동은, 더 이상 감각-운동적 이미지 속에서 지각되지 않고, 다른 유형의 이미지 속에서 포착되고 사유된다. 즉 "운동-이미지는 사라지는 것이 아니라 끊임없이 여러 층위의 차원으로 증식되는 이미지의 한 차원으로만 존재하게 된다."[61] 운동-이미지와 그 감각-운동적 기호들이 시간의 **간접적인** 이미지와 관계했음에 반해, 순수한 시지각적·음향적 이미지들, 시지각 기호들, 음향기호들은 이전에는 운동에 종속되어 있었던 시간-이미지와 **직접적으로** 관계한다. 이제 시간이 운동의 단위로 기능하는 것이 아니라 "운동이 시간의 관점이 되는 전복"[62]이 이루어진다. 주관적인 것과 객관적인 것, 상상적인 것과 실재적인 것, 물리적인 것과 정신적인 것 등도, 설령 그것들이 여전히 두 극점으로 남아 있다 할지라도, 실제로는 식별불가능하게 되며, 그 식별불가능성의 지대에서 서로를 반사한다.[63] 시지각

기호와 음향기호는, 지
속적으로 이 두 극점들
이 소통되도록 하면서,
식별불가능한 지점을
향한 이들의 이행과 방
향전환을 뒷받침해 준
다.[64] 눈이 투시적인 기

구로사와 아키라, 〈7인의 사무라이〉(1954) 중에서

능에 도달하게 되면, 이미지의 시각적 요소들뿐만 아니라 음향적인
요소들 또한 이미지 전체가 가시화되고 가독화되도록 하는 내적인
관계로 진입한다.[65] 그리고 카메라는 더 이상 인물의 움직임을 쫓는
역할을 멈추고 운동과 공간에 대한 묘사를 사유의 기능에 종속시
킨다. 그래서 **카메라**-의식은, 뒤따르거나 완수할 수 있는 운동에 의
해 정의되는 것이 아니라, 그것이 가능케 하는 정신적 관계에 의해
정의된다. 카메라-의식은, 운동을 뒤따르거나 인물에 자신의 움직
임을 부여하는 역할보다, "질문을 던지고 대답하고 반복하고 도발
하고 명제를 세워 입증하고 가설을 세우고 실험하는"[66] 역할을 맡
으며, 그런 만큼 카메라의 자율성은 강화된다.[67] 행동-이미지에서
순수한 시지각적·음향적 이미지로의 전복, 판에 박힌 것을 벗어나
기 위한 다른 힘들과의 가일층의 연계, 나아가 강렬하고 직접적인
시간-이미지, 가독적 이미지, 사유하는 이미지의 계시, 이것들은 들
뢰즈가 제시하는 새로운 이미지의 "삼중의 전복"[68]이다.

이러한 변화는 이탈리아의 네오리얼리즘에서만이 아니라 프랑
스의 누벨바그나 일본의 작가들(오즈 야스지로, 구로사와 아키라)

에서도 동일하게 나타난다. 이들에게서도, 순수 시지각적 상황의 창조를 통해 운동으로의 직접적 연장으로부터 해방된 감각들이 시간 및 사유와 직접적으로 관계를 맺도록 하는 새로운 형태의 관계가 발견되고, 시간과 사유를 감각적으로 느껴지도록 만들 이미지 형태가 창출된다.[69] 간과해서는 안 될 것은, 이러한 변화가 유럽과 일본의 맑스주의 비평가들에 의해 부르주아적인 것으로의 전환이라고 비판받았던 양상들이라는 것이다.[70] 이들은, 네오리얼리즘이나 누벨바그, 일본의 전후 영화의 변화가 신경증 환자나 주변인들, 수동적이고 부정적인 인물들을 동원하여 **변혁적 행동**을 혼돈된 시각으로 대체하는 것이라고 비판하곤 했다. 하지만 들뢰즈는 이것을, 감각-운동적 상황에서 순수 시지각적 상황으로의 이행으로 보면서 "이 운동적 연쇄의 약화, 느슨한 관계들이야말로 거대한 붕괴 상태의 힘을 이끌어 내기에 적합한 것들"[71]이라며 옹호한다. 운동으로 즉각적으로 이어지는 지각은, 사물에 대한 감각-운동적 이미지로서, 전체에 대한 지각이 아니라 전체에 대한 **감소된** 지각이다. 그것은, 흥미로운 것만을 지각하거나 이해관계가 있는 것만을 지각한다. 혹은 그것은, 이데올로기적 믿음이나 심리적 욕구와 연관되는 것만을 지각한다. 이와 달리 이러한 감각-운동적 상황의 **약화**는, 그것에 부수되는 지각습관에 균열을 일으키면서, 그 틈새에서 다른 종류의 이미지가 출현할 수 있게 한다. "사물 그 자체가, 문자 그대로 공포의 과잉 혹은 아름다움의 과잉 속에서, 근본적인 혹은 정당화될 수 없는 본성 그 자체 속에서 출현하도록 하는 것"[72], "유형에 처해진 인간들"[73]을 보이게 하는 것, "어떤 점에서 그리고 어떻게, 학교가 감옥이며, 대규모 주택단지가 매음굴이며, 은행가들이 살인자이며, 카메라를 든 사진가들이 사기꾼들인가를 문자 그대로 은유 없이 보여 주는 것"[74]이 순수 시지각적이고 음향적인 이미지의 기능이다. 물론 감각-운동적 관계를 교란시키고 기존의 이미지구도에 균열을 내는 것만으로는 충분치 않다. 들뢰즈는, "단순히 지적인 혹은 더 나아가 사회적인 의식의 힘만이 아닌, 더 깊은 생명의 직관으로부터 솟구치는 거대한 힘들이 시지각적-음향적 이미지와 조우하도록 해야 한다"[75]고 덧붙인다. 이것은 새로운 이미지의 출현이, 생명의 약동이 현상하는 방식임을 시사하는 것이다.

순수 시지각적 상황에서 인물들은, 자기 자신을 동요하면서 변화하고 있는 요소로 드러내기 때문에, 급격한 변화의 와중에서 포착된다. 들뢰즈는, "묘사한다는 것은 변화를 관찰하는 것에 다름 아니다"라고 한 고다르의 말을 빌어, 전후 유럽과 일본 영화의 변모는, "영화가 정치로부터 등을 돌렸다기보다, 이제 영화 그 자체가 전적으로 정치적인 것, 물론 정치와는 전혀 다른 방식을 갖는 정치적인 것"[76]으로 되었음을 보여 주는 것이라고 말한다. 여기서 우리는 정치에 대한 관점의 근본적 전환을 읽어낼 수 있다. 전통적 정치 개념은, 인물을 운동으로 연장시키는 것을 정치라고 이해했다. 그런데 이제 들뢰즈는, 그러한 개념을 버리고, 변화를 관찰하고 기록하는 것 그 자체를 정치적인 것으로 보기 시작한다.

들뢰즈는 이 지점에서, 새로운 영화에 조응하는 새로운 인물유형이 어떤 것인가에 대해 생각해 본다. 그것은 새로운 유형의 배우들에 대한 탐구이기도 한데, 이제 배우들은, 네오리얼리즘이 취했던 바와 같은, **비전문직 배우 유형** 혹은 **전문적인 비-배우 유형**을 취하게 된다. 들뢰즈는 후자를 "행동하기보다는 바라보고, 또 바라볼 수 있게 할 줄 아는 배우들, 대화에 응하거나 따르기보다는 때로 침묵 속에 머물 수 있고, 또 때로는 끝없이 의미 없는 대화를 시도할 수 있는 배우들", 즉 "매개체로서의 배우들"[77]이라고 부른다. 우리가 다중-배우라는 말을 쓸 수 있다면 바로 이 두 유형의 배우들의 결합체 혹은 혼성과정을 지칭할 것이다.

다중의 삶정치적 장치로서의 영화정치

영화가 새로운 유형의 정치라고 할 때 정치(적인 것)의 개념은 변한다. 정치는 변화를 관찰하고 기록하는 것, 흐름의 과정을 시지각적·음향적 이미지로 보여 주는 것이다. 들뢰즈는 운동-이미지와 시간-이미지, 즉 운동구조와 시간발생이 기호론[78]이 펼쳐지는 두 연속적인 장이라고 본다. 따라서 그가 보기에, 정신적 자동기계인 카메라-의식은 (대립하면서도 공존하고 또 상보적인) 두 가지 방향의 운동에 의지한다. 첫째로, 카메라-의식은 대상들로부터 높은 자율성을 갖고 흐름을 기록하는 방식으로, 즉 무엇인가를 사유하면서 동시에 자기 자신을 사유하는 방식으로, 고양된 사유의 훈련을 거쳐나간다. 둘째로, 그것은 자신의 고유한 사유를 빼앗긴 채, 흔적적인 비전들rudimentaire visions이나 행동들을 통해 전개되는 내적 자국empreinte intérieure에 복종하는 자동기계로 기능한다.[79] 들뢰즈는,

표현주의가 그려낸 몽유병자들, 환각에 사로잡힌 사람들, 최면술사와 최면에 걸린 사람들의 행렬 등의 이미지가 독일인들의 영혼 속에 히틀러적인 자동기계가 상승하고 있음을 보여 주는 것이었다고 읽는다.[80] 이러한 판단은 벤야민의 어떤 생각을 계승하는 것으로 보인다. 자동기계적 운동('기술복제시대의 예술')이 대중의 자동기계화, 국가의 무대화$^{la\ mise\ en\ sc\grave{e}ne}$, 정치의 예술화와 일치되고 있다고 본 벤야민의 생각이 그것이다.[81] 이것은, 인간의 오래된 역량들을 일깨우는 기계주의^{machinisme}가, 가공할 새로운 질서에 봉사하는 경우, 혹은 순수하고 단순한 심리적 자동기계와 전적으로 일치되는 경우[82]에 대한 파악일 것이다. 이 경우에, 주체^{sujet}가 된 대중과 운동–이미지의 예술적이고 혁명적인 결합$^{fian\varsigmaailles}$은, 심리적 자동기계로서 종속된^{assujetties} 대중들에게, 그리고 거대한 심리적 자동기계인 그들의 우두머리에게 자리를 넘겨주면서 파괴된다.[83]

들뢰즈가 이렇게 말하는 것은, 영화가 파시즘에 복종할 수밖에 없다고 말하기 위한 것이 결코 아니다. 오히려 그것은, 할리우드와 경쟁하면서, 주체가 된 대중들을 다시 복종시킨 씨네아티스트 히틀러의 대중예술과는 다른 영화, 나아가 그것에 대항하는 영화의 가능성을 밝히기 위한 것이다. 이를 위해서는 다른 연합^{association}이 필요하다. 우선, 히틀러가 장악해 버렸던 정신적 자동기계를 재구성하고, 그가 노예화해 버렸던 심리적 자동기계를 다시 살려내야 한다. 그리고 운동–이미지를 위해 영화에 종속적인 형태로 남아 있으면서 그 역량을 펼치지 못했던 투사^{projection}와 투명성^{transparance}을 해방시켜야 한다. 이것들이 운동–이미지 대신 시간–이미지를 직접적

으로 운반하는 기술로 사용될 수 있을 것이기 때문이다.[84]

시간-이미지는, 이미지와 기호의 독창적 체제를 요청하는 것으로서, 영화의 **인지적 질료의 전환**을 가져왔다. 그것은, 운동-이미지의 새로운 이미지로의 대체를 가져온 독창적인 **예술의지**[volonté d'art]이다.[85] 그런데 자동기계의 기술적 진화라는 영화 외적 요인이 이 독창적 이미지 및 기호체제를 파괴하는 것으로 작용한 것에 주의해야 한다. 기존의 시계장치 자동기계, 동력장치 자동기계, 운동의 자동기계들이 **정보적**이고 **사이버네틱**한 종으로, 계산과 사유의 자동기계로, 조정과 피드백의 자동기계로, 전자기적 자동기계로 대체됨으로써이다.

들뢰즈가 보기에 이러한 대체가 가져온 파괴적 효과는 세 가지로 정리할 수 있다. 첫째로 이들 전자기적 이미지, 텔레비전, 비디오의 이미지, 출현하고 있는 디지털 이미지는 영화를 변형시키거나 대체하고 그 죽음을 선언하는 것으로 보인다. 둘째로, 그 결과 스크린이 이제 **정보적인 표**가 되고, 그것이 자연을 대체하는 **정보망**을, 그리고 자연의 시선을 대체하는 **뇌-도시**를 구성하는 것으로 보인다. 그리고 셋째로 음향적인 것이 시지각적 이미지로부터 자율화되어, 스스로 이미지의 지위를 획득하고 시각적 이미지와 음향적 이미지는 이제 종속되지도 공약가능하지도 않은 복잡한 관계를 형성한다.[86] 다시 살펴보면, 이상 서술한 바의 자동기계의 기술적 진화와 그것의 효과는, 당대에 나타난 사회적 진화와 그 결과에 상응하는 것이다. 요컨대 정치권력이 과거와는 달리, 행동의 명령자로서 단일하고 신비로운 **지도자**, 꿈을 불어넣는 자에게로 집중되는 것이 아니라,

결정권자들이 불면자들과 투시자들의 교차지점을 통과하여, 조정·처리·저장 등을 관리하는 정보망 속으로 확산되는 것이다.[87] 그 결과, 새로운 정신적 자동운동은 새로운 심리적 자동기계로 귀착된다. 이상의 것이 **전자화하고 정보화하는** 기술진화가 낳는 기술적·사회적 변화에 대한 들뢰즈의 생각이다.

이런 상황에서 예술가들이 직면한 것은 다음과 같은 문제이다. "나는 새로운 수단을 원한다, 동시에 나는 이 새로운 수단이 모든 예술의지를 무효화시키지는 않을지, 혹은 상업, 포르노그라피, 히틀러주의적인 것이 되지 않을지 두렵다."[88] 영화의 죽음[종말]을 가져오는 것으로 보이는 **기술의 전자기적 발전**과 권력의 **미시물리화**라는 상황 속에서, 이러한 상황에 대처하는 데 중요한 의미를 갖는 것이 무엇일까? 이 물음에 답하기 위해 들뢰즈는 한 가지 사실을 상기시킨다. 그것은, 영화 이미지가 전자기적 이미지의 효과와는 **전혀 닮지 않은, 자율적 기능을 갖는** 효과들을 이미 획득한 바 있다는 사실이다.[89] 예술의지로서의 시간–이미지에서 그러했다. 예컨대 브레송의 심리학적 자동기계는 정보적 기계들이나 사이버네틱 기계들을 전혀 필요로 하지 않는다. 들뢰즈는, 브레송에서와 유사하게, 스트로브, 마르그리트 뒤라스, 지버베르크의 영화에서도 음향적 프레임화, 음향 이미지와 시각 이미지의 분리는, 새로운 전자기적 테크놀로지에 도움을 요청하지 않으며 오직 영화적인 수단 혹은 단순한 비디오적 수단만을 사용하고 있다고 말한다. 이들의 새로운 정신적 자동운동, 새로운 심리적 자동기계는 **테크놀로지**에 의존하기에 앞서 하나의 **미학**에 의거한다는 것이다.[90]

한스 위르겐 지버베르크,
〈히틀러:독일 영화〉(1977) 중에서

이 미학은, 시간에 대한 직접적 체험을 가능케 하는 두뇌의 미학이다. 이러한 미학이 어떻게 가능했을까? 지버베르크가 암시하듯이, '우리 안의 히틀러'란 생각은, 우리 모두가 잠재적인 파시스트적 요소를 갖고 있다는 것을 의미하는 것이 아니다. 히틀러는 우리 자신 안에 히틀러의 이미지를 구성하는 **정보를 통해서만 존재**한다.[91] 그렇기 때문에 정보를 가지고 정보를 무찌르는 것은 가능하지 않다. 이것을 자각하는 데서 두뇌의 미학은 발생한다. 정보는 근본적으로 **비효율적**이다. 왜냐하면 정보는 바로 이 비효율성을 통해 자신의 무력화하는 역량을 발휘하여 위험한 것이 되기 때문이다. 그러므로 사이버네틱 상황에서 우리에게 반드시 필요한 것은 **정보를 뛰어넘고 이미지를 전복**하는 것이다.[92]

들뢰즈는 이를 위해서는 두 가지가 필요하다고 말한다. 첫째의 것은, 발화된 정보들로 구성되는 지배적인 신화와 그 지지자들을 거역하면서, 또 신화로부터 이익을 끌어내거나 그것을 착취하기를 거부하면서, 순수한 **발화행위**, 창조적인 **이야기-꾸며내기**를 추출하는 것, 신화를 창조할 수 있는 행위를 추출하는 것이다.[93] 둘째의 것은, 모든 시각적 지층들을 뛰어넘고 폐허의 잔해들로부터 빠져나와 세계의 끝에 이르기까지 살아남을 수 있는, 그래서 자신의 가시적인 신체에 순수한 발화행위를 수용할 수 있는 순수한 수신자를 세워 내는 것이다. 이것은 정보를 넘어서는 질문, 즉 무엇이 원천이고 누가 수신자인가라는 물음에 답하면서, 정보적인 것과의 내적인 투쟁을 전개하는 것이다. 들뢰즈는 이 투쟁을 통해 영화가 닥쳐온 죽음의 위기를 넘고 살아남아 생명을 지속할 수 있다고 생각한다.

새로운 정치형태로서의 영화의 진화는 운동-이미지의 헤게모니를 극복하고 시간-이미지의 헤게모니를 확립하는 것에서 시작되었다. 운동-이미지도 시간의 이미지를 구현해 왔지만 운동의 연속을 통해 시간을 간접적으로 재현하는 방식으로만 그렇게 해왔다. 그것은 직접적인 시간-이미지를 주지 않는다. 이와 달리 현대 영화는 시간을 경험적(흐름으로서의 시간과 운동의 간격)이거나 형이상학적인 방식(우주 내의 운동의 최대치로서의 시간의 총체성)으로 다루지 않는다. 현대 영화는 시간을, 경첩에서 빠져나와 순수상태에 현전하는 것으로, 다시 말해 칸트적 의미의 초월론적 방식으로 현시한다. 시간-이미지에서도 운동이 나타난다. 하지만 그것은 시간에 종속된 것으로 나타나며 시간에 의존하는 거짓운동으로 나타나게 된다.

그렇다면 이러한 시간-이미지는 실제적으로 어떤 변화를 출현시키는가? 들뢰즈는 가장 중요한 변화를 "감각-운동적 관계와의 단절"[94]에서 찾는다. 감각-운동적 관계는, 지각을 통해 수용된 운동이 감정과 간격으로 구성되는 흔적으로 이어지고, 다시 그것이 고유한 의미의 작용이자 반작용인 행동의 실행으로 이어지는 일련의 연쇄enchaînement로 구성된다. 서사적 구조의 영화는 모두 이 감각-운동적 연쇄에 따라 구성된다. 감각-운동적 관계가 단절될 때 등장하는 것은, 더 이상 지각-감정-행동의 연쇄가 아니라, 더 이상 반작용할 수 없는 상황, 우연적인 관계만이 존재하는 환경, 그리고 **특질화된 공간**의 연장을 대체하는 텅 비거나 탈접속된 임의의 공간이다. 인물을 중심으로 서술하면 그것은, "인물이 어떻게 반응해야 할지 알지 못하는 순수한 시지각적·음향적 상황, 즉 인물이, 자신에게 일어나는 일에 막연히 무관심한, 해야 할 것에 대해 결정을 내리지 못한 공간, 탈주하고 소요하고 왕래하기 위해 느끼고 행동하기를 방기한 공간"[95]이다.

그런데 우리는 여기서, 행동의 이 방기가 영화를 탈정치적으로 만드는 것이지는 않을까라고 물어볼 수 있다. 들뢰즈는 이러한 의문을 미리 예상하기라도 한 듯, "인물은, 자신이 행동 혹은 반작용에 있어서 잃어버린 것을, 투시력voyance을 통해 되찾는다"[96]고 말하기를 잊지 않는다. 인물은 이제 행동하지 않고 바라본다voit. 그래서 관객의 문제도, "다음 이미지에서 우리가 무엇을 보게 될 것인가?"라는 **수동적 물음**에서부터, "이미지 안에서 우리가 보아야 할 것은 무엇인가?"라는 **능동적 물음**으로 바뀐다.[97] 견자가 행위자를 대체하게 되면서 등장하는 것이 바로, 시간을 **직접적으로 현시**présentation하는 **시지각기호** 혹은 **음향기호**이다.

이 바라봄의 기호들이 몽유병자나 몽상가의 기호들과 구별될 수 있는 것일까? 이미 베르그손이 제기한 바 있는 이 문제를 고려하면서[98] 들뢰즈는, 시지각적·음향적 이미지를 회상-이미지 혹은 꿈-이미지로 연쇄되는 이미지로 보지 않아야 한다고 말한다. 회상-

이미지는 시간에 국지적인 역행을 허용함으로써 과거 속에서 이전의 현재를 포착하는 것이고, 이런 방식으로 시간의 경험적 흐름을 존중한다. 꿈-이미지는, 때로는 상황의 끊임없는 변형을 보증함으로써, 혹은 때로는 인물의 행동을 세계의 행동으로 대체함으로써, 무한대로 감각-운동적 상황을 투사한다. 이 때문에 회상-이미지나 꿈-이미지는, 이미지가 향해 있는 시간의 방향(과거인가 미래인가)에 차이가 있다 하더라도, 아직 감각-운동적 상황에 매여 있는 이미지들이다. 맨키비츠의 심리적 기억으로서의 플래시백이나, 미국의 코미디뮤지컬이 제시하는 순수한 묘사와 춤으로 이루어진 세계의 운동 같은 것이 그런 것이다.

진정한 시간-이미지가 태동하기 위해서는, 잠재태적 이미지가 시지각적이고 음향적인 현실태적 이미지로 연쇄되게 하는 것으로는 부족하다. 이를 위해서는 현실태적 이미지가 그 자체로 자신의 잠재태적 이미지와 관계를 맺지 않으면 안 된다.[99] 즉 현실태적인 동시에 잠재태적인 이미지가 구성되어야 한다. 현실태적 이미지가 꿈이나 회상 같은, 이후에 현실화될 잠재적 이미지로 연쇄되도록 하는 것이 아니라, 현실태적 이미지와 그것 고유의 잠재태적 이미지의 상황 속에 놓이게 되는 것이 필요하다.[100] 다시 말해 현실적인 것과 상상적인 것의 연쇄가 아니라, 지속적인 교환의 와중에 있는 두 이미지의 식별불가능성indiscernabilité의 이미지가 필요한 것이다.

결정체-이미지는 들뢰즈가 이러한 이미지에 붙이는 이름이다. 묘사의 이중화를 보증하고, 투명한 것과 불투명한 것, 배아와 환경의 교환을 수행하면서, 행동의 물리학뿐만 아니라 회상/꿈의 심리학을 넘어서는 것이 바로 **결정체적 기호들**이기 때문이다. 결정체적 기호들이야말로, 지나가는 현재와 보존되는 과거로 구성된 시간의 이중화, 현재와 이제 자신이 될 과거, 과거와 그 자신이었던 현재의 엄격한 동시성contemporanéité을 제시한다. 이 결정체적 이미지가 직접적 시간−이미지, 시간의 초월론적 형태이며 시간의 거울들 혹은 시간의 배아들이다.[101]

이러한 시간−이미지의 다양한 현시는 세 가지 기호양상들에 의해 구성된다고 들뢰즈는 설명한다. 첫 번째 기호양상은 시간기호 chronosigne이다. 시간기호는, 우선, 시간의 질서에서 연속·간격·전체 등의 관계로 구성되지 않고 위상학적이거나 양자적인 형태를 띤 시간의 **내재적** 관계로 구성된다. 이 관계는, 모든 과거의 층들과 이 층들의 위상학적 변형의 공존, 세계기억mémoire-monde을 향한 심리적 기억의 지양으로 나타나거나(알랭 레네의 경우), 모든 외재적 연속과 단절하고, 과거와 미래로 이중화된 현재와, 현재 그 자체 사이에서 양자적 비약을 감행하는, 현재의 첨점들의 동시성으로 나타난다(로브−그리예의 경우). 이러한 시간의 질서에서 진실과 거짓은 결정 지을 수 없는 것이 된다. 여기에 필요한 것은 새로운 논리학이다. 다음으로, 이 시간기호들은 **계열/배열**série로서의 시간을 구축한다. 운동−이미지에서 **경험적 연속** succession이 구성했던 이전과 이후가, 여기에서는 시간 속에서 생성하는 것의 내재적 특질로 된다. 이전과 이후는 이제 역량의 두 측면, 즉 한 역량에서 다른 상위의 역량으로의 **이행**일 뿐이다. 발생기호로서의 이러한 시간기호를 통해, 거짓은 단순한 외관이나 거짓말이기를 그치고, 한계를 뛰어넘어 변형을 시행하고 자신의 모든 여정에 전설, 이야기-꾸며대기fabulation의 행위를 펼치는 계열/정도를 구성하는, **생성의 역량**을 표현한다. **거짓의 역량**은 진실과 거짓을 넘어서는 생성을 구성한다. 시간기호의 또 다른 특징은, 이 기호에서는 인물들이 해체되고 작가가 지워진다는 것이다.[102] 이것은, 인물의 행동을 중심으로 한 인간주의적 정치와는 구분되는 영화적 **물정치**의 대두를 시사한다. 시간기호에는 계열을 형성하는 신체의 태도, 신체의 자세, 그리고 이것들을 연결하는 한계로서의 게스투스[몸짓][103]만이 있을 뿐이다. 여기서 행동은 몸짓으로 대체되고, 감각-운동적 구조와 단절하면서, 신체의 영화une cinéma des corps를 구성한다. 그리하여 시간기호의 계열들, 계열들의 한계와 변형, 역량의 정도들은 인물들, 한 인물의 상태, 작가의 위치, 신체의 태도, 색채, 미학적 장르, 심리적 능력, 정치적 권력, 논리적 혹은 형이상학적 범주 등 이미지가 맺는 어떤 관계에도 관여할수 있게 된다.[104] 모든 것이 계열화되어, **보편적인 계열성**이 창출되는 것이다.

들뢰즈가 제시하는 시간-이미지의 두 번째 기호양상은 현대적인 정신기호noosigne이다. 고전 영화의 운동-이미지는 두 축을 따라 고려되었다. 하나는 **통합**의 축으로서, 연합·인접성·유사·대조·대립의 법칙에 따라 연쇄되는 이미지들이 개념으로서의 전체 속에 **내재화**되는 것이다. 또 하나는 **분화**의 축으로서, 전체가 연합가능한 혹은 연장가능한 이미지들 속에 부단히 **외재화**되는 것이다.[105] 이 두 축에 의해, 전체는 개개의 이미지의 연쇄를 통해 열려 있고 변화하며, 개개의 이미지들의 한 집합은 더 큰 집합인 전체, 즉 외부에서 추출된다. 이 과정에서 운동의 치수로서의 시간은, 유리수적으로 절단되는 이미지들의 간격과 그것의 전체라는 이중적 형태 아래 공약가능성의 일반적 체계를 보증했다. 하지만 현대 영화는 공약불가능성과 무리수적 체제를 연다.[106] 절단이 있지만, 그것이 절단에 의해 분리되고 분배된 이미지들의 연속들 중 그 어느 것에도 속하지 않는다. 이 때문에, 이미지의 연속이 생성하는 계열로 나타난다. 간격이 해방되고 틈새가 환원불가능하게 되면서, 이미지들은 무리수적 절단에 의해 **재연쇄**된다. 여기서 재연쇄ré-enchaînement란 이차적 연쇄가 아니라 특이한 연쇄, 좀더 정확히 말하면 **탈연쇄된 이미지들의 특이한 관계**를 의미한다.[107] 이리하여 이미지는, 고전 영화가 보여 주었던, 외부세계와의 소통을 더 이상 보여 주지 않으며, 안과 바깥은 무리수적 절단으로서의 한계의 두 측면이 되고, "두 이미지의 연속의 어느 것에도 속하지 않는 이 한계는 필연적으로 자기 자신에게 안을 부여하는 바깥으로서 나타나기도 한다."[108] 이제 사유는, 고전 영화가 보였던 내재화와 외재화의 운동 혹은 통합과 분화의 운동을 보여 주는 것이 아니라, 사유 자신 밖의 사유, 사유 안의 비사유를, 비대칭적인 안과 바깥의 절대적인 접촉을 보여 준다. 들뢰즈는 웰즈의 '환기할 수 없음', 레네의 '결정할 수 없음', 로브-그리예의 '설명할 수 없음', 고다르의 '공약불가능성', 스트로브의 '화해할 수 없음', 마르그리트 뒤라스의 '불가능함', 지버베르크의 '비합리적인 것' 등이 바로 그것의 예들이라고 말한다.[109]

들뢰즈가 말하는 운동–이미지의 세 번째 기호양상은 가독기호lectosigne이다. 이미지들은 서로를 상대방으로부터 분리함으로써 자신의 한계를 드러내고, 그렇게 함으로써 각각은 무리수적인 절단에 의한 공약불가능한 관계, 즉 겉면과 이면, 안과 바깥의 관계를 통해 서로를 맺어주는 공통의 한계를 발견하게 된다. 이것이 바로 가독기호인데 이 새로운 기호는 직접적인 시간-이미지의 마지막 측면, 즉 **공통된 한계**를 증언한다. 들뢰즈는, 지층학적으로stratigraphique 된 시각적 이미지는, 발화행위가 자율적인 창조자가 되는 만큼, 더욱 더 가독적으로 된다고 말한다.

우리는, 시간기호·정신기호·가독기호로 구성되는 시간-이미지의 영화가 그 자체로 물정치의 한 양식을 이룬다고 말할 수 있다. 들뢰즈는 물les choses을, "수많은 실천들, 존재들, 이미지들, 개념들, 즉 모든 종류의 사건들이 개입하는 층"[110]이라고 정의하면서, 시간-이미지를 바로 그 물의 기호로 제시하기 때문이다. 들뢰즈가, 영화가 이미지와 기호에 대한 새로운 실천이듯이, 영화이론은 영화 자체만큼이나 실천적이고, 효과를 낳는 영화의 개념들에 관한 실천이라고 말하는 한에서, 우리는 영화이론 역시 물정치의 양식이라고 말할 수 있다.

그렇다면 이 두 양식 사이의 관계는 무엇인가? 들뢰즈는, 철학적 영화이론을 통해, 이미지와 **기호의 정치**로서의 영화정치를 **개념의 정치**로서의 영화이론정치로 증식시킨다. 영화이론정치를 통해 그가 수행한 것은, 시간을 간접적으로 재현하는 운동-이미지를 넘어, 시간을 직접적으로 현시하는 시간-이미지의 발생과 출현을 이론적으로 제시한 것이다. 그가 보기에, 철학적 영화이론은 영화에 대한 것이 아니다. 오히려 그것은, 영화가 일깨운 개념들, 그리고 그 자신이나 다른 실천에 상응하는 여타의 개념들과 관계하는 개념들에 대한 것으로, 여기서 개념의 실천은 하나의 대상이 다른 대상에 대해 어떤 특권도 갖지 않는 것처럼, 다른 개념들에 대해서도 어떤 특권을 갖지 않는다.[111] 이제 물物은, 실천들과 사건들이 어떤 특권도 없이 합류하는 정치의 현장, 정치적 시공간으로 나타난다. 이런 의미에서의 물은 부정관사의 삶une vie [112]과 구별할 수 없는 것이다. 들뢰즈의 영화이론을 하나의 미학으로 정의하고자 한다면, 그것은 물미학이자 동시에 삶미학인 어떤 특이한 종류의 미학이라고 해야 할 것이다.

아감벤 미학에서 삶과 예술의 일치 문제

스펙타클의 사회와 소통가능성의 소외

들뢰즈의 사이버네틱 비판, 즉 정보적 소통체계에 대한 비판은 아감벤에게서도 계속된다. 정보적 소통은 오히려 소통가능성을 닫아 버린다. 소통가능성의 소외에 대한 비판은 상황주의자들에게서도 나타났던 것이다. 축적된 이미지들, 즉 스펙타클이 사람들을 구경꾼으로 만들면서 횡적인 소통가능성을 차단한다. 상황주의자들은, 삶을 무능하게 만들면서 자본을 축적하는 자본주의에 맞서, 그것을 전복할 정반대의 계획을 제시했다. 그것은 집단적으로 통합된 환경을 조직하고 주변의 사건들로 자유롭게 유희함으로써 구체적이고 계획적으로 구축한 삶의 순간을 만드는 것이다.[1] 이것이 상황인데, 그것은 결코 특권적이거나 예외적인 순간이 아니다. 조르조 아감벤은 이 상황구축의 순간을, 세계를 거의 손대지 않은 채 송두리째 변화시키는 메시아적 전위(자리바꿈)로 해석한다. 모든 것들이 변하지 않은 채 그대로지만 정체성을 잃기 때문이다.[2] 이러한 자리바꿈과 상황구축을 통해 삶과 예술은 서로 더 이상 차이나지 않는 지점에 도달한다.

상황주의자의 이러한 방법에 대해 논하면서 아감벤은 상황이, 예술의 자기파괴와 종언 이후에야 비로소 구축될 수 있다고 덧붙인다. 그렇다면 삶과 예술이 교차하는 이 식별불가능성의 지점은 예술의 종언과 자기파괴만으로 충분할까? 그렇지 않다. 그것은, 예술의 파괴와 종언만이 아니라, 니힐리즘의 시험을 거치는 삶의 이행도 동시에 필요로 한다. 다시 말해 삶과 예술 둘 모두의 결정적 변신을 동시에 요구한다.[3] 여기서 문제는, 구축될 상황에서 이루어질 삶과 예술의 그 동시적인 변신이 무엇을 의미하는지를 이해하는 것이다. 변화되어야 할 삶은 무엇이며 도래하는 삶은 무엇일까? 예술은 어떤 변신을 통해 그 삶의 변신과 교차되는 것일까?

삶의 변신과 이행의 필요성은, 자본주의에서의 삶이 상품관계의 지배 하에 놓여 있다는 사실에서 주어진다. 사용가치에 대한 교환가치의 지배는 삶[생명]활동의 산물인 노동생산물을 감각적이면서 동시에 초감각적인 상품으로, 그리고 판타스마고리아phantasma-goria 4로 바꾸어 놓는다. 상황주의자 기 드보르는 판타스마고리아의 이 스펙타클화한 이미지를 자본주의의 극단적 형태이자 상품이 행하는 최후의 변신으로 파악했다. 그는 이것을 하나의 거대한 악몽으로 파악하면서, 이 악몽에서 깨어나는 방법으로 상황 구축이 필요하다고 제안했다. 국제상황주의자들은 이 제안에 따라 결집했고, 짧지 않은 기간 동안 상황 구축을 위한 예술적·실천적 노력을 경주했다. 하지만 국제상황주의자 운동의 활발한 전개에도 불구하고, 스펙타클이 극복되기는커녕, 오히려, 동서로 나뉘어 있던 산재된 스펙타클(서구 민주주의)과 집중된 스펙타클(동구의 인민민주주의)이 **통합된** 스펙타클 속에서 하나의 실체로 통일되어 간 것이, 1980년대 후반에 드보르가 파악한 역사적 사실이다. 이러한 진단은, 국제상황주의자 조직이 해체된 지 오랜 뒤에, 즉 소련에서 글라스노스트와 뻬레스트로이카가 진행 중이고 신자유주의적 개편이 고조되고 있던 1988년에 기 드보르가 쓴 「『스펙타클의 사회』에 관한 논평」(1988)에 나타난다. 두 세계를 나누던 장벽과 장막이 치워지고, 서구 정부들이 다수결 투표와 미디어의 언론통제를 통해 권력의 평형을, 그리고 사유와 소통의 실질적 자유를 포기할 때, 동구 정부들도 통합된 스펙타클이 자국에서 완전히 실현될 수 있도록 레닌주의 정당의 추락을 방치했다고 본 것이다. 이 진단은, 1989년 11월 베를린 장벽의 붕괴와 1991년 소련의 해체, 그리고 마침내 부시 1세에 의한 '새로운 세계질서' 선언으로 입증되었다.

이러한 기 드보르의 관점을 물려받으면서 아감벤은, 1989년 12월 15일 루마니아 서부 티미쇼아라에서 발생한 민중시위에 대한 차우셰스쿠 정부의 대응을, 스펙타클이 지배하는 시대의 아우슈비츠 대학살로 정의한다. 여기에서 비밀경찰은 통합된 스펙타클과 공모하면서 자신이 세운 낡은 체제를 전복했고, 미디어는 거짓말과 위조로 현실정치적 기능을 수행했다. 세계적으로 통합된 스펙타클은,

1989년 루마니아 혁명 당시 수도 부쿠레슈티 마게루 대로에서 대치 중인 시민과 진압군

대학살을 위한 일단의 명분들이 위조된 것임을 알면서도, 그것을 진짜인 것으로 인정했다. 참과 거짓은 식별불가능하게 되고 스펙타클은 스펙타클을 통해서만 정당화되었다.[5]

이러한 비판적 분석과정에서 아감벤은 스펙타클을, 자본에 의해 전용轉用된 소통가능성으로 이해한다. 자본주의는 맑스가 규명한 바의 것, 즉 생산가능성(생산능력)만을 전용하는 것이 아니라, 인간의 언어적이고 소통적인 본성(공통적인 것으로서의 로고스)도 전용한다. 소통가능성을 전용하는 극단적 형태가 스펙타클이며 또 현실정치다. 인간의 소통가능성(즉 유적 본질)의 소외와 자립화로서의 이 스펙타클은 이미지를 통해 인간들 사이를 이어 주지만, 인간들 사이의 실제적 소통은 가로막는다. 아감벤에 따르면, 저널리스트들과 언론통치가들, 정신분석가들은 인간의 언어적 본성을 소외시키는 새로운 성직자들이다. 또 국가는 이 소외를 종합하는 기

계인데, 그것은 점차 스펙타클 민주주의 체제로 완성되어 간다.

그런데 역설적이게도, 이 완성된 니힐리즘의 국가와 통합된 스펙타클의 사회에서, 인간들은 전통, 신앙, 이데올로기, 종교, 정체성, 공동체 등을 전지구적 차원에서 와해시키고 비우는 파괴적인 언어경험을 한다고 아감벤은 생각한다. 즉 인간들이 처음으로 인간이 말한다는 사실 자체를, 인간의 언어적 본질을 경험한다는 것이다. 이러한 상황에서 아감벤은, 통합된 스펙타클이 열어 놓는 이 파괴적 언어경험의 긍정적 가능성을 거꾸로 스펙타클에 맞서 이용하면서, 이 파괴적 언어경험을 **끝까지** 완수하는 것을 과제로 받아들이자고 제안한다. 이것이야말로 어떤 전제조건도 국가도 없는 공동체를 구축하는 정치의 과제라는 것이다.[6]

어떻게 그러한 공동체의 구축이 가능할까? 그 조건은 스펙타클 사회의 모순에서 주어진다. 스펙타클 국가는 사회적 유대가 아니라 사회적 와해에 기초하고 있기 때문에 어떤 정체성이건 인정한다. 오히려 그것이 용납할 수 없는 것은 무정체성, 귀속성 없는 귀속이다. 하지만 다른 한편에서 스펙타클의 국가는, 모든 현실적 정체성을 무화시키고 비워 내면서 인민을 공중(혹은 행성적 쁘띠부르주아지)으로, 인민의 일반의지를 공중의 의견(즉 여론)으로 대체한다. 이 때문에, 스펙타클의 국가는 어떤 사회적 정체성이나 실제적 귀속에도 규정되지 않는 임의의 특이성을 대량으로 발생시킨다. 전자와 후자의 경향적 갈등 속에서 아감벤은 후자의 경향의 완수와 전자로부터의 독립을, 도래하는 정치의 과제로 제시한다. 다시 말해, 임의적 특이성을 기반으로 수행될 정치, 도래하는 정치는 낡은 사회적 주체들에 의한 국가정복이나 국가통제를 위한 싸움일 수 없고, 국가와 비-국가(인류) 사이의 투쟁이며 국가조직과 임의적 특이성들 사이의 돌이킬 수 없는 탈구/분리이다.[7] 재현될 수도 없고 재현되고 싶어 하지도 않으면서 귀속의 전제나 조건 없이 하나의 공동체, 하나의 공통의 삶으로 스스로를 현시하는 임의적 특이성들이야말로 국가에 맞서 무자비한 투쟁을 벌이는 새로운 주인공들이다.[8] 이들이야말로, 인간의 소통가능성을 전용하는 국가에서 인민으로, 다시 문법으로 이어지는 연계망을 끊어 내면서, 말한다는 사실(언어경험)과 다수성의 사실(공동체)을 명료하게 밝혀낼 수 있다는 것이다. 아감벤은, 문법적 언어의 소수적 실천, 은어의 재활성화, 문법이나 특수어로 환원될 수 없는 순수언어의 체험 등이 이를 위한 방법들이라고 설명한다.[9]

게니우스

그런데 이러한 아감벤의 해석방식은, 그가 스펙타클을 단지 소통가능성의 소외라는 측면에서만 바라보고, 생산가능성의 소외도 스펙타클로 표현된다는 점을 간과했음을 보여 주는 것은 아닐까? 그가 삶의 공통적인 것을 로고스에서만 읽고 있는 것은, 스펙타클 사회에 함축된 공통적인 것에 대한 일면적인 독해의 징후이지 않을까?[10] 존재로부터 생산을 제외시킴으로써 존재론을 신비하고 공허한 것으로 만들고 있는 것은 아닐까?[11] 이것은 아감벤의 존재

개념만이 아니라 생명 개념에까지 걸친 어떤 경향에 대한 물음일 수 있다.

이러한 물음에 대해 아감벤은 흥미로운 답을 제시한다. '게니우스로서의 생명'이 그것이다. 게니우스Genius 12는 우리 안에 있는 가장 비인격적인 것이며, 우리 안에서 우리를 넘어서고 초과하는 어떤 것이다. 우리는 게니우스에서 기원한다. 따라서 게니우스는, 자아와 함께하는 비인격적·전개체적 요소들이다. 인간은, 개체화되지 않아 활성화되지 않은 부분과 개체화된 부분 사이의 변증법이 낳은 결과로서 두 개의 국면으로 이뤄진 하나의 존재다. 게니우스의 저 불가분한 현전은, 우리가 동일성에 갇히는 것을, 자아의 자만을 막는 조건이다.13 게니우스가 우리의 생명인 것은, 그것이 우리에게 속해 있지 않은 한에서이다. 주체는, 게니우스와 자아가 정반대의 극에서 서로 긴장관계에 있는 장으로 나타난다. 아감벤은, 주체 속에서 자아가 비의식의 지대와 맺는 내밀한 관계를 "일상적인 신비한 실천"14이라고 표현한다. 그것은 정신을 계발하는 것만이 아니라 음식물을 소화하는 것까지 포함하는데, 이 실천들은 자아의 부단한 작아짐을 증언한다.

아감벤의 이러한 게니우스론은 독특하며 **공통적인** 것에 대한 그 나름의 접근방법이라고 할 수 있다. 또 그것은, 생명과 그 활동에 대한 아감벤의 포괄적 이해를 표현하고 있다고 할 수 있다. 그럼에도 불구하고 아감벤은 이 '일상의 신비한 실천'에, (맑스가 공통된 사회적 실체의 결정체의 핵심으로 파악한) 생산적 노동을 사례나 대상으로 포함시키지 않으며 노동과 생산에 대한 사유를 전개하지도 않는다. 여타의 여러 텍스트들이 보여 주는 것처럼, 이것은 우연한 누락이라기보다 의식적 배제로 보인다. 왜냐하면 노동과 생산은 자아를 생산하는 활동으로 간주되어, 게니우스의 일부가 아니라 오히려 그것에 의해 작아지고 부정되어야 할 것으로 간주되기 때문이다. 게니우스는 비인격적인 것이고 비개체적인 것이기 때문에 자아라는 형식을 띨 수 없고, 그러한 형식을 낳는 생산과 노동은 오히려 게니우스의 대립물이라는 것이다.

아감벤이 생각하는 시적 삶은, 게니우스와 자아 사이의 긴장을 유지하는 것이다. 이를 위해서는, 마르셀 뒤샹 같은 아방가르드 예술가처럼, 작품을 해체하고 파괴함으로써 아이러니한 방식을 통해 게니우스의 현전을 증거해야 한다. 정념은 자아와 게니우스 사이의 줄타기용 줄이며, 감동은 자아가 게니우스와 관계하고 그것을 경험하는 방식이다. 불안, 기쁨, 안심, 동요 등의 정념, 감정, 감동을 통해 자아는 자신 안에 있는 비인격적인 것을 느낀다. 선악은 자아가 게니우스와 맺는 관계(밝고 명료한 관계, 그늘지고 불명료한 관계)의 변화를 표현한다. 각자의 성격은 자아가 게니우스에 대해 어떤 태도를 취하는가에 따라, 게니우스로부터 어떻게 도망치는가에 따라 달라진다. 그 도망의 어떤 한순간에 자아는 결국 게니우스로부터 분리되어 영원히 그것을 떠나보내야 한다. 아감벤은 이 순간을, 늙은 예술가가 자신의 펜을 내려놓고 관조하는 최후의 순간과 비교한다. 이때 예술가가 관조하는 것이 무엇일까? 그것은 더 이상 게니우스가 아니며, 이제 모든 마법을 잃어서 처음으로 그의 것이 된 몸짓Gestus이다.15

몸짓

몸짓은 아감벤 미학의 핵심개념일 뿐만 아니라 그의 윤리정치학의 핵심개념으로 기능한다. 몸짓이 무엇일까? 몸짓은 제작facere, 행위agere와 더불어 행동azione의 영역에 포함되지만, 제작이나 행위와는 구별되는 것이다. 제작과 행위의 차이는 시인과 배우의 사례를 통해 예시할 수 있다. 시인은 희곡을 제작하지만 행위하지는 않는다. 배우는 희곡을 행위하지만 제작하지는 않는다. 그렇다면 몸짓의 사례로는 어떤 것이 있을까? 가령 최고권을 부여받은 행정관의 사례를 생각해 보자. 그는 어떤 일을 수행한다. 하지만 이때 그는 그 일을 제작하지도 행위하지도 않는다. 다만 그것을 맡고 짊어질 뿐이다. 이때 제작이나 행위 없는 맡고 짊어[제]짐으로서의 수행이 바로 아감벤이 말하는 몸짓이다. 몸짓에서 일res은 업적res gesta이 되며, 사실은 사건이 된다. 어떤 주어진 목적의 수단이 되는 제작이나, 그 자체가 목적으로서 다른 목적을 갖지 않는 순수목적인 행위와는 달리, 몸짓은 매개성과 수단 그 자체(행정관의 예에서 맡고 짊어짐)를 전시하여 그것들을 그 자체로 보이게 만드는 것이다. 몸짓에서 인간들이 소통하는 곳은, 목적의 영역이 아니라 목적 없는 순수한 매개성의 영역이다. 이런 방식으로 인간이 매개-안에-있음을 나타나게 하는 몸짓은 목적 없는 수단, 즉 순수수단이라고 할 수 있다. 몸짓은 말해야 할 것, 소통해야 할 대상을 갖지 않으며 오직 소통가능성 자체만을 전시하고 소통한다. 그것은, 순수매개성으로서의 언어활동-안에-있음을 전시한다. 몸짓이 말해질 수 없는 것을 보여 주는(전시하는) 것인 한에서, 그것은 기억이 안 나거나 말이 안 나올 때 얼버무리려고 배우가 즉석에서 하는 연기를 의미하게 된 말, 즉 개그gag를 뜻한다.[16]

아감벤은 이 개그로서의 몸짓이 철학, 정치, 윤리, 예술의 공통기반이자 근접성이라고 설명한다. 위대한 철학 텍스트는 언어활동 자체, 언어활동-안에-있음 자체를 기억의 거대한 구멍이자 치유불가능한 언어장애로 전시하는 개그/몸짓이다.[17] 정치는 인간의 절대적이고 전면적인 몸짓성의 영역이다.[18] 윤리는 언어활동의 순수한 실존(즉 말한다는 사실)을 경험하는 것이다.[19] 예술의 경우도 마찬가지다. 춤, 무언극, 포르노는 신체운동의 매개성 자체를 전시한다.

영화라고 해서 다르지 않다. 영화 이미지는 두 개의 극 속에서 움직인다. 그 한 극은, 의지가 가로챈 추억이자 몸짓의 사물화 혹은 말소로서 마술적 고립 속에서 살아가는 이미지, 즉 **상징으로서의 이미지**이다. 그리고 다른 한 극은, 비자발적 기억이 현현할 때 번쩍이는 이미지, 다시 말해, 고립된 기억이 자신을 감싼 **전체**를 가리키면서 본디 그대로의 잠재력을 보존하는, **몸짓으로서의 이미지**다. 아감벤은 영화가, 나아가 예술사 전체가 **이미지를 몸짓** 쪽으로 해방시키는 무언의 주문이라고 말한다. 영화를 비롯한 예술사 전체가 본질적인 침묵(무성) 속에서 이미지를 몸짓의 영역으로 이행시킨다는 것이다.[20] 아감벤에 따르면 오늘날 영화에 대한 우리의 집착은, 우리 시대가 몸짓을 잃어버렸다는 사실의 단적인 증거다. 몸짓이 상실되면, 제작과 행위가 행동의 영역을 지배하게 되며, 행동은 자신의 비인격적·비개체적 생명인 게니우스로부터 분리되게 된다. 그 결과,

신체가 자연스러움과 편안함을 잃어버리면서 운동실조, 경련, 근육긴장 등이 정상으로 되고, 모든 사람들은 자기 몸짓에 대한 통제를 상실한 채 격하게 걷게 된다. 그 결과 현대 사회는 심리학, 즉 내면성의 영역에 빠져들거나, 니체의 영원회귀의 사유처럼, 잃어버린 몸짓을 회복하려는 저항을 시도한다. 이사도라 던컨과 세르게인 디아길레프의 춤, 마

프리드리히 빌헬름 니체 (Friedrich Wilhelm Nietzsche, 1844~1900)

르셀 프루스트의 소설, 조반니 파스콜리와 라이너 마리아 릴케의 시, 그리고 무엇보다도 무성영화가, 니체의 영원회귀 철학처럼, 인류가 자신이 잃어버린 것을 불러들이려는 때늦은 시도들이다. 아감벤이, 영화는 몸짓의 꿈이며 영화감독의 임무는 이 몸짓의 꿈에 각성의 요소를 도입하는 것에 있다[21]고 말하는 것은 이런 맥락에서다.

저자와 독자, 그리고 주체

그렇다면 몸짓에 각성의 요소를 도입할 수 있는 그 감독, 달리 말해 저자는 누구인가? 그는 어떻게 작품에 각성의 요소를 도입할 수 있는가? 「몸짓으로서의 저자」는 이 물음을 다룬다. 이것은 '주체란 무엇인가?'를 묻는 것이기도 하다. 먼저 언급해 두어야 할 것은,

아감벤이 각성의 요소를 도입한다고 말할 때, 그 말은, 독자들을 깨우칠 어떤 정치적 목적의식을 작품 속에 삽입한다는 식의 사회주의 리얼리즘 관점과는 아무런 상관도 없고 오히려 그것과는 대립한다는 사실이다. 그것은 몸짓에 의식의 요소를 더하는 것이 아니라 오히려 표현된 내용의 빈 공간인 순수 몸짓으로서 몸짓을 현존하게 하는 것을 의미한다. 몸짓은 어떤 표현행위에서 표현되지 않은 채로, 표현을 가능케 하는 순수 매개성이라는 빈 공간을 수립함으로써 텍스트 속에 현존한다. 저자는 작품에 선행하지도 않고, 작품의 의미작용의 무한정한 원천도 아니며, 오직 이렇게 표현의 빈 공간으로서, 그러면서도 표현의 가능성의 조건이자 원리로 기능하는 몸짓으로서 텍스트에 현존한다. 저자는 부재하는 특이성이며, 글쓰기 놀이에서 부재를 통해 죽음의 역할을 떠맡는 주체이다.

아감벤이 이 부재하는 저자-몸짓을 설명하기 위해 예로 드는 것은 푸코의 1977년 텍스트 「악명높은 사람들의 삶」이다.[22] 이 텍스트의 분석대상은 비세트르 수용소에 수감된 무신론자이자 남색가인 장-앙투완 투자르의 찡그린 표정, 샤랑통 정신병원에 수감된 마튀랭 밀랑의 수수께끼 같은 방황이다. 이들은 무신론, 남색, 방황과 같은 악질적 행동 및 담론의 장본인이라는 이유로 수용되는데, 그들을 그러한 행동과 담론의 저자로 고정시키는 글(옥새가 찍힌 명령장인 봉인장)을 쓰는 것은 사실은 권력이다. 권력의 유일한 목적은 이들에게 악명의 낙인을 찍는 것이다. 이들의 삶은 침묵에 잠긴다. 표현되는 것은 우거지상으로 찡그린 인상들이다. 봉인장에 그려진 그 인상들은 말할 수 없는 것을 얼버무리는 개그에 다름 아니다. 그 인상 뒤에는 빈 공간이 있다. 그것은 그들에게 악명의 낙인을 찍는 덫, 무기, 비명, 태도, 계략, 음모 등, 요컨대 텍스트 속에 빈 공간을 수립하면서 그 속에 현존하는 몸짓이다. 악명 높은 삶은 이 몸짓에서 향유된다. 그들의 자유, 그들의 불행, 그들의 죽음, 그들의 운명, 그들의 삶이 그 텍스트의 문장들에 의해 악명높은 것으로 결정된다. 이제 그 삶은, 남색과 방

표도르 도스토예프스키
(Фёдор Михайлович Достоевский,
1821~1881)

랑에 몸을 맡기는 호적상의 이름에도 속하지 않으며 그들을 심판하는 권력에도 속하지 않는다. 소유되지도, 재현되지도, 말해지지도 않는 그 삶은 어떤 삶-의-형태의 가능하지만 텅 빈 장소이다.[23]

저자를 설명하기 위해 아감벤이 드는 또 다른 예는 도스토예프스키의 『백치』[24]이다. 여기서 여주인공 나스따시야는 자신의 삶을 향유하는 경우를 보여 준다. 사교게임을 벌이는 밤에 나스따시야는, 자신을 사랑하는 미쉬낀 공작에게 결혼하겠다고 동의한 직후에 이를 취소하고, 자신과 결혼해 주면 10만 루블을 주겠다고 한 로고진에게 결혼을 약속하여 그 돈을 낚아챈 후에, 이 돈을 벽난로 속에 던져 넣는다, 이어 그녀는, 자신을 매수하려는 탐욕스런 가브릴라에게 "불길 속에서 손으로 그 돈을 꺼낼 용기가 있다면 이 돈은 당신의 것"이라고 말한다. 이 예에서 나스따시야는 일체의 합리적 결정이나 도덕적 원리를 초월하는 방향상실 상태, 즉 섬망delirium 속에서 자신의 삶을 향유한다. 아감벤은 어떤 삶이 윤리적으로 되는 것은, 도덕에 복종할 때가 아니라, 자신의 몸짓에서 자신의 삶의 향유를 돌이킴이나 유보 없이 받아들일 때라고 말한다.[25] 저자는 작품 속에 표현되지도 않고, 그 속에서 충족되지 않으며, 단지 향유될 뿐인 텅 빈 자리이다. 저자는 독해를 가능케 하는 읽을 수 없는 누군가이며, 글쓰기와 담론이 생겨나는 전설적인 공허로서 작품의 생명을 보증한다.[26]

저자는 자신을 덮치는 사유와 감정을, 그 비인격적 게니우스를 작품을 쓰는 과정에서 (혹은 쓴 이후에) 현실적인 것으로 경험한다. 독서하는 사람은 그 과정을 거꾸로 반복한다. 독자라는 개인은 텍스트를 읽음으로써 저자가 남긴 텅 빈 몸짓의 자리를 차지하는데, 그때, 그곳에, 개인으로서의 독자 자신은 부재하게 된다. 저자와 독자는 이렇듯 자신이 작품 속에 표현되지 않은 채로 있다는 조건에서만 작품과 관계를 맺는다. 아감벤이 보기에 저자와 독자의 이러한 현상학은 **주체의 현상학**과 다르지 않다. 저자나 독자와 마찬가지로 주체는 어딘가에 현존하는 실체적 현실로서 입증될 수 있는 것이 아니라, 주체가 향유되고 향유하는 **장치들과의 마주침**으로부터 발생한다. 장치들이 주체성을 포획하고 향유하는 바로 그 자리에서, 주체성은 어떤 유보도 없이 스스로를 향유하면서, 동시에, 자신이 장치로 환원불가능함을 드러내고 힘껏 저항할 수 있다. 주체성이 생산되는 곳은 바로 그 향유와 저항의 몸짓이 전시되는 자리이다.

장치로서의 글쓰기와 생명체 진화의 역설

아감벤에 따르면 글쓰기는 인간이 생산한 장치다. 아니, 언어활동 자체가 인간이 생산한 장치다. 그리고 스펙타클은 최근의 것이면서 최고의 것인 장치이다. 인간의 역사는 자신이 생산한 장치들과의 부단한 마주침의 경험에 다름 아니다. 아감벤은, 주체성과 대면하는 장치의 개념을 푸코로부터 가져오면서, 푸코의 장치론을 세 가지 명제로 요약한다. (1) (담론, 제도, 건축물, 법, 경찰조치, 철학적 명제 등의) 장치는 언어적이든 비언어적이든 잠재적으로 무엇이든지 포함하는 이질적 집합이며 이 포함된 요소들 사이의 연결망이다. (2) 장치는 늘 구체적인 전략적 기능을 갖고 있으며 늘 권력관계 속에 기입된다. (3) 장치 그 자체는 권력관계와 지식관계의 교차로부터 생겨난다.[27]

이런 의미의 장치는, 순수통치활동이 실현되도록 만드는 것을 명명하는 것으로 주체성의 생산, 주체화의 과정을 내포한다. 이처럼 푸코에게서 장치는, 인간의 행동, 몸짓, 사유를 유용하다고 간주된 방향으로 운용, 통치, 제어, 지도하는 것을 목적으로 하는 실천, 앎, 조치, 제도의 총체를 의미하는데,[28] 아감벤은 이것의 대상을 인간 너머로 확대하여 **생명체**로까지 확대한다. 이 지점에서 그는 존재자를 생명체와 장치로 구분하고, 생명체들의 몸짓, 행동, 의견, 담론을 포획, 지도, 규정, 차단, 주조, 제어, 보장하는 능력을 지닌 모든 것을 장치로 정의한다.[29] 따라서 감옥, 정신병원, 판옵티콘, 학교, 고해, 공장, 규율, 법적 조치 등과 같이 권력과 명백히 접속되어 있는 것만이 아니라 농업, 내비게이션, 컴퓨터, 휴대전화, 펜 등과 같은 기술적인 것들, 나아가 언어, 글쓰기, 문학, 철학 등 암암리에 권력과 접속된 모든 것들도 장치로 규정된다. 이에 따라 아감벤은 주체를, 생명체들과 장치들이 마주치고 대결하는 과정의 결과로서 발생하는 것으로 규정한다. 그러므로 장치가 무한 증식하는 현대는, 주체의 소멸이나 지양의 시대가 아니라 주체성의 새로운 산종散種의 시대이다.

장치와 생명체의 관계는 물론 단순히 포획하고 포획되는 관계만이 아니다. 장치는 인간이 단순히 부딪히는 사고事故가 아니라 생명체의 인간화라는 사건적 과정에 뿌리를 둔다. 그런데 인간적인 장치들의 산출이 역설적이게도 이 생명체에게 분열을 도입하는 것이다. 즉 인간화를 통해 생명체는 존재를 존재로서 향유할 능력을 증대하고자 하지만(행복의 욕망), 역설적이게도 그 욕망은, 인간이 자기 자신으로부터 분리될 뿐만 아니라 자신이 환경과 맺었던 무매개적 관계에서도 분리되는 방식으로만 실현된다. 그래서 존재를 존재로서 인식하고 세계를 구성할 가능성의 자리에 도구, 물품, 각종 보조물, 잡동사니 등의 모든 테크놀로지 장치들이 들어서게 된다.[30] 이것이 장치를 통한 진화의 역설이다.

세속화할 수 없는 것의 세속화

그렇기 때문에 장치에 대해 생명체, 특히 인간이 취할 전략은 결코 단순할 수 없다. 여기서 아감벤은 장치에 대한 개혁 전략이나 장악 전략이나 재전유 전략 등과 부분적으로 겹치면서도 그것과는 다른 세속화의 전략을 대안으로 제시한다. 세속화란 장치들에 의해 포획되고 분리된 것을 공통으로 사용할 수 있게 만드는 것이다. 이러한 생각은, 장치에 의한 분리가 신성화의 전략에 따

막스 베버 (Max Weber, 1864 ~ 1920)

라, 즉 사물들을 신들에게 바쳐 사람들이 사용, 거래, 저당, 용익 불가능하게 만드는 전략에 따라 이루어져 왔다는 성찰에 기초한다.[31]

신성화의 전략은 종교에서 전형적으로 나타난다. 그것은 사물, 장소, 동물, 사람을 공통의 사용에서 떼어 내어 다른 분리된 영역으로 옮기는 것이다. 베버의 「종교로서의 자본주의」는, 이 신성화의 전략이 통상의 종교 장치만이 아니라 자본 장치에서도 나타남을 보여 준다. 이러한 성찰로부터 아감벤은, 자본주의야말로 가장 극단적이고 절대적인 제의종교라는 생각을 발전시킨다. 자본주의에서 모든 것은 교리나 이념과는 무관하게 오직 제의culto의 실행[32]과 관련해서만 의미를 갖기 때문이다. 또 자본주의의 제의는, 평일과 휴일도 구분하지 않고 휴식도 자비도 없이 찬양되는 **영구제의**이기 때문이다. 그리고 자본주의적 제의는 죄로부터의 구원이나 속죄를 추구하는 것이 아니라 죄를 지우고 보편화하는 제의이다.[33] 그러므로 자본주의는 희망이 아니라 절망을, 세계의 변혁이 아니라

세계의 파괴를 목표로 하는 장치로 볼 수 있다.

자본주의에서 종교적 분리는, 분리할 것이라곤 아무것도 남아 있지 않은 지점까지 실현되어, 절대적 분리가 **총체적인 봉헌**과 일치하기에 이른다. 이것이 소비이다. 분리의 완성이자 극단인 스펙타클 사회에서, 모든 것은 스펙타클적으로 진열(소유)되거나 소비되는데, 이것은 **절대적 사용불가능성**의 두 측면일 뿐이다. 첫째로, 스펙타클적 소유는 인간의 자유로운 사용을 분리된 영역으로 옮겨, 사용을 하나의 권리로, 즉 소유권으로 전환시킴으로써 사용을 절대적으로 불가능하게 만든다. 둘째로, 스펙타클적 소비는, 사용될-수-없음이 내부에 통합된 대상들을 소비한다는 점에서, 그리고 소비자 자신이 소비 속에서 대상들에 대한 소유권을 행사하고 있다고 믿기 때문에 그 대상을 사실상 사용하지 못한다는 점에서, 절대적 사용불가능성을 표현한다.[34] 그 결과는, 사용될 수 없는 것들이 모두 박물관으로 회수되고 분리되어 **세계의 박물관화**가 가속되는 것이다.

하지만 이것이 아감벤의 생각의 끝이 아니다. 아감벤은 이 절대적 분리의 세계, 세속화가 더 이상 불가능하리만큼 철저히 세속화되어 보이는 자본주의적 스펙타클 세계에서도 세속화가 가능하다고 본다. 왜냐하면, 얼핏 보면 자본주의가 종교를 세속화하고 있는 것으로 보이지만, 사물을 사용에서 분리시키는 양식을 지속한다는 점에서는 세속화가 결코 아니며, 단지 **환속화**에 지나지 않기 때문이다. 신의 초월성을 주권권력의 자리로 옮길 뿐 그 분리의 양식을 지속할 뿐인 정치적 환속화처럼, 혹은 종교적 의도를 문화적으로 환속하는 텔레비전 게임쇼처럼, 자본주의는 종교적 분리를 경제적 방식으로 계속한다. 그러므로 자본주의가 분리를 통해 사용될 수 없게 만든 것을 공통의 사용으로 되돌릴 세속화의 가능성은 자본주의에서도 여전히 실제적인 것으로 남아 있다. 여기서 필요한 것은 권력의 다른 실행이 아니라 권력의 **비활성화**이며, 권력이 장악했던 공간을 공통의 사용으로 되돌리는 것이다.[35]

전통적 종교제의는 접촉만으로 오염되고 세속화되었다. 성스러운 것을 부적절하게 사용함으로써 세속화하는 방식이 바로 놀이다. 태양을 소유하기 위해 신들이 벌인 싸움은 구기球技로 세속화되었고, 점술은 팽이와 체스 놀이로 세속화되었다. 노동수단인 자동차, 전쟁수단인 총기, 법적 수단인 계약은 어린아이의 놀이에서 장난감으로 세속화되었다. 생명 유지 수단인 사냥은 실타래를 갖고 노는 고양이의 놀이로 세속화된다. 이 놀이들은 신, 점술, 노동, 전쟁, 법, 사냥과 같은 목적들과의 관계에서 수단들을 해방시켜, 그것들을 일종의 목적 없는 수단으로서 보여 준다. 그것들은, 새로운 사용의 창조를 통해 낡은 사용을 비활성화하고 무위로 만든다.

그런데 자본주의는 이 순수수단, 즉 세속화하는 행동, 분리를 비활성화하고 파열시키는 순수수단으로서의 언어활동을 다시 포획하여 분리하는 장치로 나타나고 있다. 이것이 스펙타클이다. 스펙타클은, 언어활동이 자신을 의사소통이라는 목적에서 해방시킴으로써 새로운 사용을 위해 이용할 수 있는 것으로 만들 때, 바로 그러한 언어활동을 포획하고 무력화하는 장치다. 미디어 장치들은 언어활동의 세속화 능력을 무력화하고 언어활동이 말의 새로운 사용, 새로운 경험의 가능성을 열어젖히지 못하게 만드는 장치들이다.[36] 포르노그래피는, 에로틱한 행동을 그 목적으로부터 떼어내 공회전하게 만듦으로써 그 행동을 세속화할 수 있는 인간의 능력(요컨대 섹슈얼리티의 집단적 사용)을 포획하기 위한 장치다. 이런 장치들을 통해 자본주의는, 세속화할 수 없는 것을 산출하려는 자신의 꿈을 마침내 실현하는 것처럼 보인다. 이러한 겉모습에 맞서는 것이 필요하다. 그래서 아감벤은 **세속화할 수 없는 것의 세속화**가, 도래할 세대의 새로운 정치적 과제로 등장한다고 단언한다.

스페키에스와 이미지 존재론

그렇다면 어떻게 세속화할 수 없는 것을 세속화할 것인가? 아감벤은 이 새로운 정치적 과제설정에 근거를 제공하기 위해 존재론으로 돌아간다. 여기에서 아감벤이 접어드는 길은, 이미 베르그손에 의해 정초되었고 들뢰즈에 의해 심화된 바 있는 노선, 즉 이미지 존재론이다. 그런데 그는 이 이미지 존재론을, 베르그손이나 들뢰즈와는 다른 방향에서, 차라리 기 드보르의 스펙타클 이론에 대한 좀더 명시적인 미분작업을 통해 수행하는 것처럼 보인다. 그것은 스펙타클을 스페키에스의 분리와 전도로 파악하는 길이다.

아감벤이 보기에, 세속화할 수 없는 것의 세속화가 윤리정치와 예술의 과제로 주어지는 것은, 존재가 스페키에스^{species}적이기 때문이다. 스펙타클^{spectacle}은 이 스페키에스적 존재가 자기 자신으로부터 분리되어 자율적 영역을 구성할 때 나타난다. 그렇다면 스페키에스적 존재는 왜 자기 자신으로부터 분리되는 것일까? 아감벤은 이 물음에 대한 설명을 스페키에스적 존재가 (거울에 비친) 이미지와 같은 존재라는 것에서 시작한다. 이미지들은 기체基體, substantia로서의 거울 속에서 발견되는 이미지들이다. 기체-속에-있음은, 그 자체로 존재하는 것이 아니라 다른 어떤 것 속에서 존재한다는 것이므로, 실체가 없음을 의미한다. 이 비실체적 이미지는 연속적인 실재성을 소유하지 않으며 어떤 장소운동을 통해 움직인다고 할 수도 없다. 오히려 그것은 관조하는 사람의 이동이나 현존에 따라 매 순간 발생된다. 이러한 사실로부터 아감벤은 스페키에스적 존재, 즉 이미지 존재가 실체가 아니라 연속적인 발생에 속한다는 첫 번째 결론을 끌어낸다.[37] 아감벤이 이미지 존재의 두 번째 특징으로 규정하는 것은, 그것이 양의 범주에 따라 결정될 수 없고 오직 상species, 사용, 몸짓의 형태를 띤다는 것이다. 왜냐하면 이미지는 사물이나 존재의 양이 아니고 그 사물이나 존재의 양태, 외관, 상일 뿐이기 때문이다. 따라서 이미지는 측정될 수 있는 양일 수 없다.

거울speculum, 모습aspecto, 유령spectrum, 견본/기호specimen, 스펙타클spectaclum 등에서 '보다'specere라는 뜻의 그 어근이 발견되는 스페키에스는 철학을 넘어 생물학적 종species, 향신료spezie와 같은 상품, 경제학적 현금espices에 그 뿌리를 남기고 있을 뿐만 아니라, 물품이나 개인의 내역specification이라는 의미로도 확장되었다. 스페키에스적 존재인 이미지는 가시성, 나타남을 본질로 하는 존재이다. 그것은, 보이는 것 외에 다른 본질을 갖지 않는 존재이다. 가시성,

순수한 이해가능성의 존재가 스페키에스적 존재이다. 생명, 특히 인간도 스페키에스적 존재이다. 인간은 실체가 아니라 발생이며 측정될 수 있는 양을 갖고 있지도 않기 때문이다. 인간은 기체-속에-있는, 거울 속에 있는 이미지 존재이다. 그 때문에 인간의 이미지가 자기 자신으로부터 분리될 수 있는 것이다. 이렇게 분리된 이미지의 지각과 그 속에서 자기 자신을 재인하는 것 사이에는 간극이 있게 된다. 나르키소스의 거울은 사랑의 원천이 무엇인지를 말해 준다. 사랑은, 그 거울 속의 이미지가 우리의 이미지이면서도 동시에 우리의 이미지가 아니라는 가혹한 깨달음에서 연원하는 것이다.[38]

그런데 이미지 지각과 그 속에서의 자기재인 사이의 간극이 사라지게 되면, 우리가 그 이미지의 주인이 되어 버리기 때문에 사랑은 불가능하다. 반면 지각과 자기재인 사이의 간극이 무한정 넓어지게 되면, 이미지는 환상으로 내면화되고 사랑은 심리학이 되어 버린다.[39] 사랑이 발생하는 것은, 이미지 지각과 그것의 재인 사이의 긴장 속에서 소통이 이루어질 때이다. 중세 사람들은 이 사랑, 이 내적 긴장in-tentio을 스페키에스라고 보았다. 이것을 아감벤은, "다른 존재를 사랑한다는 것은 그것의 스페키에스를 욕망한다는 것, 즉 그 존재가 자신의 존재함 속에서 스스로를 보존하고자 욕망할 때의 욕망을 욕망한다는 것을 뜻한다"[40]고 풀이한다. 그리고 이로부터 아감벤은, 스페키에스적 존재가 공통의 존재, 일반적 존재이며 인류의 이미지 혹은 얼굴과 같은 것이라는 명제를 도출한다. 스페키에스적 존재는, 일반을 세분하지 않고 노출한다. 그것은 자신에게 속하는 성질들에 의해 규정되는 개체가 아니다. 다시 말해 그것은 자신의 성질들 중 그 어떤 것으로도 자신을 규정하지 못하게 하면서 그 성질들을 일반적이고 무차별적으로 고수한다. 그렇기 때문에 스페키에스적 존재는 임의의qualunque 존재이다.

그런데 스페키에스적 존재는, 그것의 이중성, 즉 지각과 재인 사이의 간극으로 말미암아 임의적인 것에서 개체적인 것, 인격적인 것으로 환원되어 고정되는 운명을 피할 수 없다. 그 결과 스페키에스는 분류와 동일성의 원리(종, 인격)를 의미하는 것으로 변용된다. 아감벤은, 이런 식의 변용이 우리 시대의 원죄이자 무자비한 장치라고 단언한다. 다른 어떤 것도 닮지 않으면서 모든 것을 닮은 임의의 존재인 스페키에스가 인격적 소유와 개체적 분류의 대상이 됨으로써, 스페키에스는 더 이상 공통적으로 사용될 수 없게 되고 그래서 사용도 향유도 가능하지 않게 된다. 여기서 더 나아가, 스페키에스가 전유와 질투, 그리고 야만의 대상이 된 시대가 아감벤이 생각하는 스펙타클의 시대다. 그것은, 오직 자신의 소통가능성만을 소통할 뿐인 이미지 존재인 스페키에스 존재가 자신의 소통가능성을 박탈당한 시대이며 그렇기 때문에 질투가 사랑을 이겨 누른 시대이다. 그러므로 도래하는 세속화의 정치미학은 스펙타클을 세속화하는 것, 스펙타클을 공통의 사용으로 돌리는 것, 그리고 스펙타클을 스페키에스로 되돌리는 것에서 시작되어야 한다. 이것이 아감벤이 생각하는 속죄요 구원이다.

구원의 장치로서의 마술과 사진

이 속죄와 구원, 그리고 행복을 위해 필요한 것은 마술이다. 행복은, 그것이 우리의 운명으로 주어지지 않은 곳, 우리를 위한 구원과 행복이 아닌 곳에서만 우리에게 속한다. 행복은 노력과 자격, 그리고 가치의 대가가 아니라 오히려 마술을 부릴 수 있다는 오만함과 과도함의 결과이다. 왜냐하면 마술을 부릴 능력이 없다는 자각을 내쫓아 버리기 위해 행하는 몸짓과 말이 마술이며, 우리가 마술을 부릴 수 있음을 우리 자신이 안다는 깨달음이 곧 행복이기 때문이다. 카프카가 말했듯이, 마술은 창조하는 것이 아니라 호출하는 것이다. 그것은 겉으로 드러난 이름이 아니라 호출, 부름에 응하지 않을 수 없는 **감춰진** 이름에 관한 앎이다. 그 비밀스런 이름은, 그 사물이 마술사의 말에 복종한다는 것을 가리키는 암호라기보다, 그것이 언어활동으로부터 해방됨을 가리키는 모노그램(여러 개의 문자들로 이루어진 결합문자)이다. 그러므로 마술은 이름에 관한 앎이라기보다 이름과의 단절이며 일종의 몸짓이다.

이런 의미에서 아감벤이 보기에 사진은 일종의 마술이다. 사진은 어떤 방식으로든 최후의 날에 볼 수 있을 세계를 재현해 준다. 마리오 돈데로나 로버트 카파 같은 사진작가들이 정처 없이 걸으면서 찍은 만보, 산보, 표류의 사진들은, 일어나는 모든 것을 심판의 날에 출두하도록 호출하고 소환한다.[41] 탕플 대로에서 부츠를 닦으려고 한쪽 다리를 들어올려 구두닦이 발판 위에 올려 놓은 한 남자의 이미지를 담은, 다게르가 찍은 한 장의 은판사진이 그러하다. 최

고의 순간에 각자에게는 자신의 가장 소소하고 가장 일상적인 몸짓이 영원히 주어진다. 사진기 렌즈로 인해 그 몸짓은 이제 삶 전체의 무게를 짊어지게 된다.[42] 이 몸짓은 사진 속에 호출되어 그 장소와 결정적 순간을 갖게 된 천사적 역량, 스페키에스적 존재이다.

주목할 것은, 사진에 찍힌 피사체가 우리에게 무엇인가를 요구한다는 점이다. 그 피사체의 이름이 완전히 잊혔더라도, 아니 바로 그 때문에, 그 얼굴은 자신의 이름을 요구한다. 그 얼굴은 기하학적 과잉이나 미학적 완벽함의 예시가 아니라 말해야 할 이야기, 탐구해야 할 지리이다. 사진 이미지는, 감각적인 것과 예지적인 것, 모방물과 현실, 기억과 희망 사이의 간극이자 숭고한 균열의 자리로서,

우리에게 속죄/구원을 요구한다. 이렇게 사진은 늘 사라질 순간에 있는 실재를 포착해 그것을 기억하라고 요구함으로써 잃어버린 이름, 스페키에스적 존재를 증언하는 것이다.[43]

스페키에스적 존재의 증언자로서의 조수들

마술과 사진이 스페키에스적 존재를 호출하고 증언하는 기술이라면 주인공과 대비되는 조수·조연은 망각되고 잊혀 버리는 형상인 동시에 망각된 것을 호명하는 힘을 갖는 주체이다. 조수는 망각되거나 잊힌 채로 남아 있기를 요구할 뿐인데, 바로 그 때문에 잊힐 수 없는 존재이다. 반은 하늘의 정령이고 반은 신이라서 흐리멍텅하고 불완전한 인도의 현인 간다르바[44], 지적이고 재능이 있어 상상하고 계획하는 데 몰두하지만 아무것도 끝마치지 못하는 만년 학생, 나이를 헛먹은 사기꾼, 아동문학에 등장하는 도깨비, 망령, 착한 거인, 정령, 변덕스런 요정, 말하는 귀뚜라미와 달팽이, 황금동전을 싸는 당나귀, 기적처럼 나타나 착한 공주를 구출하는 마법의 피조물, 반은 골렘이고 반은 로봇이면서 늘 유혹에 무릎을 꿇고 이제부터 착해질 거야라고 약속하기를 반복하는 피노키오, 쓸모없고 창피스러운 것이지만 고이 간직되는 물건들, 불필요한 일을 하는 데 고집스럽게 협력하는 로베르트 발저의 조수들, 벤야민의 곱사등이 난쟁이, 책상 아래로 포르노그래피 사진을 건네준 못난 친구 등이 아감벤이 말하는 조수유형이다. 이 조수들은 주인공의 행복한 삶이 시작되면 잊혀져 버린다. 하지만 이들의 미결의 몸짓, 예기치 못한 기품, 판단과 취향에서의 대담함, 팔다리나 말에 깃든 명민함 등은 잃어버린 시민권이나 불가침의 어떤 다른 것을 암시함으로써 우리를 돕는다.

　물론 그들의 도움은, 그들이 아무것도 돕지 못한다는 사실에서 비롯되는 도움이다. 이 조력자들은 세속적 시간에 이미 메시아적 특성을 나타내는 존재들이며, 이런 의미에서 이미 최후의 날에 속해 있는 존재들이다. 이들은 신의 언어를 인간의 언어로 옮기는 번역자들이다. 아감벤이 조력자에 주목하는 것은, 이들이야말로 모든 사물에 내재하는 망각의 측면, 저 스페키에스 존재를 호출하고 주장하는 주체들이기 때문이다.[45] 이들이, 세속의 시간에 불길하고 뒤틀린 형식으로 나타나는 신국을, 하찮고 조롱거리가 될 만한 외관 속에 감춰져 있는 최종상태의 요소들을, 수치스러움 속에 은밀하게 깃들어 있는 영광을, 우리의 결점과 비천함 속에서 뻗어 나오는 빛의 방울을 증언하기 때문이다.[46] 그들은 우리의 충족되지 않은 욕망이며 자기 자신에게도 고백하지 않은 욕망이다. 그들은, 성취하지 못하고 여전히 남아 있음으로써 군림하는 메시아를 증언한다. 망각된 것의 이 형체 없는 카오스는 결코 무력하지 않고 또 효력이 없지 않으며, 오히려 의식적 기억만큼 강력하게 우리에게 영향을 끼친다고 아감벤은 힘주어 말한다.[47] 그는, 의식에 비추어 측정될 수도 없고, 세습재산처럼 축적될 수도 없지만, 모든 지식, 의식, 재산의 위계를 집요하게 지배하는 것은 바로 망각된 것의 힘과 그것에 대한 호명이라는 점을 강조한다. 이에 따르면, 신국을 준비하는 것은 주인공이나 영웅, 권력이 아니라, 난감한 몸짓, 무표정한 얼굴, 애매모호한 태도로, 망각된 것의 텍스트를 귀머거리-벙어리의 언어로 번역하는 이들 조수들이다.[48]

패러디와 곁존재론

지금까지 서술한 바에 의해 어느 정도 드러났듯이, 아감벤의 스페키에스의 존재론은 이미지 존재론이면서 동시에 곁존재론$^{paraon-tologia}$이다. 스페키에스는 그 자체로 존재하는 것이 아니라 다른 어떤 것 속에, 아니 그 곁^{para}에 존재하는 것이기 때문이다. 통상의 존재론에서 언어활동과 세계가 잘 어울리는 관계, 즉 상응하는 관계에 있다면, 곁존재론에서 언어는 사물에 도달하지 못하며 그 이름을 찾아내는 것이 불가능한 상태에서 그 사물의 이름을 부른다. 그래서 그 언어는 그 사물의 이름의 부재를 애도하며 오직 찡그린 얼굴로만 그것을 가리킨다. 이 점에서 스페키에스 존재는 패러디적 공간에 놓여 있다. 흔히 '누군가의 시구를 모방하여 진지한 것을 희극적인 것으로 바꾸는 것'으로 이해되는 패러디는, 실제로는, 스페키에스적 존재에서 드러나는 세계와 언어의 균열 때문에 말이 들어설 자리가 없음을 추도하는 언어양식이다. 패러디는 서사시의 랩소디에서 유래한다. 랩소디에서, 낭송시인들이 낭송을 중단하면, 연기자들이 등장해 농담을 던지고 청중들의 영혼을 자극하기 위해 그때까지 행해졌던 모든 것을 뒤집어 버리는데, 이것을 파로이도스

paroidous라고 불렸다. 패러디parody는 이에서 연유한다. 패러디에는 두 가지 특징이 있다. 하나는 진지한 것이 희극적인 것으로 바뀐다는 것이고, 또 하나는 새롭고 부정합적인 내용을 도입하는 형식요소(이후에 산문으로 발전하는, 노래와 말의 분리와 단절)가 보존된다는 것이다.

아감벤에 따르면, 패러디는 신비한 것의 세속화와 내밀한 연관을 갖고 있다. 그것이, 신비를 불러내어 짊어지고 담고 싣는 기술로 사용되기 때문이다. 싣는다caricare는 뜻에서 유래한 캐리커쳐carica-tura가 신비와 마주하는 예술창조의 방식이듯, 패러디도 예술가가 서사화할 수 없는 것을 재현하고자 할 때 취하는 정직한 장치다. 12세기 말에 쓰인 시집 『오디졔르』로 대표되는 분변문학이 보여 주듯이, 패러디는 성스러운 것과 세속적인 것, 고상한 것과 저속한 것, 사랑과 섹스 등을 가르는 문턱을 혼란에 빠뜨리고 식별불가능하게 함으로써 신성한 것을 세속화한다.49 또 패러디는 언어 자체 속에 어떤 균열을 도입하고 그 균열 속에 격차와 긴장, 즉 사랑을 도입한다. 패러디의 이 내적 불협화음은 언어의 의미작용을 미해결된 긴장의 장으로 바꾸어 놓는다.50 패러디는, 허구와 달리, 대상의 실재성을 의문시하는 것이 아니라, 오히려 그 대상을 참을 수 없을 만큼 실재적인 것으로 보기 때문에 그것과 거리를 둔다.51 대상을 허구로 파악하는 문학이, 대상을 실재적인 것으로 파악하는 패러디를 대체하게 되면 이 균열과 거리, 긴장이 제거된다. 사랑하는 상대에게 가까이 다가갈 수 없음의 상황도 제거된다. 그 결과 라틴어와 속어의 긴장도 사라지고 단일언어주의가 지배하게 되면서 양자는 분리

오손 웰즈의 〈돈키호테〉(1992) 중에서

되어 버린다. 이렇게 억압된 패러디가 병리적인 형태로 종말론적 형식 속에서 재등장한 것이 포르노그래피다. 그것은, 관람객의 환상을 관람객 자신이 더 이상 참고 쳐다보기 힘들 만큼 가까이 들이미는 방식으로, 관람객이 그 자체의 환상에 도달할 수 없도록 만든다. 그리하여 포르노그래피는, 섹슈얼리티의 집단적 사용의 가능성을 차단하면서, 그것을 고독하고 필사적인 소비로 대체할 뿐이다.

그러면 아감벤이 『세속화 예찬』의 마지막 절을 오손 웰즈의 영화 〈돈키호테〉(1992)의 6분을 분석하는 데에 할애하고 있는 것은 무엇 때문일까? 사극 영화를 보던 돈키호테가, 영화 속에서 위험에 처한 어떤 여자를 구하기 위해 검을 빼들고 스크린으로 돌진해서 큰 소리를 지르며 스크린을 찢는다. 검에 의해 열린 균열이 점점 커져서 마침내 그 스크린에는 아무것도 남지 않고 스크린을 떠받치고 있는 판자만이 흉물스럽게 보인다. 이 균열에 의해 돈키호테의 상상은 파괴되지만, 돈키호테는 그렇게 될 때까지 자신의 상상력을 믿고 사랑한다. 그런데 그 상상력이 공허하고 충족되지 않는다는 것, 그것이 무가치하다는 것을 보여줄 뿐만 아니라 돈키호테의 상상력의 산물인 여성 둘시네아가 돈키호테를 사랑할 수 없다는 것을 보여 주는 것도 결국 상상력이다. 아감벤은 이런 방식으로, 스펙타클의 필사적인 소비로부터 스페키에스 존재의 공통적인 사용으로 방향을 전환하도록 만들 힘도 우리의 스페키에스적 힘, 즉 상상력임을 암시하는데, 이 지점에서 그는, 상상력이나 이미지보다 실재의 힘을 믿었던 기 드보르와 결정적으로 갈라지고 베르그손이나 들뢰즈에 한층 가까워진다.

도래하는 예술

아감벤은 여러 예술종말론자들과 마찬가지로 예술이 종언에 처했음을 유보 없이 인정한다. 하지만 그는 예술의 종언이라는 말로 예술의 불가능성을 표시하고자 하는 예술종말론자들과는 달리, 예술이 종말에 처하는 이 포르노그래피적이고 스펙타클적인 시대야말로 도래하는 예술의 시간이며 새로운 상황의 창조를 가능케 하는 전기라고 생각한다. 그는, 소통가능성의 철저한 소외로 나타나는 스펙타클의 세계에서 스페키에스적 존재 그 자체가 비로소 체험된다고 보면서, 그 스페키에스적 존재의 비인격적·비개체적 생명력인 게니우스와 그것의 순수한 매개성의 노정인 게스투스(몸짓)에 주목할 것을 요구하는 것이다.

이러한 요구에 입각하여 그는 예술의 종언 속에서 도래하는 예술의 주체, 전선, 전략, 방법론, 형식, 기법에 대한 서술로 나아간다. 도래하는 예술의 주체는, 작품에 선행하여 작품을 주관하는 권위로서의 저자가 아니라, 표현되는 내용 속에 부재하는 빈 공간이자 몸짓으로서의 저자이다. 도래하는 예술의 전선은 생명체와 장치 사이에 그어진다. 예술적 주체는 장치들이 주체성을 포획하고 향유하는 바로 그 자리에서 자신이 장치로 환원불가능함을 드러내고, 그것에 힘껏 저항하고 또 그 속에서 스스로를 향유함으로써 자신을 주체성으로 생산한다. 이것은 세속화의 전략을 통해 가능하다. 세속화가, 종교적 신성화는 물론이고 스펙타클 자본주의적 환속화를 무력하게 하면서, 스펙타클 장치들을 놀이의 대상으로 가져올 수 있기 때문이다. 예술적 세속화는 주인공, 영웅들은 물론이고 문제적 인물[52]에 의해서도 충분히 달성될 수 없다. 아감벤은 이런 유형들이 아니라 오히려 조수 유형들이, 망각된 것의 메시아적 힘을 드러냄으로써, 그러한 세속화를 달성할 수 있다고 주장한다. 진지한 것을 희극적인 것으로 바꾸고 작중에 새롭고 부정합적인 내용을 도입하는 패러디는, 신성한 것, 즉 생명체로부터 분리된 것의 예술적 세속화를 달성하는 기법이자 세속화의 장치이다. 이러한 장치들을 통해 변용되는 예술은 삶의 변용을 가져오면서 "삶과 예술이 더 이상 차이나지 않는 지점"[53]을 향한 진화의 항해를 계속한다.

보론 2

아감벤의 역량론 및 공동체론의
정치미학적 가능성과 한계

머리말

　지난 두 세기에 걸친 사회주의 실험이 어떤 유형의 공동체를 추구했었다는 점은 분명하다. 이념형적으로 '공산주의'라 명명되었던 그 국제적일 공동체는 생산수단의 공유에 입각하여 공동으로 생산하고 공동으로 분배할 경제적이고 정치적인 공동체로 이해되었다. 여기에서 정치는 경제적인 것에 대한 계획과 최소한의 관리, 즉 행정으로 축소될 것으로 예상되었다. 또 그러한 과제는 자본주의 질서에 대한 투쟁 속에서 등장한 코뮌, 소비에트, 평의회 등의 정부 형태들(의 혁신)에 의해 달성될 수 있을 것으로 상상되었다. 그 공동체에 이르는 길에 대한 표상들이 명확하거나 통일되었다고 할 수는 없지만, 그것이 '사회주의'라는 과도단계를 거칠 것이라는 점에 대해서는 큰 이견이 있지 않았다. 사회주의는, 주요한 생산수단을 부르주아지의 수중으로부터 연합한 프롤레타리아의 수중으로 옮기고 프롤레타리아들을 공산주의적 공동체의 경영주체로 단련시키는 필수적 과도기로 이해되었다. 사회주의로 들어가는 초입에, 부르주아지의 저항을 진압하기 위해 필요한, 짧거나 긴, 비교적 폭력적인 문턱기간이 불가피하다는 점에 대해서도 대체적인 이론적 합의가 있었다.[1] 이 시기 이후에, 사회주의에서 공산주의로의 이행과정은 평화로운 진화적 길을 밟을 것이라고 가정되었다. 그리고 이 전과정을 프롤레타리아트의 전위들[2]이 이끌 것이라는 점에 대해서도 대체적인 동의가 있었다. 공산주의를 향한 이러한 사회주의적 사유실험은, 단지 이론에 머물지 않고 실제적 조직화와 운동을 통해 집단적 방식으로 실행되었다. 그것은, 오늘날 역사적 사회주의에 대한 그 어떤 험담에도 불구하고, 유사 이래 그 어떤 공동체 실험과도 비교될 수 없을 만큼 대규모적이고 체계적이며 세계적인 것이었다.

1990년대 초에 현실 사회주의가 만약 붕괴했다면,[3] 그것은 인류의 **전지구적 공동체** 구성이라는 목표달성에서 이 역사적 실험이 실패했다는 것을 명확히 보여 준다는 점에서일 것이다. 1989년 베를린장벽의 붕괴와 서독에 의한 사회주의 동독의 흡수통일에서 시작되어, 사회주의의 기지였던 소련의 해체에 이르는 일련의 사태에 대한 해석들은 다양했다. 소련 사회주의의 해체는 제국주의 세력의 포위와 침략에 의한 일시적 후퇴에 불과하다는 현실 사회주의 변호론에서부터, 소련의 해체는 노동자와 민중이 사회주의의 관료주의적 타락과 일국주의적 변질(국가자본주의)에 대항하여 봉기함으

"다른 세계는 가능하다"(Otro mundo es possible). 2010년 미국 시카고에서 열린 노동절 집회

로써 귀결된 혁명적 사건이며 노동계급의 이 저항으로부터 진정한
사회주의가 출현할 수 있으리라는 희망적 기대에 이르기까지, 현실
사회주의의 붕괴에도 불구하고 공산주의로 연속될 사회주의의 가
능성을 여전히 믿는 흐름이 적지 않게 존재했고 또 존재한다는 것
은 사실이다. 하지만 이보다 더 많은 사람들은 현실 사회주의의 붕
괴를, 사회주의에서 공산주의로의 연속가능성의 결정적 단절을 의
미하는 것으로 받아들였다. 그것의 효과는, 이념에서는 사회주의
가 내세웠던 공산주의적 공동체 전망 그 자체에 대한 환멸("공산주
의는 과학이기는커녕 환상에 지나지 않았다")의 확산과 "대안은 없
다"TINA는 신자유주의 이데올로기의 유일 지배체제의 도래였고, 현
실에서는 이른바 '새로운 세계질서'로서의 신자유주의 지구제국이
2008년과 같은 결정적 위기들의 연쇄에도 불구하고 지속되는 것으
로 나타났다.

　　그러나 공동체적 지향과 실험에 대한 절망과 그 포기의 대가는
가혹한 것이었다. 많은 사람들이 신자유주의 경쟁질서를 자의반타

의반으로 받아들이고 그것에 적응하려 했지만, 신자유주의 하에서의 삶은 행복이나 만족과는 거리가 먼 것이었다. 종말 담론들의 폭증4이 징후적으로 보여 주는 바와 같은 묵시록적 시간이 삶을 옥죄었기 때문이다. 신자유주의적 자본주의 수십 년의 시간 동안, 지난 세기들에 공동체를 향한 사회주의적 실험을 촉발했고 또 촉진했던 적대보다도 훨씬 더 적나라한 적대가 지구 전체를 가로질러 전개되어 왔다. 이 사회적 적대가 나날이 다중에게 강요하는 고통의 삶이야말로, '대안은 없다'는 속단을 넘어 실질적 대안의 필요성을 사유하지 않을 수 없도록 만드는 마르지 않는 자극원이다. 공산주의를 향한 사회주의적 실험의 붕괴 이후에, 그리고 신자유주의의 전 세계적 지배라는 현실 속에서, 어떤 대안 공동체가 가능한가라는 물음이 최근 성찰적 지식사회의 중심화두로 등장하고 있는 것은 이것의 영향 때문일 것이다. 안또니오 네그리와 마이클 하트의『공통체』의 출간, 코스타스 두지나스Costas Douzinas, 지젝, 바디우 등에 의한 '공산주의의 이념' 연속 컨퍼런스의 개최 등은 최근의 주목할 만한 움직임이다. 그런데 이보다 훨씬 앞서, 아니 현실 사회주의의 붕괴보다 앞서, 안또니오 네그리와 펠릭스 가타리의『자유의 새로운 공간』(1983)5, 장-뤽 낭시의『무위의 공동체』(1986)6 등에서 사회주의로부터 연속되어 나오지 않을, 아니, 사회주의와는 원리적으로 다르게 구성될 공동체에 대한 정치철학적 탐구가 이미 시작된 바 있음을 주목할 필요가 있다.

임의성의 존재와 탈자의 경험, 그리고 아이스테시스

1989년 천안문 시위 한 해 뒤인 1990년에 이탈리아어로 첫 출간된, 조르조 아감벤의 『도래하는 공동체』[7]도 이 흐름의 연장선상에 놓여 있다. 천안문 시위에서 아감벤이 주목하는 것은, 시위대의 요구사항에 확실한 내용이 상대적으로 거의 없었다는 점이다.[8] 후야오방의 복권요구는 즉각 수용되었고 민주주의와 자유는 너무 일반적이고 광범위한 요구였기 때문이다. 그렇다면 이 시위에 대한 중국 공산당 지도부의 폭력적 대응은 어떻게 이해될 수 있을까?

아감벤은, 어떤 정체성으로도 환원될 수 없고 어떤 사회도 형성하지 않는 특이성들의 공동체가 천안문 시위에서 출현했다고 분석한다. 재현가능한 특정한 귀속의 조건(정체성)을 갖지 않는 공동체의 출현은 국가 대 비국가(인류)의 투쟁을 당면한 문제로 만드는 사건이다. 왜냐하면 국가는 어떤 정체성에 대한 요구든 받아들일 수 있지만, 정체성으로 확정되지 않은 임의성에 대해서는 대응할 수 없기 때문이다. 국가는 사회적 결속을 표현하는데, 그것은 금지해야 할 것인 임의성의 공동체의 해체와 해소를 기반으로 삼는다. 임의적 특이성들을 특정한 정체성으로 환원하여 국가 내에 포함시키지 못한다면 국가는 위태롭게 된다. 천안문 시위에서 국가의 폭력적 대응은, 국가의 이러한 위기감의 발로라는 것이 아감벤의 해석이다. 그는, "모든 정체성과 모든 귀속의 조건을 거부하는 임의적 특이성(혹은 귀속성 자체)은 국가의 주적"[9]이며, 이 특이성들의 공동체의 시위에 대해서 국가가 폭력으로 대응하는 것은 필연적이라고 말한다. 그러므로 천안문 시위에 대한 국가의 폭력적 대응은, 도래하는 정치가 국가의 정복이나 통제를 쟁취하는 투쟁이 아니라, 국가 대 비국가, 국가조직과 임의적 특이성 사이의 극복될 수 없는 괴리에서 발생하는 임의적 특이성의 정치, 귀속성 자체의 정치(일 것)임을 보여 주는 징후이다.

그렇다면 도래하는 정치의 주된 특징인 임의성이란 무엇일까? 아감벤이 『도래하는 공동체』의 첫 문장을, "도래하는 존재는 임의적 존재이다"(9)라는 말로 시작하는 것에서 짐작할 수 있듯이, 이 책 전체는 이 임의성의 개념을 설명하기 위한 옴니버스-에세이식 접근시도를 보여 준다. 단상까지 포함한 스무 개의 짧은 에세이들은 모두 '임의성이란 무엇인가?'라는 물음을 싸고돈다. 아감벤에 따르면, 임의적quodlibet이란, 개별 범주 내에서는 사유되지 않지만 다른 모든 범주들의 의미를 조건 짓는다는 의미이다.[10] 그것은 개별적인 것도 보편적인 것도 아니면서 가지성의 대상이 되며, 특정한 귀속의 조건(속성)을 갖지 않으면서도 귀속의 부재를 뜻하지도 않는, 귀속성 자체로서의 '어떠함/~대로 존재함'l'esser-quale이다. 이런 의미에서 임의성은 '그것 그대로 존재함'으로서의 특이성이다. 그렇다고 해서 임의적 존재가 무차별한 존재를 뜻하지는 않는다. 임의적 존재는 그것-그대로, 즉 그것의 모든 술어들과 더불어 욕망과 사랑의 대상이 되는 존재를 뜻한다.(11) 임의적 존재에 대한 사랑은 그 존재의 속성에 대한 것이 아니다. 그렇다고 그것이 속성을 도외시한 보편적이고 무미건조한 사랑인 것도 아니다. 그것은 개별성이나 보편성으로 환원되지 않는 그 대상의 고유한 자리-잡음take place,

즉 발생에 대한 사랑이다. 벌레가 벌레로 있고 돌이 돌로 있는 것, 그것들의 고유한 자리-잡음이 사랑의 대상이다. 선과 구원의 개념도 이에 근거하는데, 그 고유한 자리-잡음을 특정한 개별성으로 환원하지 않고 그것을 그대로 포착하는 것이 윤리적 선이라면, 그 자리의 자기 자신으로의 도래가 구원이다.(28)

그렇다면 이 임의적 특이성은 공통성이나 개별성과 어떤 관계에 있을까? 임의적인 것은, 흔히 생각되듯이, 특이성에 대한 공통성의 무차별성에 의해 구성되는 것이 아니다. 오히려 그것은 공통적인 것과 개별적인 것, 본질적인 것과 우연적인 것 사이의 무차별성에 의해 구성된다. 임의적 사물은 자신의 모든 속성을 전부 갖지만, 그 속성들 중 어느 것도 차이를 구성하지 않는다. 속성에 대한 이러한 무차별성은 특이성들을 개체화하고 산종하며 자리-잡게 한다. 예컨대 임의적인 것으로서의 인간의 말은 공통적인 것(언어)의 전유도 고유한 것의 소통도 아니다. 또 임의적인 것으로서의 인간의 얼굴에서 공통적인 것과 고유한 것은 무차별적이다. 임의적인 것으로서의 글씨에서 공통형상인 철자와 개별성의 표현인 필체는 무차별적이다. 아감벤은 공통성과 고유성은 임의성의 산마루에서 떨어지는 양 비탈(35)일 뿐이라고 말한다. 철자(공통성)는 필체(고유성)로 이행하고 필체는 다시 철자로 이행하면서 글씨(임의성)의 발생선을 그린다. 임의성을 자리-잡게 하는, 공통성에서 고유성으로, 고유성에서 공통성으로의 이 반복적 이행의 발생선이 습성maniera이다. 이것을 아감벤은 '사용' 혹은 에토스라고 부른다.

요컨대 고유성과 공통성의 연속적이고 반복적인 이행 속에서 발생하고 있는 제3항인 습성이 바로 임의성이다. 아감벤은 습성의 'maniera'가 '흐르다'를 뜻하는 'manare'에서 연유한 것으로 독해하면서, 그것을 생성습성, 즉 생성 중인 존재로, 다시 말해 이런저런 양태에 속하는 존재가 아니라 그 자신의 존재양태 자체인 존재로 해석한다. 그것은, 특이하지만 무차별적이지는 않고 다자적이면서도 모두에 해당하는 어떤 것이다. 자신의 조건들 속에서 자신을 노정하는 존재, 즉 존재의 '이렇게'는 우연적이지도 필연적이지도 않고 자신의 습성으로부터 꾸준히 산출되는 존재이다.(47) 그렇기 때문에 생성습성은 자기 자신을 자유롭게 활용하는 임의적 특이성의 자리이자 그것의 개체화 원리이다. 선, 행복, 사랑은 이 생성습성에 근거한다. 이 습성이 우리를 산출하는 것이 선이며, 습성에서 산출되는 인간은 행복하고, 습성에서 산출된 임의적 존재는 사랑스럽기 때문이다. 그러므로 습성은 우리가 우리 자신을 산출할 때 사용하는 행복한 본성이다.(49)

아감벤은 이러한 임의성이 무엇인지를 좀더 깊이 설명하기 위해, 그것을 잠재성과 현실성이라는 (질 들뢰즈에 의해) 널리 알려진 철학적 구도 속으로 가져가 그것과 비교한다. 아감벤이 생각하는 임의성은 들뢰즈의 잠재성, 즉 현실화하는 잠재성, 현실일 잠재성과는 다르다. 아감벤에 따르면 잠재성은 두 가지로 구분된다. 하나는 (들뢰즈가 말하는 바와 같은) 현실성으로 이행할 잠재성 혹은 행위할 잠재성으로서, '~일 잠재성'이다. 또 하나는 '~이지 않을 잠재성', 즉 잠재성 자체를 대상으로 삼는, 잠재성의 잠재성potentia potentiae이다. 이 가운데 더 높은 능력은 '~이지 않을 잠재성'이다. 왜냐하면,

그것은 능력(행위)과 불능(무위)을 똑같이 행할 수 있기 때문이다. '~이지 않을 능력'에서 행위는 불능(무위)으로 나타나지만, 그와 더불어, 그것은, '~이지 않지 아니할 능력', 즉 능력의 발현(행위)으로도 나타날 것이기 때문이다. 예컨대 피아니스트의 '~이지 않을 잠재성'은 '연주하지 아니할 능력'이면서 동시에 '연주하지 않지 아니할 능력', 즉 연주할 능력이기도 하다. 사유의 경우도 마찬가지다. 사유는 현실화된 대상을 사유할 능력이면서 동시에 사유하지 않을 잠재성, 즉 자기 자신을 순수한 자기에로 돌려보낼 수 있는 능력이다. 아감벤은, 자기 자신을 사유하는 이 사유가 대상을 사유할 능력보다 우월하다고 단언한다. 이 사유는, 자신의 수동성을 사유함으로써 능동과 수동을 하나로 만든다. 이런 관점에서 보면, 허먼 멜빌이 그린 필경사 바틀비는, 쓰기를 중단한 것이 아니라 자신의 쓰지 않을 잠재성 외에는 아무것도 쓰지 않는 잠재성, 즉 '~이지 않을 잠재성'을 경험으로 보여 주는 천사의 극단적 형상이다. 아감벤은 임의성이 바로 이, '~이지 않을 잠재성'이라고 말한다. 이 제2의 잠재성은 필연성의 법령을 승인하는 '존재하지 않을 수 없음'과, 변동하는 우연성을 규정하는 '존재하지 않을 수 있음' 사이에서 '(~그렇게) 존재하지 않지 아니할 수 있음'을, 다시 말해 '구제할 길 없이 자신의 그렇게 존재함에 맡겨져 있음'으로서의 만회불가능성을 행한다.(62~3)

하지만 '~이지 않을 잠재성'으로서의 임의성은 아직도 사유하기에는 쉽지 않고 여전히 불명확하다. 아감벤도 "원초월적인 쿼드리벳quodlibet에서 사유되고 있는 것은 가장 사유되기 어려운 것이다"(96)라는 말로 이 어려움을 인정하고 있다. 그에 따르면, 이 어려움은, 임의성의 경험이 비사물적 경험이며, 어떤 정체성의 경험, 속성의 경험이 아니라는 데에서 온다. 다시 말해 임의성은 개념적으로 규정되지 않기 때문이다.(95) 그렇다고 해서 임의성이 무규정적인 것은 아니다. 왜냐하면 그것은 자기 자신의 어떤 이념, 즉 자신의 가능성들의 총체와의 관계를 통해 규정될 수 있기 때문이다. 임의성은 순수-특이성이다. 그것은 특정한 개념이나 속성에 관여함으로써가 아니라 자신의 가능성의 총체와의 맞닿음을 통해서 완전한 규정성을 얻는다. 즉 '그렇게 존재함'이라는 귀속성은 텅 빈 무규정 상태인 총체성과의 관계를 통해 규정된다. 여기서 그 가능성의 총체는 경계Schranke라기보다 한계Grenze이다. 그것은 텅 비어 있는 순수한 외부성이라고 할 수 있는데, 이것은 규정된 공간 너머에 있는 어떤 공간이라기보다 규정된 공간으로 하여금 접근을 가능하게 하는 외부성, 다시 말해 그 공간의 얼굴이자 그 공간의 형상eidos이다. 임의적인 특이성이 노정하는 이 순수한 외부에 접근하는 경험, 즉 외부의 내부에 있는 경험을 아감벤은 탈자(態)Ekstasis라고 부른다.(97)

이 탈자의 경험은 세계의 만회불가능성, 사물들이 확실하고 최종적으로 그렇게 존재한다는 것(세속성)의 경험 속에서 "그렇다면 그래라"라고 말하는 경험이다. 절대적 만회불가능성의 경험 속에서 안전과 절망은 동일한 것이다.(125) 신에 대한 직관을 박탈당하는 벌을 받았던 고성소의 주민들이 경험하는 절대적 절망상태가 오히려, (구원에 별다른 관심을 갖지 않는) 그들을 자연적 쾌활함의 상태에 있게 하듯이, 탈자의 경험은 절망 속에서 안전을, 안전 속에서 절망을 경험하는 것이다. 이것이 바로 임의적인 것의 경험이다. 그러므로 임의적인 것은 본질도 실존도 아니고 실체나 특성도 아니며 가능성도 필연성도 아니고 속성도 양태도 아니다. 그것은 자신의 양태성들로, 즉 이렇게-로-존재하는 존재이다.(127) '이렇게'의 존재인 임의적 존재에서 실존은 어떤 특성을 띤다는 것, '~로^{as} 존재함'의 고통에 몸을 맡긴다는 것이다. 그것은 자신의 생성습성에 따라 자신의 양태'로' 실존한다. 어떤-나무(실존)가 나무(본질)'로' 존재하는 것에 대해 사유할 때, 흔히 사유되지 않는 것이 바로 양자의 관계인 그 '~로', 즉 노정의 관계이다. 아감벤에 따르면, 이 노정의 관계 자체가 본질도 실존도, 의미도 명시도 아닌 제3항인 '~로 존재함', 즉 영원한 노정의 사물성^{facticity}인 아이스테시스^{aeisthesis}(영원한 감각작용), 즉 물 자체다.(137~8) 이러한 임의성은 사물 곁^{para}에 거하는 패러다임^{paradigm}(20)이며, 존재 한가운데 있는 현존재와 현존재에 맡겨져 있는 존재의 관계(하이데거)이고, 곁현존, 곁초월, 후광, 영원한 그러함으로서의 이념(플라톤)이다.(138~9) 이렇게 '곁'에 거하는 이념과 관계하는 특이성이 임의적인 것이다.[11]

스펙타클 : 세키나^{shekinah}의 고립과 소통가능성의 소외

임의적인 것이 개개의 양태성들 속에서 '그렇게 존재함'의 경험이라면, 그것이 어떻게 윤리나 정치를 구성할 수 있을까? 아감벤은

짧은 단편글 「윤리」에서, 윤리와 같은 것이 존재할 수 있는 유일한 근거이자 출발점은 "인간이 정립하거나 실현해야 할 본질이나 역사적 혹은 종교적 사명, 생물학적 운명 따위는 없다는 사실"(65)이라고 단언한다. 만약 인간이 이런저런 실체이거나 실체이어야 한다면, 또 이런저런 운명이거나 운명이어야 한다면 '과업'만이 있을 뿐 윤리적 경험은 불가능할 것이기 때문이다. 인간이 행위해야 할 본질, 사명, 운명이 없다는 사실, 즉 그 무위성inoperativeness이야말로 임의적인 것의, 저 지고至高의 잠재성의 윤리의 근거이다. 선과 악은 저 지고의 잠재성과의 관계 속에서 규정된다. 자기 자신의 잠재성을 경험하는 것, 자기 자신의 가능성이 되는 것, 모든 형상에 자신의 무형상성을, 모든 행위에 자신의 무위를 노정하는 것이 윤리적 선(의 경험)이다. 반면 악은, 실존의 결함(죄) 속에 머무르면서, '~이지 않을' 임의적 잠재성을 실존 너머의 실체나 근거로 이용하려 하거나 혹은 그 잠재성 자체를 억압해야 할 결함으로 간주하려는 결단에서 성립한다.(67) 이것이 바로 윤리와 구분되는 도덕성의 운명이다.

여기에서 분명히 드러나듯이, 아감벤의 윤리학은 잠재성에 대한 사유, 즉 임의적인 것의 존재론에 기초한다.[12] 그런데 주목할 만한 사실은, 아감벤이, 오늘날의 상품세계가 바로 이 임의적인 것을 경험하도록 만든다고 본다는 사실이다. 스타킹 광고를 분석한 글 「딤 스타킹」에 묘사된 광고모델인 여성들(걸스)의 기술화되고 상품화된 신체(길쭉한 다리)는 개인적 생의 기록, 유기체적 장벽, 생물학적 운명, 신학적 토대, 요컨대 일체의 아우라를 잃고 임의적인 어떤 것으로 나타난다. 그것은 유일무이한 것과는 정반대의 것인 완벽하게 대체가능한 아름다움, 즉 임의성의 아름다움을 드러내는 것으로 보인다. 상품이라는 기관없는 신체가 유기적 신체의 필멸성을 부정하고, 현대의 스펙타클은 자연의 소통될 수 없었던 이질성을 지양하는 것으로 보이기 때문이다.

그렇다면 상품적 스펙타클 사회는 아감벤이 추구하는 임의성의 공동체, 바로 그것이 아닐까? 아감벤은 바로 이 순간에, 스펙타클이 연출하는 임의성이 갖는 가면성을 비판하는 것으로 응답한다. 스펙타클적으로 상품화된 육체는, 실제로는 임의적인 육체와는 아무런 접촉이 없는 분리된 영역을 구성하는 것에 지나지 않는다. 스펙타클에서 임의적인 것은 육체가 아니라 육체의 이미지일 뿐이다. 그 찬란한 육체의 이미지는 빈약하고 보잘 것는 육체, 수용소에서 죽음을 향해 늘어선 익명의 벌거벗은 육체, 고속도로에서 매일 죽어 나가는 수많은 육체를 가리는 스크린일 뿐이라는 것이다.

상품화가 교환가치의 지배를 통해 인간의 생산활동을 소외시켰다면, 분리된 이미지들에 의해 매개되는 인간들의 사회적 관계인 스펙타클은 인간의 언어적이고 소통적인 본성, 즉 로고스의 소외를 보여 준다. 왜냐하면 그것은, 집단적 지각, 집단적 기억, 사회적 의사소통을 통제함으로써, 그 자신이 인간들의 소통가능성 자체를, 즉 인간의 언어적 존재 그 자체를 대의하고 있기 때문이다. 생산활동과 소통활동, 즉 공통적인 것 모두가 총체적으로 분리되고 소외된 것이 스펙타클의 사회이다. 자립적 상품사회로 소외되고 고립된 것이 인간의 생산활동 자체이듯, 스펙타클 사회에서는 소통가능성 자체가 스펙타클로 소외되고 자립하여 인간들 사이의 소통을 가로막는다. 자본가들이 인간을 생산활동에서 소외시키듯이 언론인들은 인간을 소통활동에서 소외시킨다.(114) 말씀, 셰키나, 인식의 나무, 언어적 존재의 이러한 소외로 말미암아 지구상의 국가들은 하나하나 스펙타클-민주주의로 항로를 잡아가고 있다.

'차라리'의 역량과 도래하는 공동체

그런데 정작 아감벤 자신은 공통적인 것의 소외와 분리의 이러한 완성을 결코 비관주의적으로 보지 않는다. 오히려 그는 스펙타클화가 가져오는 그 임의적인 것의 가상들(광고 속 여성들이 보여 주는 임의적 육체의 가능성, 스펙타클이 보여 주는 소통가능성 자체)이 독특한 기회를 부여하는 것으로 파악한다. 그것들이 인간으로 하여금 자신의 임의성을, 자신의 공통적인 것을, 그리고 자신의 생산과 소통의 능력 그 자체를 경험할 수 있게 해 주기 때문이다.(115) 우리가, 스펙타클이 분리시키는 이미지와 육체를 분리불가능한 공간 속에서 연결한다면, 광고와 포르노그라피는, 비록 그것들 자신은 알지 못하겠지만, 새로운 육체, 임의적 육체의 탄생을 돕는 산파가 될 수 있다.(74) 이와 마찬가지로 우리가, 전통·믿음·이데올로기·종교·정체성·공동체 등을 부수고 비우면서 (스펙타클이 분리와 파괴적인 언어실험의 형태 속에서 보여 주는) 소통가능성 자체를 언어와 결합하는 것에 성공한다면, 스펙타클은, 어떤 전제들도 없고 국가도 없으며 무효화하면서도 규정하는 공통적인 것의

잠재력을 노정하는 **공동체**를 **도래케** 하는 산파가 될 수 있을 것이다.(115)

아감벤이 보기에 이 도래하는 공동체는, 오늘날 신인류가 직면한 죽음의 위기 속에서 드러나는 기회의 얼굴이다. 신인류란, 모든 사회계급이 용해되어 더 이상 사회계급이 존재하지 않는 시대를 살아가는 유일한 계급인, 행성적 쁘띠부르주아지를 지칭한다.[13] **국민적 쁘띠부르주**

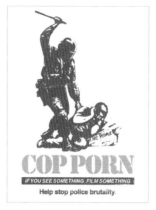

〈경찰 포르노〉 "목격하면 찍자. 경찰의 가혹행위를 함께 막아내자."

아지는 부르주아적 위대함을 향한 그릇된 민중적 정체성의 꿈에 따라 움직였다. 이와 달리, **행성적 쁘띠부르주아지**는 식별가능한 어떤 사회적 정체성도 거부하는 프롤레타리아적 성향을 전유한 계급이다. 이 계급은 존재하는 모든 것을, 그가 그것들에 매달렸던 때와 똑같은 제스쳐로 폐기하고 있고 오직 비고유한 것과 비진정한 것만을 알고 있으며 담론의 이념도 거부한다. 이 계급에서는 언어상의 차이, 사투리의 차이, 생활방식과 성격의 차이, 관습의 차이, 개인의 신체적 특성들 등 모든 다양한 것들이 의미를 갖지 않으면서 판타스마고리아적 공허함 속에 노정된다.(90)

이 계급의 내부에 모순이 있다면 그것은, 매일의 볼거리로 변형된 부조리한 실존 속에서 고유하지도 중요치도 않은 정체성을 승산 없이 찾고 있다는 데 있다. 부끄러워함shame과 오만함arrogance, 대세순응성conformity과 주변성marginality이 이 계급의 감정목록의 양극을 구성한다. 이들의 실존의 무의미함이 맞닥뜨리는 최후의 부조리함은 죽음이다. 죽음에서 행성적 쁘띠부르주아지는 **벌거벗은 삶**에, 순수한 소통불가능성인 개별성의 궁극적 박탈과 좌절에 직면한다. 하지만 그것이 드러내는 것은, 벌거벗은 삶조차도 실제로는 자신에게 비고유하며 그들에게 완전히 외부적이라는 사실이다. 이로부터 아감벤은 행성적 쁘띠부르주아지의 형상이, 인류가 **파멸**로 치닫고 있는 형상이라는 진단을 내림과 동시에, 그것이 역설적으로 인류가 어떤 대가를 치르고라도 놓쳐서는 안 될 인류역사상 전대미문의 **기회**를 나타낸다(92)는 생각에 이른다.

이 기회를 살릴 방법이 무엇일까? 그것은, 이미 비고유하고 무의미한 것으로 드러난 그 개체성의 형상에서, 고유한 정체성을 찾기를 단념하고, 바로 그 비고유성 자체에 귀속하는 것이며, 고유한 이렇게 존재함을 어떤 정체성이나 속성이 아니라 정체성 없는 특이성, 임의적 특이성, 절대적으로 노정된 공통의 특이성으로 만드는 것이다. 구원은, 세속적인 것이 신성해지고 상실한 것을 다시 찾는 사건이 결코 아니다.(141) 오히려 구원은, 상실한 것의 만회할 수 없는 상실이며 세속적인 것의 최종적 세속화이다. 아감벤은 바로 이 **최종성** 때문에 세속화의 한계, 그것의 종말이 강림할 것으로 추론한다. 그런데 희망은, 세속화의 종결을 통해 구원의 손길이 끝나는 바로 그곳에서 비로소 시작된다. 그것은, 이 세계에서 사물들이 이러이러하게 존재하는 상태를 관조함으로써("그렇다면 그래라") 그 세계의 외부로, 비사물적인 것으로, 즉 영성으로 나아가는 **탈자**의 길이다.(142) 이런 식으로 인간들이 이러저러한 자전^{biography} 속에서 그렇게-존재하는 것이 아니라, 오직 '그' 이렇게로, 자신들의 특이한 외부성이자 얼굴로 존재하게 될 때, 어떤 것이 존재한다는 것도 아니고 어떤 것이 존재하지 않는다는 것도 아닌 제3의 어떤 것이 등장할 수 있다. 그것은 존재하지 않느니보다 **차라리**rather 존재하는 것, 다시 말해 '존재하지 않지 아니할 능력'(144)이다. 아감벤은, 이 차라리-능력이, 존재하지 않을 잠재성에 대립되는 존재할 잠재성과는 다른 것이라고, 이렇게로, 자신의 존재양태로 존재하면서 차라리를 행할 수 있는 능력이라고 말한다. 그것이 **자유로운 것으로서**의 우연인데, 이 때의 우연은 단순히 우연적인 것도 단순히 필연적인 것도 아닌 것, 차라리 우연적이면서 필연적이고 필연적이면서 우연적인 것이다.(145)

아감벤은 이 차라리의 능력이 바로 존재의 근거reason로서의 언어라고 말한다.(144) 그러므로 사물들의 이렇게-상태에 대한 관조/봄은 세계의 만회불가능성에 대한 인지이자 차라리-존재함으로서의 우연적인 것으로의 초월, 즉 자유의 계기이다. 세계가 세계 외부에서 경험되는 차라리-존재함의 이 탈자적 자유의 성향을 아감벤은 **사랑**(61)이라고 부른다. 이 탈자적 습성 속에서 인류는 처음으로, 소통될 수 없는 것이 없는 소통으로, 주체도 전제도 없는 공동체로 들어서게 될 것이다. 여기에서 각개의 특이성들은, 제 자리로 도래하여 자리-잡음으로써, 절대적으로 대리/대표/재현불가능한 공간인 이 아죠Agio 14에서, 자기 자신을 자유롭게 사용하는 놀이를 향유하게 될 것이다.(42) 흔히 주장되는 것과는 달리, 아감벤은 이러한 전환을 종말론적 파괴를 통과하는 과정으로 이해하지 않는다. 그 전환은, 행성적 신인류 속에서 그들의 삶의 지속을 가능케 할 특징들을 선별하고, 오직 그 자신을 소통하는 완전한 외부성(즉 소통가능성 자체)과 미디어화된 사악한 광고를 분리시키는 얇은 가림막을 제거함으로써 가능한 것이다. 무위의 관점에서 '과제'라는 개념을 늘 비판해 왔던 아감벤이, 이 지점에서만은 유독, 이 가림막을 제거하는 것이 공동체의 도래를 맞이하는 우리 세대의 '정치적 과제'라고 말한다.(93) 이것은 뜻밖인 만큼 놀라운 일일 뿐만 아니라, '과제'나 '사명' 등과 같은 목적론적 사유장치들이 쉽게 청산될 수 있는 것이 아님을 암시하기도 하는 것이기도 하다.

두 얼굴의 아감벤

네그리는, 아감벤과 같은 이탈리아 출신이면서 20세기 후반기를 아감벤과는 매우 다른 방식으로 살아온 인물이다. 그런데 이 두 사람이 21세기에는 공동의 주제를 놓고 긴장된 그러나 생산적인 이론적 토론공간을 펼치고 있다. 『도래하는 공동체』를 포함한 아감벤의 사유들에 대한 네그리의 총괄적 평가는 2007년에 출판된 『아감벤: 주권과 삶』에 실린 「아감벤: 변증법의 신중한 맛」Giorgio Agamben : The Discreet Taste of the Dialectic 15에 나타난다.

네그리가 보기에, 앞에서 우리가 분석한 『도래하는 공동체』는, 아감벤의 사상발전에서 하나의 전환점을 나타내는 책이다. 이 책이 **구원을 디스토피아로** 제시하면서, 존재의 **역량**을 중심에 갖다 놓는다는 점에서 그렇다. 문제는 그 '존재의 역량'을 어떻게 이해하는가이다. 네그리는 아감벤의 작품들 속에 늘 두 얼굴이 공존한다고 본다. 하나는 실존, 운명, 끔찍한 그림자, 죽음 앞에서 머뭇거리는 아감벤이고, 또 하나는 문헌학과 언어분석, 그리고 비판적 존재론으로 존재의 역량과 창조적 융기에 접근하는 아감벤이다. 이 두 얼굴의 공존으로 인해, 아감벤의 작품에서 삶의 욕망은 죽음에 의해 **지워지**는 반면, 다시 죽음이 채워진 공간에서 욕망의 초과가 **움튼다**는 것이다.

네그리는, 아감벤의 사유가 1960년대와 1970년대 맑스주의의 위기를 조건으로 발생한다고 분석한다. 1968년 혁명을 계기로 맑스주의 가치이론이 부식되고, 그것이 더 이상 합리적 경제계획과 정치적 배치에 '기반'foundation을 제공할 수 없게 된 상황에서, 즉 **맑스주의 정치경제학**의 기반이론이 결정적 위기에 직면한 상황에서, **공산주의의 정치학**을 구해 내려는 시도가 당시에 위기의 **정치철학**으로 나타났다. 그 정치철학은, **기반**의 과학을 갖지 못한 상황에서 직접적인 **기획**의 과학으로, 정치적인 것의 순수과학으로 전개된다. 여기에서 정치학의 환상을 정치경제학 비판을 통해 파괴했던 맑스의 기획은 역전되어, '정치경제학 비판' **없는** '정치학'의 자율적 놀이가 시작되었던 것이다.

이러한 상황에서 아감벤은, 『언어와 죽음』(1982)을 통해, **부정적 사유**를 당대의 철학적 담론 속에서 재정위하고, 존재와 실천 사이의 연계를 회복시킴으로써, 기반문제 자체를 공격하여 해소시키는 방식으로 개입한다. 아감벤의 출발점은, 서구 철학의 발생처인 존재론적 기반에 대한 탐구가 '말할-수-있는-것'에 대한 정의의 주위를 맴돌아 왔는데, 이것은 '말해진-존재'의 반복에 지나지 않는다는 확신이다. 여기에서 '기반'은, 말해지는 한에서만 존재할 수 있는 표현 수단으로 환원된다. 그러나 말해진-존재는 결코 기반일 수 없고 단지 순수한 목소리일 뿐이다. 그렇다면 존재론적 기반과 그것을 표현하는 목소리의 관계가 어떻게 재구축될 수 있을까?

네그리가 보기에, 이 물음에 답하기 위해 아감벤이 의지하는 것은 헤겔과 하이데거의 부정적 사유다. 하지만 이 부정적 사유를 실험함으로써 아감벤이 사실상 도달하는 것은, 목소리로 하여금 의미의 지평이 되게 할 비전을 제시하지 못하는 헤겔 및 하이데거의 형이상학이 아니라, 오히려 실질적 포섭론의 맑스다. 왜냐하면 맑스의 실질적 포섭론이야말로 존재가 목소리로, 생산관계의 사슬이 언어관계의 공동체로 환원되는 사회적·역사적 지평을 제시하면서, 목소리가 존재를 윤리적 술어로 제시할 가능성을 보여 주기 때문이다. 이 지평에서 집단적이고 윤리적이며 생산적이고 구성적으로 되는 목소리가 아감벤의 문헌학에 존재를 정복할 기반을 제공하면서, 윤리적 목소리에 의해 지배되는 새로운 시대를 개시하고, 기반 이론을 새롭게 혁신할 가능성을 부여하기 시작한다는 것이다.(114)

이렇게 윤리적 강밀强密성을 획득한 아감벤의 사유는, 1970년대에 이탈리아에서 겪은 이론적·실천적 경험을 바탕으로 1980년대에 이루어진 프랑스 포스트구조주의와의 비판적 교전을 통해, 윤리적인 것의 집단적 구축, 즉 폴리스의 구축을 지향하는 것으로 나아간다. 아감벤은 있는 그대로의 존재를 받아들이면서, 집단적 목소리의 형상에 따라 그것을 재구조화하며, 그 목소리의 리듬에 따라 그것을 지속적으로 전위시키는 방향으로 나아간다. 그럼으로써 아감벤은, 포스트구조주의적 사유의 현상학적 참조가 갖는 모호성을 해체하고 그것을 해체, 욕망, 정치라는 새로운 구축적 평면으로 가져가는 방식으로, 포스트구조주의의 강한 2세대를 대표한다고 네그리는 말한다.(116)

베네딕트 데 스피노자
(Benedict de Spinoza, 1632 ~ 1677)

그러나 네그리가 보기에 아감벤의 이 존재론적 선택은 하이데거주의적 존재론에, 다시 말해, 주어진 운명적인 것으로서의 존재개념에 물들어 있다. 네그리가 보기에 이것은, 시간이 흐를수록 나쁜 영향을 드러내는 오염이다. 예컨대 『도래하는 공동체』(1990)보다 십수 년 뒤에 쓰이는 『예외상태』[16](2003)에서 아감벤은, 모든 것이 무차별적인 존재론적 지평 속에, 권력의 예외상태라는 부정성의 텅 빈 놀이 속에 함몰되어 더 이상 어떤 의미도 생산될 수 없고 혁신적이고 혁명적인 활동도 불가능해진 상황을 그린다. 여기에서 **법**은 **과대평가**되고 창조의 평면인 **존재론**은 **과소평가**된다. 그 결과, 예외상태와 제헌권력[구성적 힘] 사이에 아무런 차이도 없게 된다. 제헌권력이 존재를 창조해도 예외의 법이 그것을 무효화시켜 버리기 때문이다. 비오스^{bios}에서 일어나는 모든 것이 조에^{zoē}의 무구별성 속으로 접혀들어 간다. 삶정치에서 적대는 사라지며 결과적으로 윤리적 목소리의 표현도 사라진다. 모든 것은 전체주의적이고 정태적인[국가적인]static 지평 속에 고정되어 있다. 이것이 아감벤의 하이데거적 얼굴이다.

하지만 이것이 전부는 아니다. 아감벤은 이와 다른 얼굴, 즉 스피노자적이고 들뢰즈적인 얼굴을 드러낸다. 이 얼굴 속에서 아감벤은 유토피아적 불안과 삶정치를 내적 적대에서 파악하려는 노력을 기울이면서 개념적이고 언어적인 혁신을 통해 예외상태를 횡단한다. 헤겔주의를 넘고 벤야민까지 넘어서면서, 이 얼굴의 아감벤은, 원시기독교와 초기 공산주의가 제국권력과 노예화를 통과하면서 내부로부터 그것을 파괴해 내는 과정, 즉 실재적이고 혁명적인 힘으로 작동하는 과정을 보여 준다.(119)

그러나 하이데거와 스피노자 사이에서의 머뭇거림이 중단되고 하이데거적 얼굴이 우세한 것으로 나타나는 때가 있다. 그것은, 공통적 존재가 스스로를 구조화하고 자신의 힘을 조형하면서, 존재가 구체적이고 역사적이며 현상학적이고 삶정치적인 것으로 제시될 때다. 이때 아감벤은 푸코의 텍스트들에 의지하는데, 들뢰즈(의 푸코)와는 달리 그는, 욕망이나 코나투스의 구축적 운동보다는 존재의 부정적 측면을 찬양하며 삶의 결정을 이 고립된 지평 속에 배치하는 방식으로 푸코를 해석한다. 이런 점에 주목하면서 네그리는, 아감벤이 존재론에 머물지 않고 (『호모 사케르』17를 분기점으로) 역사적으로 결정된 존재의 체험·역사·업적 등을 다루기 시작한 이유가 무엇인지, 다시 말해 삶정치론에 도전하게 된 이유가 무엇인지 묻는다. 네그리가 보기에, 아감벤이 존재 경험에서 삶정치적 표현의 경험으로 나아간 것은 푸코의 영향과 대안적인 것들의 '목소리' 같은 외적 자극은 물론이고 그 자신의 정치적 열정, 윤리적 분노와 같은 내적 자극에 의해 촉발된 것이 분명하다. 하지만, 네그리는 이것들보다 더 중요한 촉발요인이 있는데, 그것은 존재의 차원들과 긍정적 힘을 고려함에 있어서 그가 보였던 우유부단함과 그것으로 인한 그의 사상 내적 모순이라고 말한다.(120)

아감벤에게서 존재 이념의 삶정치 이념으로의 번역은, 삶정치적인 것 그 자체의 중립화와 무력화라는 효과를 불러일으킨다.(120) 삶정치에 대한 그의 정의는, 삶과 정치, 집과 도시, 조에와 비오스의 무구별성을 고정시키며 삶정치적 생명을 권력의 계산과 메커니즘 속으로 집어넣어 삶권력이 삶정치적 지형을 일방적으로 정의하고 조직하는 것을 허용한다. 이렇게 삶정치적인 것이 이원적이고 갈등적인 장으로 사유될 수 있는 가능성을 부인함으로써, 아감벤은 자신의 삶정치 개념이 삶권력 외부로, 그 너머로 나이갈 수 있는 가능성을 부정한다. 그 결과 아감벤의 삶정치적 장은 집과 도시, 조에와 비오스, 삶과 정치의 상호순환으로 구성된 양극적이면서 타동적인 장으로 나타나며 삶정치적인 것은 절대적 무력화를 겪게 된다.

그런데 아감벤의 기획이, 삶정치적인 것을 무력화하는 것이고 뉴욕의 바틀비나 강제수용소의 무젤만처럼 수동적이고 주변적인 저항의 이미지를 구축하는 것이었다면 삶정치 개념으로 나아가지 않고 존재에 대한 허무주의적 개념이나 저항에 대한 주변적 개념에 머물러도 충분하지 않았을까? 네그리는 여기서, 그럼에도 불구하고 그가 삶정치 개념으로 나아간 것은, 그의 존재론이 삶에서의 출구와 역사적 결정을 요구하고 있었기 때문일 것이라고 추론한다. 하지만 이 요구에 응답하기 위한 작업에서 아감벤은 안타깝게도 하이데거와 스피노자의 차이를 말소시켜 버린다. 즉 주어진 것과 운명 사이에 하이데거가 설정한 **통일**과, 주어진 것과 사랑-코나투스-쿠피디타스-자유 사이에 스피노자가 설정한 **분리**를 구분하지 않고 뒤섞어 버리는 것이다. 네그리가 보기에 이것은, 근대적인 것을 던져버리고 **생명[삶]**의 생산이라는 맑스적 계기를 발견하고 발전시킬 힘이 아감벤에게 부족했기 때문이다.(121)

아감벤이 삶정치 개념으로 이행함에 있어서 나타나는 결정적인 문제가 바로 이것이다. 삶정치 개념이 생산적 힘, 즉 생산력 개념을 포함하지 않으면서 성립할 수 있는가? 삶정치가 하이데거적으로 통일된 장으로 정의될 수 있는가? 생산의 개념을 빼고서 삶정치를 이해할 수 있는가? 삶정치에 생산적 기능을 부여하지 않고 그것이 성립할 수 있는가? 네그리는 아감벤이 **생산적 특질들** 일체를 배제하는 방식으로 삶정치 개념을 정의함으로써, 그것을 존재론적 차원으로 **평면화**시킨다고 비판한다. 그 결과 삶정치는 형이상학의 항구적인 배치와 다름 없는 것으로 된다. 아리스토텔레스에게서 삶의 개념이 윤리정치적 형상을 띠고 나타났듯이, 고대로부터 삶이 정치에서 구분되는 것은 불가능했다는 것, 그래서 삶권력으로부터 삶정치가 분리될 수 없다는 것, 다시 말해 긍정적이고 생산적인 삶정치의 개념을 구성하는 것은 쓸모없는 일이라는 것이 아감벤의 궁극적 주장으로 되고 만다.[18]

삶정치에서 생산적 결정의 계기를 배제하면 이렇게 삶정치 개념이 불가능하게 될 뿐만 아니라 존재의 개념을 파악하는 것도 사실상 어려워진다. 생산적 권력이 오직 권력에게만, 삶권력에게만 주어질 때, 역사에 등록된 다양한 생산적인 영역들과 생산력의 진보라는 개념(켄타우로스에서 인간-인간으로, 다시 인간-기계로의 진화)은 부정된다. 역사에서 삶정치적 관계는, 변형과 생산이 대상을 결정할 뿐만 아니라 존재의 운동의 주체가 되는 장소이다. 생산은 권력의 연속적 신비화 속에서 가정되는 존재의 영원한 이념으로 평면화되어서는 안 되고, 발전의 관건이자 엔진으로, 생명존재의 부단히 새로운 형성으로 이해되어야 한다는 것이 네그리의 생각이다.(123) 이 관점에서 보면 아감벤은, 삶정치론을 전개하면서 스피노자를 버리고 하이데거에 끌려들어감으로써, 무한정한 특이화, 생산과 재생산, 새로운 존재의 구축으로서의 생산적 존재에 대해 사유할 수 있는 가능성을 잃어버린다.

그 결과 그의 존재론은 부정적인 것으로 직조되어 존재가 갖고 있는, 혁신, 진보적 발전, 삶의 생산적 초과 등의 측면이 배제되며 새로움은 기껏해야 존재의 주변에서 모습을 드러낼 뿐이다. 그 새로움의 사건은 존재의 활동의 결과라기보다 신비적이어서 활동이나 구축보다는 관조와 봄에 의해서만, 향유보다는 탈자에 의해서, 능동보다는 수동에 의해서, 말콤 엑스보다는 바틀비에 의해서, 프롤레타리아보다는 호모 사케르에 의해 주어진다. 그래서 예외상태조차도, 그것을 구축한 **실제적 세력들**이나 **이데올로기들**의 작용과는 하등의 관계를 갖지 않고, 오직 존재의 **부정적 형이상학**에 의해서 주어지는 것으로 설명된다. 이런 점에서는 『호모 사케르』(1995)로 대표되는 그의 후기 철학이 『언어와 죽음』(1982)으로 대표되는 초기 철학에 비해 후퇴하고 있는 것으로 네그리는 평가한다.

그렇다면 우리가 물어야 할 것은, 초기의 주저함에서부터 후기의 이 무력함에 이르기까지 아감벤의 사유가 겪고 있는 저 어중간함과 한계의 이유가 무엇인가 하는 문제이다. 네그리는 이에 대한 답을, 아감벤이 1920년대 맑스주의에 전형적이었던 상품물신주의('상품생산은 물신화된 세계의 생산이다')의 이론적 수인囚人으로 남아 있다는 것에서 찾는다. 아감벤은 상품물신주의의 경험을 존재론화함으로써, 그리고 존재론을 **직접적으로** 정치학의 한가운데로 가져옴으로써, 물신주의와 소외의 비일관성과 취약성의 문제를 제거한다. 맑스가 교환가치의 지배가 가져오는 물신주의에 맞서 교환가치의 지배체제 자체에 내재한 모순과 취약성, 예컨대 가치순환상의 곤란·공황·혁명 등에 주목했던 것과는 달리, 아감벤은 교환가치에 대해 사용가치를 단순히 재긍정하는 방향으로 나아갈 뿐이다.[19] 네그리는 이것을 '부정적인 것의 영웅주의'라고 부르면서, 그것의 이면에 존재의 운명적 무의미함, 무, 주변적 거부와 같은 하이데거적 부정성의 내면화가 있으며, 그러한 내면성으로부터 사용가치의 회복이라는 일종의 자연주의적이고 근본주의적인 테러리즘의 경향이 나타난다고 본다.

네그리가, 우리 시대의 문제는 자연으로의 회귀가 아니라 다른 세계의 **구축**이라고, 현존하는 것을 새로운 세계를 구축하기 위해 재활용하는 것이라고 강조하는 것은 이 때문이다. 교환가치가 지배하는 사유화되고 물신화된 세계에서 대안은, 그 세계가 **생산된** 세계인 한에서는, 사용가치로의 회귀가 아니라 그 세계를 다시 집단적 (재)생산에 회부하고 그것을 통해 공통적인 것을 **발명**하는 것에서 찾아야 한다는 것이다. 삶과 실존이 교차하는 생산 이외의 장소에서는 새로운 관계가 창출될 수 없다는 것이 네그리의 일관된 생각이다. 이러한 관점에서 공통적인 것의 자유로운 **사용**이라는 아감벤의 문제는 공통적인 것의 자유로운 **생산**이라는 문제에 종속되며 그것의 한 계기로 배치된다. 네그리는 생산이 빠져 버린 세계는 수용소나 예외 이외의 다른 것으로 표상될 수 없다고 비판한다. 이러한 비판을 통해 그가 드러내고자 하는 것은, 저항의 경험, 주체성의 생산 속에서 늘 새롭게 실행되는 욕망, 혁명을 생산하는 역량 등이 모든 형태의 결정론을 기각하면서 도전과 창조적 배치의 관점에서 세계를 보도록 만드는 힘이라는 사실이다. 자기 자신을 강력하고 윤리적인 목소리로, 역능으로 표현하는 존재being의 존재론적 ontological 결정은 신비와는 무관하다. 아감벤의 철학이 결정적으로 결여하고 있는 점은 공통적인 것의 생산이라는 이 존재론적 결정의 관점이다. 네그리는, 이것의 결여가 아감벤의 철학을 어중간하고 무력한 철학으로 만들고 있는 근본요소라고 주장한다.(125)

맺음말

  사회주의의 붕괴라는 조건에서 공동체의 정치학을 지속하려는 아감벤의 사유실험은 성공적인가? 그것은 어떤 성과를 냈으며 어

1989년 베를린 장벽의 붕괴

떤 문제에 부딪혀 있는가?

아감벤은, 공동체의 구성근거를 어떤 **현실적으로** 전제된 공통성들에서 찾으려 한 모든 시도들과 거리를 둔다. 공동체의 근거를 혈통, 인종, 지역, 언어 등의 자연적으로 주어진 공통성에서 찾거나 종교, 민족 같은 상상된 공통성에서 찾거나 혹은 경제적으로 주어진 사회적·계급적 공통성에서 찾으려 한 모든 시도들이 그것들이다. 여기서 더 나아가 아감벤은, 공동체의 근거를 현실화의 잠재력, 구성적 역능, 공통적인 것의 생산능력에서 찾으려는 시도들과도 단절하는 길을 걷는다. 그의 대안은, 공동체의 '기반' 문제를 존재론적 차원으로 가져가서 사유하는 것이다. '임의성'의 개념은 이러한 시도 속에서 발명된 것이다. 지금까지의 모든 공동체론이 이러저러한 현실성에서 근거를 찾거나 현실화의 잠재력('~할 능력')에서 그 근거를 찾았던 것이 문제라고 평가하면서, 그는 '~이지 않을 역량'으로서의 순수 잠재성, 즉 '임의적인 것'에서 공통적인 것의 근거를 찾는다.

임의적인 것은, 현실적이지는 않지만 그것-그대로, 즉 그것의 모든 술어들과 더불어 욕망과 사랑의 대상이 되는 존재이다. 그러므로 임의적인 것의 공동체는, 블랑쇼나 낭시가 구상한 공동체가 그러하듯이, 포함과 배제의 조작에서 벗어난다. 이러한 공동체 구상은, 사회주의와 파시즘, 그리고 서구 민주주의를 포함한 모든 역사적 공동체들이 주권에 의한 포함과 배제의 조작을 통해 삶[생명]을 전체주의적 틀 속에 가두고 헐벗게 만들어 왔다는 비판적 판단에 따른 것이다.

존재론적으로 사유된 이러한 공동체는 주어지거나 실현되는 것이 아니라 도래하는 것이다. 그런데 그것의 도래는 결코 순수한 사유 내적 과정이거나 자동적인 과정일 수 없다. 이 도래는 두 가지 계기를 갖는다. 하나는 자기 자신으로부터 분리되어 소외된 상태에 있는 임의적인 것들을, 있는 그대로 받아들이고 그것들을 어떤 고유한 정체성으로 되돌리려 하기보다 '그러면-그래라'의 관점에서 세속화하는 것이다. 세속화는, 분리되어 신성한 어떤 것의 힘을 그저 다른 장소로 옮기는 데 만족하는 환속화와는 달리, 분리된 것의 아우라를 제거하고 놀이에서처럼 자유롭게 **사용**하는 것이다.[20] 맑스가 노동자로부터 분리되어 소외된 **생산수단**의 재전유와 공동의 사용을 주장했던 것에 비교해서, 아감벤은 인간들로부터 분리되어 소외된 **소통가능성**, 즉 스펙타클의 세속화를 주장한다. 스펙타클이 소외된 소통가능성이기 때문에, 그 소외 속에서 언어적 존재로서의 소통가능성 자체를 경험한다면, 공통적인 것으로서의 언어(즉 언어 자체)가 노정될 수 있을 것이라는 것이다. 또 다른 계기는, 이 노정의 상태에서, '존재할 잠재성'도 '존재하지 않을 잠재성'도 아닌, 제3항이 부상할 수 있으리라고 기대하는 것인데, 그것이 바로 자유의 역량이자 사랑의 역량인 '존재하지 **않지 않을** 잠재력', 즉 '차라리'의 역량이다.

아감벤에게서 이 공동체적 역량은 소통가능성 자체인데, 그 소통가능성의 경험 가능성이 실제적 문제이다. 여기에서 첫 번째 난점이 나타난다. 도래하는 공동체를 소통가능성의 세속화에서 찾는 관점에는, 인간의 존재조건으로서의 (비)물질적 **생산과 재생산**이라는 범주가 자리 잡을 여지가 없고, 실제로 그의 모든 분석과 비판의 작업에서 그것이 누락된다는 사실이다. 역사는 주어진 것으로 나타나며 그 결과 존재론이 언어학과 형이상학으로 중성화된다. 이것은 결코 단순한 누락이나 변질이 아니다. 그것은, '현실적인 것'(~임)과 '실현'(~일)의 힘을 '~이지 않을 잠재력'에 종속시키는 그의 존재론에서 비롯되는 체계적이고 의식적인 누락이며 변질이다. 아감벤의 존재론에서 생산이나 구성은 부정(~이지 않을)의 대상으로 위치 지어질 뿐, 어떤 적극적 의미도 부여받지 못하기 때문이다.[21] 인간의 생존에 가장 기본적인 것에서, 즉 (비)물질적 생산과 재생산에서 공동체적 관계형성의 문제를 누락한 공동체론이 과연 공동체적 경험의 가능성을 보장할 수 있는지는 의문이다.

그는, 도래하는 공동체의 가장 큰 특징을 소통가능성의 경험에서 찾는다. 언어적 존재로서의 인간에게 그 소통가능성은 생산되는 것이 아니라 이미 주어져 있는 것이며 단지 자기 자신으로부터 '그렇게' 분리되어 있을 뿐이다. 그렇기 때문에, 소통가능성의 경험은 그 '그렇게'의 관조와 자유로운 사용을 통해 그 분리로부터 벗어남으로써 주어질 수 있는 것으로 상정된다. 여기서 관조는 인식론적 행위이므로 관념적 수준에서 가능한 조작이다. 하지만 소통가능성의 자유로운 사용이, 소통가능성을 대의적 방식으로 체현하는 현실의 스펙타클적 관계들과 사회적 장치들을 파괴·전유·변형·재구성하는 노력이 없다면, 어떻게 가능할 것인가? 이것이, 아감벤 철학에 제기되는 두 번째 문제이다. 소통가능성을 위한, 공통되기를 위한 역사적 노력들과 투쟁의 시간들이 필요한 것이라면, 아감벤에게서 그것들은 어떤 의미를 갖는가? 아감벤에게서는, 소통을 위한 모든 노력들과 투쟁들이 원래부터 주어진 소통가능성을 오히려 방해하는 것들로 평가되면서 역사의 모든 시간이 회색으로 바뀐다. 도래하는 공동체론은, 스펙타클이 노정하는 소통가능성의 자유로운 사용이라는 강력한 제안을 내놓을 때조차 자연으로의 회귀, 주어진 것의 경험과 사용이라는 비역사적 차원에 의해 근본적으로 규정되고 있다.

이 두 가지 문제는, 생산의 존재론을 부정의 존재론에 종속시킴으로써, 그리고 능동의 정치학을 수동의 정치학에 종속시킴으로써 치르는 대가이다. 그 결과로 그의 공동체론은 생산에서 유리된 윤리정치적 공동체론으로 제한되고 거기에 퇴행과 죽음의 어두운 그림자가 드리워지게 된다.[22] 그 결과, 전체주의의 위험을 제거하는 공동체, 귀속과 배제의 조작이 없는 공동체라는 문제에 대한 그의 적극적 추구는 색이 바래게 되며, 그에 앞서 바타이유, 블랑쇼, 낭시 등에 의해 제기되었고 그가 풀고자 했던 그 문제는 그에 의해서도 만족스럽게 풀리지 않은 채 여전히 미결의 중요한 문제로 남게 된다. 그 미결성의 원인이, 생산과 시간 범주의 배제에 있었다는 것이 맞다면, 이제 문제는, 아감벤이 공동체를 불가능하게 만드는 요인으로 지목해서 배제했던 **생산과 시간의 범주**를 자신의 사유체계 속에 의미 있는 범주로 다시 끌어들이면서, 귀속과 배제에서 자유로운, 누구나의, 모두의, 모든 것의 공동체라는 아감벤의 적극적 이념을 계속 모색하는 일일 것이다.[23]

3부

예술가-다중, 삶미학, 그리고 리얼리즘

다중

예술가보다 더 예술가적인

지금까지 나는, 인지자본주의 하에서 나타나는 일련의 예술현상들을 예술종말의 현상형태로 파악하는 매우 센세이셔널한 담론장치들의 의미에 대해 살펴보고 그 담론장치들의 부정적 효과에서 벗어날 수 있는 예술진화론적 모색들에 대해 살펴보았다. 산업자본주의에서 인지자본주의로 이행하면서 나타나는 예술적 변화들을 예술종말 현상으로 파악하는 관점들은, 봉건제에서 자본주의로의 이행기에 나타난 예술적 변화를 예술종말로 파악하는 관점들을 다른 맥락에서 되풀이하는 것이었다. 그렇기 때문에 현대의 예술종말론을 이해함에 있어서 근대로의 이행기에 나타난 헤겔의 예술종말론이나 맑스의 예술적대성론은 중요한 참고자료가 된다.

종말로 파악할 만큼 급격한 예술의 위치와 양태변화는 항상 새로운 주체성의 대두와 긴밀한 연관을 맺고 있다는 것이 지금까지 수행된 우리의 고찰이 우리에게 말해 주는 핵심적인 메시지다. 근대로의 이행기, 즉 장인적 생산에서 매뉴팩처적 생산으로의 이행기에 새롭게 출현한 것은 지적 전문노동자인 지식인들과 육체적 전문노동자인 숙련노동자들이다. 이들은 예술을 종교로부터 분리시켜 철학, 과학, 기술과 연관된 활동으로 전환시켰다. 하지만, 예술은 전문노동자들이 주도하는 사회에서 주변적 위치에 머문다. 이것이 근대적 예술종말론의 첫 번째 계기이다. 그것의 두 번째 계기는 매뉴팩처적 생산에서 기계제 생산으로의 이행기에 나타난다. 이 이행은 전문노동자에서 대중노동자로의 이행에 의해 추동되었다. 산업과 과학기술이 사회를 주도하면서 예술은 기술의 하위범주로 추락하거나 영화처럼 과학기술에 의해 매개된 예술실천 형태로 전화한다. 현대의 예술종말론은 그것을 잇는 세 번째 계기에 의해 추동되고 있다. 그것은 다중의 등장이다. 자본주의적 생산이 공장 울타리를 넘어 사회로 확장되고 다시 정보기술에 의해 매개되어 전지구적 규모로 확장되고 심화되면서 생산적 주체성은 공장노동자에서 사회적 노동자로, 대중에서 다중으로 전화된다. 산업자본주의에서 인지자본주의로의 이행을 가져오는 이러한 변화는 지금까지 산업, 과학, 기술의 헤게모니 하에서 사회적 활동의 주변부에 머물렀던 예술을 생산의 중심부로 끌어들인다. 예술생산은 이제 인지화된 산업생산의 모델로 되며, 예술가 주체성이 생산자 주체성의 전형으로 대두된다. 이런 맥락에서 볼 때, 푸코가 말하는 경제인간은 정치나 문화와 구분되는 것으로서의 경제의 담당자일 수 없다. 경제인간은 그 자체로 예술인간과 중첩되어 일종의 혼성적 인간형으로 나타난다. 인지자본주의적 다중은 경제인간과 예술인간의 이러한 혼성과정 속에서 살아가는 주체성이다. 그래서 다중의 경제활동과 예술실천의 무대는 노동과 거의 동의어로 된 삶 그 자체이다. 20세기 후반의 많은 예술종말론들은, 이러한 주체성의 대두 앞에서 전문예술가들이 느끼는 당혹감과 희망을 동시에 표현하곤 했다. 예술종말론의 하위흐름으로 나타나거나 예술종말론에 대한 거부를 통해 나타나는 예술진화론들은 경제와 예술, 예술과 삶, 삶과 정치 사이의 전통적 경계소멸을 가져오는 다중의 출현에 의거하고 있을 뿐만 아니라 그것으로 인해 도래할 예술의 미래에 대한 적극적인 예상을 표현했다. 이러한 점을 고려하면서 이 장에서는 다중이 예술과 맺는 관계의 새로운 양상을 살펴보기로 하자.

예술가에 대한 관점 변화

고대 그리스 시대에 플라톤이 예술가를 철학자의 공화국에서 추방해야 할 존재로 규정한 것은, 예술가가 근원적 진리를 이성의 매개 없이 직접 설파하는 능력을 갖고 있다고 보았기 때문이다. 플라톤은 예술가의 'Mythos'를 철학자의 'Typos'가 감독해야 한다고 생각했다. 직관에 대한 이성의 통제가 필요하다고 본 것이다. 이후 예술가는 집단보다는 예외적 개인으로, 정상보다는 비정상으로, 정신적이기보다는 기술적인 존재로, 합리적 인간으로보다는 비합리적 인간으로, 사회의 공인이기보다는 일탈적 개인으로, 서구적 인간형으로보다 동양적 인간형으로 취급되어 왔다. 그런데도 여성이 예술가로 인정되지 않았던 것은 특이하다.

아리스토텔레스는 뮈토스가 합리화되는 역사적 국면을 대표한다. 그는 뮈토스를 합리적 규칙에 따른 제작의 산물로서의 테크네로, 즉 플롯으로 인식한다. 그 결과 중세에 예술가는, 주로 수공업자로서, 정신적

종이를 만드는 중세의 수공업자들

업무와는 거리가 먼 기술적 업무를 담당하는 존재로 여겨져 왔다. 이성의 부재라는 점에서 고대 예술가와 중세 예술가는 공통된다. 다만 전자는 영감의 능력으로 **신화를 창조하는** 인간이며 후자는 숙련을 통해 기술적으로 **제작하는** 인간이라는 점에서 차이가 있을 뿐이다.

근대는 예술가들이 수공업자에서 창조자로 전화하는 역사적 시대이다. 르네상스는 예술가들이 인문주의자의 위치를 획득하기 위한 투쟁으로 나타난다. 크게 보아 20세기 아방가르드는 이 투쟁의 최근 국면이라 할 수 있다. 베레나 크리거Verena Krieger가 말하듯이 전통적 예술가 개념에 대한 아방가르드의 비판에는 다양한 동기와 확신이 섞여 있었다. 첫째로는 창조적인 능력이 소수의 천재뿐만 아니라 모든 사람에게 고유하게 존재한다고 보는 평등주의적이고 민주주의적인 관점이다. 둘째는 유럽의 고급문화의 산물은 물론이고 '원시적' 문화의 창작물도 높은 미학적 가치가 있다고 보는

쟈코모 레오파르디
(Giacomo Leopardi, 1798~1837)

반식민주의적이고 반오리엔
탈리즘적인 관점이다. 셋째,
미술교육을 받지 못한 사람
들, 특히 어린아이의 작품이
아카데미에서 교육을 받은
미술가들의 작품보다 높은
미학적 가치를 지니고 있다고
보는 문화비판적인 관점이다.
넷째, 미술 생산물도 다른 생
산물과 마찬가지로 집단적으로 조직화되어야 하는 계획이라고 보
는 사회주의적 관점이다. 그리고 마지막의 것은, 위대한 창조물은
의식적 조정이 아니라 무의식이나 정신질환적인 광기에 의해 이루
어진다고 보면서 합리주의를 비판하는 관점이다. 이 다양한 관점들
이 섞인 아방가르드의 비판을 통해, 개체/집단, 합리/비합리, 동양/
서양, 고급예술/대중예술 등을 나누는 경계들이 침식되었다.

　인지자본주의 하에서 이루어지는 노동의 인지화와 노동자의 예
술가화는 예술가들이 기술자에서 창조자로 전화해온 이전의 역사
를 전 사회적 규모에서 반복한다. 예술가의 영감과 재능은 이제 창
조성으로 재개념화된다. 이성과 직관의 경계, 심지어 적대는 소멸한
다. 예술가의 시대가 개막된 것이다. 하이데거가 시를 존재의 진리를
개시하는 매체로 사고하고, 현대의 철학자들이 예술로부터 새로운
사유의 모델을 찾는 것(벤야민의 보들레르, 들뢰즈의 아르토, 바디
우의 말라르메, 네그리의 레오파르디)은 이러한 조건 하에서이다.

오늘날의 예술가와 국가

하지만 예술의 능력은 부단히 국가에 의해 흡수된다. 플라톤의 국가는 예술에 대한 감독과 통제를 주장했지만 오늘날의 국가는 예술을 흡수하고 이용한다.

한국에서 예를 들어보자. 오아시스 프로젝트[1]라고 불리는 2004년의 목동 예술인회관 점거 퍼포먼스는 가난한 예술가들에게 작업할 공간을 제공하라는 요구투쟁이었다. 서울시가 이 투쟁을 흡수한 방식은 서교예술실험센터[2], 문래동을 중심으로 실험되고 있는 아트팩토리 사업[3], 서초동의 창작아케이드 사업 등이다. 이 흡수시도는 문화예술을 통한 도시재개발을 염두에 두고 있으며, "문화는 돈입니다. 그러나, 문화가 돈이 되기 위해선 환경이 필요합니다"[4]라는 정신에 의해 이끌리고 있다. 도시환경을 예술적으로 가꾸어서 토지, 건물, 작품 등의 화폐적 가치를 높이겠다는 계획 속에서 예술실험센터, 아트팩토리, 창작아케이드 등이 추진되고 있는 것이다.[5] 2004년의 오아시스 프로젝트에서 나타났던 선언적 행동은 이렇게 아트팩토리나 창작아케이드 같은 관 주도 예술환경사업으로 귀착되었다.

점거운동을 뜻하는 스콰트squat은, 오스트레일리아의 농민들이 광대한 왕유지를 점거하여 가축을 방목하기 시작하면서 나온 말이다. 오늘날 그것은 사용되지 않는 건물이나 땅을 임대계약 없이 사용하는 경우를 지칭한다. 스콰트은 그 지점을, 스콰터는 그 행위자를, 스콰팅은 그 행위를 지칭하는 말이다. 그것은, 교환가치의 지배체제 하에서, 재화에 대한 사용가치적 접근을 제시하고 표현하는 행동이다. 사용되지 않는 건물이나 땅을 사용하는 것은 그 재화의 생명력을 죽이기보다 살리곤 하기 때문이다. 교환가치적 측면에서 스콰팅은 부등가적이지만 사용가치적 측면에서는 전혀 그렇지 않다. 스콰팅은 이런 의미에서 자본주의적 가치관계와 소유관계에 대한 비판이며 대안적 가치 개념에 대한 요청이자 문제제기이다.

그런데 오늘날 유휴시설은, 스콰터들의 투쟁에 의해 자본주의적 소유관계와 가치관계에 문제를 제기하는 방식으로 **아래로부터** 점거되는 것이 아니라, 권력의 주도 하에 자본주의적 가치관계를 확장하기 위한 수단으로 **위로부터** 예술가들에게 시혜된다. 환경의 예술화, 즉 예술환경 사업을 통해 도시의 가치를 높이는 것이 그것이다. 우리는 이 사업 내부에 두 개의 선이 흐르고 있는 것을 볼 수 있다. 예술이 공통재를 확대하는 사용가치적 창조의 선이 그 하나이고, 이것을 교환가치로 환원하여 지가(地價)나 건축물가 상승의 수단으로 배치하는 포획의 선이 다른 하나이다. 서교예술실험센터의 사례가 보여 주듯이 이 사업들은 결코 다중을 위한 것으로 배치될 수 없다. 그것은 예술노동자들의 활동을 가치관계에 포획하기 위한 시도이며, 이 과정에서 비예술가 주민들은 소외된다. 예술가들은 다중의 이 소외 과정에 무의식적인 (때로는 의식적인) 공모자로 참가한다. 이로써 예술가의 혁명적 능력은 쇠락한다.

누구나가 예술가인 시대

이러한 상황을 타파하고자 하는 것이 "누구나가 예술가다"라는 표어의 정신이다. 이 말은 20세기 후반에 아방가르드 운동에서 제기되었다. 그런데 우리 시대에 이 말은, 이제 잠재성의 수준에서, 즉 잠재적으로 그렇다는 수준에서 정의되는 것을 넘어선다. 다중의 역사적 도래가 이러한 변화를 가져왔다. 앞서 암시한 바처럼, 이제는 '누구나가 예술가인 시대'이다. 다중은 분명히 잠재적으로 예술가이지만 단지 잠재적으로만 예술가인 것은 아니다. 다중은 매일매일 예술가이기를 강요받고 있고 그것에 적응하는 과정에서 예술가로 단련되고 있기 때문이다. 노동과정의 미적·예술적 패러다임으로의 변화는 노동하는 사람들의 예술가화를 강제하고 재촉하고 촉진한다. 창조하지 못하는 사람에게는 임금도 없다는 것이 신경제의 논리이다. 포스트포드주의가 구상, 상상의 기능을 노동자에게 떠넘김으로써 더 큰 이윤을 추구하는 것은 이 때문이다. 그 결과, 노동하는 사람들은 실행하는 주체일 뿐만 아니라 구상하는 주체, 상상하는 주체, 기획하는 주체, 창조하는 주체로 된다. 매 순간 노동자가 예술적일 것을 요구받는다는 것은 이런 의미이다. 물론 누구나가 예술가라는 말을 사실주의적 재현의 술어로 이해해서도 안 될 것이다. 현실에서 누구나가 예술가이므로 '예술가란 현실에서 우리가 흔히 발견하는 범상한 사람들 이상이 아니다'라고 보아서는 안 된다는 의미이다. 우리는 현실의 저변에서 보통사람들의 예술가다움을 자주 목격하고 그것에 놀라지만 그렇다고 이미 모든 사람이 예술가라고 부른다면 강변을 넘기 어려울 것이다. 그러므로 누구나가 예술가인 시대라는 말은 잠재성과 현실성 사이, 그러니까 잠재성의 현실화를 향한 강력한 경향의 정의로서 사용되는 것이 가장 적실할 것이다.

누구나가 예술가인 시대의 이미지를 노동과정/노동시간에서만 표상하는 것으로는 부족하고 또 전형적이지 않다. 그렇게 된다면 예술이 자본에 포섭된 운명만을 부각시키고 말 것이기 때문이다. 그래서 노동과정의 연속이면서 동시에 단절이기도 한 투쟁과정/투쟁시간 속에서 예술을 생각하는 것도 중요하다. 2008년의 촛불시위와 촛불집회는 거대한 집체예술이었다. 구 사회주의 국가들에서 전개되는/된 집체예술이 중앙에서 철저하게 계획되고 조직되고 통제되는 집체예술이었다면, 촛불집체예술은 특이한 사람들의 자발적이고 또 자율적인[6] 참여에 의해 꾸며진 집체예술이었다. 촛불을 든 사람들의 역동적 숨결과 행동, 매 순간 이루어진 어떤 폭발들, 테크놀로지들 등이 집체적인 예술작품으로 전화되었다. 와이브로 테크놀로지를 이용한 생중계방송, 브이 포 벤데타, 민중가요들, 춤, 피켓, 포스트잇, 플래카드, 사물놀이패, 함성, 컴퓨터, 인터넷, 양초, 전기초, …… 온갖 사람들, 온갖 행동들, 온갖 사물들이 집체예술의 획과 터치로 짜여 들어왔다. 그것은 시공간을 유동화시키는 강력한 힘이었다. 다크 매터dark matter, 다크 에너지dark energy가 폭발하여 가시성의 예술세계 속으로 들어오는 순간이었다. 밤샘시위는 낮밤의 구별을 깨뜨렸고, 도로는 행진로로 바뀌었다. 시공간이 이런 식으로 역전되어, 백남준의 그 예술이상이 작업실을 넘어 광장에서 실현되었다.7 서울 도심은 촛불빛이 쏘아져 만들어진 거대한 스크린이었다. 그것은 거대한 비디오아트였으며 인터넷을 통해 전 세계와 연결된 디지털 컴퓨터네트워크 아트였다. 그것은 위성예술의 이념을 메트로폴리스에서 실현한 사건이었다. 사람들 누구나가, 스스로 의식했건 아니건 상관 없이, 하나하나 예술가였다. 이 예술적 대사건의 시간 동안 협의의 예술가들은 무엇이었는가? 그들은 자신들의 기술과 능력을 자본으로부터 훔쳐내 다중의 투쟁 속으로 돌려준 스파이들로 기능했다.

1년 뒤인 2009년 7~8월 평택시 칠괴동 쌍용자동차 공장을 생각해 보자. 7월 하순부터 공장 위로 헬기가 난다. 치치치치하고 끊임없이 나는 헬리콥터 소리, 투항을 권유하는 사측의 선무방송, 사측이 틀어 놓은 감상적 노래들, 지원온 사람들의 웅성거림, 야간집회에서 들리는 연설소리, 파업노동자들의 투쟁구호. 이것들이 쌍용자동차 공장을 뒤덮었던 소리들이다. 누구나가 소음이라고밖에 부를 수 없을 이 혼합된 소리들의 동시성을 백남준이 작곡하고 연주한 음악과 비교하는 것은 지나칠 것인가? 쇤베르크를 맑스와 결합하는 것이 목표라고 했던 백남준의 음악을 듣는 것은 우리에게 인내를 요구한다. 아니다. 인내보다 주의 **깊음**을 요구한다고 해야 한다. 주의 깊은 귀는 음의 세계에서 추방된 소리들, 배제의 음성들을 들을 수 있다. 청음과 소음 사이의 경계를 허문다는 것은 소리세계의 온전성을 회복하는 것이며 소리 세계를 가르고 있는 분단선을 철거하자는 것이다. 소음을 예술음으로 끌어들이는 것은 예술개념 그 자체의 혁신 없이는 불가능하며 예술실천 자체의 변혁을 가능케 하는 것이다.[8] 역사적 인간인 우리 인간은 그 시대 속에서 특정한 음만을 음으로, 나머지를 비음이나 소음으로 인식하도록 훈련받는다. 소리감각은 역사적인 것이다. 맑스는 모짜르트를 들을 수 있는 귀가 역사적 노동의 산물이라고 했다. 여기서 더 나아가 삶을 가로질러 흐르는 온갖 소리들을 예술음으로 들을 수 있는 귀도 역사적 노동의 산물이라고 해야 한다. 소음을 예술로서 주목하는 것은, 바우만이 쓰레기들이라고 불렀고 아감벤이 호모 사케르라고 불렀던 존재들을 무력한 존재로 보지 않고, 마치 맑스가 프롤레타리아트라는 이름을 통해 그렇게 했듯이, 이들의 존엄과 힘과 절대적 특이성에 주의를 기울이는 것을 통해서 가능하다. 이것은, 바흐찐이 장편소설론에서 시장의 웅성거림 즉 다성多聲에 기울였던 주목을 다른 역사적 조건 속에서 다시 시작하는 일이다.

백남준은 정확히 누구나가 예술가인 시대를 예상prefigure하고 있다. 권력자 앞에서 바지를 내린다거나, 소머리를 잘라 전시장 앞에 내건다거나, 피아노나 바이올린을 파괴하는 것은 예술세계의 금기를 깨는 것이다. 금기의 파괴, 금기에 대한 테러! 그런데 금기란 무엇인가? 그것은 금지되고 있는 것, 그래서 사람들이 두려워 기피하는 것이다. 금기에 의해 짜인 세계는 이미 테러에 의해 조직된 세상이다. 이 때문에 금기된 것을 피해 만들어진 예술은 의식적으로건 무의식적으로건 뭔가를 테러하는 것에 공모하는 예술이다. 따라서 모든 미-문학, 미-회화, 미-음악은 추하다고 간주되는 것들에 대한 테러이다. 그것을 통해 추들(소음들, 보기 싫은 것들, 더듬대는 말들, 요컨대 소외되고 힘 없는 존재들, 말할 수 없는 서발턴들subaltern)은 배제되며 가시계 밖으로 밀려난다. 마치 대도심에서 노숙자들이 쉼터로 감춰지고, 반대자들이 감옥으로 감춰지고, 불안정노동자와 가난한 사람들이 지하골방이나 후미진 외곽으로 감춰지듯이. 그리하여 대도시가 빌딩들의 숲으로, 번득이는 자동차들의 물결로, 가진자들의 으쓱대는 몸짓들로 가득 차듯이. 이곳에서 밀려난 사람들이 이 위조된 세계의 냉혹함에 대해 테러충동을 느끼지 않는다면 이상하지 않겠는가? 그래서 백남준은 이 위조된 예술세계, 대도시세계의 경계 밖으로 관객과 청중들의 관심과 시선을 돌리고자 노력하는 것이다. 이것이 백남준 예술 스파이의 독특한 작업방식이었다.

'누구나가 예술가인 시대'라는 표어가 갖는 의미 중에서 가장 중요한 것은 달을 가리키는 손가락만을 보지 말고 그 손가락이 가리키고 있는 달을 보자는 것이다. 아니, 그 달이 바로 우리 자신을 가리키고 있음을 보자는 것이다. 고전적 의미에서 예술가임을 자처하고 주장하는 사람들은 자신들의 작품이 전시, 출판, 연주될 것을 예상하고 추구하고 또 그것을 권리로서 요구한다. 이와 달리, 대다수의 사람들은 그림을 그리고도 골방에 숨겨두고 혼자 흘깃대며, 시를 쓰고도 일기장에만 남겨두고, 노래를 흥얼대다가도 누가 들을까봐 곧 멈춰 버리곤 한다. 왜 그럴까? 저자author로서의 권위authority 있는 예술가의 존재가 다중을 비예술가로 만들기 때문이다. 기존의 예술제도에 의해 다중의 예술적 능력은 억압된다. 여기서 노동과정의 예술화는 중대한 분기점이다. 이 억압이 지속될 수 없다는 것, 다중이 바로 예술적 능력의 원천이자 담지자이자 발휘자라는 사실을 실제로서 입증해 주기 때문이다. 수많은 UCC에서 우리는 다중의 예술능력을 확인한다. 현행의 UCC들은 잠재적 UCC의 극히 일부, 빙산의 일각에 지나지 않는다. 일상을 돌아보자. 식당에서 일하는 아주머니들은 뭔가 서로 이야기와 표정을 주고받으며 음식을 접시에 들고 나르고 몸이 부딪치지 않도록 피하고 손님들에게 인사를 하고 계산을 하고 상을 닦고 있다. 컷트! 무한히 반복되는 것으로 보이는 이 삶을 잘라 그 단면을 주의 깊게 살펴보면 그곳에서 복잡한 시간들, 계략들, 흐름들의 연결접속, 분리접속, 통합접속이 발견된다. 아주머니들은 이야기들, 표정들, 동작들, 인사들의 연속 후에 임금을 받겠지만, 그 이야기들, 표정들, 동작들, 인사들이 임금으로 환원될 수 있는 것이 아니며 그것들은 고유한 예술적 꾸며냄의 산물이다. 또 그것들은 그 삶의 단면 속에서 전개되고 끝나는 사건들이다. 또 손님들은 음식을 먹고 포만감을 느끼며 식당을 나가지만, 그 음식의 맛과 쾌감까지 갖고 나가는 것은 아니다. 그것들은 기억 속에 남을 수 있겠지만, 잘라진 삶의 그 단면 속의 사건으로 끝난다. 왜 우리들은 일상을 아름다움으로 감각할 수 없게 되었을까? 왜 아름다움을 미래의 것으로 연기시키거나 나 자신의 것 외부에 위치시키는 데 익숙하게 되었을까? 그래서 백남준조차도 "Tomorrow, we will be beautiful!"이라고, 즉 내일에서야 우리가 아름다울 것이라고 말하게 되었을까? 아름다움을 내일로 연기하는 것, 그래서 오늘 아름답지 않아도 견디도록 만드는 메커니즘이 있다. 그 메커니즘을 발견하여 대상화하고 그것을 받아들이지 않는 것, 우리 자신이 즉각적으로 매 순간 아름답고자 하는 예술실천, 다시 말해

"Now, we want to be beautiful!"⁹이라고, 즉 "지금 우리는 아름답고 싶다!"고 말할 수 있는 단호한 결단이야말로 새로운 혁명의 대원칙이다. 이것이 현실수긍주의, 실증주의, 정치적 순응주의의 나락으로 빠지는 길은 아닐까? 그럴 염려는 없다. 더 아름답고자 하며 새롭게 아름답고자 하는 아름다움의 도약은 끝이 없는 것이기 때문이다.

다중은 기술의 새로운 용법의 발명자일 것이고, 비가시적 물질이나 에너지의 저장고이자 운반자일 것이며, 오래된 장애물들을 타고 넘으며 이동하는 파쿠르parcour 기술자들일 것이다. 차이들의 하이브리드가 다중일 것이다. 고전적 예술가의 예술행위에서 하이브리드는 실험에 머무른다. 만약 그것을 예술의 고유한 형태로 이해하고 그것에 고착된다면, 그것은, 중생계를 자신의 외부로, 오브제로 남겨 놓으면서 반복되는, 마스터베이션과 유사할 것이다. 어떻게 좁은 예술가 작업실을 넘는 다중적 하이브리드가 가능할 것인가? 자연-인간-기계 사이의 하이브리드는 근대사회, 근대공화국을 규정하고 있는 위계제 동형성isomorphism을 깨지 않고는 공허한 말에 그치게 될 것이다. 그런데 놀랍게도 이 위계제 구조들을 깨는 경향은 강력하고 그 강도는 되돌릴 수 없을 정도이다. 백남준의 예술이상의 실현은 다중예술의 개진 없이는 가능하지 않다. 다중예술의 개진이라니? 그것은 전지구적 삶 그 자체를 예술의 아뜰리에이자 무대로 만드는 실천이다. 그리고 이를 위해서는, 캔버스나 스크린보다 넓고 크며, 1,003개의 모니터를 결합한 작품 〈다다익선〉보다도 더 거대해서, 낡은 눈이나 귀로는 보고 듣기 어려울 삶의 목소리와 몸짓을 하나의 예술작품으로서, 사건적 작품으로 식별할 수 있는 예술감각의 형성과 단련이 수반되어야 할 것이다. 혁명적 예술가에게 역할이 있다면 바로 이 형성과 단련의 과정에 함께하기 위해(스스로 배우면서 가르친다는 의미에서 '함께한다'이다) 서로 도우면서 지배질서의 유통공간으로 기능하고 있는 이른바 '예술계'에서 예술수단들과 예술능력들을 **훔쳐 내어 삶**이라는 예술공간으로 이전하는 일이 아니겠는가? 이를 통해 그 스스로 예술가-다중으로 존재이전하는 일이 아닐까?[10]

다중예술가

왜 인터넷에서 지난 주말 김 모 씨가 여행하면서 찍었던 지리산의 눈꽃이 핀 사진들은 사람들의 시선과 관심, 그리고 댓글 및 이른바 퍼가기를 불러오게 하면서 겨울의 지리산 자락에서 들려오는 차갑고 시원한 바람 소리는 녹음되어 인터넷에 올려져 네티즌들의 관심을 불러일으키지 못하는가. 지리산과 설악산의 시각적 차이에 대응하는 지리산 바람의 소리와 설악산의 그것과의 차이에 대해 사람들은 왜 민감하지 않은가. 그들의 이러한 둔감함에 대해 왜 음악가들 특히 작곡가들은 문제의식을 느끼지 않는 것인가.

『플럭서스 예술혁명』(갈무리, 2011)의 공저자 중의 한 사람인 김진호의 글의 일부이다. 존 케이지는 자연에서 채취한 소리로 음악을 만들기를 좋아했다. 그리고 그는 화음과 소음 사이의 경계가 인위적인 것이며 경청하는 귀에 모든 소리는 음악이라고 말했다. 경청하는 귀, 주의 깊은 눈, 힘있는 마음 등은 세계를 아플라aplat 11로 전환시키면서 그 위에 예술적 프레임(윤곽)을 그려내고 그 긴장 속에서 어떤 형상figure이 탄생하도록 만든다. 근대의 예술 개념은 전문성을 중심으로 구축되어 왔다. 이것은 실질적으로는 다중의 예술적 능력을 압류하는 방법이었고, 정치에서의 대의제, 철학에서의 보편주의, 의료에서의 병원중심체계 등등의 발생과 궤를 같이 한 것이었다.

권력과 자본으로부터의 정치적 독립이 없는 한에서, 예술활동은 가치관계의 부품으로 편입된다. 예술운동은 예술적 능력의 자치를 추구하는 것이다. 스쾃이 추구하는 바, 즉 토지나 건물의 사용가치의 이용은, 예술가들의 이 정치적 독립 위에서 전개될 때에만, 자본주의를 넘어서는 예술적 길로 이어질 수 있다. 그 독립의 길이 무엇이며 어떻게 하는 것일까? 이 문제는 상품 개념에 너무 깊이 포섭되어 있는 예술 개념의 파괴, 혁신, 재구축을 요구한다. 예술활동은 상품으로서의 작품을 만든다는 이미지를 벗어나야 한다. 이것은 또 전문가로서의 예술가라는 자기정체성에서도 벗어나야 한다. 예술은 삶을 창신하는 활동이며 협의의 예술가에 의해서만 이루어지는 것이 아니고 모든 사람들에 의해 이루어진다. 레닌은 새로운 세계를 만들려는 예술기획자였고 그것을 실천한 창작가였다. 볼셰비키는 집단적 예술가였다. 촛불봉기는 21세기 인류사에 출현한 가장 위대한 예술작품 중의 하나이다. 예술가이기를 거부하는 예술가가 필요하다. 누구나가 예술가인 시대에 아방가르드적 혁명적 예술가의 역할은 자본에게 소유되어 있는 예술수단을 훔쳐 다중에게 돌려주는 스파이가 되는 것이다. 이것만이, 예술능력에 대한 권력의 포획을 넘어서는 기초동력으로 작용할 수 있다.

그렇다면 이 미학적 훔치기, 미학적 재전유가 어떻게 가능할까? 스펙타클 체제에서 예술가는 다중의 실재적 예술능력을 다중으로부터 분리시키는(즉 훔쳐 내는) 기술자들로 배치되어 왔다. 예술가는 다중을 구경꾼, 관객, 소비자로 만드는 한에서만 자신을 예술가로 생산할 수 있기 때문이다. 이 구도 위에서 예술가는 실재, 즉 리얼한 것으로부터 멀어지거나 리얼한 것의 물구나무 세우기, 즉 재현을 통해 작업한다. 누구나가 예술가인 시대, 즉 다중예술가의 시대에 예술가가 스파이일 필요성을 주장하는 것은, 실제로는 이 분리의 극복을 주장하는 것이다. 예술가는 다중의 잠재력이면서 다중으로부터 분리되어 있는 예술능력과 수단을 훔쳐서 다중에게 되돌려 줌으로써 다중-예술가로의 존재이전을 성취할 수 있다는 말은, 예술가가 실재와 지금과는 다른 관계를 맺을 필요가 있다는 것을 의미한다. 예술과 실재의 관계는 지금까지 '리얼리즘'이라는 말로 표현되어 왔다. 그렇기 때문에 다중예술의 시대는, 실재로부터의 근대적 분리와 그것과의 재현적 관계를 넘어설 미학적 전략으로서, 리얼리즘의 대안근대적 재구축을 요구한다.

12

삶미학과 리얼리즘
리얼리즘의 대안근대적 재구축

머리말

1990년대부터 지금까지 수십 년 동안 '리얼리즘'은 모든 싸움에서 패배하면서 퇴각을 거듭해 왔고 마침내 정체성을 상실하면서 해체되기에 이르렀다. 혁신의 노력도 회통의 제스쳐도 소용이 없었다. 리얼리즘이라는 말이 지금도 여전히 사용되고는 있지만, 그것이 무엇을 의미하는지는 모호하다. 실제로 리얼리즘을 여전히 애호하는 사람일수록 그것이 무엇인지를 논하는 것은 기피하는 경향이 있는 것으로 보인다. 상처가 너무 많았고 그래서 더 이상 상처받고 싶지 않기 때문일 것이다. 지금 리얼리즘은 자신을 확장할 에너지를 갖고 있지 못할 뿐만 아니라 자신을 방어할 논리조차 갖고 있지 않다. 그것은 이제 이념, 목적, 방법, 주체성을 가진 예술미학적 전략이라기보다 다분히 돈키호테적인 결기이거나 일종의 취향, 그것도 골동 취향과 다름 없는 것이 되었다고 해도 과언이 아니다.

이러한 역사는 무엇을 의미하는 것일까? 왜 리얼리즘은 패배, 퇴각, 그리고 해체의 길을 걸어왔을까? 이제 리얼리즘의 사실상의 죽음을 받아들이고 그것과는 다른 예술미학을 받아들여야 하는 것일까? 아니면 리얼리즘의 재탄생이라고 할 만한 예술미학적 진화의 새로운 길이 가능한 것일까? 이 문제에 대한 만족할 만한 대답을 쉽게 끌어내기는 어려울 것이다. 아마도 그것은 역사와 미학, 그리고 정치에 두루 걸친 집단적이며 집중적인 탐구의 노력이 없이는 주어지지 않을 것이다. 그 추락의 깊이가 깊은 만큼 탐구의 강도도 커야 하고, 밀도도 높아야 한다. 나는 여기서 이 문제의 실마리를 리얼리즘이 근거하고 있는 리얼, '그 '리얼'real이 무엇인가?'라는 지극히 단순하면서도 근본적인 물음을 통해 찾아보고 싶다.

지난 시기의 리얼리즘과 리얼리스트들은 무엇을 '리얼'real로 이해했던 것일까? 문제를 이렇게 제기하는 것은 리얼에 대한 다른 이해방식, 다른 개념이 가능할 수 있다는 것을 이미 가정하는 것이다. 다시 말해 리얼에 대한 지금까지의 이해방식의 오류와 한계를 비판적으로 고찰함으로써 리얼의 은폐되고 억압되어 있었던 지평을 드러내고, 이를 통해 리얼리즘을 해방시키는 것이 필요하다는 관점을 가정하는 것이다. 이것은 지금까지의 리얼리즘이 오히려 억압해왔던 그 '리얼(리즘)'을 새롭게 사유할 필요를 제기하는 것이다. 리얼리즘이 은폐하고 억압해 왔던 리얼들은 그 은폐와 억압의 망을 뚫고 부단히 리얼리즘을 교란시켜 왔던 것이 아닐까? 그래서 리얼리즘이 치러야 했던 많은 전투들이, 실제로는, 결코 은폐와 억압을 고분고분 수용하지 않았던 어떤 리얼리티들 혹은 리얼의 유령들과의 전투였던 것이지 않을까? 이 전투 속에서 현실 리얼리즘이 당파성, 총체성, 민중성, 전형성, 객관진리 등 자신의 개념적 주인공들과 개념적 영토들을 굳건히 하려고 애쓰면 그럴수록 그 입지는 오히려 좁아지고 그것의 외부, 그것의 적대자들은 늘어나게 되었던 것이 아닐까? 이 과정이 현실 리얼리즘의 돌이킬 수 없는 고립과 패배를 가져온 것이 아닐까? 만약 그렇다면, 우리는 현실 리얼리즘이 자신의 영토라고 주장했던 그 영역을 버리지 않으면서도, 오히려 그 영역의 외부에서 약동하는 리얼한 것과 리얼리티에 더 큰 주의를 기울여야 할 것이다. 이 리얼한 것, 이 리얼리티야말로 현실 리얼리즘의 폐허 위에서 리얼리즘의 재건을 요구하고 있는 바로 그 에너지이기 때문이다. 그리고 지금 리얼리즘의 재탄생이 가능하다면, 현실 리얼리즘이 추방했던 이 리얼리티들을 리얼리즘의 세계 속의 진정한 시민으로 받아들일 뿐만 아니라, 이들로 하여금 그 폐허 위에서 새로운 리얼리즘을 재건하도록 만들어야 할 것이기 때문이다. 이것은 무엇보다도 리얼리즘 주체성의 철저한 교체와 재편을, 민중과 지식인에 기초했던 리얼리즘을 우리 시대에 출현한 새로운 주체성인 다중에 기초한 리얼리즘으로 대체할 것을 요구한다.

현실 리얼리즘론의 미적 체제

리얼리즘의 재건이 가능하다면, 그것은 그것의 해체에 대한 이해 없이는 불가능하다. 20세기 후반에 전개된 한국에서의 리얼리즘 논쟁은 리얼리즘 내부에서도 다양한 미적 경향들로의 미시적 분화를 낳았다. 하지만 그것들 전체를 포괄할 수 있는 일반적 틀(체제, 도식)을 설정할 수 없는 것은 아니다. 바디우와 랑시에르의 예술체제 계보학을 참조하여 명명하자면, 그것은 재현적-지도적-윤리적-이미지-체제라고 명명할 수 있는 복합적 성격의 것이다. 이것은 '리얼한 것'에 대한 현실 리얼리즘론의 특정한 인식방식, 아마도 역사적으로 규정되었을 저 인식방식에 기초한 것이다.

우선 현실 리얼리즘론의 기본적인 체제에서 작가(주체)와 리얼(객체)이 **분리**되고 작품이 그 리얼의 미적 재현물로 간주되었다는 점이 주목된다.[1] 여기서 리얼한 것은 소박한 수준에서는 주체인 작가에게서 독립된 것으로서 '의식에서 독립적인 객관실재' 혹은 '사실성'으로 간주되었다. 객관실재 혹은 사실성으로 표현되는 이 리얼한 것은 작품 속에 반영되고 재현된다. 여기서 의식의 역할은 (칸트에게서처럼) 현실을 구성하는 것이 아니라 재현하는 것에 있다. 칸트가, 사유할 수는 있지만 인식할 수는 없다고 보았던 그 리얼한 것(물 자체)을, 리얼리즘론은 인식가능하고 재현가능한 것으로 보았다는 점에서 칸트(주의)와는 대립한다. 리얼리즘론이 칸트가 인식불가능하다고 보았던 것을 인식가능한 것으로 보게 된 것에는 하나의 변수의 발견이 있다. 그것은 작가의 입장, 물음, 혹은 실천이 재현과정에 개입한다는 것이다. 즉 리얼리즘은 인식과정을 순수한 과정으로 보지 않고 사회적 실천에 의해 매개되는 과정으로 봄으로써, 순수한 과정에서는 인식불가능한 것이라도 **실천적** 과정을 통해서는 인식가능하게 된다는 생각을 표현한다.

작가의 주체성을 표현하는 범주들인 민중성이나 당파성은 이 사회적 실천이라는 매개를 설명하기 위해 도입된 개념들이다. 리얼한 것에 대한 작가의 실천적 개입은, 작가가 의식 수준에서 갖고 있는 이데올로기나 세계관의 한계를 넘어서도록 만들 뿐만 아니라(이른바 '리얼리즘의 승리'), 세계 내 현상들과 무수한 세부사실들을 통해서는 드러나지 않는 그 사실들 사이의 본질적 연관들과 총체성이 구현될 수 있도록 만든다. 그러므로 리얼리즘이 말하는 작품적 진리는 외부세계의 사실들을 포함하지만 그것들과 **직접적으로** 상응하는 것에 있지 않고 작가의 주체성에 의해 실천적으로 **매개된** 상응에 있게 된다. 이 실천적으로 매개된 상응은, 객관적으로 검증가능한 법칙의 형태로 과학이 구현하는 진리와는 다른 성격의 것이다. 왜냐하면 그 상응은, 마치 하이데기에게시의 존재물음의 형태와 유사하게, 리얼한 것에 대한 **물음**의 형태로 나타나면서 오직 최종심에서만 도래할, 아니 영원히 유예되는 상응과 같은 것이 될 수 있기 때문이다. 그래서 이러한 리얼리즘의 진리를 과학적 진리보다 한층 높은 차원의 진리로 설명하는 경우도 없지 않았다.[2] 주체성에 의해 매개된 상응 혹은 리얼한 것의 물음에 의해 부단히 유예되는 상응은, 리얼리즘이, 현실적인 것과의 직접적 상응을 원리로 삼았던 소박한 사실주의를 넘어서는 방법이며 그것의 도식이 재현적이면서도 실천적이고 윤리적인 성격을 띠도록 만드는 요소였을 뿐만 아니라, 그 이미지 체제가 지도적 도식(예술은 진리를 갖지 않는다 혹은 예술은 객관적 진리를 표현하지 않는다)을 넘어 낭만적 도식 (예술만이 진리를 갖는다 혹은 예술은 객관적 진리와는 다른 고차 원적 진리를 갖는다)과 중첩되는 지점을 갖게 만드는 요소였다.

한국에서 리얼리즘적 재현을 매개하는 주체성의 요소로 간주 되었던 것으로 중요한 것은 당대의 민족적 현실, 민중적 삶과의 합 치였고 그것들의 필요에 실천적으로 부응하는 것이었다. 달리 말해 리얼한 것은 의식에서 독립적인 실재로서가 아니라, 매우 의식적인 것이라 할 수 있는 민족적이고 민중적인 삶의 필요에 따라 규정된 다. 좀더 급진적인 리얼리즘론에서는 민족적이고 민중적인 삶의 필 요는 당대의 민중을 구성하는 지도계급인 노동계급의 해방과 불 가분한 관계를 갖는 것으로 이해되었고 노동계급을 해방으로 이 끌 전위당의 목적의식에 따라 그 필요의 구체적 내용이 규정되었 다. 이 과정에서 리얼한 것의 의식으로부터의 독립성은 점점 희미해 지고 리얼리티는 의식규정적인 것이 된다. 그 결과 리얼리즘이 세계 관에 전적으로 구속된 사회주의 리얼리즘으로 굴러 떨어지는 것을 피할 수 없었다.

물론 리얼리즘을 세계관에 종속시키는 이 관념적 경향에 대한 저항이 없었던 것은 아니며 사실상 그러한 견제가 지속적으로 이 루어져 왔다고 볼 수 있다. 그것은 리얼리즘을 **방법**으로 정의하려 는 노력으로 나타났다. 리얼리즘은 세부사실들을 추상하여 그것 들 사이에 새로운 예술적 관계를 부여함으로써 전형을 창조하는 것이라는 생각은 이러한 노력의 표현이다. 그러나 세부사실들을 대 상적 출발점으로 삼고 그것들에 대한 추상과 전형화를 추구함으로써 세계관의 개입가능성을 최대한 억제하려는 이 노력은 고전적 리얼리즘 작품에서 시도된 창작의 방법에 대한 전범화, 규범화를 벗어나기 어려웠다.

리얼리즘 대 모더니즘 논쟁의 역사적 성격

1930년에 루카치가 제시한 리얼리즘론은, 당대에 횡행하던 사회주의 리얼리즘의 반리얼리즘적 경향을 견제하고 비판하려는 뚜렷한 목적을 가진 것이었다. 하지만 그것은 19세기 말 전문적 예술가-지식인들이 자신들의 보수적·계급적 입장이나 세계관에도 불구하고 성취할 수 있었던 리얼리즘을 이상화한 것이었다. 이것은 한국 사회에서 전문-지식인 작가들에게는 설득력을 가질 수 있었지만, 20세기 말 한국 사회에 새로운 주체성으로 등장한 내중화된 노동자들 자신에게 완전히 적합한 미학은 아니었다. 대중노동자들의 선진부분은 사실성을 해체와 재창조라는 비판적이고 주체적인 관점에서 해석하기 시작했으며 리얼리티에 대한 다른 접근법을 모색하기 시작했다. 대중노동자들은 예술 민주화에 대한 팽배한 욕구를 갖고 있었고 스스로 예술창조에 나서면서 전문-지식인 작가들과는 다른 미적 주체성을 형성했다. 이들이, 방법으로서의 리얼리즘이나 세계관으로서의 리얼리즘과 같은 전문 리얼리즘 미학의 영향에서 자유로울 수는 없었지만, 이전과는 다른 경험, 특히 기계에 의해 매개된 **노동의 추상화**와 시장에 의해 매개된 소비의 추상화 경험은 리얼한 것의 지평을 기존의 리얼리즘이 규정한 객관실재나 사실성 너머에서 찾지 않을 수 없도록 강제했다.

구상성이 추상된 리얼리티는 많은 경우 리얼리즘이라는 이름이 아니라 모더니즘이라는 이름 아래에서 추구되었다. 이런 의미에서 모더니즘은 리얼리즘과는 다른 리얼리티를 표현하려는 시도이며 리얼리즘과 모더니즘 사이의 논쟁은 리얼리티 체험의 역사적 분화와 교체를 둘러싼 헤게모니 투쟁이었다. 모더니즘이라는 이름 하에 시도되는 추상과 형식실험은 기계체제의 일부가 된 노동자들이 일상적으로 겪는 경험적 리얼리티에 부응하는 것이었다. 노동자들의 경험은, 기존 리얼리즘이 설정한 민족적 현실체험이나 공동체적으로 이상화된 민중성의 한계를 벗어났다. 1987년의 항쟁과 그것의 부분적 승리는 이러한 경향을 가속시키는 것으로 작용했다. 대중노동자들이 리얼리티의 낡은 형태들을 해체하고 새로운 것으로 교체할 수 있다는 사실이 실천적·정치적으로 입증되었기 때문이다. 이것이 기존 리얼리즘의 1차 패배, 즉 모더니즘에 대한 리얼리즘의 패배를 규정한 조건이다.

1987년 투쟁의 부분적 승리는 자본으로 하여금 더 빠른 기계화, 더 많은 정보화, 더 깊은 추상화, 더 폭넓은 화폐화를 시도하도록 자극했다. 신자유주의적 세계화라는 말로 요약되는 이 가속적 변화 속에서 노동은 점점 그것의 물질성을 잃고 비물질적인 것으로 변해갔다. 노동의 비물질화는 역설적이게도 물질로부터의 이탈이 아니라 물질과 비물질 사이의 단단한 경계를 허무는 것으로 작용했고 실재성의 영역을 혁명적으로 **확장**하는 것에 기여했다. 언어적·협력적·전자적·정보처리적 망들을 통해 조직되는 비물질노동은 지극히 물질적인 망들에 의존할 뿐만 아니라 소통의 물질적 도구들을 생산한다. 실재는 몸들로 가득 차 있으면서도 유동적이고 물질적이면서 동시에 비물질적이다. 그것은 물체보다는 부드럽고 정신보다는 단단한 것, 다시 말해 베르그손적 의미의 **이미지**와 같은 것으로 체험되기 시작했다. 1990년대 초 충격적으로 다가온 사회주의의 붕괴는, 물질노동과 그것의 추상화에 기초했던 체제가 신자유주의적으로 재편되는 지구화의 과정과 리얼리티의 이 재구성에 적응하는 다소 요란스런 변동이었다고 해도 과언이 아니다. 주지하다시피 이것은 사실성과 그것의 재현에 기초한 기존 리얼리즘이, 시뮬라크르와 그것의 변조를 기반으로 모더니즘을 극단화한 포스트모더니즘에게 다시 패배하게 되는 조건이 된다.

나는, 리얼리즘의 이 연속적 패배과정이 리얼리티의 종말이기는커녕 오히려 리얼리티의 심화과정이었다고 생각한다. 그것은 분명히, 리얼리즘이 가정했던 의식으로부터 독립된 객관실재라거나 사실성의 개념을 해체시키는 것으로 작용한다. 왜냐하면 노동의 추상화와 비물질화의 과정은 의식과 실재 사이의 임의적인 경계설정과 분리를 더 이상 허용할 수 없도록 만들었기 때문이다. 이런 의미에서 리얼리즘의 연속적 패배는 모든 임의적 가정들(세계관)의 제약을 붕괴시키는 리얼리티의 장대한 승리의 과정이다. 우리에게 이것이 읽히지 않는 것은, 모더니즘이나 포스트모더니즘이 전통적 리얼리즘과 대립하면서 리얼리즘이라는 술어 밖에서 발전했을 뿐만 아니라, 이것들이 리얼리즘과 **구분되는** 새로운 미학체제로 자신을 규정하면서, 재구성된 리얼리티를 전통적 리얼리즘과는 또 다른 임의적 가정들 아래에 종속시켰기 때문이다. 그 결과 재구성된 리얼리티는 재현에 종속된 전통적 리얼리즘에 의해서도, 재현을 폐기해 버린 모더니즘이나 포스트모더니즘에서도 온전히 다루어질 수 없었다. 그러므로 재구성된 리얼리티는 전통적 리얼리즘의 재현주의로부터 의 해방을 요구하고 있을 뿐만 아니라 모더니즘, 포스트모더니즘이 설정한 반재현주의적이고 반리얼리즘적인 가정들로부터의 해방도 동시에 요구하고 있다.

재현실제에서 시뮬라크르 실재로

이 요구를 만족시키기 위해서 우리는, 노동의 추상화와 비물질 화가 가져온 새로운 실재 체험이 무엇을 의미하는지 좀더 면밀히 살펴보아야 한다. 이 체험은 의식에서 독립된 객관실재와 그러한 의미로 이해된 사실성의 안정성을 파괴했다. 의식에서 독립된 객관 실재라는 명제는 의식에 의한 세계구성이라는 칸트적 명제에 대한 반대를 함축하는 것이었지만, 실재성을 의식과의 강한 관계 속에 서 사유할 뿐만 아니라 그 실재성의 의식 내 재현을 미학적 목표로 추구한다는 점에서 칸트주의의 틀을 벗어난 것이 아니었다. 실재는 의식에 의해 재현되는 것으로서만 의미를 갖는 것이었다. 그 재현이 직접적이지 않고 실천적 관심과 같은 주체성 범주들에 의해 매개된 다고 할 때에도 사정은 마찬가지다. 아니 주체성 범주들에 의해 매

개되는 재현은 오히려 세계재현과
세계구성을 훨씬 더 의식에 의존하
게 만드는 결과를 가져왔다.

보드리야르는 재현주의를 비판
하면서 "지도와 영토를 이상적으로
일치시키려는 지도제작자들의 광적
인 계획 속에서 절정을 이루고 또
수그러든 재현적 상상세계는 시뮬
라시옹 속에서 사라진다"[3]고 단언한
다. 포스트모더니즘의 대두에 즈음

임마누엘 칸트
(Immanuel Kant, 1724~1804)

하여 전통적 리얼리즘이 격렬하게 저항했지만, 그것의 그 재현적
상상세계가 정말로 시뮬라시옹과 대립되거나 구별되는 것이라고
말할 수 있을까? 오히려 시뮬라시옹은 그 재현적 상상세계의 극단
적 연속으로 등장한다고도 할 수 있지 않을까? 주체성의 범주에
의해 매개된 재현은 재현의 이름(상상) 아래에서 실행된 실재 조
작, 즉 시뮬라시옹의 한 형태가 아니었을까? 그리고 그것이 구현한
실재성은 시뮬라시옹이 산출하는 파생실재의 일종이지 않을까?
아무튼, 포스트모던 시뮬라시옹에서 실재는 순수하게 기호적으
로 조작된 것으로 나타나며 기호 그 자체로 대체되어 버린다.

하지만 여기서 우리는 포스트모던 사유가 재현적 사유에 지나
치게 구속되어 있다고 말하고 싶어진다. 재현적 의미의 실재성이,
즉 지도와 일치하는 것으로서의 영토가 부재하고, 기호적 시뮬라시
옹에 의해 그러한 의미의 실재와는 무관한 세계가 구성된다는 사

실로부터 실재성의 죽음을 단언하는 것이 올바른가? 재현적 실재성의 개념은 실재를 지극히 의식중심적이고 인간중심적으로 이해하는 것이면서도 정작 그 인간적 의식은 기껏해야 대상세계를 직접적으로 혹은 매개적으로 재현하는 거울의 역할을 벗어나지 않는 것이었다. 그 의식은 운동도 변용도 생성도 갖지 않는다. 재현하는 의식은 살아 있는 것이 아니라 죽어 있는 것이다. 그것은 실재의 자극을 힘으로, 충격으로 감각하는 능력이 없으며, 또 그것을 접고 반응하는 능력이 없다. 재현하는 의식은 시간적이지 않고 공간적이다. 삶과 세계가 항상 재현하는 의식을 초과한다는 것, 그것의 지도가 영토와 일치하지 않는다는 것은 오히려 재현적 실재성을 넘어 다른 실재성이, 초과의 실재성이 움직이고 있다는 사실의 반증으로 이해되어야 하지 않는가? 실재성이 재현적 틀을 넘어 개빙되어야 하지 않는가?

바로 이러한 요청의 순간에 시뮬라시옹은 기호조작, 프로그래밍에 의해 무로부터 창출되는 시뮬라크르로 실재의 개념을 대체해 버린다. 사실들이 시뮬라크르로 대체될 수 있다는 사실로부터 포스트모더니즘은 실재의 죽음을 단언하지만, 이것은 시뮬라크르는 실재가 아니라고 말하기 위한, 그래서 실재 개념을 영원히 추방하기 위한 전략 아래에 배치된다. 이미지는 더 이상 깊은 사실성의 반영이 아니다. 모든 이미지는 어떤 실재성과도 무관하며 자기 자신의 순수한 시뮬라크르이다.[4] 그런데 이 시뮬라크르가 바로 실재성이며 기호조작의 산물이기 전에 그 기호들의 바탕에서 움직이는 실재 그 자체라면? 삶과 세계, 그리고 우주가 바로 이 전 개체적이

고 전 기호적이며 비인칭적인 시뮬라크르들의 놀이라면? 기호조작
된 시뮬라크르도 그 기호 이전의 시뮬라크르 세계의 연장일 뿐이
라면? 만약 그렇다면 시뮬라크르를 실재성과 영구히 분리시키려는
포스트모더니즘의 전략은, 그것이 성공하면 할수록 패배할 수밖에
없도록 운명 지어진 것이지 않을까? 포스트모더니즘은 재현적 실
재성을 초월하는 시뮬라크르라는 유령을 불러내지만 바로 그 유령
이야말로 그 어떤 것보다도 실재적이며 그 어떤 실재성보다 더 실
적인 실재성일 수 있기 때문이다. 포스트모더니즘은 이런 방식으로
리얼리티의 승리, 실재성의 승리의 조건을 마련해 준다.

시뮬라크르에 대항하는 시뮬라크르

시뮬라크르를 기호조작에 의한 파생실재로 이해하고 실재로부
터 분리시킬 때, 실재와 시뮬라크르의 구분은 여전히 남는다. 기호
조작 이전의 세계는 시뮬라크르가 아닌 것으로 설정되기 때문이
다. 들뢰즈는 이와는 다른 관점에서 시뮬라크르를 이해한다. 그가
보는 실재는 기호조작 여부와는 무관하게 시뮬라크르이다. 모든
실재는 어떤 원본도 갖지 않는 시뮬라크르이다. 실재하는 것은 시
뮬라크르뿐이다. 보드리야르의 실재계에서는 파생실재인 시뮬라
크르가 우선적인 지위에 오르고 실재가 그것에 뒤따르는데, 거기
에서는 시뮬라크르를 실재인 이데아로부터 멀어진 파생이데아(환
영)로 보았던 플라톤의 위계관이 역전되지만 실재와 시뮬라크르

의 구분은 유지된다. 플라톤에게서는 시뮬라크르가 실재(이데아)를 뒤따름에 반해, 보드리야르에게서는 실재가 시뮬라크르를 뒤따를 뿐이다.

들뢰즈는 이러한 구분, 즉 나눔의 전략이 "혈통을 선별하는 것, 경쟁자들 중에서 추려내는 것, 순수한 혈통과 그렇지 못한 혈통, 진짜와 가짜를 구분해 내는 것"[5]을 목적으로 삼는 경쟁관계의 변증법을 수립하는 것이며 선별의 신화를 지어 내는 것이라고 비판한다. 이 신화에서는 어떤 것은 참된 것이고 어떤 것은 거짓된 것 혹은 타락한 것이다. 이 세계는 원본과 복사물로 구분되는 도상들로 구성되는 표상의 세계이다. 이 세계에서는 유사한 것만이 다르므로 차이는 동일성이 없으면 사유될 수 없다.

시뮬라크르의 세계는 이 신화의 세계를 전복한다. 여기에서는 오직 차이들만이 서로 유사하다. 이 세계에서는 상이한 동시에 발산하는 이야기들, 이질적이고 발산하는 계열들이 움직이며 그것들이 서로 접어 넣어지는 카오스 속에서 이 계열들 사이의 내적 공명과 소통이, 그리고 계열들 자체를 넘쳐 흐르는 불가항력적인 운동이 발생한다.[6] 보드리야르가 시뮬라크르를 낳는 조작과정으로 보았던 기호는, 들뢰즈가 보기에는, 소통하는 두 계열들 사이에서 발해지는 섬광이며 "포텐셜 차이들이 분배되고 잡다한 것들의 소통이 확보되는 구조"[7]이다. 그렇기 때문에 들뢰즈는 "모든 물리적 계들이 신호이며 모든 성질들은 기호다"[8]라고 단언한다. 물리적 계들은 기호의 파생물이기 전에 기호들인 것이다. 카오스 속에 접혀 체계 속에 내재화된 기호들의 이질적 계열들과 그것들의 차이가 시뮬라크르들의 비도상적인 환각의 세계를 구성한다. 여기에서 유사성이 있다면 원본과의 대조에서 발생하는 것이 아니며 이 내적 차이의 산물일 수 있을 뿐이다.[9] 긍정되는 것은 원본, 모델이 아니라 시뮬라크르들의 노마드적 분포, 탈정초, 무한한 동굴들의 세계이다. 그것이 선별하는 것이 있다면 그것은, 선별과 대립되는 모든 과정들이다. 그것은 카오스를 정돈하고 모델을 제시하는 바로 그 선별을 배제한다. 이러한 의미에서의 시뮬라크르는, 플라톤의 고대적 원본/복사물의 체제 속에서, 그것에 대립할 뿐만 아니라, 기호조작의 산물로 규정되는 현대의 시뮬라크르들 속에서조차, 그것에 대립하는 실재적인 것이다. 현대의 시뮬라크르들이 점점 코드, 모델, 프로그램, 프로토콜의 조작의 산물로 되어 가면 갈수록 그 대립은 더욱 커진다. 심연에서 방출되거나 표면에서 떨어져 나오거나 혹은 신학적이거나 몽환적이거나 성적인 불안정한 환각을 통해 지각불가능한 순간에 도처에 도달하여 섞이고 가로지르며 다시 흩어지는 시뮬라크르들의 흐름은 그러한 기호조작된 시뮬라크르들의 체제를 초과한다.

시뮬라크르와 사실, 그리고 재현

리얼리즘이 재현, 즉 복사의 모델을 고수하는 한, 그것은 현대성 속에서 그것을 이해할 수 없으며 현대성 속에서 살아갈 수 없다. 의식하는 주체와 대상의 구별은 지극히 인간적인 것으로 보이지만,

실제로는, 인간이 자신을 주체로 정립하고 세계를 이용의 대상으로 삼기 시작한, 아마도 각별히 유럽적이라고 해야 할, 역사적 사건의 산물이다. 시뮬라크르의 세계에서는 주체도 대상도 없다. 만약 그런 것이 있다고 한다면 모든 것이 동시에 주체이자 대상이라고 해야 할 것이다. 사실들은, 의식하는 주체의 외부에 있지 않다. 사실들은, 시뮬라크르들의 이질적인 계열들의 복합체이다. 그 사실들에는 의식하는 관찰자가 깊이 연루되어 있다. 그렇기 때문에 하나의 미학적 형상이 드러날 때, 거기에는 여러 개의 이질적 형태들이 접혀 있고 서로 가로지르고 있다.[10] 의식은 그 이질적 형태들과 계열들이 형상을 통해 맺는 우발적 관계에 다름 아니다. 여기에 재현이라고 할 만한 것이 있을까? 없다. 재현이라고 불리는 것은, 시뮬라크르들의 우발적 침입이 돌발흔적을 남기면서 체계의 재편, 새로운 관계의 창출, 새로운 형상의 생성을 요구할 때, 그 요구들을 억제하고 대상화하면서 그것에 재현적 **구상**의 옷을 입히는 것, 좀더 심한 경우에는 그것을 이미 실재하는 원본의 한 유사자로 감금하여 무력화시키는 절차일 뿐이다. 재현된 것은 아무리 그 시뮬라크르를 구상적으로 그럴 듯하게 모사한다 할지라도, 돌발적으로 흔적을 남기면서 다가오는 그 시뮬라크르의 힘들이나 리듬들과 형상적으로는 거의 닮지 못한다. 구상적이지 않고 형상적인 닮음은, 마치 단어가 그것이 가리키는 사물과 전혀 닮지 않은 것과 유사하게, 오히려 닮지 않은 수단들을 통해서 이룩되는 것이다.

닮지 않은 수단들을 통해 느닷없는 산물로 솟아오르는 닮음을 들뢰즈는 감각적 닮음[11] 혹은 미학적 유사라고 부른다. 이것은 동일한 것의 재생산이 아니라 차이의 생산이다. 돌발흔적에서 출발하여 서로 결합되고 변형되며 팽창하고 수축하는 리듬을 갖는 이 더 깊은 닮음은 구상적 닮음과 단절하고 변형을 이룬다는 의미에서 일종의 변조라고 해야 할 것이다. 변조가 사실적이라면 구상적 재현은 이 변조에 가해진 특수한 조작, 요컨대 유기적 조작이다. 그것은, 우발적인 것들의 불안정성을 안정적인 광학적 조작에 종속시킴으로써 비로소 발생한다. 구상은, 눈이 광학적 조건에 종속되면서 그것의 만지는 기능, 즉 촉각적 기능이 부차적인 것으로 조직된 (유기화된) 것의 결과이다.[12] 즉 광학적 코드가 시선을 지배하면서 유기적 재현과 재현적 구상이 헤게모니적인 것으로 부상한 것이다. 예술사에서 이 유기적 재현을 해체하는 힘은 '오랑캐' 예술에서 나타난다. 로마네스크적 교회예술과는 달리 세속성을 추구하는 고딕 예술은, 오랑캐인 고트족에서 유래한 것으로, 광학적 논리를 거부하면서 눈에게는 접촉의 행위성을 돌려주고 손에게는 눈이 따라올 수 없는 속도, 격렬함, 생명을 부여한다. 들뢰즈는 이 오랑캐 예술이 두 가지 방식으로 유기적인 재현을 넘어선다고 말한다. 하나는 움직이고 있는 신체덩어리이고, 또 하나는 선의 속도와 방향의 변화이다. 이것들이 드러내는 것은, 고전적 재현의 유기적 생명과도 대치되는 비유기적인 생명성이다. 이 비유기적 생명성의 광적인 움직임과 복합적인 변조과정이야말로 추상과 구상을 동시에 넘어서는 **형상적 사실들**을 구성한다.

내재성의 리얼리티 혹은 어떤 리얼리즘인가라는 문제

이렇게 해서 우리는 다시 실재와 사실성의 문제로 돌아왔다. 그런데 이것들은 이제 의식의 대상들로서가 아니라 비유기적 생명의 광적인 운동으로서 돌아온다. 전통적 리얼리즘이 사유한 리얼, 의식의 대상으로서의 리얼은 선험적[초월론적]transcendental 성격을 띤다. 그것은 경험 이전의 것, 비주체적이고 선반성적인 것이다. 하지만 리얼리즘에 의한 리얼의 전유, 형상화는 부단히 그것을 경험적인 것, 경험 매개적인 것으로 바꾼다. 리얼리즘에서 리얼은 대상적 사실들로서, 세부들로서 작가와 관계한다. 민중성, 당파성, 성실성, 진리충실성, 양심 등의 경험범주들에 의해 리얼은 사실들로서, 전형으로 추상화될 사실들로서 나타난다. 리얼한 것이 자신을 전형으로 표현하는 것이 아니라, 작가의 의식, 경험, 주체성이 리얼한 것으로부터 전형을 재현해 낸다. 전통적 리얼리즘의 형상들은 비유기적 생명의 광적인 운동과 복합적 과정의 표현이 아니라 경험적 사실들로부터의 재현적 추상에 구상의 옷을 입힌 것으로 나타난다. 이 모든 것을 주관하는 것은 작가의 의식이다. 의식은 초월적transcendent 위치에서, 리얼한 것을 대상으로, 혹은 사실로 규정하며 리얼한 것의 선험성[초월론성]transcendentality을 삭제한다. 생명은 인간중심으로 해석되고 삶은 의식중심으로 변질된다. 이것을 가능케 하는 것은, 반복하거니와, 주체와 대상의 구분과 분리라는 구도이다.

의식의 초월성은 두 가지 방향에서 리얼리즘을 해체시키는 것으로 작용한다. 하나는 리얼리즘의 사회주의 리얼리즘으로의 발전이다. 그것은 리얼리즘을 세계관으로서의 사회주의, 정치의식에 종속시킨 발전방향이다. 목적론이 리얼을 규정하는 이 방향이 생명과 삶에 특정한 의식적 주형을 부과했다는 것, 지도자나 수령의 마음을 전형화하는 방향으로 발전했다는 것, 다시 말해 리얼리즘이 비유기적 생명의 광란으로서의 리얼로부터 극단적으로 멀어졌다는 것은 이제 주지의 사실이다. 이러한 방향으로의 발전방향에 대한 견제로서 그 내부로부터 비판적 리얼리즘 혹은 위대한 리얼리즘의 시도가 있었지만 그것이 리얼리즘의 승리를 (이미 의식에 의해 규정된 것인 **경험적**) 사실들의 승리로 규정하는 한에서 그 경향을 역전시킬 수 있는 것은 아니었다.

또 하나는 리얼을 의식의 흐름의 자동기술로 대체하는 발전방향이었다. 목적론적 발전방향에 대한 자유주의적 반발이라고 할수 있는 이 경향이, 의식을 리얼한 것에 다시 개방하고 비주체적인 의식의 절대적 흐름, 선반성적인 비인격적 의식, 자기없는 의식의 질적인 지속을 드러낸 것만은 분명하다. 여기에서 주체와 대상의 구분은 사라지고, 시작도 끝도 없는 운동이, 직접적 의식의 흐름이 표현되었다. 하지만 여기서도 작가의 의식은 초월적인 것으로서, 의식의 경험적 사실들과 그 세부를 자신의 장 안에 포섭한다. 선험적[초월론]인 것들이 초월적 의식 안에서 경험적인 것들로 대상화되는 것이다. 경험적 사실들로부터 추상된 전형을 이상적인 것으로 제시하는 경향이 있는 리얼리즘과 긴장된 관계를 맺으면서, 그 리얼리즘의 한계를 지적하고, 나아가 선험적[초월론]인 것들의 리얼리티[실재성]를 드러내고자 한 이 시도들이 초현실주의를 비롯한 다양한

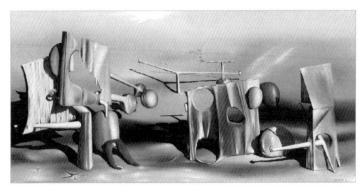

이브 땅귀, 〈적(赤)에 대한 응답〉(Reply to Red), 1943

모더니즘 조류로 표출되어 나왔던 것은 결코 우연이 아니다. 1930년
대의 리얼리즘 논쟁도, 방법논쟁이라는 그 껍질을 벗기고 보면, 리
얼이란 무엇인가, 무엇이 리얼인가를 둘러싼 논쟁으로 이해할 수 있
다. 긴 시간에 걸친 다양한 논쟁적 탐구과정에도 불구하고 리얼리
즘은 경험적인 것의 초월적 재현(초월주의)인가 초월적인 것의 선험
적[초월론적]인 것에의 개방인가라는 문제틀을 벗어나지 못했다.

　　이것은 국가인가 시장인가라는 정치철학적 물음의 미학적 변
주와 같은 것으로 볼 수 있다. 그래서인지 이 문제틀의 무효함은, 국
가와 시장의 실패가 총체적으로 확인되는 20세기 후반에 이르러서
지각되고, 1968년의 혁명적 과정을 거치면서 비로소 이 문제틀의
실질적 혁파와 재구성의 시도들이 이루어진다. 들뢰즈의 내재성 철
학은 그 시도들 가운데 심원한 것들 중의 하나로 남아 있다. 그의
유언적 텍스트라고 할 수 있는 「내재성:생명……」[13]에서 들뢰즈는
초월적인 것과 선험적[초월론적]인 것의 변증법적 과정을 넘어서면
서 초월적인 것을 내재성의 산물이면서도 내재성으로부터 분리된

것으로 파악하고, 그 초월적인 것의 규정에서 풀려난 선험적[초월론적] 장을 순수한 내재성의 평면으로 정의함으로써, 내재적인 것을 초월적인 것과 선험적[초월론적]인 것, 그리고 양자의 변증법을 근거 짓는 근본범주로 정립한다.

리얼리즘과 관련하여 이것은, 고전적 리얼리즘도, 사회주의 리얼리즘도, 비판적 리얼리즘도, 초리얼리즘도 아닌 리얼리즘, 요컨대 내재성의 리얼리즘이라 할 수 있는 새로운 리얼리즘의 길을 가리킨다. 들뢰즈가 보기에 문제적인 것은 근대의 사유를 지배해온 의식이다. 의식이 없다면, 선험적[초월론적] 장은 주체와 대상의 모든 선험성[초월성]에서 빠져나와 어떤 대상에 의존하지도 어떤 주체에 속하지도 않을 것이며, 어떤 것 안에 혹은 어떤 것에 대해서 있지 않으면서 오직 그 자신의 안에만 있는 순수하고 절대적인 내재성의 평면으로 정의될 것이다. 내재성의 평면 바깥으로 떨어져 나간 주체와 객체가, 오히려 내재성이 그것들에 귀속되는 보편적 주체나 임의의 대상으로 받아들여지게 되었기 때문에, 선험적[초월론적]인 것은 내재성의 평면으로 되지 못하고 (칸트에게서처럼) 단순히 경험적인 것을 되풀이하는 것으로 완전히 변성되고 왜곡되며, 그 결과 내재성은 초월적인 것에 포위되어 버린다. 그 결과 내재성은 (헤겔에게서처럼) 모든 사물보다 우월한 통합체로서의 의식이나 혹은 사물들의 종합을 낳는 어떤 행동으로서의 대문자 주체Subject로 되어 버리는 것이다. 그러므로 내재성의 평면이 말해지려면 더 이상 그 자신 이외의 다른 어떤 것에 대한 내재성이 아니어야 하며 그것을 포함할 수 있는 주체 혹은 대상에 의해 규정되지 않아야 한다.

들뢰즈는 그러한 순수 내재성을 정관사를 붙인 그 삶[la vie]과는 구분하여 부정관사를 붙인 하나의 생명[삶], 즉 'une vie'라고 이름 부른다. 이것이 앞서 서술한 비유기적 생명의 다른 이름임은 분명하다. 그것은 생명[삶]에 대한 내재성이 아니다. 아니 오히려 다른 어떤 것 속에도 없는 내재성이 그 자체로 하나의 생명[삶]이라는 것이다. 하나의 생명[삶]은 내재성의 내재성, 절대적인 내재성이다. 그것은 완전한 역량, 완전한 지복으로서 주체와 대상의 아포리아를 넘어서며 더 이상 존재자에 의존하거나 행동에 종속되지도 않는 하나의 삶의 평면이다. 이것이 선험적[초월론적] 장을 내재성의 평면으로 재정의하고, 다시 내재성의 평면을 하나의 삶으로 재정의하는 들뢰즈의 철학적 전복시도이다.

내재성의 삶은 주체에 의해 육화된 개체적인 삶, 선악의 삶이 아니라 주체성과 대상성으로부터 자유로워진 순수한 사건의 삶, 비인격적이고 특이한[singular] 삶, 이름이 없는 삶이다. 그것은 어디에나 있다. 심지어 그것은, 어떤 살아 있는 주체가 경험하는 그리고 체험된 대상들에 의해 측정되는 모든 순간들 속에 있다. 그것은 주체와 대상들에서만 현실화되는 사건들 혹은 특이성들을 실어 나르는 평면이다. 그러므로 그것은 그 자체로는 순간들을 갖지 않는다. 그것은 단지 현실화되는 순간들로 발생하거나 그것에 후속하는 사이-시간, 사이-순간들을 가질 뿐이다. 부정관사의 하나의 삶을 구성하는 특이성들과 사건들은 정관사의 그 개별적 삶들의 우연들과 공존하기도 하지만 개별자들이 연결되는 방식과는 완전히 다른 방식으로 서로 연결된다. 특이한 삶은 마치 (이상한 나라의 앨리스에서 그려진) 고양이가 사라진 뒤에 남는 고양이의 미소처럼, 혹은 어린 이의 미소, 동작, 찡그린 얼굴처럼 어떤 개별성 없이도, 그것을 개별화하는 어떤 부수물 없이도 있을 수 있다. 이것은 경험적 결정과는 다른 것이지만 그렇다고 비결정도 아니다. 그것은 내재적 방식의 특이한 결정이다.

이 내재적 삶에 포함된 것은 잠재적인 것들이다. 들뢰즈는 내재성의 잠재적인 것들이 리얼리티[실재성]를 결여한 어떤 것이 아니라, 그 자체로 실재하는 것으로서 특정한 현실화 과정에 참여하고 있는 어떤 것임을 일관되게 강조한다. 사물의 상태 속에, 체험된 것의 상태 속에 도래하며 현실화되는 것은 바로 이 내재적 사건이다. 내재성의 평면이, 그것이 그 자신에게 귀속시키는 주체와 대상 안에서 현실화되는 것이다. 전통적 리얼리즘이 대상을 주체의 의식 안에서 현실화할 때, 혹은 초리얼리즘 혹은 비리얼리즘들이 대상을 주체의 의식 안에서 해방시킬 때, 망각되고 사라지는 것은 그 내재성의 평면, 잠재적인 것, 즉 내재성의 리얼리티다. 지금 다시 리얼리즘이 문제일 수 있다면 그것은 리얼리즘에 의해 망각되고 삭제되어 온 내재성의 특이한 리얼리티를 발견할 뿐만 아니라 경험적 리얼리티, 개별적 리얼리티, 무의식과 초의식의 리얼리티 들을 이 내재성의 리얼리티의 생산물이자 결과로서 서술할 수 있는 감각의 재구성, 감각적인 것의 재분배를 시도하는 것이다.

다중과 내재성의 리얼리티 : 생명되기로서의 예술

우리는 전통적 리얼리즘이 전문지식인과 전문노동자의 감각과 의식의 표현형태였다는 진술에서 이야기를 시작했다. 그것의 한계가 드러나고 예술실천이 그것의 범위를 벗어나기 시작한 것은 전문지식인 및 전문노동자의 대중노동자로의 재구성과 보조를 같이했다. 대중노동자는 생산주체일 뿐만 아니라 소비주체로서, 의식주체일 뿐만 아니라 통치의 대상으로서, 공장과 시장의 삶, 사회와 국가의 삶에 동시적으로 현전해야 했다. 이것은 리얼리티에 대한 다른 감각을 요청했다. 리얼리티를 둘러싼 격렬한 논쟁은 그 요청의 현상형태였다. 이것은 공적인 삶과 사적인 삶의 제도적 분리와 이중화의 자연스런 결과였다. 사회주의 리얼리즘은 공적인 리얼리티에 초점을 맞추면서 공적 의식을 초월적인 것으로 설정했다. 그것은 경험들 위에서 경험들을 구성해 내는 구도나 계획으로 기능했다. 이와 달리 모더니즘 예술 흐름은 사적인 삶에 좀더 충실하면서 사적인 삶의 의식적·무의식적 경험사실들을 선험적[초월론적] 평면 위에서 재현하고자 했다. 하지만 그 사적 삶이 공적 장치들의 산물이자 효과로 나타나는 한에서, 그 선험적[초월론적] 평면은 초월적인 것에 구속되어 있었다.

내재적 리얼리즘은 공적 삶과 사적 삶의 이러한 분리접속^{disjunc-}tion이, 그 구도를 재구축하려는 위로부터의 부단한 시도에도 불구하고 와해되는, 역사적 과정 속에서 제기된다. 그것은 선험적[초월론적인 것을 초월적인 것으로부터 분리시켜 그것이 더 이상 초월적인 것의 산물이나 효과가 아니도록 만드는 것, 다시 말해 선험적[초월론적]인 것을 순수한 내재성의 평면으로 전환시키고 모든 사건들과 사실들을 그 내재성의 평면 안에서의 생성, 구성, 개체화로 전환시키는 것을 가능케 할 조건을 구축하는 운동이다. 이 운동은, 사적인 삶과 공적인 삶의 이중구도에 분열적으로 포획되어 있는 대중노동자들을, 내재성의 평면에서 감각하고 감응하며 반응하는 다중으로 전환시키는 원인이자 동시에 그러한 전환과정의 결과를 표현하는 것이다. 점점 비물질화하고 비가시화하는 생산, 유통, 분배, 소비의 체제에서 다중은 어떤 원본도 없는 시뮬라크르들로 나타나며 다중의 세계는 이 시뮬라크르들의 광적 운동으로 나타난다. 공/사의 이중화체제의 궁극적 귀결은 사적 소유에서 배제되어 사적인 것을 잃어버리고 공적 권력에서 배제되어 통제와 감시의 순수대상으로 된 존재로서의 다중을 양산하는 것이었다. 다중은 이제 점점 잃어버릴 것이라고는 채무뿐인 비유기적 존재들로 되어 가고 있다.

내재적 리얼리즘은 초월적/선험적[초월론적] 세계에서 추방된 이 순수 존재들의 시뮬라크르 리얼리티를 모든 것을 새로 일굴 잠재력으로 규정하고 그것들의 분산, 공명, 합체, 공생으로부터 분출할 새로운 장치, 새로운 개체성, 새로운 사실의 아상블라주의 권리들을 천명하는 시학이다. 그것은 새로운 의식주체를 구성하는 문제가 결코 아니다. 오히려 의식주체를 다중의 광적 역량과 감각리듬에 복종하는 기관으로 재배치하는 것이다. 내재적 리얼리즘은 유기적 기관들을 내재성 안에서의 비유기적 장치로 바꿈으로써, 시뮬라크르들이 그들의 감각기호와 정동기호로써 서로 충돌하고 소통하며 다른 시뮬라크르가 되도록 만든다. 비유기적 생명이 모든 법칙들을 일시적인 것으로 만드는 우연성의 놀이인 한에서, 내재적 리얼리즘은 **생명되기**에 다름 아니다. 그리고 생명되기가, 이른바 초월성으로서의 생명에 특수한 개별 생명으로 포함되는 것이 아니라, 차이와 특이성을 가져오는 반복과정을 의미하는 한에서, 생명되기는 특이한 것을 가능케 할 **공통되기**에 다름 아니다. 이러한 내재적 생명되기의 가능성이 공/사의 이원론을 통해 소유와 축적을 강화하고자 하는 국가/자본의 초월/선험[초월론]의 변증법의 지배라는 조건 아래에 놓여 있다는 사실은 우리 시대의 특수한 긴장을 구성한다. 바로 이 긴장을 고려할 때 내재적 리얼리즘은 이 이접의 구도를 깨뜨리면서 리얼리티의 내재적 전복을 꾀할 전쟁기계로 배치되지 않을 수 없다. 이 전쟁기계는, 공/사의 이원체제에서 개별자들을 그 체제의 예속자로 만드는 일체의 **채무**가 실제로는 특이한 시뮬라크르들의 필연적이면서 동시에 **자유로운 상호의존**의 물신화된 그림자임을 깨닫고, 죄로서의 채무가 아니라 **즐거움**으로서의 상호의존을 구성하는 기계일 것이다.

정치시학으로의 길

1990년 이후 지금까지 나는 주로 정치철학적 주제에 많은 시간을 바쳐 왔다. 이 시기의 나의 글에만 익숙한 독자들에게는, 예술진화의 문제를 다룬 이 책이 약간 뜬금없는 것으로 느껴질 수 있을 것이다. 하지만 예술미학의 문제는 내 연구활동의 출발점이었고 이후에 내가 여러 가지 이유로 그것을 다루고 있지 않을 때조차 내 관심을 벗어난 적은 없었다. 그래서 이 책을 마무리하는 이 짧은 후기를 통해, 나는, 과(科) 혹은 분과를 넘어서 일종의 총체학을 지향해온 나의 여정에 대해 생각해 보고, 그 속에서 이 책이 갖는 위치를 가늠해 보고 싶다.

1980년대 초에 대학원에서 이루어진 문학연구 과정은 시간이 갈수록 지루하고 답답한 것으로 다가왔다. 문학 〉한국문학 〉근대문학 〉근대시 〉1930년대 시로 좁혀져 학문 양계장의 좁은 틈새

공간을 자신의 영구적 사유공간으로 삼도록 강요되는 당대의 (그리고 아마도 현행의) 제도권 학문방식은 연구자의 연구의지와 생명력을 축소하고 박탈하는 과정에 다름 아닌 것으로 느껴졌기 때문이다. 미시적 분과와 전공의 체제는 지극히 쇄말적인 사실들을 마치 거창한 의미가 있는 것처럼 부풀리는 공정이었고, 이를 위해서는 일상 잡담에 가까운 지식에 엄청난 권위를 부여하는 기술을 발전시켜야 했다. 이러한 기술이 늘어 가면 늘어 갈수록 학문연구는 더 좁은 분과에 갇히고 사회적 삶으로부터는 거리가 멀어졌다.

이에 비해 제도 밖에서, 밤 시간에, 비밀스럽게, 서울대와 성균관대에서 혹은 자취방들에서 이동하며 이루어진 이름 없는 지하모임의 공부는 얼마나 감동적이었는가! 부족한 독일어로 동료들로부터 배워가며 읽던 헤겔의 『미학』과 『정신현상학』, 맑스의 『경제학-철학 수고』, 루카치의 『역사와 계급의식』은 수십 년이 지난 지금도 주요 개념어들과 그것에 매달아 둔 메모들이 기억날 만큼 깊은 울림을 가졌고, 심지어 꿈속에서도 그 개념들이 되새김질되곤 했다. 그리고 주로 철학과 미학에 집중되었던 이 원전 공부는 정치경제학, 종속이론, 한국근대사 등의 사회과학 및 역사학 공부와 결합됨으로써 한층 풍부해질 수 있었다. 이 모임은 1986년경에 〈민중미학 연구소〉로 공개전환하여 〈학술단체협의회〉의 회원단체가 됨으로써 미학이 민중성을 획득할 것을 목표로 하는 제도 밖 운동의 길로 접어들었다.

1986년 게오르크 루카치의 『변혁기 러시아의 리얼리즘문학』[1]을 번역출간한 무렵, 나는 박사과정에서의 연구주제를 일제하 프롤레타리아 문학비평으로 전환했다. 그런데 〈민중미학연구소〉에서의 연구활동이 진전되면서 그리고 이른바 1983년 이후의 이른바 '유화국면'을 이용하여 학생과 노동자 대중의 투쟁적 움직임이 활발해지면서, 대학원에서의 연구활동은 점점 부수적인 것으로 되어갔다. 왜냐하면 비록 그것이, 프롤레타리아 문학에 대한 연구였다 할지라도, 체험적으로 느껴지는 역동적 현실의 긴박감에 비하면, 그것이 점점 사소한 것으로 느껴져 갔기 때문이다. 제도화되고 형식화된 연구과정에 대한 이 회의와 망설임에 종지부를 찍어준 것은 1986년 12월 31일, 안기부 요원들의 급습이었다.[2] 세 사람의 건장한 사내들에게 붙들린 나의 신체가, 이제 대학원이 아니라 남산 안기부에서 서울구치소로 이어지는 수용시설에 갇혔기 때문이다. 하지만, 1987년 1월 말부터 박종철의 고문사망에 대한 항의로 촉발된 구치소 내의 재소자 인권투쟁은 소내에 활발한 정치토론 공간을 열어 놓았다. 이때에 서울구치소에는 1986년 말 전두환 정부의 대대적 탄압작전으로 인해 〈구국학생연맹〉에서부터 〈제헌의회그룹〉에 이르는 다양한 정치적 성격의 수많은 활동가들, 실천적 학생들, 지식인들, 출판인들 등이 10사에 수감되어 있었고 재소자 인권투쟁이 촉발시킨 소내의 통방정치토론은 이들과의 풍부한 정신적 교류의 기회를 내게 제공했다.

출소 후인 1987년 말, 나는 '민족문학'의 '민주주의민족문학'으로의 전환, 즉 문예운동의 가일층의 급진화가 필요하다고 주장하면서 이를 위해서는 문예운동이 노동계급의 당파성을 담지할 필요성이 있음을 강조했다. 이것은 소내에서 이루어진 정치토론의 성과를 내 나름대로 전유하는 방식이었다. 1987년에 서울구치소에서 전개된 정치토론을 통해 나는, 남한에 노동자 전위정당의 건설이 절실하고 또 그것을 건설하려는 맹아적이지만 실제적인 운동들이 전개되고 있다는 사실을 확인했다. 내가 제기한 '민주주의 민족문학'이라는 슬로건은 그 이름만으로는 1945년 직후 해방공간에서 〈문학가동맹〉에 의해 제기된 슬로건과 같다. 하지만 그것의 내용은 그것과 달랐다. 〈문학가동맹〉의 슬로건은 1930년대 중반에 제기된 인민전선론의 영향으로, 노동계급 당파성을 민족민주전선의 필요성에 종속시키는 것이었지만, 나의 주장은 이와 달리 민족민주적 요구들을 노동계급의 정치적 헤게모니 하에서 관철시키자는 것이었기 때문이다. 그 내용에서 보면 이것은 1930년대의 인민전선론보다는 1900년대 초 레닌의 '당조직과 당문헌'론에 접근하는 것이었다.

민중미학 시기에 고려했던 미학에서의 민중성은 민중과의 연대를 의미하는 것이었다. 이것은 작가가 예술세계를 벗어나지 않고 그 속에 머물면서 민중과 간접적으로 관계 맺으면서도 재현적 방식으로 확보할 수 있는 속성이다. 이에 비해 당에 대한 실제적 충실성을 의미하는 당파성은 당에 의해 표현되는 재현적 의미의 객관적 진리를 담지하는 것 외에 당의 건설을 비롯하여 당기관과 당활동에의 실천적 참여를 요구하는 것이었다. 후자는 작가에게 문학예술세계를 넘어서는 입장설정과 정치적 당파취함을 요구하는 것이었고 작가와 정치 사이의 직접적인 실천적 연결을 요구하는 것이었다.

이것이 내게 있어서 민중미학에서 정치미학으로의 전환의 첫 국면이었던 것 같다. 이 전환은 박노해 시인과의 만남, 민주주의민족문학론의 노동해방문학론으로의 수정, 그리고 월간 『노동해방문학』의 창간 등으로 이어졌다. 이것은 불가피하게 (〈민중미학연구소〉의 후신인) 〈문학예술연구소〉의 조직적 분리를 가져왔는데, 지금 생각해 보면 그것은 민중미학 경향과 정치미학 경향의 조직적 분리를 의미하는 것으로 보인다. 월간 『노동해방문학』의 활동

에서 이 책의 주제와 관련하여 주목하고 싶은 것은, 이 활동에 적지 않은 작가와 예술가들이 참여했고 그 나름의 성과를 낳았던 것도 분명하지만, 문학예술적 성과가 전문적 수련을 쌓은 경험이 없는 비-작가인 사람들의 실천적 변신을 통해서도 적지 않게 나왔다는 사실이다. 특히 울산, 창원 등지의 노동자 투쟁에 대한 보고문학 활동과 보고문학창작단의 결성은, 노동자들의 투쟁현장의 활력, 열정, 호흡, 이상을 있는 그대로 담아 내는 것만으로도 훌륭한 작품적 성과를 낼 수 있음을 보여 주는 것이었다. 이것은 작가와 사회적 삶의 직접적 연결방식이었을 뿐만 아니라 (들뢰즈가 말하는 민중-배우들의 경우와 유사하게) 비-작가들의 작가화를 보여 주는 사례였다. 그리고 이것은 문단이라고 불리는 공고한 세계의 동요와 해체를 강제하는 에너지였다. 작가가 작가의 정체성을 넘어서고 작가 아닌 사람들이 작가 정체성을 띠어가는 정체성의 소용돌이의 한가운데

에 나도 놓여 있었다. 나 또한, 문학연구자 정체성은 물론이고 문학비평가로서의 정체성까지 약화되고 있었기 때문이다. 당시의 우리들은 너 나 할 것 없이 자본주의 사회의 직업범주들에서 벗어나, 혁명가 정체성이라고 할 만한 방향으로 이끌려 가고 있었다.

우리는 이것을 성장이라고 불렀지만, 이러한 변화와 이행이 나를 단지 행복하게만 만든 것은 아니었다. 혁명가가 기존의 직업범주를 넘어서는 것은 분명했지만 그것 역시 새로운 유형의 직업이었고 정체성이었다. 특히 당대의 혁명개념이 국가권력의 계급적 담당주체의 교체를 추구하는 한에서, 혁명운동에는 권력의 선들이 아주 강하게 흐르고 있었다. 혁명이 대안권력의 구축인 한에서 혁명가-되기는 대안권력자-되기로 될 수밖에 없다. 그리고 그런 한에서 민중에 대한 사랑, 당에 대한 충성은 궁극적으로는 권력의 언어로 번역될 수밖에 없다. 민중에 대한 더 큰 사랑, 당에 대한 더 큰 충성은 잠재적 대안권력체의 위계 사다리를 더 높이 올라가는 것에 의해서만 가능한 것으로 되기 때문이다. 이 역설 앞에서의 심리적 망설임을 끝내 준 것은 이번에도 안기부였다. 1990년 10월 30일에 내려진 전국지명수배는 나에게 지금까지의 관성적 실천을 멈추고, 그것을 재검토할, 고통스럽지만 아주 좋은 기회를 제공했다. 나로서는, 실무가 묻어 버리곤 하던 나의 심리적 망설임을 이론적으로 명확히 정리할 필요가 있었기 때문이다.

열정의 시간을 접고 책상 앞에서의 연구로 돌아왔지만, 그것이 이전의 과거의 직업적 정체성인 문학연구나 미학으로 귀환한 것은 아니다. 십여 년의 잠행기간 동안에 나는 맑스, 레닌, 트로츠키, 그람시와 같은 고전적 맑스주의 문헌들, 토니 클리프, 알렉스 캘리니코스, 크리스 하먼 등 국제사회주의 문헌들, 프랑크푸르트학파와 벤야민, 블로흐의 비판이론 문헌들, 알뛰세르와 발리바르의 문헌들, 〈사회주의냐 야만이냐〉의 카스또리아디스에서 기 드브로, 라울 바네겜 등 국제상황주의자 문헌들, 아글리에타, 리피에츠, 브와예 등 조절이론 문헌들, 미셸 푸코, 질 들뢰즈, 펠릭스 가타리로 대표되는 구조주의와 포스트구조주의 문헌들, 보드리야르와 료타르의 포스트모더니즘 문헌들, 존 홀러웨이와 워너 본펠드로 대표되는 개방적 맑스주의 문헌들, 그리고 무엇보다도 네그리와 하트, 해리 클리버 등 자율주의적 맑스주의 문헌들을 집중적으로 검토할 수 있었고 2000년 이후에는 자율주의적 맑스주의 이론을 중심으로 그 독서의 성과들을 심화시키면서 랑시에르, 바디우, 지젝, 아감벤 등 마오나 라깡 혹은 하이데거 등에 토대를 두고 있는 당대의 주요한 비판정치철학자들의 문헌들과의 교차독서를 진행시킬 수 있었다.

지난 25년에 걸친 이 연구목록들 중 그 어느 것도 미학이라는 좁은 테두리에 가두어질 수 없는 것들이다. 그럼에도 이 문헌들에 대한 연구는 나를 미학이라는 주제로 다시 안내했다. 삶정치 개념을 통해, 정치를 당이나 국가를 넘는 삶의 지평에서 사유하기 시작하면서, 그리고 정치를 삶의 자기배려의 노력으로, 즉 생명의 자치와 자율로 생각하기 시작하면서 예술미학이라는 주제는 결코 한 켠에 방치해둘 수 없는 문제로 되어 갔다. 정치는 더 이상 이념, 세계관, 행동에 종속될 수 있거나 한정될 수 없으며 감각, 지각, 정념,

욕망, 희망, 판단, 결정 등 삶의 전 부면에서 작용하는 자율적인 노력으로 사유될 필요가 있었다. 삶과 생명에 대한 더 깊은 주의야말로 혁명과 정치의 개념을 혁신할 수 있는 대안적 평면으로 생각되었다. 이것이 정치미학에서 정치시학으로의 전환의 경험이다. 미학이 재현론에 어떤 형태로든 문을 열어 두고 있다면, 'poiesis', 즉 표현, 제작, 창조로서의 시학은 재현론적 사고를 뒤집어 그 무게중심을 역전시키는 것으로서 정치에 대한 새로운 개념과 접근하거나 심지어 일치하는 개념이라고 볼 수 있기 때문이다. 이런 문제의식을 정리하기 위해 2010년 1월부터 약 2년여 동안 진행한 〈다중지성의 정원〉 '미학-시학 세미나'는 미학과 정치학의 저 분리불가능성을 확인하고 정치미학을 삶에 대한 주의라는 지평에서 재고찰할 수 있는 기회로 되었다.

다행스럽게도, 이 시기의 연구성과를 집약하고 발표할 수 있는 기회가 주어졌다. 2012년 2월 23일에 부산 〈신생인문학연구소〉에서 예술종말론 비판을 주제로 한 미학강의를 끝마친 후, 구모룡 〈신생인문학연구소〉 소장과 김만석 『신생』 편집위원이 나의 강의 주제를 『신생』 지의 연재로 발전시켜 줄 것을 주문했기 때문이다. 나로서도 이 주제를 단행본으로 출간할 마음의 계획을 갖고 있었는데, 계획이 현실에서 부딪히는 장애와 계획의 잦은 무산의 경험을 고려해 보면, 장기연재 형태는 나의 생각을 좀더 안정적으로 실현하도록 강제할 수 있는 좋은 기회이자 장치로 여겨졌다. 약속된 6회 연재과제를 이행하면서, 나의 삶정치미학, 즉 정치시학을 어느 정도 일관되게 정리할 수 있었다. 이 책의 2부는, 이 책의 출간을 준비하면서 상당한 추가작업과 수정작업을 거쳤지만, 기본 뼈대는 전적으로 『신생』지 덕분에 완성될 수 있었다. 1부와 3부에 실린 글과 2부에 포함된 보론들은 연재를 위한 집필작업을 하면서 연재분을 포함하는 좀더 큰 주제의 단행본 출간을 염두에 두고 그 기획 속에서 여러 매체에 발표한 글들을 모은 것이다. 2부가 예술종말론들을 역사적 문맥 속에 삽입하여 해석함으로써 그것들을 다중예술과 삶미학으로 나아오는 진화적 예술발전의 계기로 파악하는 것이라면 2부 앞과 뒤 혹은 사이에서 이 글들은, 2부의 논의들이 예술종말론을 둘러싼 특정한 미학적 쟁점에 갇히지 않고 우리 시대의 존재론적 전환과 사회적 변형의 일부로 자리매김될 수 있도록(1부), 그리고 나아가 예술진화적 실천의 대안적 주체성과 예술실천의 원리를 사유할 수 있도록(3부) 배치했다.

2011년 이후 『플럭서스 예술혁명』(전선자·김진호와 공저, 갈무리, 2011)의 공동저작 작업에 참여한 것 외에 전업적 작가들의 창작작업에 개입했던 경험도 이 책의 생각을 다듬는 데 도움이 되었다. 2011~2012년에는, 카셀 도큐멘트 초청작으로서 광주 비엔날레 대상 수상작이 된 전준호·문경원 작가의 〈News from Nowhere 프로젝트〉의 작업과정의 한 귀퉁이에서 그것을 지켜보고 또 기고와 대담으로 그것에 참여할 수 있었다.[3] 이 기회는, 예술작품의 비물질화와 경계소멸의 상황 속에서 전업 작가들이 느끼는 불안감과 미래에 대한 암중모색을 읽어볼 수 있는 좋은 기회였다.

2013~2014년에는 두산 큐레이터 워크샵 2013 참가자들이 공동기획한 〈본업:생활하는 예술가전〉의 준비과정에 강사로 참여할 수

있었다. 예술가들이 자신의 본업을 전업작가로 생각하고 있지만 실제로는 부업에서 부업으로 이어지는 떠돌이 노동을 하고 있는 상황에 대한 문제의식을 작품화한 이 전시에서, 예술가와 비예술가 사이, 그리고 예술과 노동 사이의 경계가 사라지고 있는 현실이 명료하게 목도되었다. 1부 1장에 실린 「신자유주의, 비물질노동, 그리고 예술의 운명」은 바로 이 전시회의 문제의식을 좀더 넓은 사회역사적 맥락에 위치 짓고 그 속에서 예술가의 위치를 생각해 볼 수 있도록 하기 위해 썼던 글이다.

2014년 3월에는 서울·부산·대구·대전·광주 등 한국의 주요 도시들에서 동시개최된 지역협업전시 〈옥상의 정치〉 전에 기고와 강의의 형태로 참여할 기회를 갖게 되었다. 신자유주의 하의 비참을 상징하는 공간들인 용산 남일당, 강정, 밀양, 쌍용자동차 평택공장 등에서, 상인, 주민, 농민, 노동자 등 다중들이 점점 옥상으로 내몰리고 있는 현실을, 그들과 다를 바 없이 옥상으로 내몰리고 있는 전업작가들 자신의 삶과 오버랩시키면서, 옥상의 현시대적 의미를 묻는 전시회였다. 이 전시회를 위해 쓴 글에서 나는 옥상이라는 공간을, 잉여인간이 될 것인가 공통인간이 될 것인가를 결단하도록 강요하는 삶의 임계점으로 인식하는 것이 필요하다는 생각을 제시했다.[4]

이 전시회들이 모두 고뇌하고 항의하고 모색하는 전업작가들의 예술적 실천형태였다면, 2014년 4월 16일 아침 진도 팽목항에서 일어난 세월호 사건과 그 이후 〈세월호가족대책위원회〉(이하 〈가대위〉)가 보여준 것은, 공식적으로는 예술가로 분류되지 않는 사람

들이 예술가보다 더 예술가적인 사유와 미적 행동을 보여 주고 그
것을 통해 전통적 예술작품보다 더 큰 예술적 감응을 불러일으킨
사례라고 할 수 있다. 세월호 〈가대위〉는 더 많은 이윤을 추구하
는 기업, 더 큰 권력을 추구하는 정당, 돈과 권력의 하수인이 된 국
가 등에 맞서면서, 생명구조, 생명과의 연대, 그리고 미래를 위한 진
실 등의 가치를 일관되게 주장하고 또 추구했다. 〈가대위〉는 결집,
시위, 성명과 호소문, 기자회견, 항의방문, 가두농성, 걷기행동, SNS,
인터뷰 등 다양한 수단들을 통해 정치가들, 경찰관들, 기업가들, 종
교인들, 매스미디어 등이 서 있는 끝모를 부패의 고리를 파헤치고,
우리 사회를 지배하고 있는 화폐적 가치관에 대항하여 생명과 존
엄의 가치관을 내세움으로써, 한순간 304명의 목숨을 앗아간 이른
바 '세월호 교통사고'의 사건적 의미를 그 누구보다도 깊이 있게 그
려냈다. 〈가대위〉는 그 어떤 예술가 개인이나 집단도 수행하지 못
한, 또 수행할 수 없는 독특한 예술실천을 통해 사람들에게 감동
을 주고 새로운 삶, 새로운 시간, 새로운 관계가 무엇이어야 할 것인
가에 관해, 전업적 작가들이, 아니 우리 사회 전체가 다시 숙고하지
않을 수 없도록 만들었다. 나는 이것이 2014년에 팽목항을 주요 무
대로 전개된 다중예술의 한 사례이며 예술가-다중과 다중의 예술
의지가 신자유주의적 비참의 똥거름 속에서 피어나고 있다는 증거
로 받아들인다. 지금도 광화문 광장에서는 "우리는 세월호 비극의
진실을 알고 싶다"는 영문 플래카드가 사람들의 시선을 끈다. 그런
데 세월호 사건을 통해 이미 드러난 진실이 있다. 그것은, 지금의 기
업, 권력, 그리고 사회체제가 사람들의 생명과 삶에 더 이상 주의를

기울이지 않는다는 사실이다. 권력자들과 경찰관들은 바다 밑에서 울리는 목소리를 들을 능력도, 들을 의사도 없었다. 그런 만큼 미래는 우리에게 우리들 자신이 직접 생명과 삶에 주의를 기울일 수 있는 능력, 생명을 배려하는 기술을 갖추고 우리 자신을 생명을 돌볼 수 있는 연합된 주체성으로 조직하도록 절실하게 요구한다.

끝으로 내 기억 속에 남겨진 한 사람의 예술인간을 기리는 것으로 후기를 마무리하고자 한다. 그는 학업성적이 뛰어났음에도 권위주의적인 학교교육에 회의를 느껴 18세인 고등학교 2학년 때 학교를 자퇴했다. 이후 만화로 자신의 뜻을 펴기 위해 그는 독학으로 만화이론을 공부하면서 직접 만화를 그리는 작업에 전념했다. 19세가 되었을 때 그는, 병역강제가 전쟁과 살인을 모든 사람들의 심신에 각인하는 것이라고 판단하여 이를 거부하기로 결심했다. 그가 인터넷을 검색하여 〈다중지성의 정원〉을 찾아온 때는 2009년 1월이었다. 〈다중지성의 정원〉에서 열린 한 양심적 병역거부자의 병역거부선언 행사를 지켜보기 위해서였다. 이곳에서 다양한 사람들을 만난 이후 그는, 스스로 깊이 있는 만화 시나리오를 작성하기 위해서는 더 폭넓은 공부가 필요하다고 판단했다. 그는 갈무리 출판사 활동가로 일하면서 〈다중지성의 정원〉 세미나에 결합하고 방송통신대학에도 적을 두었다. 공부를 진행하던 중, 그는 학교 교육에 대해 가졌던 자신의 문제의식에 대한 답이 프란시스코 바렐라의『윤리적 노하우』에 상세히 나와 있음을 발견했다. 이 발견을 심화하고 또 다른 사람들과 나누기 위해 그는 자신의 힘으로 교육세미나를 조직하여 길잡이로서 모임을 이끌었다. 교육문제를 탐구의 중심에 놓으면서도 그는 스피노자, 그람시, 푸코 등으로 점차 자신의 관심을 넓혀 나갔다. 풀리지 않는 의문들에 대해서는 질문하기를 멈추지 않으면서 그는 어느덧 제 발로 선 독학자로 성장했다. 그는 거울처럼 투명하게 세상을 비추면서 부당한 권위와 권력을 거부했고 배움에 정직했다. 그는, 자신이 애독한 만화 『해수海獸의 아이』의 루카·우미·소라처럼 인간이 어디서 왔고 무엇일 수 있는지를 상상하기를 멈추지 않았다. 그는, 깊이를 가늠하기 힘들 정도의 고독 속에서 자신만의 예술의지로 느끼고 사유하고 판단하고 행동했다. 그러던 그가 2011년 8월 14일 아침에 남해 바다에서 유영을 하다가 생명의 고향인 그 바다로 돌아갔다. 불쑥 찾아왔다가 갑작스레 떠나버린 것이다. 하지만 그는, 나아갈 길을 찾는 사람들에게 운신의 방향과 기준을 제시하는 밤하늘의 별처럼 우리의 가슴속에 단단히 자리 잡았다. 너무나 짧았지만 매 순간을 몇 곱이나 강렬하게 살았던 그의 삶은 깊은 여운을 남기는 한 편의 만화이다. 만화인간 정성용의 예술적 삶과 영혼에 이 책 『예술인간의 탄생』을 바친다.

2015년 1월 5일 서교동에서

:: 후주

책머리에 : 예술인간의 시공간

1. 조정환, 『인지자본주의』, 갈무리, 2011, 500쪽.
2. 이 기간 동안에 나의 기획 하에서 전개된 두 가지의 공동작업이 있었다. 하나는 『인지와 자본』(조정환·황수영·이정우·최호영 공저, 갈무리, 2011)이고 또 하나는 『플럭서스 예술혁명』(조정환·전선자·김진호 공저, 갈무리, 2011)인데 이것들은, 나의 입장에서는, 『예술인간의 탄생』을 준비하는 작업일 뿐만 아니라 『인지자본주의』와 『예술인간의 탄생』 사이를 매개하는 작업이다.
3. 칼 마르크스, 『자본론』 1 (상), 김수행 옮김, 비봉출판사, 2005. 『자본론』 1권 (하) ~ 3권 (하)의 자세한 서지사항은 참고문헌 참조.
4. 존 메이너드 케인스, 『고용, 이자 및 화폐의 일반이론』, 조순 옮김, 비봉출판사, 2007.
5. 미셸 푸코, 『생명관리정치의 탄생』, 오트르망 옮김, 난장, 2012.
6. 안토니오 네그리·마이클 하트, 『다중』, 조정환·정남영·서창현 옮김, 세종서적, 2008.
7. 발터 벤야민, 『기술복제시대의 예술작품 / 사진의 작은 역사 외』, 최성만 옮김, 길, 2007.
8. 발터 벤야민, 『아케이드 프로젝트』 1, 조형준 옮김, 새물결, 2005; 발터 벤야민, 『아케이드 프로젝트』 2, 조형준 옮김, 새물결, 2006.
9. 기 드보르, 『스펙타클의 사회』, 유재홍 옮김, 울력, 2014.
10. 질료와 형상의 관계에 대한 시몽동의 생각에 대해서는 황수영, 『베르그손, 생성으로 생명을 사유하기』, 갈무리, 2014, 235쪽 참조.

1부 현대 사회의 변형과 예술의 운명

1. 신자유주의, 비물질노동, 그리고 예술의 운명

1. 푸코, 『생명관리정치의 탄생』, 113~119쪽.
2. 푸코의 분석에 기초하면서도 금융화, 특히 부채문제를 신자유주의의 핵심요소로 인식하는 책으로는 마우리치오 라자라토, 『부채인간』, 허경·양진성 옮김, 메디치미디어, 2012를 참조할 수 있다.
3. 이것을 경제인간과 대비시켜 국가인간이라고 부를 수 있을 것이다.
4. 이에 대해서는 조정환, 『인지자본주의』, 95~102쪽 참조.
5. 물론 이러한 생각은 엄정한 검토를 필요로 하는 생각이다. (Maurizio Lazzarato, "Maurizio Lazzarato : The Misfortunes of the 'Artistic Critique' and of Cultural Employ-

ment", 〈http://eipcp.net/transversal/0207/lazzarato/en〉).

6. 푸코, 『생명관리정치의 탄생』, 312쪽.

7. 같은 책, 314쪽.

8. 미셸 푸코, 『성의 역사 — 제2권 쾌락의 활용』, 신은영 외 옮김, 나남출판, 2004.

9. 미셸 푸코, 『성의 역사 — 제3권 자기에의 배려』, 이영목 옮김, 나남출판, 2004.

10. 미셸 푸코, 『주체의 해석학』, 심세광 옮김, 동문선, 2007.

11. 미셸 푸코 외, 『자기의 테크놀로지』, 이희원 옮김, 동문선, 2002, 37쪽.

12. 플라톤, 『알키비아데스』 1~2, 김주일 외 옮김, 이제이북스, 2014.

13. 푸코 외, 『자기의 테크놀로지』, 42쪽. 그리스어 'therapeia'는 '아픈 사람을 돌보거나 치료하다'는 뜻이다.

14. 같은 책, 51쪽.

15. 같은 책, 54~71쪽 참조.

16. 같은 책, 78쪽.

17. 같은 책, 86쪽.

18. 플라톤, 『라케스』, 한경자 옮김, 이제이북스, 2014.

19. 프레데리크 그로 외, 『미셸 푸코 : 진실의 용기』, 심세광 외 옮김, 길, 2006, 201쪽.

20. 같은 책, 206쪽.

21. 같은 책, 203쪽.

22. 조정환, 「플럭서스와 우리」, 『플럭서스 예술혁명』, 갈무리, 2011, 13~15쪽 참조.

23. 같은 책, 16~18쪽.

24. 제도예술에 대한 마키우나스의 이러한 규정은, 그리스도교의 자기인식 문화, 특히 '사실의 인지'와 고백의 테크놀로지 절차에 대한 푸코의 규정("사실의 인지와 고백의 테크놀로지는 공시적이고 상징적이고 의식적이고 연행적이었다")과 매우 유사하다.

25. 조정환, 「플럭서스와 우리」, 『플럭서스 예술혁명』, 19~26쪽.

26. 이에 대해서는 안또니오 네그리, 『디오니소스의 노동 1』, 이원영 옮김, 갈무리, 1996, 60~107쪽을 참조.

27. 이에 대해서는 조정환, 『21세기 스파르타쿠스』, 갈무리, 2002의 제2부 '1968 혁명' 참조.

28. 라틴어 'oeconomia'와 그리스어 'oikonomia'는 집·거주를 뜻하는 'oikos'와 관리를 뜻하는 'nomos'가 결합된 말이다.

29. 하지만 노동생산물의 비물질화가 곧 노동과정의 비물질화를 의미하는 것은 아니다. 비물질적 생산물을 생산하는 비물질노동조차도, 노동과정에서는, 물질적 신체가 물질적 원료나 물질적 기계들을 사용하여 생산활동을 한다는 점에서 **물질적 과정**이기 때문이다.

30. 이에 대해서는 조정환, 『인지자본주의』, 143~157쪽 참조.

31. Maurizio Lazzarato, *Signs and Machines*, trans. by Joshua David Jordan, Semiotext(e), 2014, manuscript, p. 41.

32. 오늘날 널리 확산되고 있는 아트비엔날레들도, 이와 유사한 메커니즘에 따라, 예술가들이 첨병의 역할을 담당하는 창조경제의 이익을 포획하기 위한 도시 브랜드화의 한 양식으로서 기능한다(Michael Hardt, "Production and Distribution of the Common", ⟨http://www.skor.nl/_files/Files/OPEN16_P20-28.pdf⟩ 참조.)

33. 이에 대해서는 조정환, 『인지자본주의』, 7장 「인지자본주의에서 공간의 재구성」과 맛떼오 파스퀴넬리, 『동물혼』, 3장 2절 「문화 공장에서의 창조적 사보타주 : 예술, 젠트리피케이션 그리고 메트로폴리스」를 참조.

34. 예술의 가속적 개념화와 개념예술의 증가는, 전통적인 예술영역이 산업영역으로 흡수되어 버림으로써, 개념 이외의 영역에서 예술의 독자성을 주장하기 어렵게 된 현실을 징후적으로 보여 주는 것으로 보인다.

35. 성공한 기업가가 되는 예술가는 소수이며 예외적이다. 또 그렇게 된 경우라 할지라도 그것을 예술의 자기배려라는 관점에서 보면 그 성공은 의심스러운 것이다.

36. 이에 대해서는 이 책 3장 88~89쪽을 참조.

37. 호모코뮤니칸스, 즉 '공통인간'('공통인')에 대해서는 조정환의 「공통적인 것의 헌법과 공통인의 사건」[안또니오 네그리·마이클 하트, 『선언』, 조정환 옮김, 갈무리, 2012의 해세(7~37쪽)] 참조.

2. 예술의 비물질화와 이미지노동

1. 앙리 베르그손, 『물질과 기억』, 박종원 옮김, 아카넷, 2005, 37쪽(강조는 인용자).

2. 같은 책, 138쪽.

3. 같은 책, 136쪽.

4. 조정환, 『인지자본주의』, 79~93쪽 참조.

5. 질 들뢰즈의 이미지론에 대해서는 『시네마 1 : 운동-이미지』(시각과 언어, 2002)와 『시네마 2 : 시간-이미지』(시각과 언어, 2005) 참조.

6. 현대 생산에서 미적 모델의 우세에 대해서는 마우리찌오 랏자라또의 「비물질노동」(질 들뢰즈 외, 『비물질노동과 다중』, 자율평론 옮김, 갈무리, 2005에 수록)을 참조하라.

2부 인지자본주의 시대 감성혁명과 예술의 진화

3. 예술종말인가 예술진화인가

1. 질베르 시몽동은 기술과 예술의 분화과정을 요약하면서 기술의 진화와 예술의 진화 사이의 경향적 차이를 정의한다. 기술은 다양한 인간욕망을 특정하게 수렴하는 정합성의 유형에 따라 실현된다. 시몽동은 이것을, '구체화하는 방식의 개체화'라고 부른다. 반면 예술은 다양화, 확산, 분산의 경향에 따라 진화한다. 시몽동은 이것을 '예술적 개체화'라고 부르는데 예술적 개체화는 전개체적 삶을 초개체적 삶으로 전화시킨다. 주문에 따른 생산에서

정합성에 따른 생산으로의 변화는 예술에서 기술로의 전화에 상응한다. 이것은 수공업시대에서 산업시대로의 전환을 표현한다. (질베르 시몽동, 『기술적 대상들의 존재양식에 관하여』, 김재희 옮김, 그린비, 2011, 30~31쪽 참조).

2. '예술로서의 삶'에 대해서는 Zachary Simpson, *Life as Art : Aesthetics and the Creation of Self*, Lexington Books, 2012 참조.

3. 들뢰즈 외, 『비물질노동과 다중』, 199~201쪽.

4. 안또니오 네그리, 『예술과 다중』, 심세광 옮김, 갈무리, 2010 참조.

5. 아서 단토, 『예술의 종말 이후』, 김광우·이성훈 옮김, 미술문화, 2004 참조.

6. 백낙청의 리얼리즘론도 이와 유사한 입장을 취해 왔다.

4. 근대의 예술종말론과 예술적대성론

1. 게오르크 빌헬름 프리드리히 헤겔, 『미학강의 1』, 두행숙 옮김, 나남출판, 2007, 36쪽. 이하 이 절에서 같은 책에서의 참조나 인용은 예외적인 경우가 아니라면 본문 괄호 속에 숫자로 표시한다.

2. 프레더릭 바이저, 『헤겔 : 그의 철학적 주제들』, 이신철 옮김, 도서출판 b, 2012, 382쪽.

3. 헤겔, 『미학강의 1』, 39쪽.

4. 바이저, 『헤겔 : 그의 철학적 주제들』, 380쪽.

5. 마르크스, 『잉여가치학설사 1』, 편집부 옮김, 아침, 1988, 316쪽. 이 절에서 같은 책에서의 인용은 본문 괄호 속에 숫자로 표시한다.

6. 1723년 볼테르의 작품으로 앙리 4세에 관한 서사시.

7. 뒤에서 살펴볼 게오르크 루카치는 후자의 입장에 선 대표적인 미학자다.

8. 칼 마르크스, 『경제학 노트』, 김호균 옮김, 이론과 실천사, 1988, 112쪽.

9. 존 밀턴, 『실낙원』 1~2, 조신권 옮김, 문학동네, 2010.

10. 마르크스, 『경제학 노트』, 113쪽(강조는 인용자).

11. 여기서 나는 '광고'를 자본에 포섭된 시문학의 핵심적 형태로 생각하고 있다.

12. 들뢰즈 외, 『비물질노동과 다중』, 199쪽.

13. 이러한 비판은, 뒤에서 살펴볼 가라타니의 '근대문학의 종언' 주장과 유사하다. 가라타니는 사소설의 등장을 근대문학 종언의 징후로 읽는다.

14. Georg Lukács, *Probleme des Realismus*, Georg Lukács Werke Band 4, Luchterhand, 1971, s. 431. 이하에서 이 책에서의 인용은 본문의 괄호 속에 숫자로 표시한다.

15. 자기를 뜻하는 'auto'와 관습이나 법을 의미하는 'nomos'가 결합된 자율성(autonomy)은, 의식성과 분리된 자생성/직접성과는 달리, 혹은 자생성/직접성과 분리된 의식성과는 달리, 직접성과 의식성의 통일이라고 해야 할 것이다.

16. 억압된 것들이 끊임없이 회귀할 뿐만 아니라 그 회귀의 과정이 새로운 욕망들의 산출과 정이기도 하기 때문이다.

17. 중간계, 가운데땅, 가온땅은 톨킨과 〈반지의 제왕〉에 의해 관심을 끌게 된 말이다. 에

피쿠로스는 인간이나 신을 포함하는 만물이 원자의 이합집산이라고 보았다. 그는 평정(atraxia)에 드는 것을 방해하는 신에 대한 공포나 미신을 제거하기 위해 신은 중간계에서 행복하고 불변적인 삶을 살며 인간사에는 아무런 관심도 갖지 않는다고 설명했다. 루카치는 그 중간계를 이데올로기 장막이 가리지 못하는 구멍 혹은 틈의 개념으로 전용한다.

18. 김경식, 「루카치 읽기 (1) – '자본주의의 예술적대성' 명제와 휴머니즘 사상을 중심으로」, 『브레히트와 현대연극』, 한국브레히트학회, 2005 참조. 또 자본주의를 파열시키는 틈, 균열을 현대 혁명의 가장 기본적인 방법이자 노선으로 사고하는 저작으로는 존 홀러웨이, 『크랙 캐피털리즘』, 조정환 옮김, 갈무리, 2013 참조.

19. 김경식은 "루카치의 휴머니즘은 구체적 현실에 대한 구체적 탐구를 방해하고 계급모순을 은폐하는 관념이 아니라 인간의 사회적·정신적 삶이 그때마다 놓여 있는 구체적 조건에 대해 물음을 던지는 것이며, 당대의 기본적인 모순구조와 인간을 대면하게 하는 일을 그 내용으로 한다"고 보면서, 니체, 푸코, 들뢰즈 등의 반인간주의가 오히려 더 근본적으로 휴머니즘적일 수 있다는 흥미로운 생각을 제시한다. 네그리와 하트에 의존하는 이러한 생각은 인간, 자연, 기계의 존재론적 동질성을 가정함으로써 비로소 성립할 수 있는 휴머니즘일 것이다. 그리고 그것은, 보편적 인간성을 가정하는 것에 기초한 휴머니즘에 대한 거부 위에서, 역사적으로 규정되는 휴머니즘일 것이다.(김경식, 「루카치 읽기 (1) – '자본주의의 예술적대성' 명제와 휴머니즘 사상을 중심으로」 참조.)

20. Georg Lukács, *Die Eigenart des Ästhetischen*, Georg Lukács Werke Band 11, Luchterhand, 1963, s. 575.

21. 루카치는 이것을, 문학은 자본주의 조작기계에 모래를 뿌린다는 말로 표현한다.

5. 현대의 예술종말론들

1. 칼 맑스·프리드리히 엥겔스, 「헤겔 법철학 비판을 위하여」, 『칼 맑스 프리드리히 엥겔스 저작선집』 1, 박종철출판사 엮음, 김세균 감수, 박종철 출판사, 1997, 8~15쪽 참조.

2. 엥겔스는 맑스가 죽고 난 후인 1883년에 『포이에르바하와 독일 고전철학의 종말』에서 좀 더 명시적으로 '철학의 종말' 개념을 사용하여, 헤겔에서 출발한 자신들이 어떻게 헤겔과 인연을 끊었는가를 서술한다. 프리드리히 엥겔스, 『포이에르바하와 독일 고전철학의 종말』, 양재혁 옮김, 돌베개, 1987 참조.

3. 이것의 좀더 현대적인 사례로는, 프루스트, 카프카, 마조허, 프란시스 베이컨 등의 작품과 여러 유형의 영화작품들을 철학의 본령 속으로 끌고 들어온 질 들뢰즈를 들 수 있을 것이다.

4. 리처드 슈스터만, 『삶의 미학 : 예술의 종언 이후 미학적 대안』, 김진엽·허정선 옮김, 이학사, 2012, 102쪽.

5. 이브 미쇼와 아서 단토, 가라타니 고진을 중심으로 예술의 종말 담론을 비판적 관점에서 검토한 문헌으로는 이성혁, 『미래의 시를 향하여』, 갈무리, 2013의 2장 「문학의 종말에서 문학적 삶으로」를 참조하라.

6. 가라타니 고진, 『근대문학의 종언』, 조영일 옮김, 도서출판b, 2006, 43쪽.

7. 같은 책, 55쪽.

8. 같은 책, 64쪽.

9. 같은 책, 71쪽.

10. 같은 책, 78쪽.

11. 같은 책, 86쪽.

12. 그의 새로운 연합운동(New Association Movement), 즉 NAM 실험은 예술 이외의 것에서 출구를 찾는 그의 노력의 한 예로 볼 수 있을 것이다.

13. 단토, 『예술의 종말 이후』, 86쪽.

14. 같은 책, 87쪽.

15. 같은 책, 91쪽.

16. 같은 곳.

17. 같은 책, 92쪽.

18. 같은 책, 95쪽.

19. 이 시스템의식을 이후에 알랭 바디우가 정식화하는 예술도식, 자끄 랑시에르가 말하는 예술체제의 개념과 비교해 보는 것도 흥미로운 일일 것이다.

20. Jack Burnham, "Art's End", 〈http://www.volny.cz/horvitz/burnham/artsend.html〉.

21. Jack Burnham, "System Aesthetics", 〈http://www.arts.ucsb.edu/faculty/jevbratt/readings/burnham_se.html〉. (이하에서 서술되는 시스템미학의 기본적 문제의식과 내용은 이 글을 참조한다).

22. 잔니 바티모, 『근대성의 종말』, 박상진 옮김, 경성대학교출판부, 2003, 133~208쪽.

23. 같은 책, 133쪽.

24. 같은 책, 135쪽.

25. 같은 책, 136쪽.

26. 임마누엘 칸트, 『판단력비판』, 백종현 옮김, 아카넷, 2009.

27. 바티모, 『근대성의 종말』, 140쪽.

28. 같은 책, 145쪽.

29. 같은 책, 201쪽.

30. 같은 책, 205쪽.

31. 같은 곳.

32. 제임스 조이스, 『율리시스』 1~3, 김종건 옮김, 범우사, 1997.

33. 제임스 조이스, 『피네간의 경야』, 김종건 옮김, 고려대학교출판부, 2012.

34. 바티모, 『근대성의 종말』, 207쪽.

35. 로베르트 무질, 『특성 없는 남자』 1~2, 안병률 옮김, 북인더갭, 2013.

36. 바티모, 『근대성의 종말』, 208쪽.

37. 이러한 생각과 잭 번햄의 시스템미학이 어느 정도 공유하고 있는 가정에 대해서는 앞에

서 이미 암시한 바 있다.

38. 알랭 바디우, 『비미학』, 장태순 옮김, 이학사, 30쪽.

39. 같은 책, 30쪽.

40. 같은 책, 33쪽.

41. 자크 랑시에르, 『감성의 분할』, 오윤성 옮김, 도서출판b, 27쪽.

42. 같은 책, 28쪽.

43. 같은 책, 35쪽.

44. 네그리의 다중예술 개념은, 랑시에르의 미학적 예술체제 개념이 작품으로 실현되는 실천 과정에 대한 탐구에 해당한다. 그리고 2008년 촛불 이후 한국 사회에서 전개된 '참여시' 논쟁을 화두로 랑시에르의 예술론에 대한 비판적 접근을 하고 있는 연구로는 이성혁, 『미래의 시를 향하여』의 1부 3장 「'정치적인 것'과 아방가르드 ― 랑시에르의 예술론에 대한 아방가르드의 입장에서의 비판」을 참조하라.

6. 예술종말론에서 예술진화론으로의 전환

1. 발터 벤야민, 『발터 벤야민의 문예이론』, 반성완 옮김, 민음사, 1992, 202쪽.

2. 같은 책, 204쪽.

3. 같은 곳.

4. 같은 책, 204쪽(강조는 인용자).

5. 같은 책, 207쪽.

6. 같은 책, 209쪽.

7. 같은 책, 212쪽.

8. 같은 책, 213쪽.

9. 영화제도에는, 영화의 이러한 특성들로 인해 아우라가 소멸하는 것을 대체하기 위해 만들어진 일종의 종교제의적 장치가 있다. 스타의 생산이 그것이다.

10. 벤야민, 『발터 벤야민의 문예이론』, 217쪽.

11. 같은 책, 223쪽.

12. 같은 책, 226쪽.

13. 같은 책, 229쪽.

14. 같은 책, 231쪽.

15. 같은 곳.

16. 프랑스어 'chose', 독일어 'Ding'과 영어 'thing'은 어원적으로 'assembly' 즉 회합, 집회, 평의회 등을 의미한다.

17. 푸코의 『주체의 해석학』(동문선, 2007)은 책 전체에서 이 문제에 대한 푸코의 치밀한 천착을 보여 준다.

18. 이 자기배려적인 자기의 테크놀로지와 예술의 관계 문제에 대해서는 앞의 1장에서 이미 비교적 자세히 서술했다.

19. 펠릭스 가타리, 『카오스모제』, 윤수종 옮김, 동문선, 2003, 134쪽.

20. 이러한 생각은 들뢰즈와 함께 쓴 『철학이란 무엇인가?』(현대미학사, 1991)에서도 동일하게 제시된다.

21. 가타리, 『카오스모제』, 130쪽.

22. 같은 책, 140쪽.

23. 같은 곳.

24. 같은 책, 144쪽.

25. 같은 책, 145쪽.

26. 같은 책, 149쪽.

27. 같은 책, 154쪽.

28. 같은 곳.

29. 같은 책, 170쪽.

30. 같은 책, 170쪽. 부의 엔트로피가 생산된다는 것은 엔트로피가 낮아진다는 의미이다. 부 [음]의 엔트로피에 대해서는 에르빈 슈뢰딩거, 『생명이란 무엇인가』, 전대호 옮김, 궁리, 2007의 6장 참조.

31. 가타리, 『카오스모제』, 168쪽.

32. 같은 곳.

33. 같은 책, 174~5쪽.

34. 들뢰즈 외, 『비물질노동과 다중』, 233~236쪽.

35. 같은 책, 237쪽.

36. 같은 책, 198~9쪽.

37. 같은 책, 201쪽.

38. 같은 책, 201~204쪽.

39. 같은 책, 238쪽.

40. 이러한 생각은 네그리, 마라찌 등 이탈리아 자율주의 흐름을 비롯하여 적지 않은 학파들이 공유하고 있는 것이다.

41. 프랑코 베라르디 [비포], 『봉기』, 유충현 옮김, 갈무리, 2012, 6쪽.

42. 비포는 기호자본주의에 동화되고 그것과 일정한 동맹을 맺었던 인지노동자들과는 달리, 산업노동자들은 노동거부를 통해 사회적 연대와 사회적 삶의 자율성을 창출하는 데 성공했다고 본다. 그렇다고 해서 그가 산업노동 시대로의 회귀를 주장하는 사람들의 생각에 동조하는 것은 아니다.

43. 프랑코 베라르디 [비포], 『노동하는 영혼』, 서창현 옮김, 갈무리, 2012의 3장 「중독된 영혼」, 147~247쪽을 참조. 비포는 어디에서인가 자신의 최근의 생각이 『천 개의 고원』(들뢰즈·가타리)과 『상징교환과 죽음』(보드리야르) 사이에서 발전해 나왔다고 말하고 있지만, 실제로는 전자보다는 후자가 그의 더 진지한 참고자료가 되고 있는 것으로 보인다.

44. 프랑코 베라르디 '비포', 『미래 이후』, 강서진 옮김, 난장, 2013, 69쪽.

45. 이런 방식으로 전개되는 경제형태를 비포는 '프로작-경제'라고 부른다. 노동이 네트워크 안에서 수행되는 인지노동으로 전화했다는 생각에 대해서는 앞에서 인용한 『노동하는 영혼』의 2장 「노동하는 영혼」(101~140쪽) 참조.

46. 베라르디 [비포], 『노동하는 영혼』, 133쪽 이후, 그리고 『미래 이후』의 61쪽 이후 참조.

47. 미래주의의 정신과 그것의 현대적 소진에 대해서는 베라르디 '비포', 『미래 이후』 1장 (31~112쪽) 참조.

48. 프랑코 베라르디 '비포', 『프레카리아트를 위한 랩소디』, 정유리 옮김, 난장, 2013, 118~119 쪽 참조.

49. 신경제의 효과와 그것의 붕괴에 대해서는 베라르디 '비포', 『미래 이후』, 2장 「2000년대」 (113~150쪽) 참조.

50. 이 전화에 대한 비포의 설명은 크리스티안 마라찌의 『자본과 언어』(갈무리, 2013)에 의거 하고 있다.

51. 자본 측에서 나타난 2000년과 2008년의 금융위기만이 아니라 2011년 아래로부터의 전 지구적 반란조차도 비포에게서는 미래의 소진을 증언하는 다른 지표로 간주되는 것으 로 보인다.(베라르디 [비포], 『봉기』, 1장 「유럽의 붕괴」, 34~78쪽 참조.)

52. 『아/트라베르소』(A/traverso)는 1976년~1981년 사이에 이딸리아 볼로냐에서 발간 된 저항운동 잡지이고, 〈라디오 알리체〉(Radio Alice)는 1976년 설립된 이딸리아 최 초의 자유 해적 라디오 방송국이다. 〈텔레스트리트〉(telestreet)는 이탈리아 전역의 대 도시들에 해적 텔레비전 방송국을 설립하는 2000년대 초의 운동이었고, 〈레콤비난 트〉(rekombinant.org)는 전 세계 활동가들의 메일링리스트이자 웹진으로 2000년에 만 들어졌다.

53. 이에 대해서는 베라르디 [비포], 『노동하는 영혼』, 122~124쪽 참조.

54. 비포에 따르면 이것은, 관점들의 증식, 형식들의 신성한 발생, 주름, 변동하는 가치들의 우연적 특성에 부합하는 시학이다.

55. 베라르디 '비포', 『미래 이후』, 156쪽.

56. 이러한 생각은 프랑코 베라르디 [비포]의 『노동하는 영혼』 2장, 『미래 이후』 3장, 『프레카 리아트를 위한 랩소디』 3장 등에서 반복적으로 서술된다.

57. 이에 대해서는 특히 베라르디 [비포], 『봉기』의 서론과 4장을 참조.

58. 베라르디 [비포]의 『봉기』, 60쪽; 『미래 이후』, 63쪽; 『노동하는 영혼』, 301쪽 참조.

59. 베라르디 '비포', 『미래 이후』, 185쪽.

60. 베라르디 [비포], 『노동하는 영혼』, 301쪽.

61. 이것은 많은 자율주의자들이 공통적인 것, 혹은 코몬(common)이라고 부르는 것과 통 한다.

7. 예술진화에서 상황창조와 관계구축의 문제

1. 상황주의자들이 보기에, 사회주의 리얼리즘의 형식은 가톨릭의 전통적 선전방식과 크게

다르지 않은 것이었다.

2. Franco (Bifo) Berardi, "The Premonition of Guy Debord", 〈http://www.generation-online.org/t/tbifodebord.htm〉.

3. Guy Debord, "Report on the Construction of Situations and on the International Situationist Tendency's Conditions of Organization and Action", 〈http://www.cddc.vt.edu/sionline/si/report.html〉.

4. 뒤에서 보겠지만, 이것은 부리요가 적대적 관점의 잔재라고 본 것이며 관계미학이 폐기하는 요소이다.

5. Guy Debord, "Report on the Construction of Situations and on the International Situationist Tendency's Conditions of Organization and Action".

6. Copenhagen-Brussels-Amsterdam의 약자.

7. Guy Debord, "Report on the Construction of Situations and on the International Situationist Tendency's Conditions of Organization and Action".

8. Situationist International, "Preliminary Problems in Constructing a Situation", 1958, 〈http://library.nothingness.org/articles/SI/en/display/313〉.

9. 라울 바네겜, 『일상생활의 혁명』, 주형일 옮김, 이후, 2006.

10. 칼 맑스의 『자본론』의 첫 문장은, "자본주의적 생산양식이 지배하는 사회의 부는 '상품의 방대한 집적'으로 나타나며 개개의 상품은 이러한 부의 기본형태로 나타난다"이다.(마르크스, 『자본론』 1 (상), 43쪽).

11. 드보르, 『스펙타클의 사회』, 10쪽, ∮1. 이하에서 이 책으로부터의 인용은 기 드보르가 매단 절 번호를 본문 괄호 속에 ∮ 다음의 숫자로 표시한다.

12. 맑스의 설명에서 본격적 의미의 이자 낳는 자본은 은행자본인데, 오늘날의 경우는 금융자본이라고 표현할 수 있을 것이다.

13. 마르크스, 『자본론』 3 (상), 478쪽.

14. 칼 마르크스·프리드리히 엥겔스, 『공산당 선언』, 강유원 옮김, 이론과 실천, 2008.

15. 이에 대해서는 이 책 6장을 참조.

16. 니꼴라 부리요, 『관계의 미학』, 현지연 옮김, 미진사, 2011, 155쪽. 이하 이 절에서 이 책에서의 인용은 본문 괄호 속에 숫자만 표시.

17. 맑스에게서 그것은 교환(Austausch)과 교통[교류](Verkehr)의 구분으로 제시되었다. 칼 마르크스·프리드리히 엥겔스, 『독일 이데올로기』 1, 박재희 옮김, 청년사, 2007의 1편 3장 참조.

18. 맑스에게서 생산양식은 생산력과 생산관계의 통일이다. 맑스 이후에 사회주의 운동에서, 생산양식을 구성하는 이 두 요소 중의 무엇을 강조하느냐에 따라 생산력주의(소련과 스탈린주의 경향)와 생산관계주의(중국과 마오주의 경향)의 갈등이 발생했다는 것은 주지의 사실이다. 니꼴라 부리요(와 그가 의지하는 알뛰세르)는 이 갈등구도에서 생산관계를 강조하는 경향에 속한다. 역사적으로는, 스탈린주의의 쇠퇴와 68혁명의 영향으로 생산

관계주의에 대한 관심이 증대했다. 하지만, 생산관계에 대한 강조가 생산력에 대한 관심 저하를 가져온다는 것도 사실이다. 니꼴라 부리요도 상황주의자들의 에너지 관심(구축, 창조 등)에서 멀어진다는 점이 주목되어야 할 것이다. 생산능력에 대한 관심에서 멀어지게 되면, 생산관계를 **삶의 생산과 재생산**을 둘러싼 인간들 사이의 사회적 관계로 보기보다 생산과 **무관한** 개인들 사이의 우발적 관계로 보게 된다. 이와 비교할 때, 들뢰즈와 가타리, 네그리, 파스퀴넬리 등은 잠재력, 구성력, 동물혼 등의 개념을 통해, 20세기 전반의 기술주의적 맥락과는 다른 존재론적 맥락에서, 생산능력의 개념을 재활성화한다.

19. 6장의 미주 16번을 참조하라.

20. 프랑스어 'milieu'는 '중간'이라는 뜻과 '환경'이라는 뜻을 동시에 갖고 있다.

21. Nicolas Bourriaud, "Precarious Constructions. Answer to Jacques Rancière on Art and Politics", 〈http://classic.skor.nl/4416/en/nicolas-bourriaud-precarious-constructions-answer〉.

22. 이 문제는, '예술가-다중' 혹은 '다중-예술가'에 대해 서술하는 11장에서 다시 다룰 것이다.

보론 1. 우리 시대 도시형성의 조건과 예술가

1. 이와사부로 코소, 『뉴욕열전』, 김향수 옮김, 갈무리, 2010.

2. 예컨대 이와사부로 코소는 치마타(巷, 거리)를 다음과 같은 의미로 사용한다. "치마타란 사람이 집합하는 장소라면 어디라도 그 자리에서 만들어질 수 있는 '교류와 교통의 공간'을 지칭한다. 따라서 각종 의식이나 축제의 공간, 퍼포먼스 공간, 시장, 정치적 주장을 할 수 있는 공간이 되기도 한다."(같은 책, 527쪽), 또는 "민중이 살고, 투쟁하며, 교류하는 '치마타 공간'이란 물질적으로 고정된 건축공간과 다르다. 요컨대, 치마타란 이동하는 민중의 집합적 신체의 운동이다. 이동하는 민중은 이동하는 곳마다 자신들의 치마타를 만들고, 치마타들을 연결시켜 간다."(같은 책, 354쪽)

8. 네그리의 예술진화론과 삶정치적 다중예술론

1. 네그리, 『예술과 다중』, 200쪽(이하 이 절에서 이 책으로부터의 인용은 본문괄호 속에 숫자만으로 표시).

2. 노동의 비물질화와 인지화에 대해서는 조정환, 『인지자본주의』, 특히 2~3장 참조.

9. 들뢰즈의 예술진화론과 이미지장치로서의 예술

1. 질 들뢰즈, 『매저키즘』, 이강훈 옮김, 인간사랑, 2007.

2. 질 들뢰즈·펠릭스 가타리, 『카프카 ─ 소수적인 문학을 위하여』, 이진경 옮김, 동문선, 2001.

3. 안 소바냐르그, 『들뢰즈와 예술』, 이정하 옮김, 열화당, 2009, 29쪽.

4. 같은 책, 57쪽.

5. 질 들뢰즈, 『시네마 1 ─ 운동-이미지』, 유진상 옮김, 시각과 언어, 2002.

6. 질 들뢰즈, 『시네마 2 ─ 시간-이미지』, 이정하 옮김, 시각과 언어, 2005.

7. 소바냐르그, 『들뢰즈와 예술』, 73쪽.

8. 같은 곳.

9. 같은 곳.

10. 질 들뢰즈, 「뇌는 스크린이다」, 『뇌는 스크린이다』, 그레고리 플렉스먼 엮음, 박성수 옮김, 2004, 532~533쪽.

11. 소바냐르그, 『들뢰즈와 예술』, 81쪽.

12. 들뢰즈는 이 세 가지 이미지 유형 외에, 감정-이미지와 행동-이미지 사이에 충동-이미지 유형을 설정한다. 들뢰즈, 『시네마 1』, 232쪽 이하 참조.

13. 소바냐르그, 『들뢰즈와 예술』, 90쪽.

14. 같은 책, 93쪽.

15. 주형과 변조의 차이에 대해서는 질 들뢰즈, 『대담 : 1972~1990』, 김종호 옮김, 솔, 1993, 198~205쪽 참조.

16. 소바냐르그, 『들뢰즈와 예술』, 105쪽.

17. 네그리와 하트의 '공통되기' 개념에 대해서는 『다중』(세종서적, 2008)과 『공통체』(사월의 책, 2014) 참조.

18. 들뢰즈의 기계 개념에 대해서는 질 들뢰즈·펠릭스 과타리, 『안티 오이디푸스』, 김재인 옮김, 민음사, 2014의 1장 및 질 들뢰즈·펠릭스 가타리, 『천 개의 고원』, 김재인 옮김, 새물결, 2001의 4, 11, 13장 참조.

19. 질 들뢰즈, 「장치란 무엇인가?」, 『들뢰즈가 만든 철학사』, 박정태 편역, 이학사, 2007, 470~485쪽 참조.

20. 브뤼노 라투르, 「현실정치에서 물정치로」, 『인간·사물·동맹』, 홍성욱 엮음, 이음, 2010, 261쪽 이하. '물'(Ding)의 정치적 의미에 대해서는 6장 각주 16번 참조.

21. 소바냐르그, 『들뢰즈와 예술』, 58쪽.

22. 질 들뢰즈, 『철학이란 무엇인가』, 윤정임 옮김, 현대미학사, 1995, 234쪽.

23. 같은 책, 238쪽.

24. 같은 책, 239쪽.

25. 같은 책, 237쪽.

26. 같은 책, 243쪽.

27. 같은 책, 244쪽.

28. 같은 책, 246쪽.

29. 같은 책, 253쪽.

30. 같은 책, 255쪽.

31. 같은 책, 263쪽.

32. 같은 책, 259~261쪽.

33. 같은 책, 265쪽.

34. 같은 책, 266~7쪽.

35. 같은 책, 267쪽.

36. 같은 책, 270쪽.

37. 『뉴욕열전』(갈무리, 2010)과 『유체도시를 구축하라』(갈무리, 2012)의 저자인 사부 코소는 들뢰즈의 미학적 관점에 의거하면서, 공통적인 것들을 구축하는 행위를 예술로 이해하는 것으로 나아간다. 이로써 그는 전통적 작품형태들에의 한정에서 벗어나, 세계민중적 치마타(巷, 거리)를 구축하는 다중들의 행위 자체를 예술로서 파악할 수 있게 된다. 도시를 만드는 다중의 복합적 행위, 삶을 생산하는 행위가 예술로 인식되는 것은 이런 전망을 통해서이다.

38. 들뢰즈, 『철학이란 무엇인가』, 277쪽.

39. 같은 책, 280쪽.

40. 같은 책, 279쪽.

41. 같은 책, 285쪽.

42. 같은 책, 314쪽.

43. 들뢰즈, 『시네마 1』, 8쪽.

44. 같은 책, 2/쪽.

45. 앙리 베르그손은 『창조적 진화』(아카넷, 2005)의 4장 「영화의 기작에 관하여」에서 바로 이런 관점에서 영화를 이해했고 또 비판했다.

46. 여기서 들뢰즈가 시간-이미지만이 아니라 운동-이미지도 즉각적인 지각-이미지와 다르다고 보는 점에 주목할 필요가 있다.

47. 들뢰즈, 『시네마 1』, 15쪽.

48. 같은 책, 16쪽.

49. 같은 책, 21쪽(강조는 인용자).

50. 같은 곳.

51. 이 점에서 베르그손의 관점은 현대의 (초)끈이론가들의 관점과 유사하다.

52. 들뢰즈, 『시네마 1』, 22쪽.

53. 같은 책, 26쪽. 이 각 단계들은 들뢰즈 미학의 핵심층위들인 현실적인 것, 강도적인 것, 잠재적인 것에 상응하는 것으로 볼 수 있다.

54. 같은 책, 27쪽.

55. 들뢰즈, 『시네마 2』, 10쪽.

56. 같은 책, 11쪽.

57. 같은 곳.

58. 같은 책, 15쪽.

59. 같은 책, 17쪽.

60. 같은 곳.

61. 같은 책, 48쪽.

62. 같은 책, 49쪽.

63. 같은 책, 22쪽.

64. 같은 책, 26쪽.

65. 같은 책, 49쪽.

66. 같은 책, 50쪽.

67. 같은 책, 52쪽.

68. 같은 책, 50쪽.

69. 같은 책, 41쪽.

70. 같은 곳.

71. 같은 책, 43쪽.

72. 같은 책, 45쪽(강조는 인용자).

73. 같은 곳.

74. 같은 책, 46쪽.

75. 같은 책, 48쪽.

76. 같은 책, 44쪽(강조는 인용자).

77. 같은 곳.

78. 여기서 기호론은, 언어를 이미지와 기호라는 특이한 질료로부터 단절시키지 않고 그것과의 관계 속에서 고찰하는 분과로 정의된다.

79. 들뢰즈, 『시네마 2』, 517쪽.

80. 같은 책, 518쪽.

81. 같은 책, 518쪽(*L'image-temps*, p.344) 번역 수정.

82. 같은 책, 517~8쪽.

83. 같은 책, 518쪽(*L'image-temps*, p. 345).

84. 같은 책, 519쪽.

85. 알로이스 리글에서 비롯되는 '예술의지' 개념에 대해서는 이 책 8장 227쪽을 참조하라.

86. 들뢰즈, 『시네마 2』, 521쪽.

87. 같은 책, 520쪽.

88. 같은 책, 522쪽.

89. 같은 곳.

90. 같은 책, 523쪽.

91. 같은 책, 527쪽.

92. 같은 곳.

93. 같은 책, 528쪽.

94. 같은 책, 531쪽.

95. 같은 곳.

96. 같은 곳.

97. 같은 곳.

98. 베르그손이 충동인 및 행동인과 구별하는 몽상가는, 과거 속에서 사는 즐거움을 위해 과거에 살면서, 행동에 그다지 잘 적응하지 못하는 인간유형이다.(베르그손, 『물질과 기억』, 261쪽).

99. 들뢰즈, 『시네마 2』, 533쪽.

100. 같은 책, 534쪽.

101. 같은 곳.

102. 같은 책, 537쪽.

103. 게스투스는 브레히트에 의해 개발된 연기법이다. 이 기법은 물리적 제스처와 정신적 태도의 혼합의 감각을 운반한다. 게스투스 개념에 대한 아감벤의 전유방식에 대해서는 뒤의 10장(몸짓)을 참조하라.

104. 들뢰즈, 『시네마 2』, 537쪽.

105. 같은 책, 538쪽.

106. 같은 책, 539쪽.

107. 같은 곳.

108. 같은 책, 540쪽.

109. 같은 곳.

110. 같은 곳.

111. 같은 책, 544쪽.

112. 들뢰즈, 「내재성 : 생명 …… 」, 『들뢰즈가 만든 철학사』, 20장 참조.

10. 아감벤 미학에서 삶과 예술의 일치 문제

1. 이것은, 소통가능성의 소외라는 상황 속에서 특이한 이미지 즉 시간-이미지를 통한 시간의 직접적 체험가능성을 가능하고 실재적인 대안으로 받아들이는 들뢰즈와는 다른, 반이미지적 대안이다.

2. 자본도 삶과 노동이 유지될 수 있도록 만들면서 그 정체성을 잃게 만드는 기생 테크놀로지를 사용한다. 이 점에서 상황주의자들의 방법은 자본의 기생테크놀로지에 대한 계급적 역전의 기술이라고 할 수 있을 것이다.

3. 조르조 아감벤, 『목적 없는 수단』, 김상운·양창렬 옮김, 난장, 2009, 88쪽.

4. 맑스는 노동생산물의 상품형태와 가치관계 속에서 인간들 사이의 특정한 사회적 관계가 물건들 사이의 관계라는 환상적 형태로 나타난다고 말한다(마르크스, 『자본론』 1 (상), 91쪽). 여기서 '환상적 형태'는, 자본론의 영어본들에서 'fantastic form'으로 번역되곤 하지만, 벤야민, 아감벤 등이 즐겨 사용하는 개념인 'phantasmagoria'에 상응하는 독일어 'die phantasmagorische Form'의 번역어이다.

5. 아감벤, 『목적 없는 수단』, 93쪽.

6. 같은 책, 97쪽.

7. 같은 책, 99쪽.

8. 같은 책, 101쪽. 천안문 시위는 그 사례이다.

9. 같은 책, 81쪽.

10. 아감벤의 스펙타클 이해에서와는 달리, 기 드보르에게서는 스펙타클이 언어능력만이 아니라 생산능력의 전용으로 이해되었다.

11. Antonio Negri, "Giorgio Agamben : The Discreet Taste of the Dialectic", in M. Calarco & S. DeCalori ed., *Giorgio Agamben : Sovereignty and Life*, Stanford University Press, 2007, p. 123.

12. 흔히 '천재'로 번역되는 'genius'는 생산하다, 창조하다, 낳다를 의미하는 'gignere'에서 기원하는 말로 사전적으로는 생산력, 창조력을 의미한다.

13. 조르조 아감벤, 『세속화 예찬』, 김상운 옮김, 난장, 2010, 13쪽.

14. 같은 책, 15쪽.

15. 같은 책, 24쪽.

16. 아감벤, 『목적 없는 수단』, 71쪽. 아감벤에 따르면, 'gag'는 말을 막으려고 입을 틀어막는 도구에서 유래했다.

17. 같은 책, 72쪽.

18. 같은 곳.

19. 같은 책, 80쪽.

20. 같은 책, 66쪽.

21. 같은 책, 67쪽.

22. 아감벤, 『세속화 예찬』, 94쪽.

23. 같은 책, 98쪽.

24. 표도르 도스토예프스키, 『백치』 상/하, 김근식 옮김, 열린책들, 2009.

25. 아감벤, 『세속화 예찬』, 100쪽.

26. 같은 책, 101쪽.

27. 조르조 아감벤, 『장치란 무엇인가』, 양창렬 옮김, 난장, 2010, 18쪽.

28. 같은 책, 31쪽.

29. 같은 책, 33쪽.

30. 같은 책, 38쪽.

31. 같은 책, 39쪽.

32. 맑스는 상품에서, 특히 일반적 등가물로 된 화폐에서 숭배대상으로 된 일종의 신, 즉 물신(物神)을 읽어낸 바 있다. 이 장 후주 4번도 참조하라.

33. 아감벤, 『세속화 예찬』, 117쪽. 죄=부채(Schuld)를 보편화하는 부채경제의 성격과 논리에 대해서는 마우리치오 라자라토의 『부채인간』(메디치미디어, 2012) 참조.

34. 아감벤, 『세속화 예찬』, 127쪽.

35. 같은 책, 113쪽.

36. 이것은 비물질노동의 수탈, 삶정치적 노동의 착취라는 랏자라또-네그리의 명제를 상기시킨다.

37. 이런 의미에서 이미지는 이데아이기보다 시뮬라크르이다.

38. 아감벤, 『세속화 예찬』, 84쪽.

39. 같은 책, 85쪽.

40. 같은 책, 86쪽.

41. 같은 책, 34쪽.

42. 같은 책, 35쪽.

43. 같은 책, 41쪽.

44. 한국어에서 '건달'로 변용된다.

45. 아감벤, 『세속화 예찬』 51쪽.

46. 같은 곳.

47. 같은 책, 52쪽.

48. 같은 책, 53쪽.

49. 같은 책, 65쪽.

50 같은 책, 70쪽.

51. 같은 책, 73쪽.

52. 문제적 인물은 게오르크 루카치의 소설론의 주요 주제이다. 이 주제에 대해서는 게오르크 루카치, 『역사소설론』, 이영욱 옮김, 거름, 1999 참조.

53. 아감벤, 『목적 없는 수단』, 88쪽.

보론 2. 아감벤의 역량론 및 공동체론의 정치미학적 가능성과 한계

1. 부르주아지의 저항으로 그 문턱기간이 길어질 경우에는 사회주의 자체가 프롤레타리아 독재기간이 될 수 있다는 견해도 없지 않았다.

2. 전위들의 조직은 러시아 볼셰비키와 같은 전위적 전위의 형태를 띠거나 유럽 좌파정당들과 같은 대중적 전위의 형태를 띨 수 있다.

3. 하나의 발전체제로서의 사회주의가 전면적으로 붕괴되었다고 말하기는 어렵다. 오늘날, '현실 사회주의'의 다른 한 축인 중국 사회주의는 세계자본주의의 생산공장이자 그것을 이끄는 기관차가 되고 있기 때문이다. 발전체제로서의 사회주의의 요소들은 이미 20세기 중반에 자본주의 나라들에 도입되어 케인즈주의적 사회민주주의로 전환하는 자극제가 되었고, 20세기 말에는 세계자본주의를 미국의 군사적 케인즈주의의 헤게모니 하에서 운영되는 제국 체제로 전환시키는 동력이 되었다. 그렇기 때문에 사회주의는, 붕괴와 해체 뒤에 사라졌다기보다 현대 자본주의 세계체제의 기능적 요소로 장착되었다고 하는 편이 더 적실할 것이다.

4. 종말 담론의 폭증에 대해서는 3장 서두를 참조.

5. 안또니오 네그리·펠릭스 가따리, 『자유의 새로운 공간』, 조정환 옮김, 갈무리, 2007.

6. 장-뤽 낭시, 『무위의 공동체』, 박준상 옮김, 인간사랑, 2010.

7. 조르조 아감벤, 『도래하는 공동체』, 이경진 옮김, 꾸리에, 2014.

8. 2011년 월스트리트 점거시위도 구체적 요구를 제시하지 않은 점에서는 이와 유사하다.

9. 아감벤, 『도래하는 공동체』, 120쪽(이하 이 보론에서 이 책으로부터의 인용의 경우 괄호 속에 해당 쪽의 숫자만 표시한다).

10. 10장에서 서술된 '수행'도 '제작'이나 '행위'에 대해 이러한 의미의 임의성의 관계를 갖는다.

11. 아감벤은 이념과 관계하는 특이성의 이 임의적 관계를 동명이의적 관계라고 부르면서 개념과 관계하는 특이성의 동명동의적 관계와 구분한다.(아감벤, 『도래하는 공동체』, 106~7쪽).

12. 우리는 10장에서 아감벤의 존재론을 스페키에스에 기초한 **이미지 존재론**으로 규정했다. 우리의 서술순서에서는 이렇게 이미지 존재론이 임의성의 존재론 앞에 놓여 있지만, 아감벤 사유의 발전사에서는 이 임의성의 존재론이 이미지 존재론에 시간적으로 앞선다. 이어질 대목이 말해 주듯이, 이미지 존재론은 임의성의 존재론을 스펙타클 사회를 대상으로 풀이하고 재서술하는 과정에서 나타나기 시작한다.

13. 이 대목은, 이후에 아감벤 자신이, "『도래하는 공동체』를 다시 출간한다면 행성적 쁘띠부르주아지에 대한 이 정의를 삭제하고 싶다"고 말했다는 사실을 고려하면서 일정한 여지를 두고 읽혀야 할 것이다. 그러한 생각은 알랭 바디우와의 인터뷰에서 표현되었다.(Alain Badiou, "Intervention dans le cadre du Collège international de philosophie sur le livre de Giorgio Agamben : la Communauté qui vient, théorie de la singularité quelconque", 〈http://www.entretemps.asso.fr/Badiou/Agamben.htm〉).

14. 'agio'는 '~에 늡다'를 의미하는 'adiacere'의 현재분사 'adiacens'에서 유래하는 말로 '여유', '여가'를 뜻한다.

15. Matthew Calarco & Steven DeCaroli (eds.), *Giorgio Agamben : Sovereignty and Life*, Stanford University Press, 2007의 pp. 109~125(이하 이 절에서 이 책으로부터의 인용은 본문 괄호 속에 쪽수를 표시한다).

16. 조르조 아감벤, 『예외상태』, 김항 옮김, 새물결, 2009.

17. 조르조 아감벤, 『호모 사케르』, 박진우 옮김, 새물결, 2008.

18. 네그리는 아감벤을 비롯한 여러 푸코 독해자와는 달리, 푸코에게서 'biopower'(삶권력)와 'biopolitics'(삶정치) 사이의 이질성과 적대성을 도출할 수 있다는 생각을 전개한다. 이에 대해서는 네그리와 하트가 함께 쓴 『제국』(이학사, 2001), 『다중』(세종서적, 2008), 『공통체』(사월의 책, 2014) 3부작과 『선언』(갈무리, 2012)을 참조하라.

19. 우리가 앞에서 살펴본 것처럼, 아감벤은 스펙타클을 스페키에스가 드러날 기회로 설정하지만, 그 '기회'의 발생, 운동, 경향, 요컨대 그것의 동력학을 규명하는 데로 나아가지는 않는다.

20. 아감벤, 『세속화 예찬』, 110~113쪽.

21. 그가 제정된 권력(주권)과 제헌하는 권력(구성권력)을 무구별적인 것으로 파악하는 것도 이 때문이다.

22. 네그리는 아감벤에게 밝은 얼굴과 어두운 얼굴이라는 두 얼굴이 공존한다고 말하는데, 그것은 아감벤의 부정의 존재론과 차라리의 정치학이 드러내는 두 측면이다.

23. 네그리와 하트의 책, 『공통체』(사월의 책, 2014)는 조르조 아감벤의 『도래하는 공동체』 (꾸리에, 2014)가 남겨둔 바로 이 문제를 풀어보기 위한 최근의 가장 중요한 도전들 중 하나이다.

3부 예술가-다중, 삶미학, 그리고 리얼리즘

11. 다중 : 예술가보다 더 예술가적인

1. 이에 대한 글로는, http://www.hani.co.kr/section-001057000/2004/10/0010500020 410122019215.html 참조.

2. 관련 기사는, http://qtv.freechal.com/Movie/Q1VMovieView.asp?docId=2399017&LogS ection=QTV002_CLTM01_002 참조.

3. 관련 기사로는 http://www.2byeol.com/431 참조.

4. '문화는 곧 돈'이라는 생각은 1998년 10월 20일 문화의 날 기념치사에서 김대중 대통령에 의해 표명되었고 이후 신자유주의의 발전과 더불어 대중화된 생각이다.

5. 이러한 시도에 대한 날카로운 비판으로는 이원재의 글, http://www.culturalaction.org/ webbs/view.php?board=cncr_6_1&id=59&page=1&category1=9을 참조.

6. '자율적'이란 말은 자발적이면서 동시에 의식적인 것을 의미한다. 이에 대해서는 4장 후주 15번을 참조.

7. 백남준의 예술미학에 대해서는, 조정환, 「백남준의 예술실천과 미학혁신」, 『플럭서스 예술혁명』, 167~241쪽 참조.

8. 20세기 서양음악사를 소음과 음색의 관점에서 재서술한 책으로는 김진호, 『매혹의 음색』, 갈무리, 2014 참조.

9. 이것은 월스트리트 점거투쟁에서도 "우리는 99%다", "우리는 다수자다"라는 구호를 통해 표현되고 있다.

10. 그러므로 기존의 예술계에 특정한 자리를 배정하기가 어려운 백남준 같은 예술가를 새로운 기법, 새로운 장르, 새로운 스타일의 개척자로 한정하는 것은, 그가 던진 문제들의 상당 부분을 덮어 버리는 일이며 그의 가능성의 핵심을 실현불가능한 것으로 단정하는 해석방식이 되고 말 것이다. 무엇보다도 우리는 그를 특이자라는 의미에서의 '괴물'로, 예술에서의 스파이-혁명가로 이해하는 것에서 시작해야 할 것이다.

11. 인쇄공, 그래픽디자이너, 초벌그림전문가들의 세계에서 아플라(혹은 아-플라)는 통일

된 색깔의 표면을 가리키는데, 들뢰즈에게서 이것은 윤곽과 형상이 탄생될 '바탕'을 의미한다.

12. 삶미학과 리얼리즘 : 리얼리즘의 대안근대적 재구축

1. 앞 장의 끝에서 이미 암시했지만, 이것이 '작가'의 스펙타클적 위치다.

2. 가령, 백낙청, 『민족문학의 새단계』, 창작과비평사, 1990, 375쪽.

3. 장 보드리야르, 『시뮬라시옹』, 하태환 옮김, 민음사, 1993, 15쪽.

4. 같은 책, 17쪽.

5. 질 들뢰즈, 『의미의 논리』, 이정우 옮김, 한길사, 1999, 406쪽.

6. 같은 책, 415~6쪽.

7. 같은 책, 416쪽.

8. 같은 곳.

9. 같은 책, 417쪽.

10. 질 들뢰즈, 『감각의 논리』, 하태환 옮김, 민음사, 1995, 197쪽.

11. 같은 책, 154쪽.

12. 같은 책, 165쪽.

13. 들뢰즈, 『들뢰즈가 만든 철학사』, 509~517쪽.

후기 : 정치시학으로의 길

1. 게오르그 루카치, 『변혁기 러시아의 리얼리즘문학』, 조정환 옮김, 동녘, 1986.

2. 당시 안기부는 〈민중미학연구소〉를 〈민족해방노동자당〉의 배후로 규정하여 이적단체로 조작하고자 했지만 그 계획은 실패했다.

3. 조정환, 「인지 자본주의와 재난 자본주의 사이에서 : 후쿠시마라는 이름」, 『미지에서의 소식』, 워크룸프레스, 2012, 그리고 'A Conversation with Joe Jeonghwan — MOON Kyungwon and JEON Joonho' in *News from Nowhere: A Platform for the Future &Introspection of the Present.*

4. 조정환, 「잉여로서의 옥상과 잉여정치학의 전망 : 옥상의 권력에서 옥상의 정치로」, 『옥상의 정치』, 갈무리, 2014.

:: 참고문헌

국내 문헌·번역서

가타리, 펠릭스,『카오스모제』, 윤수종 옮김, 동문선, 2003.

고진, 가라타니,『근대문학의 종언』, 조영일 옮김, 도서출판b, 2006.

_____,『은유로서의 건축』, 김재희 옮김, 한나래, 1998.

그로, 프레데리크 외,『미셸 푸코 : 진실의 용기』, 심세광 외 옮김, 길, 2006.

김경식,「루카치 읽기 (1) ― '자본주의의 예술적대성' 명제와 휴머니즘 사상을 중심으로」,
    『브레히트와 현대연극』, 한국브레히트학회, 2005.

김진호,『매혹의 음색』, 갈무리, 2014.

낭시, 장-뤽,『무위의 공동체』, 박준상 옮김, 인간사랑, 2010.

네그리, 안또니오,『네그리의 제국 강의』, 서창현 옮김, 갈무리, 2010.

_____,『디오니소스의 노동』1, 이원영 옮김, 갈무리, 1996.

_____,『디오니소스의 노동』2, 이원영 옮김, 갈무리, 1997.

_____,『예술과 다중』, 심세광 옮김, 갈무리, 2010.

네그리, 안또니오·마이클 하트,『다중』, 조정환·정남영·서창현 옮김, 세종서적, 2008.

_____,『선언』, 조정환 옮김, 갈무리, 2012.

_____,『제국』, 윤수종 옮김, 이학사, 2001.

_____,『혁명의 만회』, 영광 옮김, 갈무리, 2005.

_____,『혁명의 시간』, 정남영 옮김, 갈무리, 2004.

네그리, 안또니오·펠릭스 가따리,『자유의 새로운 공간』, 조정환 옮김, 갈무리, 2007.

네그리, 안또니오·마이클 하트,『공통체』, 정남영·윤영광 옮김, 사월의 책, 2014.

단토, 아서,『예술의 종말 이후』, 김광우·이성훈 옮김, 미술문화, 2004.

도스토예프스키, 표도르,『백치』상/하, 김근식 옮김, 열린책들, 2009.

드보르, 기,『스펙타클의 사회』, 유재홍 옮김, 울력, 2014.

들뢰즈, 질 외,『비물질노동과 다중』, 자율평론 옮김, 갈무리, 2005.

들뢰즈, 질,「뇌는 스크린이다」,『뇌는 스크린이다』, 그레고리 플렉스먼 엮음, 박성수 옮김,
    2004.

_____,『감각의 논리』, 하태환 옮김, 민음사, 1995.

_____,『대담: 1972~1990』, 김종호 옮김, 솔, 1993.

_____,『들뢰즈가 만든 철학사』, 박정태 편역, 이학사, 2007.

_____,『매저키즘』, 이강훈 옮김, 인간사랑, 2007.

_____,『시네마 1 ― 운동-이미지』, 유진상 옮김, 시각과 언어, 2002.

_____,『시네마 2 ― 시간-이미지』, 이정하 옮김, 시각과 언어, 2005.

_____, 『의미의 논리』, 이정우 옮김, 한길사, 1999.

들뢰즈, 질·펠릭스 가타리, 『천 개의 고원』, 김재인 옮김, 새물결, 2001.

_____, 『카프카 ― 소수적인 문학을 위하여』, 이진경 옮김, 동문선, 2001.

들뢰즈, 질·펠릭스 과타리, 『안티 오이디푸스』, 김재인 옮김, 민음사, 2014

라자라토, 마우리치오, 『부채인간』, 허경·양진성 옮김, 메디치미디어, 2012.

라투르, 브루노, 「현실정치에서 물정치로」, 『인간·사물·동맹』, 홍성욱 엮음, 이음, 2010

라투르, 브뤼노, 『우리는 결코 근대인이었던 적이 없다』, 홍철기 옮김, 갈무리, 2009.

랑시에르, 자크, 『감성의 분할』, 오윤성 옮김, 도서출판b, 2008.

르페브르, 앙리, 『공간의 생산』, 양영란 옮김, 에코리브르, 2011.

_____, 『리듬분석 : 공간, 시간, 그리고 도시의 일상생활』, 정기헌 옮김, 갈무리, 2013.

_____, 『현대생활의 일상성』, 박정자 옮김, 기파랑, 2005.

루카치, 게오르그, 『루카치 미학 제1권』, 이주영 옮김, 미술문화, 2000.

_____, 『루카치 미학 제2권』, 임홍배 옮김, 미술문화, 2000.

_____, 『루카치 미학 제3권』, 임홍배 옮김, 미술문화, 2002.

_____, 『루카치 미학 제4권』, 반성완 옮김, 미술문화, 2002.

_____, 『변혁기 러시아의 리얼리즘문학』, 조정환 옮김, 동녘, 1986.

_____, 『역사소설론』, 이영욱 옮김, 거름, 1999.

마라찌, 크리스티안, 『금융자본주의의 폭력』, 심성보 옮김, 갈무리, 2013.

_____, 『자본과 언어』, 서창현 옮김, 갈무리, 2013.

_____, 『자본과 정동』, 서창현 옮김, 갈무리, 2014.

마르크스, 『잉여가치학설사 1』, 편집부 옮김, 아침, 1988.

마르크스, 칼, 『경제학 노트』, 김호균 옮김, 이론과 실천사, 1988.

_____, 『자본론』 1 (상), 김수행 옮김, 비봉출판사, 2005.

_____, 『자본론』 1 (하), 김수행 옮김, 비봉출판사, 2001.

_____, 『자본론』 2, 김수행 옮김, 비봉출판사, 2004.

_____, 『자본론』 3 (상), 김수행 옮김, 비봉출판사, 2004.

_____, 『자본론』 3 (하), 김수행 옮김, 비봉출판사, 2004.

_____, 「화폐체제 및 신용체제에서의 사적 생산과 공동체에서의 인간적 생산」, 조정환 옮김, 『자음과 모음』 19호, 2013.

마르크스, 칼·프리드리히 엥겔스, 「헤겔 법철학 비판을 위하여」, 『칼 맑스 프리드리히 엥겔스 저작선집』 1, 박종철출판사 엮음, 김세균 감수, 박종철 출판사, 1997.

_____, 『공산당 선언』, 강유원 옮김, 이론과 실천, 2008.

_____, 『독일 이데올로기』 1, 박재희 옮김, 청년사, 2007.

무질, 로베르트, 『특성 없는 남자』 1~2, 안병률 옮김, 북인더갭, 2013.

밀턴, 존, 『실낙원』 1~2, 조신권 옮김, 문학동네, 2010.

바네겜, 라울, 『일상생활의 혁명』, 주형일 옮김, 이후, 2006.

바디우, 알랭, 『비미학』, 장태순 옮김, 이학사.

바이저, 프레더릭, 『헤겔 : 그의 철학적 주제들』, 이신철 옮김, 도서출판 b, 2012.

바티모, 잔니, 『근대성의 종말』, 박상진 옮김, 경성대학교출판부, 2003.

백낙청, 『민족문학이 새단계』, 창작과비평사, 1990.

베라르디 [비포], 프랑코, 『노동하는 영혼』, 서창현 옮김, 갈무리, 2012.

_____, 『봉기』, 유충현 옮김, 갈무리, 2012.

베라르디 '비포', 프랑코, 『미래 이후』, 강서진 옮김, 난장, 2013.

_____, 『프레카리아트를 위한 랩소디』, 정유리 옮김, 난장, 2013.

베르그손, 앙리, 『물질과 기억』, 박종원 옮김, 아카넷, 2005.

_____, 『창조적 진화』, 황수영 옮김, 아카넷, 2005.

벤야민, 발터, 『기술복제시대의 예술작품 / 사진의 작은 역사 외』, 최성만 옮김, 길, 2007.

_____, 『발터 벤야민의 문예이론』, 반성완 옮김, 민음사, 1992.

_____, 『아케이드 프로젝트』 1, 조형준 옮김, 새물결, 2005.

_____, 『아케이드 프로젝트』 2, 조형준 옮김, 새물결, 2006.

보드리야르, 장, 『시뮬라시옹』, 하태환 옮김, 민음사, 1993.

_____, 『토탈 스크린』, 배영달 옮김, 동문선, 2002.

보드리야르, 장·장 누벨, 『건축과 철학』, 배영달 옮김, 동문선, 2003.

본펠드, 워너, 『신자유주의와 화폐의 정치』, 이원영 옮김, 갈무리, 1999.

본펠드, 워너 엮음, 『탈정치의 정치학』, 김의연 옮김, 갈무리, 2014.

부리요, 니꼴라, 『관계의 미학』, 현지연 옮김, 미진사, 2011.

소바냐르그, 안, 『들뢰즈와 예술』, 이정하 옮김, 열화당, 2009.

슈뢰딩거, 에르빈, 『생명이란 무엇인가』, 전대호 옮김, 궁리, 2007.

슈스터만, 리처드, 『삶의 미학 : 예술의 종언 이후 미학적 대안』, 김진엽·허정선 옮김, 이학사, 2012.

스피노자, 베네딕트 데, 『에티카』, 황태연 옮김, 비홍, 2014.

_____, 『정치론』, 김호경 옮김·해설, 갈무리, 2008.

시몽동, 질베르, 『기술적 대상들의 존재 양식에 대하여』, 김재희 옮김, 그린비, 2011.

아감벤, 조르조, 『도래하는 공동체』, 이경진 옮김, 꾸리에, 2014.

_____, 『목적 없는 수단』, 김상운·양창렬 옮김, 난장, 2009.

_____, 『세속화 예찬』, 김상운 옮김, 난장, 2010.

_____, 『예외상태』, 김항 옮김, 새물결, 2009.

_____, 『장치란 무엇인가』, 양창렬 옮김, 난장, 2010.

_____, 『호모 사케르』, 박진우 옮김, 새물결, 2008.

엥겔스, 프리드리히, 『포이에르바하와 독일 고전철학의 종말』, 양재혁 옮김, 돌베개, 1987.

오지혜, 「오아시스 프로젝트」, 『한겨레』, 2004.10.12, 〈http://www.hani.co.kr/section-001057000/2004/10/001057000200410122019215.html〉.

이성혁, 『미래의 시를 향하여』, 갈무리, 2013.

제이콥스, 제인, 『미국 대도시의 죽음과 삶』, 유강은 옮김, 2010.

조이스, 제임스, 『율리시스』 1~3, 김종건 옮김, 범우사, 1997.

_____, 『피네간의 경야』, 김종건 옮김, 고려대학교출판부, 2012.

조정환, 「인지자본주의 시대의 감성혁명과 삶미학의 가능성 1」, 『신생』, 2013년 봄, 54호.

_____, 「인지 자본주의와 재난 자본주의 사이에서: 후쿠시마라는 이름」, 『미지에서의 소식』, 워크룸프레스, 2012.

_____, 『21세기 스파르타쿠스』, 갈무리, 2002.

_____, 『인지자본주의』, 갈무리, 2011.

조정환·김만석 외, 『옥상의 정치』, 갈무리, 2014.

조정환·전선자·김진호, 『플럭서스 예술혁명』, 갈무리, 2011.

조정환·황수영·이정우·최호영, 『인지와 자본』, 갈무리, 2011.

칸트, 임마누엘, 『판단력비판』, 백종현 옮김, 아카넷, 2009.

케인스, 존 메이너드, 『고용, 이자 및 화폐의 일반이론』, 조순 옮김, 비봉출판사, 2007.

코소, 이와사부로, 『뉴욕열전』, 김향수 옮김, 갈무리, 2010.

_____, 『유체도시를 구축하라』, 서울리다리티 옮김, 갈무리, 2012.

_____, 『죽음의 도시, 생명의 거리』, 서울리다리티 옮김, 갈무리, 2013.

클림, 만프레트 엮음, 『맑스·엥겔스 문학예술론』, 조만영·정재경 옮김, 돌베개, 1990.

파스퀴넬리, 맛떼오, 『동물혼』, 서창현 옮김, 갈무리, 2013.

푸코, 미셸 외, 『자기의 테크놀로지』, 이희원 옮김, 동문선, 2002.

푸코, 미셸, 『생명관리정치의 탄생』, 오트르망 옮김, 난장, 2012.

_____, 『성의 역사 — 제2권 쾌락의 활용』, 신은영 외 옮김, 나남출판, 2004.

_____, 『성의 역사 — 제3권 자기에의 배려』, 이영목 옮김, 나남출판, 2004.

_____, 『안전, 영토, 인구』, 오트르망 옮김, 난장, 2011.

_____, 『주체의 해석학』, 심세광 옮김, 동문선, 2007.

플라톤, 『라케스』, 한경자 옮김, 이제이북스, 2014.

_____, 『알키비아데스』 1~2, 김주일 외 옮김, 이제이북스, 2014.

하비, 데이비드, 『반란의 도시』, 한상연 옮김, 에이도스, 2014.

헤겔, 게오르그 빌헬름 프리드리히, 『미학강의』, 두행숙 옮김, 나남출판, 2007.

홀러웨이, 존, 『크랙 캐피털리즘』, 조정환 옮김, 갈무리, 2013.

황수영, 『베르그손, 생성으로 생명을 사유하기』, 갈무리, 2014.

해외 문헌

"A Conversation with Joe Jeonghwan — MOON Kyungwon and JEON Joonho" in *News from Nowhere: A Platform for the Future & Introspection of the Present*, Workroom Press, 2012.

Badiou, Alain, "Intervention dans le cadre du Collège international de philosophie sur le livre de Giorgio Agamben : la Communauté qui vient, théorie de la singularité quelconque", 〈http://www.entretemps.asso.fr/Badiou/Agamben.htm〉.

Baudrillard, Jean, *L'Échange symbolique et la mort*, Gallimard, 1976.

Berardi, Franco (Bifo), "The Premonition of Guy Debord", 〈http://www.generation-online.org/t/tbifodebord.htm〉.

Bourriaud, Nicolas, "Precarious Constructions. Answer to Jacques Rancière on Art and Politics", 〈http://classic.skor.nl/4416/en/nicolas-bourriaud-precarious-constructions-answer〉.

Burnham, Jack, "Art's End", 〈http://www.volny.cz/horvitz/burnham/artsend.html〉.

_____, *Beyond Modern Sculpture: The Effects of Science and Technology on the Sculpture of This Century*, George Braziller, 1968.

_____, "System Aesthetics", 〈http://www.arts.ucsb.edu/faculty/jevbratt/readings/burnham_se.html〉.

Calarco, Matthew & Steven DeCaroli (eds.), *Giorgio Agamben: Sovereignty and Life*, Stanford University Press, 2007.

Debord, Guy, "Report on the Construction of Situations and on the International Situationist Tendency's Conditions of Organization and Action", 〈http://www.cddc.vt.edu/sionline/si/report.html〉.

Foucault, Michel, *Subjectivité et vérité*, Cours au Collège de France. 1980~1981, ed. Frédéric Gros, Seuil/Gallimard, 2014.

_____, *Le gouvernement de soi et des autres. Cours au Collège de France. 1982~1983*, ed. Frédéric Gros, Seuil/Gallimard, 2008.

_____, *Le courage de la vérité. Le gouvernement de soi et des autres II. Cours au Collège de France. 1984*, ed. Frédéric Gros, Seuil/Gallimard, 2009.

Hardt, Michael, "Production and Distribution of the Common", 〈http://www.skor.nl/_files/Files/OPEN16_P20-28.pdf〉.

Lazzarato, Maurizio, "Maurizio Lazzarato : The Misfortunes of the 'Artistic Critique' and of Cultural Employment", 〈http://eipcp.net/transversal/0207/lazzarato/en〉.

_____, *Signs and Machines: Capitalism and the Production of Subjectivity*, trans. by Joshua David Jordan, Semiotext(e), 2014.

Lukács, Georg, *Die Eigenart des Ästhetischen*, Georg Lukács Werke Band 11, Luchterhand, 1963.

_____, *Probleme des Realismus*, Georg Lukács Werke Band 4, Luchterhand, 1971.

Simpson, Zachary, *Life as Art : Aesthetics and the Creation of Self*, Lexington Books, 2012.

Situationist International, "Preliminary Problems in Constructing a Situation", 1958, 〈http://library.nothingness.org/articles/SI/en/display/313〉.

:: 용어 찾아보기

본문에 참고한 이미지 출처

33쪽 : http://bit.ly/1zfUjBQ

53쪽 : https://www.flickr.com/photos/sybarite48/

63쪽(위) : http://www.flickr.com/photos/fayerman/6267737193

63쪽(아래) : http://www.flickr.com/photos/kingwho/6220854619

82쪽 : http://www.flickr.com/photos/pedrosz Pedr

85쪽 : http://www.flickr.com/photos/brillianthues/8192382964

126쪽 : http://bit.ly/1KMe3Rf

219쪽 : http://commons.wikimedia.org/wiki/File:Tahrir_Square_-_February_9._2011.png

223쪽 : http://bit.ly/1u5LuJn

274쪽 : www.comunismulinromania.ro/

305쪽 : https://www.flickr.com/photos/ussocialforum/

317쪽 : https://www.flickr.com/photos/christopherdombres/6339599999/

330쪽 : https://www.flickr.com/photos/antaldaniel/